21 世纪法学系列教材

农业法学

Agricultural Law

主 编 | 李昌麒 吴 越

撰稿人 | 李昌麒 吴 越 韩从蓉
以编写章节先后为序 | 甘 强 陈鹏飞 叶 明
陈 治 沈 萍 杨 惠
陈 志 王 衡

法律出版社
——北 京——
始创于 1954 年

出版说明

法律出版社作为中国历史最悠久、品牌积淀最深厚的法律专业出版社，素来重视法学教育图书之出版。

原“21世纪法学规划教材”系列作为本社法学教育出版的重心，延续至今已有十余年。该系列一直以打造新世纪新经典教材为己任，遍揽名家新秀，因其卓越品质而颇受瞩目并广受肯定。当前，根据法学教育发展变化的客观需要，本社将原有教材系列调整重组，形成新编“21世纪法学系列教材”，以便更好地为法学师生服务。

中国的法学教育正面临深刻变革，未来的法学教育势必以培养高素质法律人才为目标，以知识教育与应用教育相结合、职业教育与素质教育相结合、精英教育与大众教育相结合为导向，法学教育图书的编写与出版也将由此进入变革与创新的时代。

为顺应未来法学教育的改革方向和发展趋势，本社将应时而动，为不同学科、不同层次、不同阶段、不同需求的法学师生量身打造法学教材及教学辅助用书。在教材方面，将推出课堂教学系列、实训课程系列、通识课程系列、简明本系列、双语教学系列等；在教学辅助用书方面，将推出案例教程系列、法规教程系列、练习与测验系列、法学讲座系列、专业培训系列等。或革新，或全新，以厚基础、宽口径、多元化、开放性为基调，力求从品种、内容和形式上呈现崭新风采，为法学师生提供更好教本与读本，同享规划教材之盛。

“好书，同好老师和好学生分享”。本社在法学教育图书出版上必将继往开来，以精益求精的专业态度，打造全新“21世纪法学系列教材”，传播法学知识，传承法学理念，辅拂法律教育事业，积累法律教育财富，服务于万千法学师生和明日法治英才。

法律出版社

作者简介

李昌麒 男,1936年生,重庆潼南人。西南政法大学教授、博士生导师,国家高等学校重点学科西南政法大学经济法学科点学术带头人,重庆市首批人文科学重点研究基地中国农村经济法制创新研究中心主任,中国法学会经济法学研究会副会长,重庆市人民政府法律顾问,重庆市社会科学联合会副主席。曾任重庆市人大代表及法制委员会副主任委员。国务院特殊津贴获得者,全国优秀教师、"五一"劳动奖章获得者。主要著作包括《经济法——国家干预经济的基本法律形式》(专著,四川人民出版社1995年版)、《寻求经济法真谛之路》(专著,法律出版社2003年版)、《消费者保护法》(合著,法律出版社1997年版)、《经济法学》(主编,法律出版社2013年版)等十余部;在《法学研究》、《中国法学》、《现代法学》等期刊上发表学术论文四十余篇。

吴　越 男,1966年生,四川广安人。德国法兰克福大学法学博士,西南财经大学法学院教授、博士生导师,西南财经大学环境与资源法学创新团队负责人,西南财经大学公司法治研究中心主任,商法学科带头人,四川省有突出贡献专家,兼任中国商法学会常务理事,四川省商法学研究会副会长,四川省环境与资源法学研究会会长,国家土地督察成都局社会监督员,中国国际经济贸易仲裁委、成都仲裁委仲裁员,曾任西南政法大学教授、博士生导师、西南政法大学中国农村经济法制创新研究中心研究员。主要著作包括《土地承包经营权制度瓶颈与制度创新》(法律出版社2014年版)、《农村集体土地流转与农民土地权益保护的制度选择》(法律出版社2012年版)、《公司法先例初探》(法律出版社2008年版)、《经济宪法学导论》(法律出版社2007年版)、《企业集团法理研究》(法律出版社2003年版)以及德文专著Rechtsfragen der Unternehmensgruppen und transnationalen Gesellschaften in China(Hamburg, 2003)等;担任《德国法学教科书译丛》主编以及《中国欧盟法律研究系列》主编,并有中文译著《法理学》、《物权法》、《国际法》等数部;在《中国法学》、《法学研究》、《法制日报》、《检察日报》以及德国ZZP等期刊上发表学术论文、译文及法学评论六十余篇。

韩从蓉　女，1972 年生，四川盐亭人。西南政法大学副教授，硕士生导师，重庆大学法学院法学博士，主要研究领域为环境资源法。

沈　萍　女，1963 年生。西南政法大学经济法学院硕士生导师，法学博士。中国法治系统工程专家组成员，北京实现者社会系统工程研究院专家，社会系统工程网指导委员会委员，"中国领导层系统思维"国际研究计划主持人，重庆人居周报专家组成员，国家教育委员会北京教授讲学团法治系统工程研究所研究员，中央政法管理干部学院法治系统工程中心特邀研究员。重庆第三中级人民法院顾问专家组成员，深圳市法制宣传教授团专家组成员。参编和主编各种学术著作二十五部，发表论文四十余篇。

叶　明　男，1972 年生，四川绵阳人。西南政法大学教授，博士生导师，重庆市社会科学专家库成员，中国法学会经济法研究会理事，重庆市人大立法咨询专家。近年主持国家级、省部级课题十余项，在公开刊物上发表论文四十余篇。

王　衡　男，1978 年生。西南政法大学国际法学院教授，博导。出版《服务原产地规则研究》等著作，在《现代法学》、《法商研究》等核心期刊上发表论文二十余篇，在《世界贸易杂志》和《康奈尔大学国际法杂志》等 SSCI 期刊上发表多篇论文。

陈鹏飞　男，1975 年生。法学博士，西南政法大学讲师。主要著作有《经济法理念研究》（合著）、《需要国家干预——经济法视域的解读》（合著）、《核心课程关联导读——经济法》（合著）、《金融业务办理规范与技能》（独著）等。

新版编写说明

新版《农业法学》是在旧版《农业法教程》(法律出版社 2007 年版)的基础上修订编写而成。

我国在相当长的时期内,“三农”(农业、农村、农民)问题都是经济与社会发展面临的突出课题。为适应新时期农业经济、农业生态和农村社会发展的要求,同时为满足农业法的普及推广和教学与科研的需要,西南政法大学中国农村经济法制创新研究中心组织编写了《农业法教程》。

新版《农业法学》以党的十八大和十八届三中、四中全会有关全面深化改革的精神为指导,以我国《宪法》、《农业法》以及其他涉农法律为主要依据,力求做到理论与实际相结合,努力做到科学性、系统性和实践性的统一。

农业法学是新兴的综合性应用型学科,政法类院校、农业类院校以及财经类院校的相关专业近年来已经试行开设《农业法》课程。为此,我们希望通过本书促进我国的农业法学教学研究以及《农业法》的宣传与推广。编写本教材也是一次尝试,不足之处在所难免,欢迎广大读者提出批评和建议。

本书由李昌麒、吴越担任主编,全书由主编统稿、定稿。本书作者分工如下:

李昌麒、吴　越　导论

吴　越　第一章

韩从蓉　第二章

甘　强　第三章

陈鹏飞　第四章

叶　明　第五章

陈　治　第六章

沈　萍　第七章

杨　惠　第八章

陈　志　第九章

王　衡　第十章

全体编写人员对法律出版社,尤其是教育出版分社社长丁小宣先生以及陈慧编辑的大力支持和协助表示衷心的感谢。

李昌麒　吴　越

2015 年 6 月于重庆、成都

目　　录

导　论 …………………………………………………………………………（1）

第一章　总论 ……………………………………………………………………（6）

第一节　农业法的概念、调整对象与特征 ……………………………………（6）

第二节　农业法的基本目标与基本原则 ………………………………………（12）

第三节　农业法的调整方法 ……………………………………………………（29）

第四节　农业法律责任 …………………………………………………………（34）

第二章　农业用地法律制度 ……………………………………………………（43）

第一节　农业用地法律制度概述 ………………………………………………（43）

第二节　农业用地权属制度 ……………………………………………………（48）

第三节　农业用地国家管理制度 ………………………………………………（60）

第三章　农业规划与管制法律制度 ……………………………………………（76）

第一节　农业规划法律制度 ……………………………………………………（76）

第二节　农业管制法律制度 ……………………………………………………（89）

第四章　农业生产经营法律制度 ………………………………………………（127）

第一节　农村土地承包经营法律制度 …………………………………………（127）

第二节　乡镇企业法律制度 ……………………………………………………（143）

第三节　农民专业合作经济组织制度 …………………………………………（148）

第四节　其他农业生产经营制度 ………………………………………………（155）

第五章　农产品流通与加工法律制度 …………………………………………（161）

第一节　农产品流通法律制度 …………………………………………………（161）

第二节　农产品加工法律制度 …………………………………………………（175）

第六章 农业资金投入法律制度 …………………………………………… (187)
第一节 农业资金投入的概念、特征与类型 ……………………………… (187)
第二节 农业资金投入的必要性、现状检视与影响因素 ………………… (199)
第三节 农业资金有效供给的法律保障机制 …………………………… (209)

第七章 农业科技与农业教育法律制度 ………………………………… (223)
第一节 农业科技法律规制 ……………………………………………… (223)
第二节 农业教育的法律规制 …………………………………………… (252)

第八章 农业环境资源保护法律制度 …………………………………… (261)
第一节 概述 ……………………………………………………………… (261)
第二节 农业环境资源管理制度 ………………………………………… (269)
第三节 农业环境污染防治制度 ………………………………………… (275)
第四节 农业自然资源保护制度 ………………………………………… (282)

第九章 农民权益保护制度 ……………………………………………… (299)
第一节 村民民主自治保障制度 ………………………………………… (299)
第二节 农民消费者权益保护制度 ……………………………………… (303)
第三节 农民务工权益保护制度 ………………………………………… (310)

第十章 WTO 与农业立法 ……………………………………………… (320)
第一节 农业与 WTO 协定 ……………………………………………… (320)
第二节 WTO 与中国农业立法 …………………………………………… (334)

主要参考文献 …………………………………………………………… (337)

导　　论

一、农业法学的定义与特征

（一）农业法学的定义

尽管农业和农业制度有着悠久的历史，但是农业法学对我国而言却是一个全新的法学学科，它的兴起，既源于我国农业改革开放三十余年来所取得的举世瞩目的成就，又源于我国农业、农村和农民问题依然较为突出，尤其是我国的农业与发达国家的农业相比依然较为落后这一现实。

农业法学就是以农业法律、法规、规章以及与之密切联系的其他社会现象为研究对象的一门学科。农业法学的研究是全方位的，既要对农业法进行纵向研究，比如对农业法的产生、发展和变化的规律进行研究，又要对农业法进行横向研究，比如对现行各种不同的农业法律制度的性质、特点及相互关系进行研究；既要研究农业法自身的问题，诸如农业法律制度间的内在联系，又要研究与农业法相关的问题，诸如农业法与相邻法学学科之间的关系、农业法与农业经济、农业科技、农业环境以及农村社会等农业现象之间的关系；既要研究农业法规范、农业法律关系和农业法律体系，又要研究农业法的应然状况和实际效果。此外，由于中国加入了世界贸易组织，融入了世界贸易体系，因此国外农业法以及国际组织制定的农业国际条约和协定等也是农业法学的研究对象。总之，凡属于与农业有关的法律问题都在农业法学研究的范围之内。

（二）农业法学的特征

第一，农业法学是一门综合性、应用性较强的相对独立的新兴法学学科。农业法学旨在通过对农业立法、执法、司法、守法及法律监督的研究，为我国“三农”问题的解决提供系统化的法学理论依据，因而具有综合性。农业法学旨在研究我国农业发展，尤其是农业规模化、产业化和现代化过程中遇到各种法律问题，具有较强的运用性与实践价值，也是本学科相对独立的依据所在。

第二，农业法学属于规范科学，具有鲜明的价值取向。任何法律都是由法律规范构成的。农业法就是与农业有关的法律规范的总称。因此农业法的主要研究对象就是法律规范。农业法律规范可以分为农业权利分配规范、农业授权规范、辅助规范与定义规范以及法律参照规范等。而任何法律规范都包含了立法者对价值的判断，如公平、效率、安全等基本价值，因此农业法学的研究具有典型的价值评判特点。

农业法学属于规范科学的这一特点决定了它与其他以文本和规范为研究对象的学科的联系，如农业伦理学、农业社会学等。

第三，农业法学与其他法学学科存在交叉关系，同时具有公法和私法属性。农业法学涉及的法学领域十分广泛，与法理学、宪法学、民商法学、行政法学、环境资源法学、社会法学、诉讼法学等法学学科存在紧密的联系。例如，宪法对农业的基本规定是农业法学的宪法基础，有关农村土地管理的法律规范则属于行政法学的研究范畴。宪法学行政法学属于公法学的研究范畴。民法中关于土地与不动产所有权一般原理的规定也适用于农业用地所有权。商法中有关公司法、农民专业合作社法的规定则适用于现代农业经营组织。因此，学好农业法，应当具备相应的法学基础。民商法学则属于私法学的研究范畴。

第四，农业法学与农业政策具有紧密联系。由于我国农业生产关系处于不断变化和发展之中，农业法律制度也需要根据农业的变化发展做出相应的调整，需要对已经不适合时代要求的农业法律制度进行适时的修订。法律制度的变迁是一个缓慢的、不断试错的过程，因此需要先以政策的形式进行试点，待条件成熟时，再转化为正式的法律制度。例如，我国农业中的土地承包经营制度就是在试点的基础上，最后得到《宪法》以及《农业法》等基本法律的确认。又如，当前各地进行的土地承包经营权入股、入社、信托、抵押甚至买卖的试点，将为土地承包经营权制度的变革积累重要的经验。

二、农业法学与相邻法学学科的关系

(一)农业法学与宪法学

宪法中涉及农业以及农村的有关规定是制定农业法的根本法律依据，任何农业法律制度如果与宪法相抵触都是无效的。例如，我国《宪法》在序言中明确规定了农业现代化目标，这是制定农业基本法和其他农业法律制度的基本依据。又如，我国《宪法》第 8 条是对我国农村基本经济制度和经营制度的规定，相关农业法律、法规的制定都必须以此为根本依据。

研究宪法对农业法学而言具有重要的意义，它有助于研究者检视现行农业法的规定是否符合宪法精神，也有助于研究者发现农业法学的空白领域，还有助于研究目前的农村及农业法律制度中有哪些可以提升为宪法规定。

(二)农业法学与民商法学

民法和商法是调整平等主体间的财产关系和人身关系的法律规范的总称，属于私法领域。而在农业及农村法律关系中,大量地涉及平等的主体之间的权利义务关系,因此农业法学与民商法学存在紧密联系。例如,农村土地的所有权关系可以适用物权法的有关规定。农业生产经营组织按照其法律形式的不同,可以适用公司法、农民专业合作社法、合伙企业法、独资企业法、个体商人法、外商投资企业法等有关规定。再如,对农产品的商标和专利,尤其是驰名农产品商标的法律保护大量地又涉及知识产权法的有关规定。

(三)农业法学与行政法学

农业法学与行政法学关系密切。行政法律关系的主体之间具有不平等性,通常一方是国家行政职权机关,而另一方则是公民、法人以及其他行政相对人等行政义务主体。例如,农用地转用,就涉及国土部门的行政许可。此外,在涉农行政行为当中,如涉农业机构的设置、职权范围的划分、农业行政人员的任免、考核、奖惩和监督等也要受行政法的调整。例如,上级环保部门依法对下级环保部门的涉农业环境污染的不作为行为进行处罚,既是农业法学的研究对象,也是行政法学的研究对象。

(四)农业法学与环境资源法学

环境资源法同时具有公法和私法的法律属性。环境资源法以环境和自然资源的保护关系作为主要调整对象,而农业生产必须依赖土地等自然资源并且以一定的生态环境为前提,因此农业法与环境资源法具有紧密的联系。其中,农业环境资源关系既是农业法的研究对象,也属于环境法的研究领域。例如,防治土壤污染,即是农业法学的研究对象,也是环境资源法学的研究对象。

(五)农业法学与社会保障法学

社会保障法是当代一个新兴的属于社会法性质的法律部门,它主要调整养老、医疗等社会保险关系和社会救济关系。农业法与社会保障法存在紧密的联系。农村社会保障关系既是社会保障法学的研究对象,也是农业法学的一个重要分支学科。在我国目前的城乡二元结构格局下,应当建立适合农村经济与社会发展水平的社会保障制度。

(六)农业法学与国际经济法学

国际经济法主要调整国际投资、贸易、金融、知识产权、税收等法律关系,其中,农业法与国际贸易法的关系尤为紧密。由农产品贸易的特殊性所决定,世界贸易组织专门建立了农产品贸易制度,尤其是农产品补贴制度,它既是国际经济法的研究对象,也是农业法的研究对象。此外,农业法与国际投资法、国际金融法、国际知识产权法也存在一定的联系。例如,农业对国际资金的利用,农产品国际贸易中对地理标志的保护等内容。

(七)农业法学与比较法学

一般认为,比较法学是以不同国家之间的同类法律制度的异同为内容的法学学科。对不同国家之间的农业法律制度以及农业法理论的比较研究,有助于提升我国农业法学的研究水平。

此外,农业法与诉讼法学等解决纠纷的程序法学之间也有着密切联系。例如,农民对销售伪劣化肥、种子等的个人或组织可以提起损害赔偿的民事诉讼,农民或农村经济组织可以针对农业行政机关的某个违法行政行为提起行政诉讼。

三、农业法学与相邻非法学学科的关系

(一)农业法学与农业经济学的关系

农业经济学是研究农业经济运动规律的一门科学,包括对农业生产力组织、农业生产关系的协调等的研究。农业经济学与农业法学存在紧密联系。首先,农业经济学的研究对象中有许多本身就是法定的内容。例如,农业经济学将农业中的产权关系、经营方式、农产品市场组织、农产品价格、农业收入分配等作为研究对象,而这些大多在农业法中有具体的规定。其次,农业经济法的调整对象既包括农业的宏观调控关系,又包括农业的微观运行关系。农业法学研究应当吸收农业经济学中的研究成果,以促进这些研究成果的制度化和法律化。

(二)农业法学与农业技术科学的关系

农业的发展离不开农业科学技术的推动,在现代生产关系中,农业科学技术仍然表现为第一生产力,农业现代化尤其要尊重自然规律的法则。首先,农业和农村面貌的改善必须依靠农业科学技术的发展。其次,农业科学技术的研究与运用和推广有赖于知识产权法的保障,甚至有的农业法规本身就是技术性法规。

(三)农业法学与社会学的关系

社会学是研究社会现象、社会行为及其规律的科学。了解农业及农村社会学有助于农业法学研究。例如,农业法学可以借鉴社会学对农村社会贫困现象的研究成果,完善农村社会保障制度的研究。再如,社会学对农村失学儿童的研究成果可以作为改善农村基础教育法律制度的有益参照。

(四)农业法学与农业史学的关系

农业有着悠久的历史,研究农业制度和农业法律的历史演进属于农业法律史

学的领域。因此,农业法学与农业史学具有紧密的联系。农业制度史学既是农业史研究的组成部分,也是农业法学研究的范围之一。研究农业发展史有助于借古鉴今,从中挖掘为今所用的农业法律思想和制度。

四、本书的编写体例及用途指南

本书系以我国《农业法》和相关法的内容为基础,以党的十八大、十八届三中、四中全会有关全面深化改革的精神为参照,以国内外农业法教材为参考,并结合我国农业的实际集结而成。全书分为十章,分别是:第一章总论,第二章农业用地法律制度,第三章农业规划与管制法律制度,第四章农业生产经营法律制度,第五章农产品流通与加工法律制度,第六章农业资金投入法律制度,第七章农业科技与教育法律制度,第八章农业环境资源保护法律制度,第九章农民权益保护制度以及第十章世界贸易组织与农业立法。

本书在编写时考虑到了各种层次的读者的需要,既有对农业法律基础理论的介绍,也有对现行农业法律制度的归纳与阐释。本书的另一个特点,是包含了大量的涉农实例,力求做到理论与实践的结合。本书每章后面都附有思考题、案例分析或材料分析题以及热点话题。本书可以作为法学、农学以及经济管理类专业的本科生和研究生的必修课或选修课教材,也适合农村干部、农业科技人员和广大农民阅读。此外,国家立法机关、执法机关与司法机关也可将其作为参考资料。

第一章　总　　论

第一节　农业法的概念、调整对象与特征

一、农业法的概念

（一）传统农业法与现代农业法

传统农业法（agricultural law）就是传统的农业经济法。传统的农业经济，是指利用土地进行的农业生产经营活动，最为典型的传统农业活动即农业种植与禽畜、水产养殖活动。传统农业法的主要内容即规定农业生产经营资料的所有权和继承权，其中最重要的是农地的所有权制度和继承权制度。传统农业法的概念是与传统小农经济的发展水平相应的。例如，我国古代的农业法律制度的核心，也即以农地私有为核心的制度，包括地主的农地所有权和收租权、继承权，佃农的农地经营权等内容。

随着市场经济的发展，农业的面貌发生了根本性变化。一是传统的自耕农逐渐被现代农业经营组织，如农业公司、农民专业合作社所取代；二是农副产品加工业与物流业迅速兴起；三是与农业有关的科技与资金投入大量增加，诞生了现代农业加工、物流、科技和金融市场；四是农业生态环境保护问题日趋突出；五是诞生了大量的农业工人；六是随着人口的增加，粮食安全问题日益突出，国家加大了对农业的促进力度。为适应现代农业的发展，现代农业法不仅包括了传统的农业经济法，而且包括了农业促进与结构优化法、农副产品加工法以及与之相关的农业市场法、粮食安全法与农业促进法。与现代农业法紧密相关的，还包括了农业环境法和农业劳动与社会保障法。因此，广义的现代农业法是调整国家制订的在现代农业经济活动中所发生的农业经济关系以及与此紧密相关的农业生态关系和农业劳动与社会保障关系的法律规范的总称。现代农业法的体系，如下图所示：

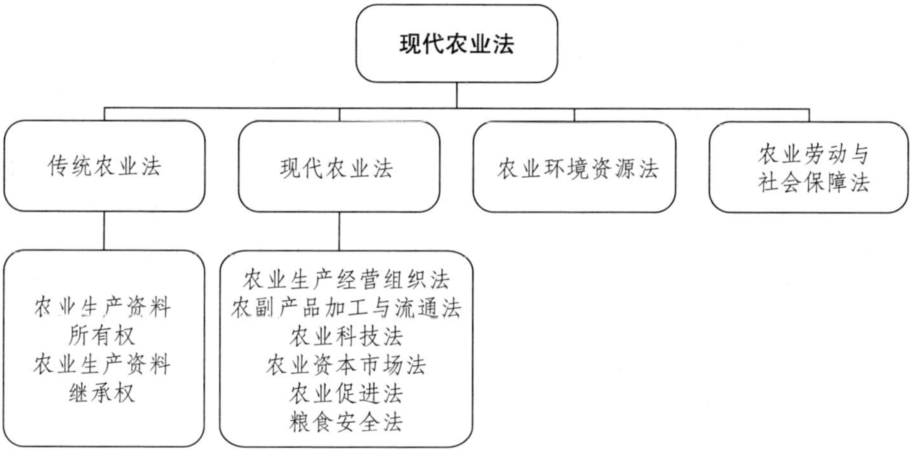

（二）农业专门法与广义农业法

农业专门法是指国家立法机关通过立法程序制定和颁布的，专门对农业经济的目标、原则和基本制度等根本性、全局性的内容进行全面集中规定的规范性文件，也即法典意义的农业法。我国于 1993 年 7 月 2 日第八届全国人大常委会第二次会议通过、2002 年 12 月 28 日第九届全国人大常委会第三十一次会议修订、2012 年 12 月 28 日第十一届全国人民代表大会常务委员会第三十次会议再次修订的《农业法》对农业的目标、原则和基本农业制度作了全面的规定，属于法典意义的农业法。我国《农业法》除总则外，还分别规定了农业生产经营体制、农业生产、农产品流通与加工、粮食安全、农业投入与支持保护、农业科技与农业教育、农业资源与农业环境保护、农民权益保护、农村经济发展等制度，涵盖范围十分广泛，堪称现代农业专门立法的代表作。《农业法》是制定其他涉农法律、法规和规章的重要依据。

广义农业法，除农业专门立法外，还包括与农业有关的法律、法规和规章，按照其效力级别、与农业相关的程度和调整内容的相对集中程度，又可以分为以下三类：(1)宪法中调整农业的有关法律规范，如《宪法》第 8 条、第 10 条的规定。宪法对农业的有关规定构成狭义的“农业宪法”内容，它具有最高的法律效力，其他法律、法规不得与之抵触。(2)农业基本法律、法规。农业基本法就是直接或者相对集中调整农业或者农村领域某一特定法律关系的法律或法规。除《农业法》外，还包括《土地管理法》、《农村土地承包法》、《农民专业合作社法》、《种子法》、《农业技术推广法》、《农业机械化促进法》、《水土保持法》、《环境保护法》、《草原法》、《森林法》、《基本农田保护条例》等。(3)与农业相关的法律、法规，涉及民商法、行政法、刑法等众多领域，如《民法通则》、《物权法》、《公司法》、《合同法》、《劳动法》、《行政许可法》、《民事诉讼法》等。

《农业法》与其他相关法律、法规一道，构成了我国的农业法律体系。

二、农业法的调整对象

农业法的调整对象是特定的农业经济关系和与农业经济关系紧密联系的农业生态关系与农业劳动与社会保障关系，它包括农业民事、商事关系、农业劳动与社会保障关系、农业环境保护关系以及与之相关的农业经济行政和农业促进、调控、管制关系等。根据农业法律关系的属性，可以分为农业公法关系和农业私法关系两个大类。其中，农业公法关系尤其体现了农业法的特征，而农业私法关系因为主要由民法、商法等私法调整，因此大多具有私法关系的一般特征。鉴于此，本书将重点分析农业法律关系中具有公法性质的农业法律关系。对农业私法关系，尤其是新型的农业生产经营关系，本书也将予以阐述。

（一）农业法律关系的含义

农业法律关系是指农业法律关系主体，根据农业法的规定，包括在参加国家宏观调控农业及农村的活动、农业行政管理活动中所形成的农业经济职权和农业经济职责关系，以及在参加农业经济和农村社会中发生的权利和义务关系。

（二）农业法律关系的构成要素

法律关系的构成是指形成当事人之间权利和义务关系的必要条件。这些条件就是法律关系的主体、内容和客体。

1. 农业法律关系的主体

（1）农业法律关系主体的定义

农业法律关系主体是指参加农业法律关系，拥有农业经济职权或农业经济权利、承担农业及农村职责或义务的当事人。在农业经济法律关系主体中，享受农业经济职权或者农业经济权利的一方分别称为职权主体或者权利主体；承担农业经济职责或者农业经济义务的一方分别称为职责主体或者义务主体。同一个主体既享有农业经济职权或者农业经济权利，同时又承担着农业经济职责或者农业经济义务。例如，农民是农村土地的承包经营权人，同时又承担着保护耕地的义务。又如，农业部门既依法享有农业行政的职权，同时又承担着不得滥用职权的职责。

（2）农业法律关系主体资格的取得

农业法律关系主体资格的取得依以下两种方式：

第一，法定取得，即依法律的规定而取得。因此，凡是国家法律、法规规定，能够对农业和农村进行宏观调控，进行农业和农村行政并且参与农业生产经营活动的机构、组织和个人都可以作为农业法律关系的主体。例如，依据我国《宪法》和

《农村土地承包法》的规定,农户对农用地享有土地承包经营权。

第二,授权或继受取得,即依据有授权资格的机关、组织或个人的授权或转让从而取得的可以对农业和农村社会进行管理或从事农业生产与经营活动的资格。例如,非农业组织和个人可以通过承包合同的方式取得对农村土地、森林或者水库等农业资源的使用权。

(3)农业法律关系主体的分类

第一,农业及农村行政主体。行政机关的农业及农村管理职权行政许可、政策指导、协调和监督等。我国的农业及农村行政主体也是分层次的,不同层次的行政主体的农业经济和农村社会管理权限各不相同。作为行政机关的管埋主体只限于在各自的管辖范围内行使领导和管理农业经济工作的职权。

第二,农业及农村生产经营活动主体,包括个人、农业公司、农民专业合作社以及其他涉农生产经营组织。此外,国家或其职能部门也可依法成为农业生产经营活动的主体。例如,国家通过粮库购买农民的粮食成为农业经营活动的主体。

2. 农业法律关系的内容

农业法律关系的内容是指农业法律规范所确认的农业法律关系主体的农业职权、农业职责、农业权利和农业义务。其中,农业职权与农业职责、农业权利与农业义务形成对应关系。

(1)农业行政主体的农业职权与农业职责

第一,农业行政职权。它是指国家农业以及涉农行政机构依法进行农业行政所享有的一种具有命令与服从性质的权力。农业行政职权,根据其作用范围的大小,可以分为抽象性的行政命令权和具体的行政行为职权两种。抽象性的行政命令职权,如政府为保护生态环境,而下达禁止在城市周边焚烧秸秆的职权。具体的行政职权,通常表现为对私法主体提出的申请,作出许可或者不予许可的职权。例如,专利机构对于某种新型涉及农业的专利作出批准或者不予批准的职权。具体的行政职权,还包括行政处罚权。例如,国土部门对于违法占用耕地的行为,依法作出行政处罚的权力。

第二,农业行政职责。它是指国家农业或者涉农行政机关依照法律的规定必须为或不能为一定行为的责任,是农业行政职权的对应物。它有两种表现形式:一是主动作为和不作为的农业经济职责。前者表现为行使农业行政职权的行政机关,必须主动地履行自己的职责。例如,根据法律的规定,中央政府担负着制定农业和农村经济和社会发展长远规划的职责,而各级人民政府肩负着对农业和农村经济发展工作统一负责的职责和组织各有关部门和全社会做好发展农业和为农业发展服务的各项工作。行政机关必须正确行使国家法律赋予的农业职权,不得滥用农业职权。二是被动的作为和不作为的农业经济职责。前者表现为一方主体按照法律的规定,本应主动履行某种职责而未履行时,在另一方主体的请求下,在有关机关和社会的监督下,或者在法院的裁决下所为的作为;后者表现为一方主体在另一方主体的请求下,在有关机关和社会的督促下,或者在法院的裁决下,被动地停止某种作为。例如,根据法院的判决,行政机关停止违法的征地行为。

(2)农业私法主体的农业权利与农业义务

第一,农业权利。这是指农业及农村生产经营法律关系主体依法可以为或不为,要求他人为或不为一定行为的资格。“资格”通常是用来说明主体的法律地位的,但是,它仍然可以用来说明权利的属性。农业权利主要包括农业资源所有权、农业生产经营权以及从所有权和经营权中派生出来的各种请求权。

首先是农业资源所有权。农业资源所有权是农业及农村经济中最为重要的权能。它包括对农业用地、森林、草原、湖泊、河流、矿山以及海洋等农业及农村经济赖以存在的资源的可以为人实际控制的不动产或动产的所有权。由于所有权以权利人对资源的实际占有、使用、收益和处分为内容,因此空气、阳光等重要的无法被权利人实际占有和控制的农业资源的所有权是无法界定的。

在农业资源所有权中,土地所有权最具有代表性。我国实行的是土地的国家所有权和集体所有权制度。我国《宪法》第 9 条第 1 款规定:“矿藏、水流、森林、山岭、草原、荒地、滩涂等自然资源,都属于国家所有,即全民所有;由法律规定属于集体所有的森林和山岭、草原、荒地、滩涂除外。”就农业而言,国家所有的土地主要体现在国有农场、国有牧场、国有种植业所占用的土地等方面。除此之外,农业用地的所有权主要体现为土地的集体所有制。土地集体所有权是指劳动群众集体依照法律的规定占有、使用、收益和处分自己土地的权利,是土地劳动群众集体所有制在法律上的表现。

其次是农业生产经营权。农业生产经营权是农业主体从事农业生产经营的权利,其中最为重要的就是农户的土地承包经营权。这是指农村承包经营户对属于农村集体所有的土地行使占有、使用和收益的权利。占有权,是指享有土地承包经营权的农民、集体,对其承包经营的土地实际控制的权利。这是土地承包经营权的前提。使用权,是指享有承包经营权的农民、集体,对其承包经营的土地,依照法律规定和合同约定,并根据所承包土地的性质和用途因地制宜地开发利用。这是土地承包经营权的主要权属。收益权,是指享有土地承包经营权的农民、集体,依照法律规定和合同约定利用其承包经营的土地,收获、占有和转让农产品,而获得利益的权利。这是土地承包经营权的归属和目标,因为农民、集体承包经营土地的最主要目的,就在于获得承包经营土地的产出物。

农业生产经营权属于自主性质的权利。农民、农村承包经营户对自己分得或者承包的土地,只要符合国家法律的规定,就有根据自己的意愿占有、使用和收益的权利,不受任何人或组织的非法干涉。因此,农业生产经营权是一种排他性质的权利,其权利主体对干涉其自主经营权的行为,有权要求排除妨害。例如,根据

《农村土地承包法》,农户的土地承包经营权受法律保护,不得随意进行调整。

农业私法上的请求权。这是指农业权利的主体享有的可以请求他人为一定行为或不为一定行为的权利。这是一种救济性的权利,通常在一方主体不履行应尽的职责或义务时发生。它是农业法律关系主体为使自己的合法权益得以实现而必须拥有的权利。它主要有以下三种形式:一是排除妨害和恢复原状的请求权。如果农业生产与经营主体的合法权益受到侵害,可以请求排除妨害和恢复原状。二是损害赔偿请求权。这是一方主体致他方主体损害时,他方主体享有的请求赔偿的权利。例如,农民对遭受环境污染而提出的损害赔偿请求权以及因农村土地的发包方违法终止承包合同产生的损害赔偿请求权。三是因私法产生的申诉、举报和公法诉讼权。农业法律关系的主体的合法权益受到法律保护,任何部门、单位和个人都不得干预和侵犯,否则,被侵犯的农业法律关系主体,有权向政府和政府有关部门申诉、举报或者向法院提起行政诉讼或刑事诉讼。

第二,农业义务。它是指农业私法主体基于法律的直接规定或者一方为满足另一方的要求必须为一定行为或者不为一定行为之约束,是农业权利的对应物。依据农业私法主体的农业义务产生的基础,可以将农业义务分为法定义务和约定义务两大类。法定义务是指农业私法主体依据法律的直接规定而形成的义务,例如农民保护耕地的法定义务;农副产品加工组织负有保障农副产品安全的义务。约定义务是指农业私法主体与农业公法主体或其他私法主体签订的合同而形成的义务。例如,农民因与外来投资者签订的农地租赁合同而形成的相互义务。农业私法主体的法定义务具有绝对性,私法主体不能更改或免除,而农业私法主体的约定义务具有相对性,私法主体基于平等地位可以协商更改或免除。

3. 农业法律关系的客体

农业法律关系的客体是指农业法律关系主体的农业职权和农业职责,或者农业权利和农业义务直接指向的对象。农业法律关系的客体有以下种类:

第一,可以为主体所实际控制和利用的农业自然资源,包括土地及不动产,农业生产资料、农业劳动成果等。此外,森林、草原、河流等可以为主体所实际控制和利用的自然资源也属于农业法律关系的客体。农业生产资料如种子、化肥、农药以及农业设施等不动产和农用机械等动产都属于农业法律关系的客体。而农业动植物产品也属于农业法律关系的客体。

第二,农业科技成果以及农业信息。农业发明、农业专利、农业商标及标志、农产品外观设计及包装等知识产权受法律保护。农业信息是有关农业或农业生产活动等基本情况的消息、数据、情报和资料的总称。

第三,农业行为。包括农业行政行为和农业民事行为两大类。前者是指农业法律关系主体在进行干预活动的过程中,为达到一定的干预目的,而进行的有目的、有意识的活动,如国家的国有土地的管理行为、农村集体组织对本集体的土地进行管理的行为等。后者是指农业生产经营行为或服务，如农业科技公司对农民或农村生产经营组织的科技服务的行为以及农民的耕种行为等。

三、农业法的特征

农业法具有法律的一般特征，也具有其自身的特征。

第一，农业法是规范和调整农业的强制手段，以国家强制力为后盾。这是农业法具有的法律的一般特征。农业法的这一特征决定了与农业道德、习俗、传统以及农业自律规范等其他手段的区别。

第二，农业法兼有公法和私法双重属性。农业法以调整农业经济以及与之紧密联系的农业生态和农村社会关系为对象，农民及农村经济组织在农业经济活动中与其他市场主体发生的关系属于民事或商事关系，由民商法调整，属私法领域；农业和农村经济活动中的行政管理关系由行政法调整，属公法领域。而农业劳动与农村社会保障法则属于被称为“第三法域”的社会法范畴，同样具有私法和公法两种特征。

第三，农业法在调整方法上具有多样性。农业法在调整方法上，兼采公法、私法以及刑法的调整方法，具有自身的特点。在经济法与行政法方面，政府可以通过公共投资、农产品补贴以及具体的行政行为等手段对农业经济进行宏观调控和直接干预。在私法方面，政府可以通过对重要农产品的收购调节农业经济。在刑法方面，国家可以通过追究农业经济犯罪刑事责任的方式来确保农业法的实施。

第四，农业法是综合性的应用性极强的法律领域。农业经济主体的多样性、农业及农村法律关系内容的广泛性、价值取向的多元性以及调整方法的多样性决定了农业法是一个综合性的法律领域。它与传统的法律分科，如民法、刑法、行政法、诉讼法有着显著区别，是一个应用性质极强的法律领域。

第二节　农业法的基本目标与基本原则

一、农业法的基本目标

《农业法》第1条的规定表明了其立法目的：“为了巩固和加强农业在国民经济中的基础地位，深化农村改革，发展农业生产力，推进农业现代化，维护农民和农业生产经营组织的合法权益，增加农民收入，提高农民科学文化素质，促进农业和农村经济的持续、稳定、健康发展，实现全面建设小康社会的目标，制定本法。”《农业法》第3条第2款规定：“农业和农村经济发展的基本目标是：建立适应发展社会主义市场经济要求的农村经济体制，不断解放和发展农村生产力，提高农业的整体素质和效益，确保农产品供应和质量，满足国民经济发展和人口增长、生活改善的需求，提高农民的收入和生活水平，促进农村富余劳动力向非农产业和城镇转移，缩小城乡差别和区域差别，建设富裕、民主、文明的社会主义新农村，逐步实现农业和农村现代化。”

根据农业法的立法目的和确立的基本目标，本书认为农业法有三大根本目标或者说核心目标：(1)保障农业在国民经济中的基础地位；(2)“三农”可持续发展目标；(3)“三农”现代化目标。其中保障农业在国民经济中的基础地位是从国民经济全局的角度确立的农业目标，因此可以称为“定位目标”，而“三农”可持续发展与“三农”现代化目标则是农业法的自身目标或本体目标。同时，后两个目标也是互为目的和手段的，概括地说，就是通过农业可持续发展实现农业、农村和农民的现代化，与此同时，也应当通过“三农”的现代化来实现农业经济、农业生态以及农村社会的可持续发展；简单地说，就是保障农业基础地位，“三农”协调持续发展，逐步实现“三农”现代化。

（一）保障农业在国民经济中的基础地位目标

保障农业在国民经济中的基础地位是指国家将巩固和加强农业在国民经济中的基础地位作为一项国家发展战略，农业法的制定和实施都应以保障农业的基础地位为出发点。它是制定农业法的基本目的之一。为此，《农业法》第3条明确了“国家把农业放在发展国民经济的首位”的目标。农业是一切社会存在和发展的基础。特别是在我国这样的农业人口众多而农业基础薄弱且农业资源稀缺的农业大国，国家把农业发展置于国民经济发展的首位是客观要求决定的，可以说是国家和社会的共识所在，各级政府更应当从战略的全局的高度把握《农业法》对农业在国民经济中的基本地位的定位。

首先，把农业放在国民经济发展的首位是国家根据当前和今后相当长的一段时期内农业基础薄弱这一客观现实出发确立的法则，它不但应当是农业法自身的首要目标，而且也应当是处理农业与工业、科技和国防现代化之间的关系的一个基本依据，与国家的工业化和现代化战略并不矛盾，因此符合宪法的总目标和党和国家的大政方针。在当前，尤其要首先发展农业，以工业和科技带动农业的发展，这不仅是一个还历史旧账的问题，更是一个全局性的战略调整问题。

其次，不能将保障农业在国民经济中的基础地位以及首先发展农业的基本目标绝对化。我们认为，我国的工业化和现代化进程所涵盖的，也是我国《宪法》序言中明确规定的工业、农业、国防和科学技术的现代化是一个有机统一的整体，四者不可偏废。农业自身的发展有赖于工业和科技的发展。只有工业和服务业发展了，才能吸收更多的农村劳动力向工业以及服务业领域转移，为农业的改革和农业现代化创造条件；而科学技术的发展和推广更是农业现代化的必不可少的条件，倘若过分偏重农业的发展，势必削弱工业和科技的发展，导致反过来影响农业的发展。国家可以根据国内和国际形势的需要，在一定的时期适度地优先发展某一经济领域，但是从长远来看，只有各个经济领域的全面协调发展，才能形成良性循环式的、螺旋式的渐进发展。

（二）“三农”可持续发展目标

1. 农业可持续发展的概念

可持续发展（sustainable development）是得到国际社会普遍认可的价值观。其基本内容是，经济的发展应当与社会的发展和环境的维持与改善同步，当代人的经济与社会发展不能建立在牺牲后代人发展的基础之上。1987 年，联合国环境与发展委员会确定了可持续发展的概念与初步定义，使之成为社会经济发展的指导原则。1992 年的里约热内卢宣言则重申了可持续发展观，认为应当用“最优化的而不是最大的”或者“长期有利环境的”资源利用模式将维持自然的生存基础与提高不发达国家的生活水平有机结合起来。也就是说，不能孤立地看待环境保护，而是将环境保护视为发展过程中的有机组成部分。

农业的可持续发展观则起源于美国，并在美国得到实践。1991 年，在荷兰召开的农业与环境会议上，联合国粮农组织确定了实现农业可持续发展的三个战略目标：一是要积极增加粮食生产；二是要促进农村综合发展，增加农民收入，消除农村贫困状况；三是合理利用、保护与改善自然资源，保护生态环境。由此可知，可持续农业的本质是生产持续性、经济持续性与生态持续性三者的统一。

在我国，除《农业法》外，《环境保护法》、《土地管理法》、《基本农田保护条例》、《水土保持法》、《森林法》、《草原法》、《水法》、《渔业法》、《野生动物保护法》等一系列法律都体现了农业发展必须与农业资源与生态保护相结合的可持续发展观。

2. 农业可持续发展的内容

（1）农业经济的可持续性

经济的可持续性是指经济可以自我维持和自我发展。农业经营的经济效益和回报率，直接影响到农业生产是否能够维持和发展下去。新中国成立后实行的以农补工、优先发展工业的政策，导致农产品价格长期低于其正常的市场价值，农业的回报率低下，严重影响到农民的生产积极性，极大地削弱了农业经济的可持续发展能力。随着改革开放的深入和工业基础的增强，这种以牺牲农业为代价发展工业的做法得到了纠正。《农业法》第 79 条规定：“国家坚持城乡协调发展的方针，扶持农村第二、第三产业的发展，调整和优化农村经济结构，增加农民收入，促进农村经济全面发展，逐步缩小城乡差别。”国家加大了对农业的投入，一定程度上减轻了农民的负担,尤其是近年来全部免除了农业税,使得农业经济的可持续性发展成为可能。

此外,农业作为一种产业,必须提高生产效率才能生产出在市场上具有良好竞争力的农产品。缺乏经济可持续性的农业系统最终是不可持续的。为此,农业法明确提出了科教兴农的方针。科教兴农的基本内容就是通过农业科技的开发和推广来提高农业的生产效率。

(2)农业生态的可持续性

农业生态可持续性是指农业自然资源的长远利用和农业生态环境的良好维护。我国人多地少,人均资源紧缺,地区发展不平衡,经济技术基础薄弱;近年来,我国农业总体生产力虽然明显提高,但开发与治理不够协调,致使农业生态环境恶化;农村人口仍然在急剧增加,对农业的压力还在不断增大。这就要求中国农业发展必须走资源节约,生产集约高效,保护环境的可持续发展道路。其主要内容是:维护不可再生资源的质量,维持和改善其生产能力,尤其要保护耕地资源;合理利用可再生农业资源,减少不必要的浪费,实行休渔、休耕、休伐、休猎、休牧制度;加强水利和农田基本建设,提高防灾抗灾能力;向非农产业转移农业剩余劳动力,减少对农业资源和生态的过度利用。

(3)农民自身发展的可持续性

《农业法》把提高农民收入和生活水平作为基本目标之一,并规定国家保护农业和农业生产经营组织的财产及其他合法权益不受侵犯。各级人民政府及其有关部门应当采取措施增加农民收入,切实减轻农民负担。农民自身发展的可持续性主要包括物质与精神两个方面。

(4)农村社会的可持续性

农村社会可持续性是指农村社会能够自我维持并实现自我发展,它是农业经济可持续发展的重要保障。当前,农村社会存在的主要问题是农民的相对贫困化较为突出,严重地影响到农民自身的发展和农村家庭的发展,农民受教育程度低,缺少社会保障,农村社区文化设施、医疗设施极为落后。这种局面不但严重地影响到农村自身的可持续发展,也极大地制约了整个社会的发展。国家出台政策强化农村的基础教育。近年来,随着农业劳动力不断向城镇转移,农业人口逐步转入负增长,导致“空心村”不断增加。农村土地撂荒现象逐步蔓延。农村社会结构面临着巨大的变迁,农村社会结构是否可持续,将制约着农业经济的发展。

农业经济、农业生态、农村社会以及农民自身的可持续发展这四个方面是相互依存、互为条件的,其中,农业经济发展是生态发展和社会发展的先导,农业生态的保护和改善是农业经济持续发展和农业社会持续发展的自然前提,而农业社会的进步与发展反过来又将促进农业经济的发展和农业生态保护的改善,因为社会发展可以为经济发展提供优质的劳动力资源和管理资源,而社会的进步本身也包括了生态环境的改善。忽视其中任何一方面的发展都会影响到其他两个方面的持续发展。最后,农民自身也在前三个方面的发展中得以发展,农民自身的发展也是前三个方面发展的出发点和归属。无论农业经济、农业生态还是农村社会的发展,倘若忽视了农民的正当的权利和利益,无异于失去了可持续发展的基本目标,也有悖于以人为本的执政理念和法治国家的基本原则和基本价值。

(三)“三农”现代化目标

1.“三农”现代化的意义和概念

“三农”现代化,是指逐步实现我国农业、农村和农民的现代化。农业现代化是我国宪法序言所确认的“四个现代化”目标之一。它因此是农业法的另一个核心目标,这个目标也与农业的可持续发展目标有着密切的联系。农业现代化是我国建立社会主义现代化国家这一宏伟目标的重要组成部分,相对于工业、科技等其他行业的现代化,实现农业现代化的任务更加艰难、曲折和复杂。但是,尽管我国已逐步迈入工业化、信息化时代,但我国仍然是一个农业大国,如果不实现“三农”现代化,无异于整个国家没有实现现代化。鉴于此,《农业法》第3条第2款确立了“逐步实现农业和农村现代化的目标”。此外,从农业法的立法精神和相关法律的精神出发,结合当前构建和谐社会以及以人为本的政策要求,我们认为农业和农村的现代化也必然包含了农民的现代化这一层含义。一方面,农业和农村的现代化建设的主体仍然是农民,倘若没有具有现代意识和现代技能的农民,农业和农村的现代化便失去了合格的主体;另一方面,农业和农村现代化的最终目的,仍然是为了提高农民的收入和生活水平,否则农业和农村的现代化将失去其动力和偏离航向。

2.“三农”现代化的主要内容

“三农”现代化是一个历史的和动态的概念,不同的历史发展阶段有着不同的目标和含义。

(1)农业现代化

从农业法的有关内容来看,农业现代化可概括为农业基础设施的现代化,农业经营体制和管理体制的现代化;农业的机械化、信息化和农业科学技术的现代化等内容。农业现代化的具体内容十分广泛,目前还没有一个完整的定义。我们只能总结一些有代表性的研究资料,作如下概括:

第一,农业现代化具有很强的时代性。农业现代化只有阶段性的目标,而没有终极目标,即在不同的历史时期有着不同的阶段目标和表现形式。随着经济全球化的进程,特别是在我国已加入了WTO的历史背景下,我国的农业必须面对激烈的国际贸易竞争。因此,实现农业现代化的战略目标,已经不可能只限于国内范围,而应该站在全球化的高度来分析农业现代化,以国际标准来判断是否实现了农业现代化。

第二,农业现代化是农业科学技术的现代化。现代农业是以生物技术、信息技术、农业机械化和自动化技术等现代高科技为基础的高度的技术密集型的产业。这些现代科学技术广泛适用于动植物育种、农作物栽培、牲畜饲养、土壤、化肥、农药等农业田间生产以及农业机械生产领域,如在联合收割机、播种机、施肥机等农机上安装全球卫星定位系统,采用智能机器人进行农业生产活动,使用飞机施肥、施药等,现代技术的采用提高了农业的劳动生产力和土地生产率。

第三,农业现代化是农业生产的生态化。如前所述,可持续发展是社会发展的指导原则,实现农业现代化也不能脱离这一原则。农业现代化的标志之一就是农业生产的生态化,也就是改变以前的以损害农业生态环境为代价的农业生产方式。

第四,农业现代化是农业经营管理的现代化。农业现代化不仅是农业生产、农业工具等硬件的现代化,它还包括对农业生产经营、农业产业管理、农业市场经营的现代化,实现管理和市场经营的现代化,进一步提高农业生产布局区域化、过程专业化、管理企业化和服务社会化水平,从而使农业具有较高的农产品价值和农产品加工附加值。这同时也就意味着,农业现代化离不开农业法治的现代化和农业制度的保障。

第五,农业现代化是农业的产业化与规模化。农业产业化是指农业生产单位或生产地区,根据自然条件和社会经济条件的特点,以市场为导向,以农户为基础,以龙头企业或合作经济组织为依托,以经济效益为中心,以系列化服务为手段,通过实现种植养殖加工、产供销、农工商一条龙的综合经营,将农业再生产过程的产前、产中、产后诸环节组成一个完整的产业系统的过程。农业产业化促进了农业科学技术和设备的推广和应用,增加了农村的就业机会,同时提高了我国农业产业的国际竞争力水平,也为农业的信息化提供了广阔的实践平台。

从我国农业现代化的实际情况来看,当前我国农业在机械化、规模化经营方面,都取得了显著的进步,但与西方发达国家相比,我国农业在产业化、规模化经营方面,仍存在显著差距。例如,我国农地的规模化经营面积和现代农场的平均耕种面积,与美国相比,差距依然较大。

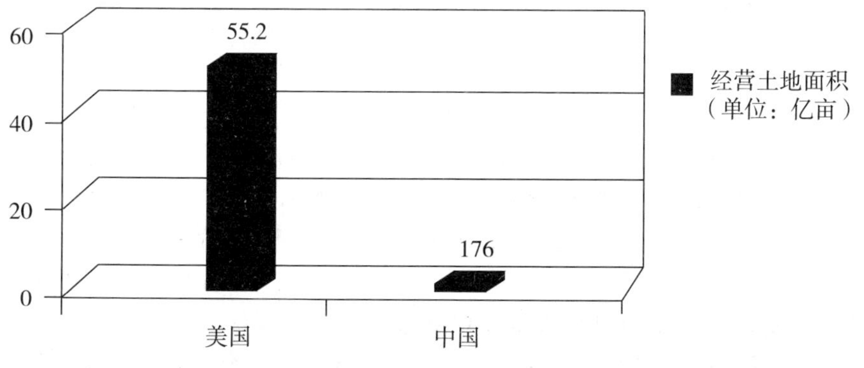

图1 中美农场规模化经营土地面积对比图

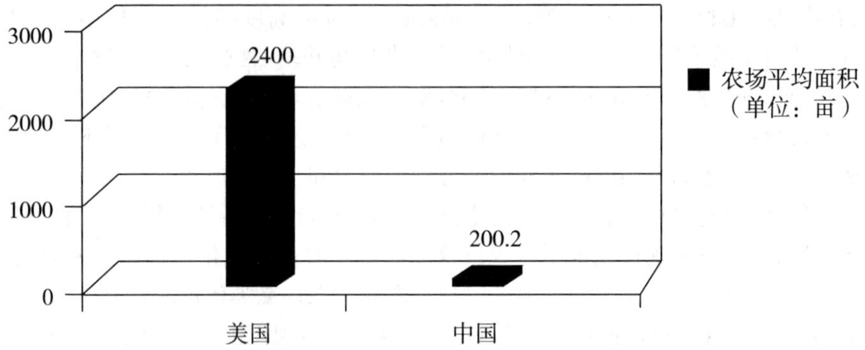

图2 中美农场平均耕种面积对比图

我国农业规模化、产业化现代化的障碍，除人均耕地少这一客观原因外，更多地在于现行法律制度上，主要体现在，当前的农地承包经营权掌握在分散的农户手中，农户因为耕地太少，种地不赚钱，进城务工，从而导致耕地撂荒现象蔓延，“有地不愿耕”，而农业公司、农民专业合作社等现代农业生产经营组织却并不拥有土地承包经营权，只能通过租约的方式向农户租用农地，“愿耕者无地可耕”。

(2)农村的现代化

农村现代化的总体要求就是建设富裕、民主、文明的社会主义新农村。我们认为，从农业法的角度看，农村现代化的主要内容就是农村基础设施的现代化、农村教育与文化的现代化和农村社会保障体系的现代化。

第一，农村基础设施的现代化。农村的基础设施主要包括农村的道路、通讯设施、给排水、电力、天然气或煤气以及垃圾处理、卫生设施等。目前，东西部地区的农村基础设施建设存在严重的不平衡，加之农村具有分散性特点，使得农村的基础设施建设仍然任重道远。作为农村基础设施现代化的一项重要举措，就是小城镇的建设。为此，《农业法》第81条第1款规定：“县级以上地方人民政府应当根据当地的经济发展水平、区位优势和资源条件，按照合理布局、科学规划、节约用地的原则，有重点地推进农村小城镇建设。”

第二，农村教育与文化的现代化。农业法确立了科教兴农的方针。我们认为，农村的现代化首先应确保农村基础教育的现代化。改革开放以来，国家加大了对农村基础教育的投入，有效地解决了农村儿童入学难的问题；但是农村的职业技术教育则相对落后。农村的文化建设远远满足不了农村现代化的要求。农村居民对可利用的文化设施如文化馆、电影院以及体育设施等的拥有量明显少于城镇居民的拥有量。因此，农村教育与文化现代化的任务还十分艰巨。

第三，农村社会保障体系的现代化。农村的现代化离不开农村社会保障体系的建立和完善。当前的农民在社会保障方面主要存在两大难题。一是看病难。我国已建立农村医疗保险体系，但农村的医疗设施还十分落后，农民生病往往无法就近找到合适的医疗场所。二是养老难。农民养老保险体系正在逐步建立，过去那种农民通过多生儿女来实现老有所养的现象已经逐步减少，但由于缺乏失业保险，未满60岁农民的社会保障依然是个问题。可见，要实现农业的现代化，没有农村社会保障体系的建立和现代化几乎是不可能的。《农业法》第84条规定："国家鼓励、支持农民巩固和发展农村合作医疗和其他医疗保障形式，提高农民健康水平。"农村社会保障体系的建立，仅靠农民自身的投入是不够的，因为社会保障体系的建立，离不开国家和个人的共同参与，尤其是在我国农民的平均收入偏低的情况下，农村社会保障体系的建立更离不开国家的政策与资金的进一步支持。

此外，《农业法》第83条规定："国家逐步完善农村社会救济制度，保障农村五保户、贫困残疾农民、贫困老年农民和其他丧失劳动能力的农民的基本生活。"

(3)农民的现代化

所谓农民的现代化，就是农民自身综合素质的提高，包括农民的生产与经营能力以及文化素养的提高等方面。农民自身的现代化与农业和农村的现代化密不可分。

首先，农业经济活动最终由农业生产的主体也即农民来实施，农业现代化的各方面都必须通过农民的劳动去实现。在农业生产经营过程中，先进的生产工具靠人去创造，先进的科学技术靠人去摸索，先进的管理经验靠人去总结，而这些工具、技术、经验又都靠人去应用。从这个意义上说，农业现代化是以人为本的现代化，农业现代化以现代化的农民或者说现代化的农业工人为前提。

其次，农村现代化建设也需要农民的直接参与创造。农村的基础设施建设离不开现代化的农民，而农村的文化和精神文明建设不但需要农民的参与，更是以服务农民为目标。此外，农民的现代化有助于消除贫困，从而有利于农村社会保障体系的建立。

(4)"三农"现代化之间的关系

农业、农村和农民的现代化这三者之间紧密联系，互为条件、目的和手段，缺一不可。

首先，农业现代化的建设主体仍然是农民，倘若没有具有现代生产和经营管理能力的农民，农业和农村的现代化便失去了合格的主体；另一方面，农业和农村现代化的最终目的，仍然是为了提高农民的收入和生活水平，否则农业和农村的现代化将失去其动力和偏离航向。

其次，农村现代化的建设主体以及服务的目标也是农民。农村的基础设施建设需要农民的直接投入和参与，而农村的教育与文化建设离不开农民文化素质的提高，并且直接服务于农民。

最后，农民自身的现代化不但是农业法的终极目标，也是实现农业现代化和农村现代化的条件。

在这方面最好的例子就是农业法所确定的“开发式扶贫”方针。实践证明，减少和消除农民和农村的贫困的有效办法不是“输血式的扶贫”，而是“造血式的扶贫”。通过开发式扶贫，一方面发展了农村经济，另一方面增加了农民的收入，农村的建设也将随之得到改善。这充分说明了“三农”现代化之间的有机联系。同时，“开发式扶贫”也应当与资源保护和生态保护相结合，从而实现“三农”现代化与农业可持续发展的整体协调。为此，《农业法》第85条规定：“国家扶持贫困地区改善经济发展条件，帮助进行经济开发。省级人民政府根据国家关于扶持贫困地区的总体目标和要求，制定扶贫开发规划，并组织实施。各级人民政府应当坚持开发式扶贫方针，组织贫困地区的农民和农业生产经营组织合理使用扶贫资金，依靠自身力量改变贫穷落后面貌，引导贫困地区的农民调整经济结构、开发当地资源。扶贫开发应当坚持与资源保护、生态建设相结合，促进贫困地区经济、社会的协调发展和全面进步。”

二、农业法的基本原则

（一）农业法基本原则的概念

农业法的基本原则，是指在农业法的制定、实施以及主体参与农业活动中应当遵循的根本指导思想。农业法的基本原则包括如下两层含义：第一，农业法基本原则对整个农业和农村法制建设具有指导作用，它既是农业立法的原则，又是包括农业执法、司法和守法在内的整个农业和农村法治活动的总的指导思想和根本法律准则；第二，农业法基本原则本身具有规范作用，任何农业生产经营组织和农业劳动者以及其他农业法律主体在农业和农村经济活动中，司法机关和仲裁机关在解决农业和农村经济纠纷中，农村经济管理机关在监督、调控农业和农村经济的活动中，都必须以农业法基本原则为根本依据，严格遵守，否则即构成对农业法律法规的违反，应追究法律责任。

（二）农业法的基本原则和主要内容

1. 依法治农原则

依法治农原则，是指涉及农业、农村以及农民利益的活动，都应当依照宪法和农业基本法的规定进行，一切国家机关和组织、社会团体和个人不得违背，即有法必依、执法必严和违法必究。依法治农原则是农业法的根本制度原则，是依法治国的体现和建设社会主义市场经济法治的基本要求，对实现农业法的基本目标和“三农”问题的解决具有至关重要的意义。依法治农原则也是法治国家原则的重要体现，它对于维护农民的正当权利与自由具有举足轻重的意义。

社会主义市场经济就是法治经济,在农村经济中,市场主体的资格和基本的权利与自由需要由法律来确立;市场主体的经济行为需要由法律规范来界定;市场运行的规则需要靠法律来构筑;公平的农业市场竞争秩序需要由法律来保障;市场主体的财产权需要由法律来维护;市场主体之间的各种农业和农村经济纠纷需要通过正当的法律程序来解决;农村的社会保障体系也需要靠法律来建构。因此,国家除制定《农业法》外,还需要尽快制定配套健全的农业法律法规,做到"有法可依,有法必依,执法必严,违法必究"。

首先,立法机关对涉及"三农"的立法活动应当在宪法和农业基本法的指导下进行,政府及其职能部门在制定"三农"有关的行政法规、规章时,也不得违背宪法、农业基本法以及其他相关法律的规定。作为农业基本法的《农业法》是全国人大常委会根据《宪法》制定的,因此《农业法》是立法机关制定其他农业法律以及政府机关制定农业法规及行政规章的主要依据,违背《宪法》以及《农业法》的有关农业法律、法规应属无效。

这里尤其要厘清农业法律与农业政策的关系。我们认为,要认识农业法律与农业政策的关系,必须正确理解"农业政策"的含义。第一,有的农业政策本来就包括在农业法律之中或者被农业法律认可,这样的农业政策本身就是法律。第二,中央政府的农业政策是从全局出发,依据宪法和农业基本法制定的,对下级政府和机关具有约束力。第三,在国家法律没有明确规定的情况下,中央政府依据宪法和农业基本法律制定的政策是有效的,地方政府及其职能部门在法律许可的范围内依据法律和中央政府的政策制定的地方政策也应当是有效的。第四,社会上所讲的"土政策",是违背宪法、基本法律和中央政府的政策制定的,因此是无效的。少数地方的个别农村领导干部甚至"以言代法",即"我说的就是政策"。这种违法的"口水政策"严重地损害了农民的合法权益和农业生产积极性,当然是无效的。因此,我们认为农业法律与农业政策的关系应当是:农业法律是制定农业政策的准绳,必要的农业政策则是农业法律的有益的补充。农业政策主要是在法律没有规定的情况下起作用的,违背宪法和农业基本法的法律政策无效。

其次,农业执法与监督应以《宪法》、农业基本法以及其他相关法律为依据。由于农业立法与其他领域的立法相比存在立法层次低、行政规章繁多的特点,加之农业涉及面广,执法主体众多,导致在实践中出现了有法不依以及执法混乱、多头执法、执法真空等不利于农业法实施的情况,应当予以纠正。这里尤其要指出,一切农业执法机构在作出农业具体行政行为时,都应当以宪法、农业基本法和有关的行政规章为依据,减少和杜绝违法的农业行政行为。

再次,涉及农业的司法也必须以《宪法》、农业基本法以及其他相关法律为依据。由于农业法的立法质量相对不高,法律空白地带多,很多的农业法律规范不完整,加之行政规章繁多,在地方利益的驱动下,导致在司法实践中出现了司法无据、法律规范冲突以及判决无法执行甚至受到行政的不正当干预等现象。这与依法治农的精神是背道而驰的。

最后,农业守法和农业法律意识的培养也应当服从"依法治农"原则。不仅农民的法律意识还十分淡薄,而且农业及农村执法主体中存在的农业有法不依、执法不严现象屡见不鲜。明确树立"依法治农"原则不仅有利于国家整个法治建设,而且对于切实维护"三农"利益有着启蒙性质的作用。

总之,只有坚持农业的制度化建设和法治建设,才能真正地调动广大农民的积极性,振兴农村经济,维持农业和农村的长期稳定,构建和谐的、以人为本的社会主义新农村。

2. 保护"三农"利益原则

保护"三农"利益原则,也可以称为"保护农益"原则或"三农保护"原则,是指农业立法、执法、监督和司法要依据宪法和农业基本法的要求,切实保护农业、农村和农民的根本利益,并给予适度的政策以及资金等倾斜性支持,该原则体现了农业经济的基础地位,回应了农村社会基础薄弱以及农民处于弱势群体地位的现实。支持与保护"三农"利益原则体现农业法的公正价值观,是农业法的根本价值原则或者说"维权原则",是"依法治农"原则的必然要求和结果。

首先,农业处于国民经济的基础地位,农业法将发展农业作为国家发展国民经济的首位。我国农业基础极为薄弱,但是我国农村人口众多,只有支持、保护和巩固农业在国民经济中的基础地位,才能逐步缩小城乡差别和区域差别,实现农业现代化和整个国家的现代化目标。农业的基础地位并不意味着其基础本身是天然牢固的。恰恰相反,农业的特点和性质决定了它是一个典型的风险型产业、天生的弱质产业:农业的自然风险无时不在;农业的市场风险也很大;农业基础设施建设具有投资大、共享性和见效慢的特点;农业生产的调整周期长且生产有刚性;农业生产具有分散性,特别是我国农业经营规模小、现代化水平低、生产成本和流通成本都较高,在国际市场的竞争中也处于不利的地位;由于历史的原因,长期形成的城乡二元结构,农村经济和文化发展的不平衡、工农产品价格"剪刀差"、工农业发展速度比例不协调、城乡居民收入不平衡以及农业生产条件和农村基础设施落后,给农业和农村经济发展带来严重阻碍。

鉴于上述原因,农业法中的许多基本方针和基本制度,都体现了保护农业利益的原则。《农业法》第六章专门规定了"农业投入与支持保护"制度。该法第 37 条第 1 款规定:"国家建立和完善农业支持保护体系,采取财政投入、税收优惠、金融支持等措施,从资金投入、科研与技术推广、教育培训、农业生产资料供应、市场信息、质量标准、检验检疫、社会化服务以及灾害救助等方面扶持农民和农业生产经营组织发展农业生产,提高农民的收入水平。"此外,《农业法》第 80 条第 1 款规定:"各级人民政府应当采取措施,发展乡镇企业,支持农业的发展,转移富余的农业劳动力。”可见，发展乡镇企业的目的，不是放弃农业，而是为了保护农业的基础地位。农业法规定的农业基础设施的建设、生态环境建设、农村经济结构、开发式扶贫等调整措施，都直接体现了对农业的保护原则，而最近实施的减免农业税费政策也直接体现了对农业的保护。

支持与保护原则不但要求加大对农业的投入，对农业发展实行适度的倾斜，而且要求在国际贸易中依据世贸组织等国际公约、条约的规定对本国农业实施保护。

其次，农业法体现了保护农村利益的原则。《农业法》明确将建设富裕、民主、文明的社会主义新农村作为基本目标之一。农村的基层民主建设是我国民主与法治建设的重要组成部分，也是推动“三农”现代化的制度保障。而农村的精神文明建设、农村社会保障体系的建立是中华民族的伟大复兴“中国梦”必须面对和回答的问题。相对城市的发展而言，我国农村的建设与发展已经落后不少，而且城乡差距在某些地区还有进一步扩大的趋势，只有从坚持保护农村利益的原则出发，加大对农村建设的倾斜力度，才能逐步地缩小城乡差距，实现整个社会的协调发展。此外，农村社会利益保护必然包含了对农村生态环境的保护内容。农村生态环境是农村社会环境的有机组成部分，对农村生态环境的破坏不但影响到农业经济的发展，也直接影响到农村和谐社会的建设。

最后，农业法体现了保护农民利益的原则。《农业法》将提高农民的收入和生活水平作为基本目标之一。该法第7条规定：“国家保护农民和农业生产经营组织的财产及其他合法权益不受侵犯。各级人民政府及其有关部门应当采取措施增加农民收入，切实减轻农民负担。”此外，该法第九章还以专章的形式详细规定了农民权益保护。农民的生产积极性来自经营自主权和物质利益两个方面，而农民的物质利益又是同生产经营自主权密切联系在一起的，即不尊重农民的自主权，也就是损害农民的物质利益；同样，不保护和承认农民的合法财产权，也就是削弱农民的自主权，其结果必然会挫伤和打击农民的生产积极性，影响农业生产的发展。

此外，农业法还确立了农业保险制度。《农业法》第46条第2款规定：“国家逐步建立和完善政策性农业保险制度。鼓励和扶持农民和农业生产经营组织建立为农业生产经营活动服务的互助合作保险组织，鼓励商业性保险公司开展农业保险业务。”

应当指出，对农业、农村和农民的保护是相互联系的，不能把三者对立起来。对农业的保护是先导，对农村的保护是基础，而对农民权益的保护则是目的和归宿，农民权益的保护反过来又能促进对农业和农村的保护。可见，对“三农”权益的保护是一个有机统一体。

3. 农业经济、生态与农村社会协调发展原则

农业经济、生态与农村社会并行协调发展原则，是指农业经济的发展与农业生态的维持和改善相结合，农业经济的发展与农村社会自身的建设相结合，农业生态

的维持和改善与农村社会的建设相结合,不单纯追求某一方面的发展,从而实现农村经济、生态与社会的协调的可持续的发展。协调发展原则是"三农"可持续发展的体现,是构建和谐社会的具体要求,也是农业法的一个价值衡平原则,是农业法的价值平衡器。农业经济、农业生态与农村社会协调发展原则是《农业法》确立的可持续发展基本目标的体现。《农业法》第4条规定:"国家采取措施,保障农业更好地发挥在提供食物、工业原料和其他农产品,维护和改善生态环境,促进农村经济社会发展等多方面的作用。"《农业法》第85条规定,扶贫开发应当坚持与资源保护、生态建设相结合,促进贫困地区经济、社会的协调发展和全面进步。

首先,农业经济的发展应当与农业生态的维持和改善相结合。应当承认,农业与农村的发展,经济发展是先导,因为经济发展所产生的效益能够反过来促进生态环境的保护和农村社会的建设。但是农业经济的发展不应当以牺牲农业生态环境为代价,盲目、片面地追求农村经济的发展不但会导致生态环境的破坏,导致外部性问题,而且会影响到农村经济自身发展的可持续性。在实践中,有的地方片面追求农业经济的发展,实行资源掠夺性质的农业开发,导致土壤、河流、森林、草原和植被等的破坏,严重违背了协调发展原则。为此,国家出台了《退耕还林条例》等相关规定,加大了对农业生产环境的保护。各级人民政府也应当转变思想,对经济效益和环境效益作出评估之后确定农村发展的思路。农业生产的对象是动物、植物和微生物,经济再生产过程同自然再生产过程是相互交织在一起的,这是农业生产区别于工业和其他生产部门的根本特点,而农业生产的这一根本特点,在任何社会形态中都不会发生根本的改变。农业生产的根本特点表明,它要求人们进行农业生产时,不仅要遵守经济规律,而且必须遵守自然规律。同时,农业是一种资源型产业,它对农业自然资源和生态环境的依赖程度比工业要大得多,珍惜和合理利用农业自然资源,大力提高资源利用率,搞好资源保护,切实保护生态环境,对农业和农村经济的持续、稳定、协调发展具有十分重要的意义。为此,《农业法》第57条第1款规定:"发展农业和农村经济必须合理利用和保护土地、水、森林、草原、野生动植物等自然资源,合理开发和利用水能、沼气、太阳能、风能等可再生能源和清洁能源,发展生态农业,保护和改善生态环境。"尤其应当指出的是,农村乡镇企业的发展仍然应当服务于农业的发展和环境的保护。

当前,我国农业生态面临的日益突出的问题,即土壤、灌溉水源的重金属污染,尤其是铅、镉、砷、硒等对人体有害的金属污染,例如"镉大米"就是因为土壤中的镉含量严重超标形成的。其次是禽畜养殖造成的污染。

其次,农业经济的发展应当与农村社会的发展同步,逐步实现农民的共同富裕目标。一是农业经济的发展应当服务于农村社会建设的目标。农业经济和乡镇企业的积累中,应当有适当比例投入农村自身的基础设施建设、文化教育体育设施建设以及社会福利建设。二是农业经济和乡镇企业的发展应当坚持农业法所确立的以按劳分配为主体、多种分配形式并存的分配制度,防止贫富的过分悬殊。三是农村经济的发展不应当以牺牲农村社会的价值观为代价。农村中的极个别地方出现了毒品经济、黑社会经济、赌博经济、权力经济以及“黄色经济”,这与构建富强文明的社会主义新农村目标背道而驰。

最后,农村生态环境的维持与改善应当与农村社会的发展同步,实现农民、农村与自然的协调发展。

应当承认,在农业规划、管理以及具体的农业行政与农业生产经营活动中,经济价值、生态价值与社会价值会出现一定的冲突。我们认为,对三者之间的冲突应当正面对待,只要一种价值不根本上损害另外两种价值,应当容忍暂时的价值冲突。反之,当某一种价值将根本性、长期性地损害另外两种价值时,则应当予以纠正。

4. 市场在资源配置中起决定性作用原则

我们认为,市场在资源配置中起决定性作用的原则是市场经济的根本法则,它也应当成为我国农业经济发展一项基本原则。该原则的基本内容是,在农业立法以及农业行政活动中,应当根据市场经济的自身规律建立农业法律制度,并按照市场的规律授权政府及其职能部门引导、管理农业和农村建设。该原则是农业法的方法原则或手段原则。

第一,农业和农村经济活动应遵循市场的决定性作用原则,政府对农业经济的调控也应当遵循该原则。正是基于这样的原则,我国才走出了计划农业经济的误区,实行以市场为导向的农村经济承包制度,极大地解放了农业生产力。我国《农业法》中的许多基本制度都体现了这一原则。例如,《农业法》第 3 条将建立适应发展社会主义市场经济要求的农村经济体制作为基本目标之一。

第二,农村生态维持与保护应当遵循市场起决定性作用原则。例如,对农村生态的建设,政府的资金支持以招标利用的方式投放,就比单纯依靠行政管理方式效果好。竞争机制的利用可以发挥更大的作用。

第三,农村社会的建设应当尊重市场起决定性作用原则。政府不应当以行政命令和单纯靠政府投入的方式来实现农村社会的建设,而是应当充分地利用市场规则,引导农村和农民的健康发展。例如,《农业法》第 81 条第 2 款规定,地方各级人民政府应当注重运用市场机制,完善相应政策,吸引农民和社会资金投资小城镇开发建设,发展第二、第三产业,引导乡镇企业相对集中发展。

第四,农民收入的提高和农民自身的发展应当尊重市场起决定性作用原则。例如,对农村富余劳动力向非农产业的转移,就应当在尊重农民意愿的基础上进行,而不能单纯依靠行政力量。

有必要指出,在农业和农村经济建设中,市场的决定性作用与适度的政府调控是相辅相成、不可偏废的。过分依赖市场,将导致农业经济、农村社会和农业生态的畸形发展，尤其是在农业生态保护方面，政府的必要支持与调控仍然不可缺少。反之，不顾市场规律发展农业与农村，也会带来负面效应，损害农民的积极性，影响农业及农村的长期稳定协调发展。法律应当建立相应的机制，防止目前一些地方出现的违背市场规律上农业项目的不良现象发生，政府的农业宏观规划也应当充分地遵循市场经济法则，防止出现极端，影响农业经济、生态与社会的和谐发展。

5. 科教兴农原则

科教兴农原则的含义是，依据科学技术是第一生产力的思想和科教兴国的方针，坚持教育为本，把农业科技和教育摆在优先发展的战略重要地位，增强国家的农业科技实力和科学技术向现实生产力转化的能力，为实现农业和农村的可持续发展和“三农”现代化服务。为此，《农业法》第6条确立了科教兴农的方针。该法第七章以专章的形式规定了农业科技与农业教育制度。1993年通过、2012年修订的《农业技术推广法》则是实施科教兴农的重要制度保障。科教兴农原则属于农业法的手段原则或方法原则，发展与推广农业科学技术，强化农业教育的根本目的仍然在于为实现农业的可持续发展和“三农”现代化服务。

坚持科教兴农原则，对于农业发展和“三农”问题的解决具有十分重要的意义。首先，我国农业在加入世界贸易组织后，已经全面融入世界农业与农产品贸易体系，而农业与农产品的竞争在21世纪主要体现为农业科技的竞争。其次，农业科技的研发与推广将直接关系到农业与农村社会的发展。我国的农业生产力水平总的来说还很落后，加之农业人口平均拥有的生产资源极为有限，因此必须依靠农业科技的进步来提高农业生产力，满足人民群众的需求。再次，农民脱贫致富需要农业科技与农业教育。实践证明，广大农民如果没有现代农业的科技能力与经营能力，是很难走上致富道路的。而科教兴农正是“造血式”扶贫的体现。

为此，《农业法》第七章专门规定了农业科技与农业教育制度。科教兴农原则的主要内容包括农业科技、农业教育发展规划；农业科技开发与农业知识产权保护；农业技术推广以及农业职业教育等内容。

科教兴农原则与农业法的其他原则是紧密联系的。科教兴农原则必须在依法治农的法治原则下进行，该原则服务于保护“三农”利益原则。同时，科教兴农原则也应当坚持市场导向为主，国家调节为辅的原则，并且坚持社会支持，共同参与原则，最终为实现农业经济、农业生态与农村社会并行协调发展和“三农”现代化服务。

6. 社会支持、共同参与原则

社会支持、共同参与原则的基本含义是，在现今和今后相当长的时期内农业的基础地位薄弱和农村社会发展滞后的形势下，充分发挥我国政府、社会和个人以及国外的各种资源，共同支持和参与农业和农村的现代化建设。《农业法》第8条第

1 款规定:“全社会应当高度重视农业、支持农业发展。”农业经济活动是一个生产、交换、分配、消费周而复始的社会再生产过程。同时,又是一个对投入、资源、环境和科技高度依赖的社会经济部门。随着农村改革的深入,农业的商品化、产业化、社会化、现代化程度不断提高,农业与国民经济其他部门和社会各方面的联系越来越密切,农业产前、产中、产后的某些环节特别是化肥、农药等农业生产资料的供应,农产品的储运、加工、销售等成为影响和制约农业和农村经济发展的主要因素。显然,发展农业和农村经济,不仅要依靠农业生产经营组织和亿万农民以及农业部门的努力,而且必须依靠全国人民和社会各行各业对农业和农村经济发展的关心和支持。因此,调动社会各方面的力量支援农业和农村经济发展,应成为我国农业法又一项基本原则。该原则仍然是农业法的方法原则之一。

首先,农业法确立了国家逐步提高农业投入的总体水平的方针,政府也加大了对农业的投入力度。《农业法》第 38 条第 1 款规定:“国家逐步提高农业投入的总体水平。中央和县级以上地方财政每年对农业总投入的增长幅度应当高于其财政经常性收入的增长幅度。”

其次,农业法确立了鼓励社会力量以及国际力量支持农业和农村发展的方针。《农业法》第 41 条规定:“国家鼓励社会资金投向农业,鼓励企业事业单位、社会团体和个人捐资设立各种农业建设和农业科技、教育基金。国家采取措施,促进农业扩大利用外资”,包括利用外国政府及国际组织的贷款以及利用外商直接投资发展农业。

再次,农业法还确立了引导农民自身加大对农业和农村现代化建设投入的政策。《农业法》第 40 条规定:“国家运用税收、价格、信贷等手段,鼓励和引导农民和农业生产经营组织增加农业生产经营性投入和小型农田水利等基本建设投入。国家鼓励和支持农民和农业生产经营组织在自愿的基础上依法采取多种形式,筹集农业资金。”

最后,农业法还规定了除财政与资金投入外的其他农业支持措施。《农业法》第 44 条规定:“国家鼓励供销合作社、农村集体经济组织、农民专业合作经济组织、其他组织和个人发展多种形式的农业生产产前、产中、产后的社会化服务事业。县级以上人民政府及其各有关部门应当采取措施对农业社会化服务事业给予支持。对跨地区从事农业社会化服务的,农业、工商管理、交通运输、公安等有关部门应当采取措施给予支持。”

应当指出,动员一切社会力量参与农业与农村现代化建设作为一个原则,仍然应当遵循市场在资源配置中的决定性原则。其次,社会支持原则并不表明农民和农村经济组织作为农业与农村现代化建设的主力军地位得到削弱。实践证明,农业和农村的现代化离开农民这一主体是注定不行的。同时该原则仍然应当坚持依法治农原则,并最终为实现农业经济、农业生态与农村社会并行协调发展以及保护

"三农"利益服务。

以上六大原则间的关系如下：依法治农原则是法治国家和社会主义市场经济条件下的农业与农村建设的法治原则，是实现农业可持续发展和农业现代化基本目标的制度保障，是农业法的首要的和根本的原则；保护"三农"利益则是农业法的根本价值所在；而农业经济、农业生态与农村社会并行协调发展则是农业法的价值平衡器，是实现"三农"可持续发展的基本价值坐标；市场在农业资源配置中起决定性作用的原则、科教兴农原则以及社会支持、共同参与原则分别是实现农业法基本目标的手段原则或者说方法原则。农业法的目标与各原则之间的关系如下图所示：

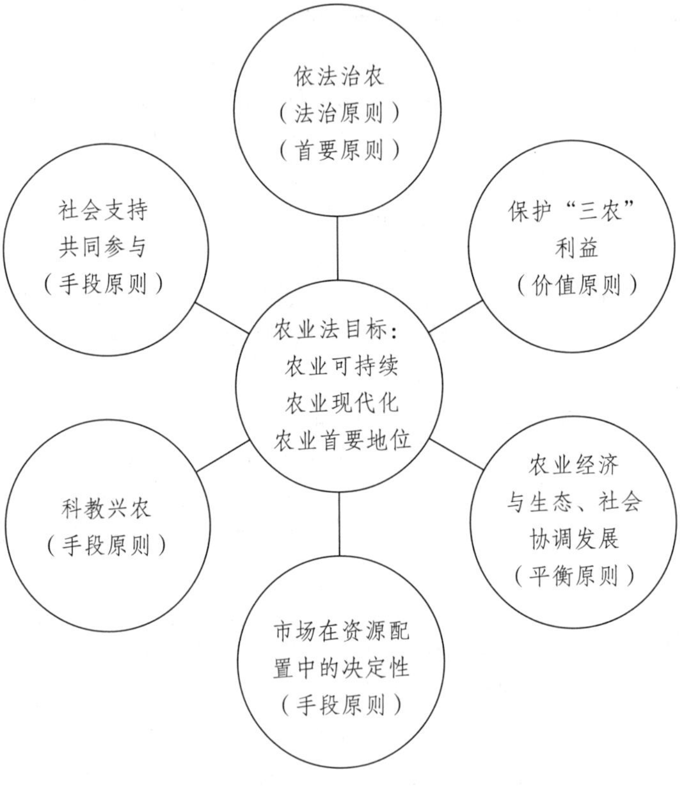

第三节　农业法的调整方法

一、农业法的调整方法

农业法的调整方法是指由国家规定的,可用于组织、调控以及管理和协调农业经济和农村社会关系的以及规范农业生产经营关系的各种符合法律的调整方式、手段或者途径,它是由农业法的基本目标和基本原则决定的,或者说是基本原则的具体化。根据农业法的属性,农业法的调整方法可以概括为公法的调整方法、私法的调整方法。

(一)公法的调整方法

公法介入的调整方法,是指国家通过其各种机构以公权者的身份,依法对各种农业经济和农村社会关系进行调整的措施或手段的总和。

公法介入的调整方法具有如下的特征:一是主体间具有不平等性质,因此不以等价和有偿为前提条件。二是公法的调整方法服务于国家整体的农业及农村社会利益,因此其目的具有整体性、全局性以及社会公益性质。

按照公权行使的具体方式的不同,公权介入的调整方法又可划分为指令性调整方法、指导性调整方法。其中指导性调整方法又可分为农业行政指导和公益性质的农业指导两种。

1. 农业行政命令与行政许可

(1)行政命令

行政命令性质的调整方法,也称指令性的调整方法,它是国家行政机关以某种形式指令相对人应当作为或者不作为,相对人应服从的一种调整方法,常见的就是政府或政府部门下达的“红头文件”。其特征如下:

第一,行政命令应具有法律依据和正当性。任何行政命令的作出,都应当有具体的法律依据,或者在明确法律依据的前提下。

第二,行政命令直接作用于农业经济、生态或农村社会关系,具有直接塑造、改变和消灭某一个或某一类具体的农业经济和农村社会关系的功能。例如,国家基于农业生态保护的需要,依法禁止某些种类的农药生产和销售,从而直接消灭这类农药的生产关系,也将直接影响生产主体的经济利益。

第三,行政命令通常具有现时性。行政命令一旦下达,在规定的时间内将直接发生效力。例如,国家为了防止禽流感的蔓延,下令封杀感染禽流感的家禽。

又如,地方政府下达行政命令,禁止在城市周边一定范围内农民焚烧秸秆,防止空气污染。

第四,由于行政命令的调整方法具有刚性和直接干涉农业私权的特点,因此通常只有在农业经济、生态或社会关系发生非同寻常的变化或者说不进行强制性的干预将造成无法预见的后果时才能采取行政命令性质的调整方法。例如,国家为了保护农业资源,明确规定了特定时期的禁猎、禁渔和禁牧制度,其目的在于保护动植物的自我繁衍,如果不采取措施将导致农业动植物资源无法恢复地减少甚至消灭。可见,采用指令性调整方法应当特别慎重,尤其在社会主义市场经济条件下,应根据市场在资源配置中起决定性作用原则,将国家以指令方式对农业的干预限制在最小的必要的范围内。

第五,行政命令的作出不以等价有偿为前提条件。有的行政命令可能会导致某些农业主体的利益受到损害,国家通常会给受到损害的农业主体一定的经济补偿,但是经济补偿不是行政命令的前提条件。例如,国家为防止禽流感蔓延而封杀农民或农业经济组织的家禽必然会给其带来直接的经济损失。但是,国家的经济补偿并不是实施封杀令的前提,农业经济主体不得以补偿为由拒绝配合该指令的实施。又如,国家海关如发现进口的农产品含有危及我国农业的传播性极强的病原体,可以根据动植物检疫法立即销毁进口的农产品,当事人不得以赔偿为由拒绝配合实施销毁行动。

(2)行政许可

行政许可,即由行政机关依法对相对人的某一具体的请求作出许可或者不予许可的行为。例如,国土部门对于当事人提交的农业用地转为非农业用地的申请作出批准或者不予批准的许可。

行政命令与行政许可的区别是:行政命令通常并不针对某一个具体主体,而是针对某一类活动或者某一类主体,因此行政命令的对象是不特定主体,属于"抽象行政行为",例如政府部门出台的有关农业的"红头文件";反之,行政许可,则属于具体行政行为。根据我国《行政诉讼法》,对行政机关的具体行政行为不服的,除申请行政复议外,还可以提起行政诉讼。反之,对抽象行政行为,则不能提起诉讼。

农业的行政命令或者行政许可仍然应当遵守行政法的一般原则,包括依法行政原则、权利本位原则、信赖保护原则、比例原则、公开原则。这其中,依法行政原则是宪法和行政法对农业经济行政的一般要求。权利本位原则是经济权利对经济行政的一般要求,在执法中是否充分考虑农民的利益,就成为行政执法的关键。而信赖保护原则、比例原则和公开原则是对依法行政和权利本位原则的具体体现。信赖保护原则要求行政主体在行政时应充分保护农民和农业生产经营组织的信赖利益;比例原则要求行政主体在行政时所作出的行政处罚应当与违法行为所造成的损害程度相当;公开原则要求行政主体在制定政策或者作出具体行政行为时依法予以公开,让权力在阳光下运行,防止腐败、寻租以及损害相对人合法权益的行为。

2. 指导性调整方法

指导性调整方法是指国家行政机关或国家授权的公共服务机构为实现某种既定的农业经济及农村社会目标引导农民和农业生产经营组织进行农业经济活动而实施的非强制性的调整方法。与指令性调整方法相比,指导性的调整方法所体现的是一种"柔性调整"或者"柔性干预"。这种调整方法通常有农业行政指导和公共服务机构的农业指导两种方式。

(1)农业行政指导

农业行政指导,是指为适应复杂多变的农业经济和农村社会生活的需要,为谋求相对人的同意和协力,由有关的农业及农村行政机关以指导、劝告、协商、建议等方式作出的不具有强制性的行政法律行为。行政指导的合法性基础在于政府职能由以命令和管制为主的行政向以服务为主的转变,其根本目的在于为农业和农村社会谋取福利,体现了构建和谐社会和以人为本的执政理念,是当代温和、民主的执政精神的体现。与指令性调整方法相比,农业行政指导是国家以公权调整农业和农村社会关系所广泛采用的方法。

农业行政指导具有以下特点:首先,农业行政指导是一种行政法律行为。行政指导是拥有行政职权的机关及其行政人员的职务行为,同时也是其行政义务。其次,农业行政指导是一种非强制性的行为,即行政指导对相对人而言是非强制性的,相对人有充分的自主权。农业行政的指导者必须采用说理、分析、提供信息、建议等方式,与相对人达成共识,让相对人自己最终自主地作出决定。

按照法律对农业行政指导是否属于行政机构的强制义务,可以将农业行政指导分为义务性质的行政指导和自由裁量性质的行政指导。所谓义务性质的农业行政指导,是指行政指导对农业行政机关及其行政人员而言具有强制性,当法律明确规定行政主体应当对相对人给予指导时,行政机关及其行政人员不得拒绝,否则构成失职,此时行政机关的不作为将承担行政法律责任。由其性质所决定,义务性质的农业行政指导具有无偿性质,农业及农村行政机构不得以行政指导为由要求相对人提供报酬或者其他方面的利益。所谓自由裁量性质的农业行政指导,是指法律未明确规定行政主体应当给予相对人指导,只是基于行政主体的行政职权和执政为民的服务理念和复杂多变的社会经济形势而作出的指导。尽管这种自愿性质的行政指导对行政机关而言不是强制性的,但是行政机关一旦作出行政指导,也应当尽到谨慎义务,如果在行政指导中出现重大疏忽或失误从而给农业生产经营主体带来经济损失,行政机构也应当承担相应的行政责任和民事责任。

农业行政指导与单纯的农业及农村信息公开有着本质的不同。信息公开是法治社会的一个基本要求。例如,农业及农村行政机构的政务公开本来就是法定的要求,单纯地主动公开农业经济信息或农村政务信息或者应农民或农业生产经营组织要求公开上述信息,不属于行政指导的范畴。只有在进行行政指导的过程中,行政机构向相对人提供信息,尤其是不属于政务公开范围的信息时,这时的信息提供才构成行政指导行为的组成部分。

行政协商作为农业法的一个重要的指导性调整方法,是指国家农业行政机关为了达到某种目的而主动与相对人进行协商,在此基础上作出某种决定的决策方法。例如,发展农业经济计划编制前与计划实施单位的协商,政府有关部门任免国有农业企业负责人前与职工的协商等。行政协商的结果,可能是国家的一项农业决策,也可能是一项农业行政合同。

(2)公共服务性质的农业指导

公共服务性质的农业指导,是指农业公共服务机构为了实现农业和农村社会发展的目标依法对农业和农村法律关系主体提供的指导。由于公共服务机构不属于行政机构,因此它与被指导农业和农村法律主体之间主要是一种平等主体之间的关系,但是这种关系因其公共服务性质具有准公法的性质,与平等关系与纯粹私法上的平等和等价有偿仍然有一定区别。例如,农业经济信息服务机构是依法建立的为农业和农村经济服务的社会化服务机构,由于这类机构肩负着公共服务职能,主要不以谋取经济利益为目的,因此农业信息机构提供信息指导不能完全以等价有偿为原则。但是,如果某一农业法律主体要求这类机构提供超出其一般职责的农业经济信息服务,机构可以收取一定的费用。一般而言,社会化农业服务机构在资金来源方面具有多样性,有国家的投入资金,也有一部分资金来源于其提供服务的收入。

首先,具有农业以及农村协会性质的机构也可以对农民和农村生产经营组织提供服务。由于农业的各种专业协会具有自律性质,因此其主要的指导对象的范围是其协会的成员,其指导是否收取费用,要根据其章程及机构的决议而定。例如,如果会员已经缴纳了费用,则不应当在进行指导服务时再收取费用。这一类农业指导具有准公法性质,除适用国家法律外,也要遵守其行业自律规则。

其次,一些非农业主体依据国家的法律和政策对农民和农业生产经营组织进行一些临时性质的农业指导。例如,农业院校的学生在暑假或者实习期间参加“三下乡”活动对农民实行科技指导。从本质上说,这一类指导活动仍然主要具有私法性质,部分地具有公法性质,同样要遵循平等和自愿原则。指导者同样应尽谨慎义务,同时不得违背被指导者的意愿。此外,由于指导者的这类活动具有公益性质,通常系政府和高校等单位联合组织实施,因此不得强行向被指导者收取费用,但可以请求被指导者提供必要的便利。

最后,依据私法设立的农业科技与经营咨询之类的公司或其他组织也可对农民和农村生产经营组织提供指导服务,由于这类公司依据私法设立,主要依靠自身的投入发展,因此属于私人性质的指导,遵循平等和等价有偿原则。这一类公司或其他组织与被指导的农民或农业生产经营主体之间的法律关系主要具有私法性质，由民法、商法等私法调整。

3. 财政税收等公法的调控方法

国家依法通过财政税收杠杆调控农业，也是常见的公法调整方法。例如，国家通过财政转移支付制度，给种粮农户直接补贴以及通过减免农业税等方式支持农业的发展。财政税收的调整方法虽然并不直接具有指令性性质，例如农业相对人可以拒绝接受国家补贴，但在性质上仍然属于公法的调整方法。反之，国家通过农业信贷的方式支持农业的发展，由于具有平等和有偿的性质，则属于私法的调整方法。此外，财政税收等公法的调整方法与指令性调整方法相比，则不具有强制性特点。

（二）私法的调整方法

所谓私法的调整方法，就是国家以平等身份，运用私法的手段直接地介入农业经济及农村生活的一种调整方法，通常具有主体地位平等、自愿和有偿性特点。

1. 农业促进与私法的调控方法

国家采用的私法的调整方法在农业经济中主要体现为以平等主体身份对农业和农村生产经营组织的直接投资和间接投资以及与这些主体之间的采购关系。直接投资是指国家通过其投资机构入股农业生产经营组织，间接投资是国家通过国家的政策性信贷机构对农业生产经营组织提供优惠贷款。而采购主要是指政府通过其采购组织公开以要约方式或者招标方式采购农产品或者农业生产资料的行为。由于国家采用的上述方法具有平等和有偿的特点，因此主要适用民法、商法等私法规定。农业法上的私法调整方法具有当事人之间地位平等、等价有偿的特点，例如国家通过粮库以平等的方式收购农民的粮食的行为。此外国家粮库也通过销售国家储备粮的方式来对农业进行宏观调控。以私法的调整方法调整农业和农村社会关系，虽然也起到了国家促进农业发展的作用，但与公法的调整方法有着本质的不同，充分体现了市场在资源配置中起决定性作用的原则。除此之外，国家的政策性农业保险制度也属于私法的调控方法。

2. 民法和商法的调整方法

除上述私法行政的宏观调控方法外，农民和农业生产经营组织以及其他涉农组织之间及其相互之间的民事活动，则完全适用民法和商法的有关规定。民法的规定如《物权法》、《合同法》、《担保法》等。商法的规定，如《公司法》、《农民专业合作社法》、《合伙企业法》以及外商投资企业法等商事组织法。

有必要指出的是，根据商事组织法，在农业公司、农民专业合作社等组织的内部，企业的管理者依法承担着管理职责，企业的管理者与下级管理者以及与企业内部的员工之间的关系不完全具有平等地位，本质上也是一种管理与服从的关系，这是由商法的特殊性所决定的。企业内部的管理与服从的关系虽然与行政机关内部的管理与服从关系有某些相似之处,但在本质上仍然有显著区别,这主要体现在法律依据以及救济手段等方面,前者主要依据商事组织法,而后者主要依据行政许可法、公务员法等法律;在救济方面,前者主要根据民事诉讼程序进行救济,而后者主要依据民事诉讼程序救济。

(三)刑法的调整方法

刑法的调整方法属于任何法律部门都需要的方法,刑法具有公法性质,因此也属于公权调整的方法,但是由于刑法的特殊性,有必要单独列为一种调整方法。在行政公权和私权调整方法都不起作用,且相对人违反农业法的程度已经达到了要运用国家强制力规范的情况下,刑法的调整方法就起到了其他调整方法不能起到的作用。它是其他调整方法的后盾,通过打击农业经济和农村社会犯罪,为保障农业法的实施,维护农业经济秩序以及农村社会的法治建设提供了可靠的保障。例如,对非法占用耕地,情节严重的,构成非法占用耕地罪,可依照刑法规定追究刑事责任。

农业法的调整方法,如下图所示:

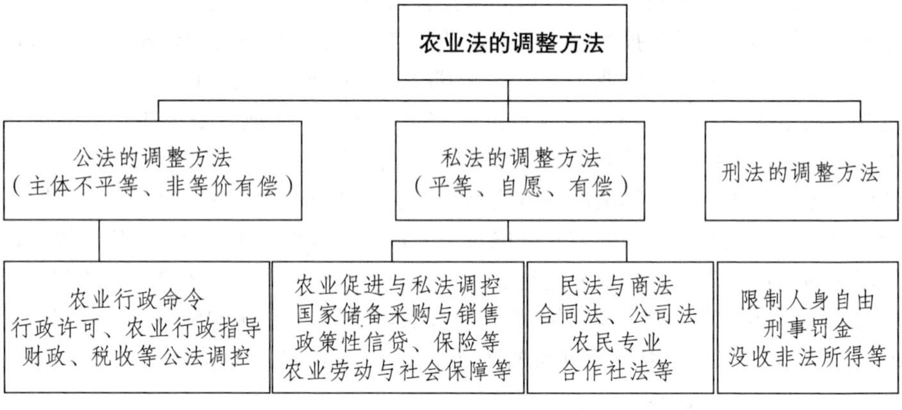

第四节　农业法律责任

一、农业法律责任的含义

农业法律责任指农业法律主体在农业法律关系中承担的责任,依据其性质不同,可以分为农业民事责任、农业行政责任和农业刑事责任三大类。

二、农业法律责任的特征

农业法律责任作为我国法律责任体系中的一个组成部分,它既有一般法律责任的共性,又有其特殊性。农业法律责任的特性表现在以下五个方面:

第一,农业法律责任具有法定性。无法律规定即无法律责任,这是农业法律责任所具有的法律责任的一般属性。任何农业法律责任的形成都必须以农业及农村的法律、法规的明确规定为前提。农业法律责任这一法定性特征决定了它与农业主体的其他责任的区别。例如,社会舆论对违背农业习俗和农村道德的人给予的道德谴责,也不属于农业法律责任。又如,党政机关根据党章对涉农行政人员的纪律处分也不属于农业法律责任。

第二,农业法律责任以农业职责或农业义务的存在为前提。私法上的农业法律责任是以农业义务的存在为前提的。而公法上的农业法律责任主要是以农业行政管理机关及其人员的农业职责为前提的。滥用农业职权或者怠于履行农业职责而给相对人造成损失,也应承担相应的农业法律责任。除此之外,农业的公共服务机构违背法律以及其自治法上的义务或者说约定义务,也应当承担相应的法律责任。例如,各种形式的农业及农村行业协会除了要遵守法律外,还应当遵守其协会章程等自治法的规定。

第三,农业法律责任的主体具有多样性。从其责任主体所属的法律领域来看,有行政法主体的农业责任,民事法主体的农业责任,环境法主体的农业责任、社会保障法主体的农业责任以及农业刑事责任等。当然这并不排除作为某一法律关系主体在承担本法律领域的责任的同时承担其他领域的法律责任。例如,林业经济组织违背森林保护义务滥伐林木的行为不但应依据林业承包经营合同承担损害赔偿责任,而且可能被林业行政机构处以行政责任,情节严重的甚至还要被追究刑事责任。

第四,农业法律责任的内容具有多样性,包含了农业经济责任、农业行政责任、农业环境责任以及农业劳动与社会保障责任等诸多方面。

三、农业法律责任的构成要件

法律责任的构成要件是指行为人据以承担法律责任或者能够满足国家机关追究行为人法律责任的法定条件。法学理论一般从责任主体、行为人的主观状态、行为的违法性、损害事实以及因果关系等多个方面去把握法律责任的构成要件。

(一)责任主体

责任主体是指依法应当承担法律责任的当事人。农业法律责任主体与其他法律部门的法律责任主体一样,必须具有两个基本条件:一是具备责任能力;二是不具备免责条件。如前所述,农业法律责任的主体以其责任发生所依据的法律的属性不同,可以分为农业民事法责任主体、农业行政法责任主体、农业环境法责任主体、农业劳动与社会保障责任主体以及农业刑法责任主体等。不同性质的责任主体决定了其承担的法律责任范围大小不同。

(二)行为人的主观状态

在各种法律属性的农业法律责任中,过错责任原则是基本的归责原则,也就是无过错即无责任,行为人主观上有过错的情况下才承担责任。过错又分为故意和过失两种形态,在具体的责任中,对故意和过失的区分对行为人承担责任的后果具有直接的影响。例如,在农业行政责任和农业刑事责任中,行为人因过失承担的责任通常要比因为故意而承担的责任轻。

在例外情况下也可适用无过错责任原则。无过错责任原则的含义是,即使行为人没有过错,但由于给他人和社会造成了损害,基于法律的规定,也要承担责任。在农业法律责任中实行以过错责任为主,无过错责任为辅的原则。无过错责任原则的确立,体现了国家运用权力对受害人的保护。例如,农产品的生产者因为产品缺陷致人损害的责任以及化工厂因为自然灾害导致附近农田污染的责任都可以实行无过错责任,其在本质上属于过错推定责任。

(三)行为的违法性或违约性

农业法律责任首先表现为违反各种形式的农业法律、法规而由行为人承担的否定性法律后果,因此行为的违法性是构成农业法律责任的基本条件。行为违法性具有多种表现形式,国家农业管理机关怠于履行或不适当履行其农业职责,农业或农村经济组织违反国家的限制性或禁止性规定、不履行或不正确、不全面履行法定的或约定的农业义务等,都是行为违法的具体表现。

此外,行为的违约性也是形成农业法律责任的依据之一。有时,某一行为并没有违背法律的直接规定,但是却违背了当事人之间的约定,其违约行为仍然承担相应的法律责任。例如,外来投资者与农户签订农地租赁合同,合同约定了当事人之间的权利和义务,合同的某些条款虽然不违背法律的直接规定,但是当事人违约而损害另一方的合同权利,仍然要承担相应的法律责任,例如违约的一方依据合同约定向对方支付违约金的责任。

(四)损害结果

损害结果是违法行为或违约行为侵犯他人或社会的权利和利益所造成的损失和伤害,包括实际损害、丧失所得利益及预期利益。损害结果可以是对农业财产的损害，也可以是对农业生态等其他方面的损害。损害结果具有确定性，是指违法行为或违约行为已经造成的侵害事实，而不是推测的、臆想的、虚构的尚未发生的情况。例如，行政违法行为对农业生产经营主体造成的经济损失，包括直接经济损失和间接经济损失等，但这种损失必须是依据一定的标准可以评估的。

（五）因果关系

因果关系是原因与结果之间存在的不以人的意志为转移的必然联系。因果关系的含义是，一现象的出现是由先前存在的另一现象而引起的。因果关系是归责的前提和基础，是认定法律责任的基本依据。法律上的因果关系区别于一般意义上的因果关系之处在于，法律上的因果关系是法定的。在不容易认定时，法律可以推定因果关系的存在，从而导致举证责任的倒置。

例如，根据《侵权责任法》和《环境保护法》的规定，对于农业环境责任的认定，可能出现多因一果或者一因多果的现象。如果对于处于河流上游的多个污染排放企业对下游农作物的损害的因果关系无法认定，则可以推定这些企业的共同排污行为导致了下游农作物的损害，除非某一企业或全部企业能够证明这些损害的发生与自己的排污行为没有因果关系。这样就将举证责任转移到排污行为人一方，而无须由受害人一方来提出证据。

四、农业法律责任的分类

（一）农业行政责任、民事责任和刑事责任

根据责任性质的不同，农业法律责任划分为行政责任、民事责任和刑事责任三种。

1. 农业行政责任

它是指国家机关基于特定的原因，对农业法律关系主体依行政程序或者行政诉讼程序所给予的制裁或加予的其他负担。

依责任的确定者和承担者不同，农业法中的行政责任首先表现为作为国家机关的行政机关依行政程序确定的农业法律关系主体的责任。这种责任包括上级行政机关依照职权对下级行政机关确定的责任，以及行政机关依职权对农民、法人或其他农业经济组织确定的责任。其次，农业法中的行政责任还表现为司法机关依行政诉讼程序确定的行政机关和行政人员的责任。依照我国法律、法规的规定，由于行政机关在行使农业职权和履行农业职责的过程中所实施的具体行政行为违反法律、法规，侵犯了农民、法人和其他农业经济组织的合法权益，作为受害人的农民、法人和其他农业经济组织可以依照《行政诉讼法》、《国家赔偿法》等提起行政诉讼，由司法机关追究行政机关的责任。

依责任的具体形态的不同,农业法中的行政责任可以分为行政制裁和其他负担。行政制裁包括行政处分和行政处罚。行政制裁只能由行政机关依职权、按照行政程序作出,其中,行政处分是行政机关按行政隶属关系依法对违法个人所给予的一种纪律处分,有警告、记过、记大过、降级、降职、留用察看、开除等。行政处罚是国家行政机关依法对违法单位和个人所给予的非纪律性的制裁,包括行政罚款、责令停业、加收滞纳金、没收违法所得、吊销工商营业执照等种类。作为农业法中的行政责任的其他负担,在我国现实生活中有多种形式,如行政机关对于因其合法行为而受到损害的农民、法人或其他农业经济组织提供补偿,返还财物,消除影响,赔偿损失等。

2. 农业民事责任

它是指农业法律关系主体违反涉及农业的民事法律、法规,不履行、不适当履行农业性民事义务,或者基于法律上的其他原因而应承担的否定性后果或其他负担。

在农业法中,农业民事权利、农业民事义务是农业法律关系的重要内容,农业民事责任就是确保农业法律关系主体正确行使农业权利,切实履行农业义务的制裁保障。从责任主体的性质来看,可以分为两类。第一类是作为平等主体的公民、法人和其他经济组织之间产生的涉农民事责任关系。例如,农民、农业经济组织之间或者他们与其他经济组织之间因买卖、租赁等民事关系而形成的民事责任。第二类是国家机关、政府投资的主体作为平等主体与农民、农业经济组织或者其他涉及农业的组织之间形成的民事责任关系。例如,政府性融资担保机构与农业经营组织所签订的融资担保合同,依据该合同所应承担的民事责任。

3. 农业法中的刑事责任

它是指农业法律关系的主体违反涉及农业的刑事法律而产生的涉农刑事责任。我国对涉及农业的犯罪和刑罚的规定,大都体现在《刑法》当中。我国《刑法》既规定专门涉及农业的罪名,同时也有一些犯罪种类可适用于农业领域。例如,直接涉及农业的罪名有非法占用耕地罪,非法捕捞水产品罪,生产销售伪劣农药、兽药、化肥、种子罪等;其他可以间接适用于农业领域的罪名包括非法转让、倒卖土地使用权罪,盗伐林木罪,盗窃罪等。

(二)过错责任、无过错责任和公平责任

根据行为人的主观心理状态的不同,农业法律责任又可以分为过错责任、无过错责任和公平责任。过错责任是指以行为人存在故意或过失的心理状态为必要条件的一种责任。这种责任是基于法理上的“无过错即无责任”的理念。过错责任的确定,对于保护农业财产所有权、契约自由以及权利平等有着重要的意义。在平等主体之间的农业责任中,大多体现为过错责任。例如,对于农地流转合同的履

行，当事人一方有过错而给对方造成损失的，基于过错责任原则，应承担损害赔偿责任。

随着科学技术广泛采用和生产的专业化，人类的生产活动给消费者带来了巨大的风险。在这样的情况下，传统的过错责任原则很难切实有效地保护权利人的合法权益。无过错责任正是在这样的背景下形成的。无过错责任不以行为人的主观过错的存在为追究责任的必要条件，即行为人无过错也要对自己给他人造成的损害承担责任。这种情况在农业法中也有所体现。

例如，农民购买化肥、农药等生产资料，如果化肥、农药等产品因为存在缺陷给农民的人身或财产造成损失，农民既可以向经营者主张产品责任，也可以直接向产品的生产者主张产品责任。一般认为，产品责任是一种严格责任或者说无过错责任，它不以产品的生产者主观上存在过错为前提。

在有的情况下，例如在当事人对造成的损害都没有过错，且依据现行法律不能适用过错责任也不能适用无过错责任原则，但又有必要追究一方当事人的责任时，就产生了一种特殊的责任——公平责任。所谓公平责任，是指双方当事人对造成的损害都没有过错，根据实际情况，由当事人分担责任的一种责任形态。这种责任在民法中可以适用，在农业法中同样也可以适用。只有过错责任、无过错责任和公平责任同时存在，才能有效地保护受害人，这种责任的设定从根本上表明了道德、社会责任和法律的有机统一。这是社会法治文明的表现。

例如，自然灾害给农民带来巨大经济损失，无论国家、集体经济组织还是农民自己都没有过错，基于公平原则，可以由国家、集体和个人分担这种损失。

（三）职务责任和非职务责任

这是根据承担责任的主体及其在农业法律关系中的地位的不同来划分的。职务责任是指行为人因履行公务而发生的责任。国家公务人员在执行公务时，因实施违法行为或其他依法应承担责任的行为而导致的责任，属于职务责任。职务责任首先由职务行为人的所属组织来承担。由于农业经济行政法是国家管理农业的法律，而国家对农业的行政管理又主要是通过国家行政机关行使农业职权来实现的，这就决定了行政上的农业职务责任是农业法律责任的一种最常见的责任。例如，涉及农业的不当批准、不当许可、不当禁止均可构成职务责任。行为人的单位在承担了责任之后，还可以追究直接责任人员的行政和刑事责任。非职务责任是指行为人以自己的身份从事活动而发生的责任。国家机关和农业经济组织的成员因从事非职务行为而发生的责任，应属于非职务责任。非职务责任由行为人个人承担，组织不予承担。

此外，农业生产经营组织中的领导者，也可能基于私法中的规定而直接承担私法上的职务责任。例如，农业公司的董事长、农民专业合作社的理事长可能因为违背《公司法》、《农民专业合作社法》的有关规定而承担职务责任，例如对农业生产经营组织的损害赔偿责任。

（四）财产责任和非财产责任

这是根据责任是否具备经济内容来划分的。财产责任是指以财产为责任内容的责任，如赔偿损失、缴纳税款、罚款、没收财产以及罚金等。财产责任的实质是强制责任人用财产来补偿权利人的损害。由于农业法是调整农业法律关系的法，因而，农业法律责任中许多都具有财产性质。非财产责任是指不以财产为责任内容的责任，例如赔礼道歉等，这种责任往往与个人或组织的人格或资格有直接联系，如吊销营业执照、判处刑罚等。

思考题

1. 农业法具有什么特点？
2. 试论述依法治农原则。
3. 如何理解保护“三农”利益原则？
4. 如何理解市场在农业资源配置中起决定性作用的原则？
5. 试论述农业法的调整方法。
6. 试论述农业法律责任及其分类。

案例分析题　张长健等1721人与福建省（屏南）榕屏化工有限公司环境污染责任纠纷案

福建省（屏南）榕屏化工有限公司（以下简称榕屏公司）自1995年投产后，对周边地区陆续造成污染，排放的废水、废气、废渣，对环境和人体造成严重损害。特别是排放的氯气，造成大片树林、竹林、果树、庄稼枯死，鱼虾不能生存。对此，有现场勘验报告和当地乡人民政府出具的《屏城乡溪坪村受榕屏公司污染情况》佐证，江西惠普会计师事务所据此提出了损失计算标准。张长健等1721人提起诉讼，请求判令榕屏公司立即停止侵害，赔偿农作物及竹、木等损失，清除厂内及后山废渣。

宁德市中级法院一审认为，榕屏公司虽主张排放达标，但不能证明排放不会造成损害，应推定因果关系存在，侵权责任成立。张长健等1721人从1995年榕屏公司投产后、山地陆续出现毛竹等死亡时，就陆续向有关部门反映，诉讼时效并未超过。一审判决，榕屏公司立即停止侵害，清除厂内和后山工业废渣，并赔偿山场林木、果树、毛竹和农田等部分损失。双方不服上诉至福建省高级人民法院。该院二审认为，污染物排放标准不是确定排污单位是否承担侵权赔偿责任的界限，榕屏公司未能提供证据证明其废气排放、废渣堆放与张长健等1721人的农作物受损没有因果关系，应承担举证不能的责任。二审法院于2005年11月16日作出判决，维持一审判决关于榕屏公司立即停止侵害的判项，判令榕屏公司赔偿山场林木、果树、毛竹和农作物等损失68.42万元，在限期内对厂内及后山的含铬废渣进行清理，并按规范进行处置，对原后山的堆场进行封场（选自最高法院公布的环境保护指导案例）。

1. 本案中，化工公司排污与当地树木、庄稼、鱼虾等死亡的因果关系的举证责任是由谁承担的？《侵权责任法》对环境污染损害规定举证责任倒置的理由是什么？

2. 污染者不得以排污达标为由主张免除自身的责任，这是一种什么性质的责任？

3. 本案中，化工公司承担环境污染侵权责任的方式有哪些？

热点话题

家庭联产承包责任制是我国改革开放中的一项伟大发明。通过该制度，我国的农业生产从过去的计划经济过渡到市场经济，极大地释放了农业生产力，激发了农民的种粮热情。但随着社会经济形势的变化，当前的以户为单位的土地承包经营制度的弊端逐渐显现。一方面是大量的农民转移到非农产业，土地撂荒现象日益蔓延，另一方面因为法律制度的障碍，外来投资者对投资农业，从事规模化生产望而却步，出现了“有地者不愿耕，愿耕者无地可耕”的怪现象，中国农业距离现代化还有很大差距。

通过土地承包经营权的流转实现农业的规模化、产业化经营是我国农业现代化的必然选择。实践中，土地承包经营权流转的方式主要有债权性质的“契约性流转”和物权性质的“资本化流转”两种，前者包括出租、转包、分包、互换等，后者则包括入股（农业公司）、入社（农民专业合作社）、农地信托、买卖、抵押融资等。

“契约性流转”不涉及土地承包经营权的权属变更，简便易行，且不存在法律障碍，具有效率优势。但其也伴有短期性缺点，容易引发机会主义现象，不利于耕地的长期保护，并且流转的债权性质也不利于“具有自身土地资本”的新型农业经营主体的培育。

由于涉及土地承包经营权权属的变动登记，操作起来较为复杂，加之上位法的障碍，农地的“资本化流转”目前仅见于成渝等少数试点地区。然而，“资本化流转”的独特优势日益彰显。其不但可以防止农地流转的短期行为和机会主义现象，而且利于实现农地与资本的联姻，培育具有自身的核心资产（农地）的新型农业经营组织。

目前，农地的“资本化流转”遭遇到制度性障碍。在农户以土地承包经营权入股农业公司（或者合作社）、抵押融资、设立农地信托过程中，“过户难”、“登记难”等制度难题，加大了有关流转主体的法律风险，导致“资本化流转”试点难以规范化、可持续地进行。

2014年底，中共中央办公厅、国务院办公厅印发了《关于引导农村土地经营权有序流转发展农业适度规模经营的意见》，其中最大的亮点，就是推进现代农业发展，在坚持土地集体所有的前提下，实现所有权、承包权、经营权三权分置，形成土地经营权流转的格局，大力培育和扶持多元化新型农业经营主体，实现农业适度规模经营。这表明，我国的农地产权制度和农业生产经营制度有望迎来新一轮的制度变革。

延伸阅读

1. 农业部产业政策法规司:《农业法律研究论丛(2013)》,法律出版社 2014 年版。
2. 国务院发展研究中心农村经济研究部课题组:《中国特色农业现代化道路研究》,中国发展出版社 2012 年版。
3. 吴越等:《土地承包经营权制度瓶颈与制度创新》,法律出版社 2014 年版。
4. 赵俪生:《中国土地制度史》,武汉大学出版社 2013 年版。
5. 钟祥财:《中国土地思想史稿》,上海人民出版社 2014 年版。
6. 黄祖辉:《我国土地制度与社会经济协调发展研究》,经济科学出版社 2010 年版。
7. 张红宇:《新型城镇化与农地制度改革》,工人出版社 2014 年版。
8. 刘守英:《直面中国土地问题》,中国发展出版社 2014 年版。
9. 贺雪峰:《新乡土中国》,北京大学出版社 2013 年版。

第二章　农业用地法律制度

第一节　农业用地法律制度概述

一、农业用地法律制度的概念

农业用地又称农用地，是指直接用于农业生产的土地，包括耕地、林地、草地、农田水利用地、养殖水面等。[1] 所谓农业用地法律制度，是指调整因农业用地的归属、利用、流转和管理，所发生的各种社会关系的法律规范的总称。农业用地法律制度，既是整个土地法律制度的一个重要组成部分，又是农业法律制度中一个不可缺少的体系。农业用地法律制度主要由两大制度构成：

首先是农业用地的权属制度，即通过法律制度的建构，明确农业用地在主体上的权利归属，从而在产权明晰的前提之下，通过市场规律，实现农业土地资源的优化配置。在我国，农业用地权属制度主要由农业用地的所有制度和农业用地的使用制度构成。每一种社会形态都存在与土地所有制度相适应的土地使用制度及其具体形式。

农业土地的所有制度是对于农业用地的所有权的法律规定，这是农用土地法律制度的基础。我国农业用地由土地国家所有权和土地农村集体所有权构成。农业土地的使用制度是依法对农业用地进行占有、使用、收益的法律规定的总和。构建合理的农业用地使用制度，可以充分发挥土地功能，提高农业生产效率。我国目前基本上是通过土地承包经营的方式，实现对于农业用地的占有、使用和收益的权利。

其次是农业用地的国家管理制度。它是指政府以社会公共利益为主导，对全国农业用地在宏观上进行管理、监督和调控的规则、机制和手段的集合。农业用地管理法律制度的产生，是由农业用地的重要性、农业用地供给的稀缺性以及农业用地利用的社会性等因素所决定的。因为，农业用地不仅是农业的生产资料，同时也是维系生态环境，影响社会公共利益的自然资源。对于农业土地资源的开发、利

---

〔1〕 参见《中华人民共和国土地管理法》第4条。

用,必须在社会公共利益的目标之下,通过国家干预消除和减少土地利用中的外部性,实现其公益价值。

在农业用地法律制度中,存在两条利益和意志主线:一是社会整体利益和国家意志;二是社会成员的个体利益和当事人意志。一个理性和健全的农业用地法律制度,应该是这两条主线的有机结合。一方面,通过农业用地权属制度来建构农业用地的权利法,最大限度地实现社会成员的个体利益,提高农业用地的效率;另一方面,通过农业用地国家管理制度来建构农业用地的权力法,平衡农业土地资源对于社会的整体利益,实现土地利用的公平价值。最终实现农业用地法律制度的终极目标,即实现对农业土地资源的保护和有效利用。

二、农业用地法律制度的基本原则

农业用地是农业生产的基础,与农民的生产、生活息息相关,农业用地法律制度的建立健全,不仅关系到农业产业的发展,而且对于社会安定和经济的发展都有着极为重要的意义。我国的农业用地法律制度的建构遵循以下的基本原则:

(一)农业用地实行社会主义公有制原则

我国《土地管理法》规定:"中华人民共和国实行土地的社会主义公有制,即全民所有制和劳动群众集体所有制。"这意味着,我国只存在两种土地所有权制度,即土地国家所有权和土地集体所有权。土地国家所有权是指国家代表全体人民对其所有的土地享有占有、使用、收益和处分并排除他人非法干涉的权利。我国的土地国家所有权是在建国初期,对全社会的土地所有关系进行根本性制度变革(没收、接管、赎买、征收等)过程中形成,并随后来的社会主义建设事业而不断发展的。土地集体所有权是指农村集体经济组织依法对其所有的土地享有占有、使用、收益和处分的权利,并排除他人非法干涉的权利。土地集体所有权作为一种独立的民事权利,在法律上与国家土地所有权处于平等的地位。它是在解放后农民通过土地改革取得私人土地所有权的基础上,经过合作化、人民公社运动发展而来的。据此,我国农业用地也因其所有权主体不同,分为国有农业用地和集体所有农业用地。

(二)农业用地实行农业用地所有权与承包经营权相分离的原则

在计划经济体制下,我国农业用地和其他用地一样,土地所有权与使用权不相分离,土地长期无偿使用。农业用地公有制,使农业用地产权缺乏人格化主体,农民失去了建立在产权基础上的农业用地的处置、占有、使用和收益等基本的经济权利。这就使得产权的激励和约束功能丧失、劳动激励失效、劳动监督困难,最终导致了土地资源的浪费以及农业产业的效益低下。

党的十一届三中全会以来,为了提高土地的利用效率,我国逐步实行了土地所有权与土地使用权的分离和土地的有偿使用制度。我国《土地管理法》第 9 条规定:“国有土地和农民集体所有的土地,可以依法确定给单位或者个人使用。使用土地的单位和个人,有保护、管理和合理利用土地的义务。”实行土地所有权与土地使用权的分离,这就为在市场规律的引导下,实现土地资源优化配置创造了条件。《农村土地承包法》第 10 条规定:“国家保护承包方依法、自愿、有偿地进行土地承包经营权流转。”《物权法》则明确界定农村土地承包经营权是一种传统民法中的用益物权。在近三十年的不断分割过程中,土地承包关系实现了从合同约定向国家赋权的重大转变,土地承包经营权实现了从生产经营自主权向用益物权乃至“准所有权”的重大转变,农用地所有权与承包经营权分离的制度框架基本定型。

随着我国农业用地的权属制度沿着“土地承包经营权物权化”和“强化土地使用权”的方向发展,如何使农民在土地上享受更充分、更稳固的财产权地位,如何实现农业产业化、规模化发展成为新的课题。党的十八届三中全会强调,赋予农民对承包地占有、使用、收益、流转及承包经营权抵押、担保权能,允许农民以承包经营权入股发展农业产业化经营。为此,2013 年底召开的中央农村工作会议明确指出,顺应农民保留土地承包权、流转土地经营权的意愿,把农民土地承包经营权分为承包权和经营权,实现承包权和经营权分置并行,这是我国农村改革的又一次重大创新;2014 年中央 1 号文件进一步明确指出,在落实农村土地集体所有权的基础上,稳定农户承包权、放活土地经营权,允许承包土地的经营权向金融机构抵押融资。这意味着,把土地承包经营权分设为承包权和经营权,实行所有权、承包权、经营权“三权分置”,是农地产权制度演变的大逻辑。

(三)农业用地实行耕地优先保护原则

“保护耕地”因其特殊的重要性已被我国确定为一项基本国策,《土地管理法》第 3 条明确规定:“十分珍惜、合理利用土地和切实保护耕地是我国的基本国策。各级人民政府应当采取措施,全面规划,严格管理,保护、开发土地资源,制止非法占用土地的行为。”同时该法第 38 条第 1 款还规定:“国家鼓励单位和个人按照土地利用总体规划,在保护和改善生态环境、防止水土流失和土地荒漠化的前提下,开发未利用的土地;适宜开发为农用地的,应当优先开发成农用地。”这些都是耕地优先保护原则的法律体现。

耕地的保护既包括为保护耕地生产而采取的整治办法,也包括对土地的不合理利用和浪费行为以及对一切导致土地生态环境遭受到破坏的活动或行为的制裁。为此,我国还制定了一系列的法律、法规来保护耕地。这些法律、法规主要包括《土地管理法》、《土地管理法实施条例》、《基本农田保护条例》、《土地复垦条例》、《耕地占用税暂行条例》等。

(四)农业用地实行统一管理原则

我国的土地管理经历了一个从分散管理到统一管理的过程。新中国成立后的几十年,我国曾长期实行土地分散管理。在国务院进行机构改革之前,农业部下设土地利用局,国家建委下设国土局,以后改为农牧渔业部下设土地管理局,国家计委下设国土局。前者管理审批城市规划以外的土地;后者负责国土整治的日常工作,城乡建设环境保护部则负责管理城市建设规划以内的土地。这种分散管理的模式,形成政出多门、权属混乱、矛盾重重的局面。在土地资源稀缺的情势下,对土地实行统一管理成为合理、科学用地的必然。

《土地管理法》第5条规定:"国务院土地行政主管部门统一负责全国土地的管理和监督工作。县级以上地方人民政府土地行政主管部门的设置及其职责,由省、自治区、直辖市人民政府根据国务院有关规定确定。"1986年成立国家土地管理局,负责全国土地的统一管理工作。1998年又将地质矿产部、国家土地管理局、国家海洋局和国家测绘局共同组建成了国土资源部。目前,由国土资源部统一管理我国土地、城乡地政和土地市场。实践证明,这种统一管理的模式,有利于国家从整体利益出发,对土地进行宏观控制;有利于落实保护耕地的基本国策;同时,也有利于土地市场的建设和发展。

三、农业用地法律制度的发展沿革

农业用地法律制度,不仅影响农业,而且影响全局,是经济社会制度的基础。

在中国历史上,每一次巨大的社会动荡几乎都与土地有着直接或间接的关系。国家对土地占有的再分配往往是振兴经济的重要手段。例如,战国时期,秦国采用商鞅的主张,推行以"开阡陌"为标志的授田制,使农业生产迅速发展,为秦国的崛起和统一六国奠定了基础。西汉中期,曾两次出现土地兼并高潮,造成农业衰退,政府采纳董仲舒的限田建议,以种种措施抑制兼并,在一定程度上保护了农业生产力。唐朝初期,为了恢复隋末以来由于苛政和战乱受到严重破坏的农业生产力,政府大力推行均田制,从而带来了经济的复苏、繁荣。

新中国成立以来,围绕着农村土地归谁所有和由谁经营这两个问题,我国农业用地法律制度经历了三次大的变迁,主要实行过三种农地制度,即土地改革后的农民所有、家庭经营的制度;农业合作化后的集体所有、集体经营的制度;改革开放后的集体所有、家庭经营的制度。这三种农地制度决定和影响了农民的行为,决定和影响了"三农"的状况乃至国运的兴衰。由此,我国农业用地法律制度的发展,可以分为以下四个阶段:

第一阶段(1949—1952年):农民所有、家庭经营的制度。新中国成立之初通过土地改革运动实现了土地农民私有,并于1950年《中华人民共和国土地改革法》规定:“废除地主阶级封建剥削的土地所有制,实现农民的土地所有制。”这一改革使广大农民在经济、政治上获得了解放,农村经济、社会得到了极大发展。

第二阶段(1952—1978年):集体所有、集体经营的制度。从1953年开始,随着党过渡时期总路线即“一化三改”的提出,农业社会主义改造在自愿互利、典型示范、国家帮助的原则下开始展开,农村土地制度改革走上了土地合作化运动,历经互助组、初级农业合作社、高级农业合作社三个阶段,将农村土地的农民所有家庭经营逐渐转换成集体所有集体经营,实现了土地私有制向集体所有制的转变过程。经过农业合作化运动,农民私有的土地逐渐转归集体所有。

集体所有、集体经营的农村土地制度模式,是一种极度超前的制度安排,虽然确实可以避免两极分化,可以发展农田水利基本建设,可以依靠集体的力量抵御灾荒等等,在初期也对农业生产产生了一定的促进作用,但是由于超越了当时的生产力状况,对其发展很快便产生了阻碍。因为过分的集中经营、集中劳动和统一分配的制度,必然影响农民生产经营的自主权和个人利益,出现平均主义、“大锅饭”的弊病,从而极大地影响劳动者的生产积极性,阻碍生产力发展。另外,还规定生产队所有的一切土地包括社员的自留山、自留地以及宅基地在内都归生产队所有,禁止出租和买卖,使农村土地以固化的形式存在。

第三阶段(1978—2008年):集体所有、家庭经营的制度。家庭联产承包责任制是继土地改革、集体化运动后我国农村土地制度的又一次大的变迁。由于家庭联产承包责任制不触动土地公有制的性质,在保证政府、集体利益不受损害的前提下寻求增进农民福利的途径,其改革阻力小,所以这一制度从创新到扩散进行得比较顺利。所不同的是前两次制度变迁是典型的政府强制性制度变迁,而这一次制度变迁源于集体农业的效率低下、农业剩余难以维持农业简单再生产。这一制度的基本特征是确立了农户的经济主体地位,农户通过“交够国家的,留足集体的,剩下的全是自己的”利益承诺,换取了土地的使用权和一部分剩余索取权,既保障了国家、集体的利益,也解决了土地集体经营时的监督和激励无效等外部性问题,产生了巨大的经济效益和社会效益。1980—1984年中国农业超常增长,1984年农业总产值达2380.15亿元,比1952年增长了291.7%。

第四阶段(2008年至今):集体所有、多元经营的制度。2008年10月12日,党的第十七届三中全会通过《中共中央关于推进农村改革发展若干重大问题的决定》指出,“以家庭承包经营为基础、统分结合的双层经营体制,是适应社会主义市场经济体制、符合农业生产特点的农村基本经营制度”,提出“推进农业经营体制机制创新,加快农业经营方式转变”。以土地使用权为核心的新型地权关系,要求相关法律为土地使用权市场化流转、合作化经营及现代化农业建设提供制度性基础。应当鼓励成立各类专业农、牧、林业合作公司,组建各类新型农民合作社,加强各类专业合作公司、新型合作社之间的合作化经营,发展各种农业社会化服务组织,通过劳动合作、供销合作、科技合作、金融合作等优化资源配置,积极发展多种形式的集体经济和合作经济。

2013年7月,习近平总书记在湖北考察时指出,深化农村改革,完善农村基本经营制度,要好好研究土地所有权、承包权、经营权三者之间的关系。按照"落实集体所有权、稳定农户承包权、保护土地经营权"的思路,进一步明确三者在占有、使用、收益、处分方面的权能边界将会成为农业用地法律制度研究的新热点。

第二节 农业用地权属制度

一、农业用地权属制度概述

(一)农业用地权属的概念

农业用地权属,即农业用地的权利归属,是指农业用地的权利在主体上的归属状态。它包括了一切农业土地权利束的归属。农业土地权利束,是以农业用地的所有权为基础、以农业用地的使用权为核心、以农业用地他项权利为补充的一切权利的总和。它包括了农业用地的所有权、农业用地的使用权、收益权、处分权、承包经营权等。

农业用地权属制度,是指构建农业用地的土地权利类型、权利形态、权利结构的制度安排,它直接反映了与农业用地相关的各种利益关系的平衡。农业用地权属制度具备以下特征:

第一,地位的基础性,即在一国的农业用地法律制度中,农业用地权属制度是最基础性的制度。土地的归属、权利的归属,一向是法律制度设计的重心。

第二,国度的差异性,即一国社会物质生活条件的差异,直接决定着其农业用地权属制度的国别差异。各国国情不同,其土地权属制度也各不相同。

第三,构成的复杂性。农业用地权属制度,规定着农业用地的所有权,决定着权利主体对于农业用地的占有、使用、收益和处分的权利。同时,在"以利用为中心"的基本理念的指导下,随着农业用地利用形式的多样化,农业用地的他项权利也呈现出多元化趋势。

第四,制度体系的开放性。农业用地的权属制度是一个开放的体系。随着我国土地法制的完善和土地利用实践的发展,农业用地权属制度所创设的土地权利会逐渐增加,如农业用地的抵押权、租赁权、地役权、空中权和地下权等。通过多元化的农业土地权利制度,可以更好地平衡各项利益关系,促进农业经济的发展。

（二）农业用地权属制度的作用

农业用地权属制度，是土地法律制度中的最重要组成部分，对于促进农业用地的有效利用，提高农业生产效率具有不可替代的作用。衡量一个国家农业用地权属制度优劣的标准，是农业用地是否得到了有效利用。农业用地权属制度的建立和完善，具有以下作用：

首先，对农业用地的权利主体而言，农业用地权属制度可以更好地保障其权益，平衡相互间的利益冲突。权利的归属就意味着利益的归属，农业用地权属制度的构建，实际上就是对各权利主体之间的利益关系进行重新界定和调整的过程。在我国，农业用地的权利主体呈多元化，包括国家、村社集体、农户等。历史实践证明，农业用地权属制度的构建，最根本的就在于保障土地利用者（农民）的合法权益，提高农民的生产积极性。

例如，在我国对农业用地实行集体所有、集体经营的时期，由于农户对于农业生产没有自主权，因而丧失了生产积极性，形成了“吃大锅饭”现象。最终不仅损伤了农户的劳动积极性，同时也降低了集体经济组织的整体收益，对国民经济的发展形成了阻力。改革开放后的家庭联产承包责任制之所以能够促进农业的快速发展，关键就在于农业用地的真正使用者（农户），拥有了相对稳定的土地使用权，拥有了生产的自主权。

其次，对农业用地而言，农业用地权属制度可以实现土地的充分利用，实现农业土地资源的优化配置。土地制度的目标首先表现为充分利用可利用的土地资源，避免土地浪费。尤其是在人多地少的中国，农业用地的稀缺性日益突出。构建合理的农业用地权属制度，可以通过各项利益平衡，调动土地使用人的积极性，从而提高农业用地的生产效率，进而实现土地资源的优化配置。我国农业用地的历史经验，可以充分地证明这一原理。

在我国计划经济时代，土地资源长期无偿、无限期、无流动使用。由于土地是无偿取得的，土地的占有者必然处于无成本状态，土地利用效益极为低下。同时，由于土地的无限期、无流动使用，又使得想利用土地的人无地可用，这必然导致土地资源的严重浪费。

资源优化配置的前提就是资源能够合理流动。在实行家庭联产承包责任制之后，我国的农业用地基本上采用土地承包的方式进行利用，即通过土地所有权与土地使用权的剥离，在一定程度上，实现了土地使用者的经营自主权。同时，我国的《农村土地承包法》还规定，通过家庭承包取得的土地承包经营权可以依法通过转包、出租、互换、转让或者其他方式流转。通过土地承包经营权的流转，实现了土地资源的合理流动。因此，我国土地承包经营权的创设，既实现了土地的高效利用，同时通过权利的流转还实现了各项生产要素的优化组合，实现了土地资源的优化配置。

最后,对农业产业而言,合理的农业用地权属制度,能够促进农业经济的发展。农业用地是“三农”问题中最基础性的物质要素,如果没有农业用地,农业、农村和农民问题的解决也就丧失了根基。事实上,改革开放三十多年来,围绕“三农”问题的社会矛盾大都与土地问题有关或者是由土地利益关系问题衍生出来的。因此,从理论上研究农业用地权属关系无疑对在工作实践中理顺农业用地各项权利义务关系具有指导作用。

实践证明,一个合理的农业用地权属制度,可以平衡各权利主体之间的利益关系,可以充分的利用土地资源,可以充分地发挥农民的生产积极性,从而促进农业经济的发展。

二、农业用地所有权

土地所有权属于财产权的范畴,是指土地所有者在法律规定的范围内对其土地所享有的占有、使用、收益和处分的权利。我国《宪法》第10条第1款、第2款规定:“城市的土地属于国家所有。农村和城市郊区的土地,除由法律规定属于国家所有的以外,属于集体所有;宅基地和自留地、自留山,也属于集体所有。”我国土地所有权包括国家土地所有权和农民集体土地所有权两种形式。

在土地所有权的这四项权能之中,占有权能是指所有人对于土地在事实上的掌握和控制的权能,是行使所有权其他权能的基础和条件。使用权能是指土地所有人依照土地的性质或用途,对土地进行事实上的利用的权能,是土地作为一种物质资源所具有的使用价值的体现。收益权能是指土地所有人依法所具有的收取土地产出的权能,其实质是地租取得权,是对土地所有权的经济实现。处分权能是指土地所有人对土地进行处置而决定土地命运的权能,这项权能可以区分为事实上的处分权能和法律上的处分权能。事实上的处分权能是指对土地进行物质层面的变化行为,如将丘陵变为平地;法律上的处分权能则指土地发生诸如转移、限制或者消灭的行为,如设定土地使用权。处分权能是土地所有权内容的核心和最基本的权能。

农业用地所有权,是指农业用地所有者在法律规定的范围内,对其所有的农业用地所享有的占有、使用、收益和处分的权利。根据宪法和土地管理法的规定,我国农业用地所有权表现为国家土地所有权和农民集体土地所有权。据统计,全国耕地面积中的94.4%属于集体所有,而属于国家所有的仅占5.6%。也就是说,我国农业用地绝大部分属于集体土地所有权,只有极少部分属于国家土地所有权。

(一)集体土地所有权

我国的集体土地所有权作为一种独立的民事权利,在法律上与国家土地所有权处于平等的地位。它是在解放后农民通过土地改革取得私人土地所有权的基础上，经过合作化、人民公社运动发展而来，最后被宪法所确认的。它是指农村集体经济组织依法对其所有的土地享有占有、使用、收益和处分的权利，并排除他人非法干涉的权利。

1. 集体土地所有权的主体

与国家土地所有权主体的唯一性不同，集体土地所有权由各个农民集体享有，其主体具有多样性。目前，我国集体所有的土地呈现三级所有的结构：第一级所有是村内两个以上农村集体经济组织的农民集体所有；第二级所有是村农民集体所有；第三级所有是乡（镇）农民集体所有。

农民作为集体同国家一样，集体本身无法行使所有权，也需要有一定的机构组织代表集体行使权力，经营、管理集体土地。根据我国《土地管理法》第10条的规定，集体土地所有权的经营、管理机构为：（1）农民集体所有的土地依法属于村农民集体所有的，由村集体经济组织或者村民委员会经营、管理；（2）农民集体所有的土地已经分别属于村内两个以上农村集体经济组织的农民集体所有的，由村内各该农村集体经济组织或者村民小组经营、管理；（3）农民集体所有的土地已经属于乡（镇）农民集体所有的，由乡（镇）农村集体经济组织经营、管理。

2. 集体土地所有权的客体

集体土地所有权的客体比较广泛。我国《土地管理法》第8条第2款规定："农村和城市郊区的土地，除由法律规定属于国家所有的以外，属于农民集体所有；宅基地和自留地、自留山，属于农民集体所有。"根据该条规定，我国集体土地所有权的客体就包括了集体所有的耕地、集体所有的森林、山岭、草原、荒地、滩涂所占的土地；集体所有的建筑物、水库、农田水利设施所占的土地，集体所有的农林牧渔场以及集体所有的非农业用地。

3. 集体土地所有权的内容

集体土地所有权的内容同其他所有权一样，也包括了占有、使用、收益、处分等权能，但集体土地所有权的权能并不完整，这一特征在与国有土地所有权进行比较时更为明显，这一点将在下文着重阐述。

我国土地集体所有权形成以来，已陆续暴露出了其本身固有的缺陷，主要表现在以下几个方面：第一，集体土地所有权的权能残缺。在使用权能方面，由于强化对耕地及其他农用地的特殊保护，因此除非经过审批，集体所有的农用地只能用于农业生产。集体土地中的建设用地也只能用于本集体成员的住宅建设、乡镇企业建设、乡村公益事业建设和公共设施建设等。在收益权能方面的不完全性是使用权能不完全性的延续。由于集体所有的土地不能用于房地产开发，而必须先由国家征收转变为国家所有后方可出让，这就使得本应属于集体土地所有权的收益权能受到限制，农民集体作为所有人却对其土地上房地产开发等使用的收益不享有收益权。在处分权能方面,集体对其所有的土地不得买卖、抵押或以其他形式非法转让。土地的法律处分本来属于土地所有权的一项重要权能,而集体土地所有权的处分权能由于受征收制度的限制,已经显得很不完全。农用地转用审批制度和土地用途管制使得集体对土地事实上的处分权也受到限制。第二,土地集体所有权主体虚位。集体所有权,应当是全体集体成员共同所有。但是实际上农民没有据以行使所有权的程序和组织形式,这就在事实上造成了土地的农民集体所有往往变成乡(镇)、村党政组织或经济组织所有,甚至农村集体组织负责人所有。这是因为,无论集体还是国家,都是一个组织体,其本身不会像自然人一样产生意志,而是需要由自然人组成的机构来代表其表达意志、行使权力、履行义务、承担责任。但是代表集体的机构成员在为集体利益进行判断和选择时,责、权、利不是一体的,实际的控制权力在代理者手中,责任和利益则由集体承受,这就很难避免机构成员滥用权力,产生代理成本。甚至集体的所有权主体地位被虚置,负责机构成员取代了集体的权利主体地位。第三,土地不能流转,土地利用效率低。如前文所述,集体土地的所有权除非通过国家征收程序转为国有,否则不得转让变更,集体土地的使用权流转也受到严格限制,这种产权流转限制与以土地利用为中心的土地法发展趋势不符。资源只有在市场中进行交易才能获得最佳配置,土地流转的限制直接导致大量耕地流失、撂荒等现象。目前,通过落实集体所有权、稳定农户承包权、放活土地经营权,引导农村土地有序流转,发展适度规模经营,已经成为构建新型农业经营体系、发展现代农业的重大政策举措。

(二)国家土地所有权

国家土地所有权,是指国家代表全体人民对其所有的土地享有占有、使用、收益和处分的权利,并排除他人非法干涉的权利。在我国,国家所有的土地主要是城市土地,为非农业用地;国有的农业用地主要是国有农场企业、国有牧场企业、国有种植业企业所使用的土地,以及一小部分农村集体经济组织使用的土地。

1. 国家土地所有权的主体

国家是国有土地唯一的、统一的所有者。国家土地所有权主体的唯一性,决定了除国家以外的任何单位和个人,包括人民政府和其他国有单位以及社会团体等组织,在任何情况下都不能成为国有土地的所有者。国家土地所有权主体的统一性,要求只有国务院才能代表国家行使国有土地的所有权,其他任何组织或单位非经国务院授权或者批准,不能享有国家土地所有权中的任何权能。

2. 国家土地所有权的客体

国家土地所有权的客体具有广泛性。作为国家土地所有权客体的土地,不仅包括城市市区用地、耕地、林地、草原、荒地、滩涂、水域、沙漠、冰川、岛屿等各种类型的土地,还包括国家通过征收将集体所有的土地变为国家所有,以及在土地所有权发生争议时,凡不能依法证明争议土地属于集体所有者,皆属于国家所有。

3. 国家土地所有权的内容

国家土地所有权的内容,就是指国家对国有土地的占有、使用、收益和处分的权能。国有土地所有权具有四项完全的权能。其中尤为重要的是土地的使用权能。由于土地所有权的使用权能关系到土地资源的有效利用,在土地权利的发展历史中,非所有人对土地的使用权利一向是推动土地制度进步(乃至社会经济发展)的一个重要因素。在当代,国家拥有土地所有权的意义主要并不在于满足国家对土地的使用需求,而在于调节社会对土地的使用需求。赋予使用土地的权利以一种相对独立的法律地位,即土地使用权物权化的趋势,成为充分利用土地,提高社会经济效率的必然要求。

三、农业用地的使用权

(一)土地使用权

土地使用权是土地所有权派生的一项相对独立的财产权,是指土地使用者依法依约对土地享有的占有、使用、收益和法定处分的权利。它是土地使用制度在法律上的体现,是我国现代土地制度中一项至关重要的法律制度。

我国土地使用权制度的建立,是我国物权法历史上的一个重大变革和进步,它在不影响土地公有制的前提之下,通过所有权与使用权的分离,实现了土地的有偿使用和流转,促进了我国地产市场的建立和发展。也就是说,在我国,土地所有权不进入市场,土地使用权是地产市场的唯一权利载体,具有实现土地民事流转的功能。

我国的土地使用权是一种新型的物权,是与土地所有权相并列的权利,它与传统大陆法系所有权权能之一的使用权能既有联系又有本质的不同。第一,它是一种独立的物权,而不仅仅是所有权中单一的权能,即包括了占有、使用、收益和处分全部四项权能,土地使用权人与所有权人的关系属于物权法律关系。第二,它是一种用益物权,即在他人所有物上设定的、以物的使用和收益为目的的他物权。第三,与传统的他物权相比,土地使用权的转让更为自由。大陆法对他物权的转让规定了较为严格的限制,而且这些他物权往往与权利人的身份是联系着的,非经所有权人的同意不得转让。但我国的国有土地使用权如果是以出让方式取得,则使用权人可完全依自己的意志转让而不必取得所有权人的同意,所有权人非依法律不得对这种转让加以限制。这也是现代物权法“土地所有权向土地用益权让步”的具体体现。

(二)农业用地的土地使用权

根据《土地管理法》第9条的规定:“国有土地和农民集体所有的土地,可以依法确定给单位或者个人使用。使用土地的单位和个人,有保护、管理和合理利用土地的义务。”也就是说我国的土地使用权分为集体土地使用权和国有土地使用权。从事农业生产的主体(主要为农民)既有权使用集体所有的农业用地,也有权使用国家所有的农业用地,并负有保护、管理和合理利用农业用地的义务。在我国,农业用地的使用权主要有以下几种方式:

1. 对于国有农业用地的使用

在农业用地中,绝大部分属于集体所有的土地,只有极少部分属于国家所有。因此,对于国有农业用地的使用主要表现为:

(1)国有农业法人单位对国有农地的使用权

国有农业法人单位,主要包括国有农场企业、国有牧场企业和国有种植业企业等。这些国有农业法人单位对国有农业用地的使用权,是指它们依法享有对国有土地的占有、使用(主要是直接从事农业生产)、收益的权利。国家土地管理机关有管理、监督和检查的权利,用地单位应当接受其管理、监督和检查。如有法律规定,还应缴纳土地使用费。但是,这种农业用地的使用方式是过去计划经济体制的延续,是对于土地的无偿、无限期、无流动的使用,这种使用方式已经不适应市场经济的要求,已经成为现今土地改革中的重点。

(2)集体经济组织对国有农地的使用权

农业集体经济组织对国有土地的使用权,是指农业集体经济组织依法取得,对国有土地在法律允许的范围内占有、使用、收益的权利。集体经济组织依法对国有农业用地进行使用的范围很小。在一般情况下,这种土地使用权也是对于土地的无偿、无限期、无流动的使用。我国《土地管理法》第 15 条规定:“国有土地可以由单位或者个人承包经营,从事种植业、林业、畜牧业、渔业生产……”因此,在市场经济体制下,我国国有农地也采用了招标、拍卖、公开协商等多种方式实行土地承包经营责任制,从而形成对于土地的有偿、有限期、有流动的高效利用。

2. 对于集体所有的农地的使用

《农村土地承包法》第 3 条规定:“国家实行农村土地承包经营制度。农村土地承包采取农村集体经济组织内部的家庭承包方式,不宜采取家庭承包方式的荒山、荒沟、荒丘、荒滩等农村土地,可以采取招标、拍卖、公开协商等方式承包。”《土地管理法》规定:“农民集体所有的土地由本集体经济组织的成员承包经营,从事种植业、林业、畜牧业、渔业生产。”“农民集体所有的土地,可以由本集体经济组织以外的单位或者个人承包经营,从事种植业、林业、畜牧业、渔业生产。”也就是说,在我国集体所有的农业用地的使用,基本上采用的是土地承包的方式,即集体农地使用权基本上就等同于土地承包经营权。集体农业用地使用权主要指农业用地承包经营权,它是指非土地所有人依照法律和合同约定取得的对集体所有土地的占有、使用、收益和部分处分的权利。农业用地以耕地、林地、草地为主,据有关部门统计,目前我国实行家庭承包经营的耕地面积占其总面积的97%、林地占87.5%、草地占55%。这说明,我国农村土地的家庭承包经营已在全国普遍实行,并已达到了空前的规模。

四、土地承包经营权

(一)土地承包经营权的概念

土地承包经营权是公民、集体,按照承包合同,以承包方式对集体所有或者国家所有的土地享有的,从事种植业、林业、畜牧业、渔业生产经营并获得收益的权利。土地承包经营权具有以下法律特征:

第一,土地承包经营权的主体既可以是本集体经济组织的成员,也可以是本集体经济组织以外的单位和个人。我国《土地管理法》明确规定,农民集体所有的土地由本集体经济组织的成员承包经营,从事种植业、林业、畜牧业、渔业生产。农民集体所有的土地也可以由本集体经济组织以外的单位或者个人承包经营,从事种植业、林业、畜牧业、渔业生产。农民集体所有的土地由本集体经济组织以外的单位或者个人承包经营的,必须经村民会议2/3以上成员或者2/3以上村民代表的同意,并报乡(镇)人民政府批准。

第二,土地承包经营权根据发包人和承包人依法订立承包合同而产生。当事人双方的权利和义务由承包合同确定。《民法通则》第81条第3款规定:"公民、集体依法对集体所有或者国家所有由集体使用的土地的承包经营权受法律保护。承包双方的权利和义务,依照法律由承包合同规定。"

第三,土地承包经营权的客体是农业用地,包括种植业用地、林业用地、畜牧业用地和渔业用地。《农村土地承包法》第2条规定:"本法所称农村土地,是指农民集体所有和国家所有依法由农民集体使用的耕地、林地、草地,以及其他依法用于农业的土地。"

第四,土地承包经营权的内容以使用和收益为主,是以土地为基础从事农业生产经营活动并获取收益的权利。例如,《农村土地承包法》第16条规定,承包方依法享有承包地使用、收益和土地承包经营权流转的权利,有权自主组织生产经营和处置产品等。这是土地承包经营权的核心,因为农民、集体承包经营土地的最主要的目的,就在于获得承包经营土地的出产物。

第五,土地承包经营权的法律保护是有期限的。土地承包经营的期限,是稳定土地承包关系的重要内容,也是保障农民的土地承包经营权、稳定农民的长期预期收益的关键因素。考虑到不同性质土地的投资收益期限差别较大,我国《农村土地承包法》第20条规定:"耕地的承包期为三十年。草地的承包期为三十年至五十年。林地的承包期为三十年至七十年;特殊林木的林地承包期,经国务院林业行政主管部门批准可以延长。”

（二）土地承包经营权的基本权利

1. 土地占有权

土地占有权是指土地承包经营人对国有或集体所有的农业生产土地享有实际控制的权能。占有权能是土地承包经营人实现使用、收益、处分等其他权能的基础，也是保证土地承包经营权的根本。无论所有人还是非所有人利用财产，都必须先占有财产，这是一个不言自明的事实。财产归属不一定要有占有，财产利用则必须依赖占有。

土地承包经营合同依法成立后，发包方有义务向承包方提供合同约定的承包土地，承包方即取得对承包土地在一定期限内的合法占有的权利。它是土地承包经营权法律保护的最基本的权利内容。要实现对土地的“经营”，必须以对土地的实际控制为前提。否则，承包经营权的法律保护就是一句空话。

2. 经营自主权

经营自主权是指土地承包经营人按照土地的自然特性、约定用途等独立自主地利用或经营所有人的农业生产土地的权能。按土地的自然特性和约定用途经营，是指在一定自然特性的土地上设立土地承包经营权时，土地所有人与土地承包经营人为特定的农业目的而约定的经营方法，如在耕地上耕种，在草原上放牧，在水面或滩涂上养殖等。

经营自主权实际上就是土地使用权能，在农业生产过程中的具体体现，主要是为了保护土地承包经营人的农业生产经营活动，不受非法干预和侵害。我国《农村土地承包法》第14、15条明确规定，发包方应尊重承包方的生产经营自主权，不得干涉承包方依法进行正常的生产经营活动。承包方依法享有承包地使用、收益和土地承包经营权流转的权利，有权自主组织生产经营和处置产品。

3. 经营收益权

经营收益权是指土地承包经营人获取在其占有和利用的土地上所产生的利益的权利。这是土地收益权能的具体体现，是行使土地承包经营权中的占有、使用的根本目的所在。在土地承包经营权中，收益权利的法律保护是调动土地承包经营主体从事土地承包经营活动积极性的根本，也是土地承包经营权的最基本的经济利益的表现形式。

土地承包经营主体从事承包经营获取的利益，一般不能全部归属自己，必须按照法律规定和承包合同约定交足国家农业税和集体提留后，所剩余的部分的收益才归承包人所有。所以，对于承包经营者而言，承包经营权所包含的收益的权利不是所承包经营土地形成的全部收益，而是依法依约除税收和提留后的收益的剩余部分，即部分收益的权利。

具体表现为:土地承包经营人在其占有和利用土地后,在土地上自行种植、养殖、畜牧的农作物、水产品和牲畜禽类等,其所有权应为土地承包经营人所拥有。对于生长期较长的木本植物如竹木等,或多年生草本植物如人参等,如果土地承包经营权设立以前已种植的,其果实或其他与植物分离的产出物的所有权应归土地承包经营人所有,其植物本身则仍应归土地所有人所有;在土地承包经营权设立以后,土地承包经营人自种的木本植物或多年生草本植物所有权有特别约定的,从其约定;没有约定的,归土地承包经营人所有。在土地承包经营权存续期间,如果土地承包经营权发生变更的,则应对土地承包经营人在土地占有期间的投入给予合理的补偿,以维护其经营收益权。

4. 土地承包经营权益的处分权

土地承包经营权益的处分权,是指土地承包经营人对其占有和利用集体所有或国有的土地,从事农业生产经营活动的权利依法享有处分的权能。这里的处分权所处分的对象是土地承包经营权,而不是土地。当然,土地承包经营权益的处分必定导致土地占有的改变,但这不是对土地的处分,而是转移土地承包经营权占有权能的具体表现。

土地承包经营权的处分权对维护土地公有制和搞活农用土地市场,提高农地利用价值,增加农业经济收益,调动农民承包经营土地积极性都有着积极的作用。实际上,土地承包经营权益的处分主要涉及的是土地承包经营权的流转,《农村土地承包法》第 10 条规定:"国家保护承包方依法、自愿、有偿地进行土地承包经营权流转。"其主要表现为土地承包经营权可以依法采取转包、出租、互换、转让或者其他方式流转,这种流转必须限于农业用途范围内。

(三)土地承包经营权的基本义务

1. 维持土地农业用途的义务

我国《农村土地承包法》第 17 条规定,承包方必须维持土地的农业用途,不得用于非农建设。我国对土地实行了严格的用途管制制度,严格控制农用地转为非农用地,对耕地实行特殊保护,以确保国家的粮食安全。国土资源部提出,为保护我国粮食生产能力,必须保证规划确定的基本农田不减少,必须切实保护现有耕地。承包地是用于农业的土地,承包方必须维持承包地的农业用途,不得擅自将承包地用于非农业建设。

维持承包地的农业用途,并不等于完全禁止承包地上农业结构的调整。承包地在种植业、林业、畜牧业和渔业之间用途的改变,承包地在种植业、林业、畜牧业和渔业内部的改变(例如,将种植粮食的土地改为种植蔬菜),不属于土地用途的变化,应当由承包方自主决定。鉴于实践中很难把握,1999 年国土资源部和农业部联合发布了《关于搞好农用地管理促进农业生产结构调整工作的通知》,其中明确指出在符合土地利用总体规划前提下,农民可以在耕地包括基本农田上调整种植业生产格局,发展油料、瓜菜、花木、桑茶、特产品和其他经济作物;可以将生产能力低、生产条件差的一般耕地改为草场,种植牧草或饲料作物,建造临时性畜牧场和饲养场,发展畜牧业;可以在基本农田保护区外的农用地挖塘发展水产养殖和种植多年生木本果树等经济作物,逐步形成农林牧渔全面发展,适应市场,优质高效的农业生产结构。调整农业生产结构要因地制宜,保护和合理利用土地资源,促进农业可持续发展。

2. 地力维持义务

农地是农业产出的根本,土地肥力是决定农业生产效益的重要因素。土地承包方在其权利存续期间,进行农业生产经营时,要履行维护土地的肥力和使用性能的义务,避免过度使用农业用地的短期行为。土地肥力的维持,就是至少要保持土地原有肥沃程度,至少要维持土地原有的产出能力。根据《农村土地承包法》第 17 条第 2 项规定,承包方应保护和合理利用土地,不得给土地造成永久性损害。

这项义务要求承包方应当严格执行《土地管理法》等法律、法规的规定,不得擅自在承包地上建房、建窑、采矿、采石、挖沙、取土、造砖、建坟等,不得在承包的基本农田上种植林木和挖塘养鱼,不得毁坏森林、草原开垦耕地,不得围湖造田、侵占江河滩地。承包地是基本农田的,更应当严格保护。基本农田是国家粮食安全的根基,为保护粮食生产能力,必须保证基本农田的面积不减少。承包方不能在基本农田上挖鱼塘、修建畜牧饲养场、建设农副产品加工设施以及其他对土壤耕作层造成永久性破坏的生产经营活动。

3. 土地不得抛荒的义务

我国《土地管理法》第 37 条规定,承包经营耕地的单位或者个人连续两年弃耕抛荒的,原发包单位应当终止承包合同,收回发包的耕地。土地不得抛荒应该是土地合理利用的应有之义,但实践中,我国土地抛荒的现象并没有得到明显的遏制,在不少地方反而更加严重。农民厌耕的原因很多,主要有以下几个方面:(1)农产品特别是粮食的价格下跌,农业生产资料的价格过高,农业生产成本增加,收益下降,农民种地无利可图。(2)承包地上的种种负担过重,除了尚待取消的农业税,一些乱收费、乱摊派、乱集资根据承包地的数量摊到承包户的头上,结果,农民种地收益很少,承包地反而成了一种经济负担。我国近年开始全面减免农业税费之后,这种局面将有一定程度的改变。(3)城乡二元社会格局的形成,使城市在经济、文化、生活等方面有诸多的优势,吸引农村劳动力弃田抛荒,进城务工经商。(4)土地承包经营权流转机制不健全,没有机构出面协调,供需之间缺乏联系,信息不通。农民对无力耕种和不愿耕种的土地,只得选择弃田抛荒。

因此,我国农地抛荒的因素,最根本的是制度因素所导致的。单纯地依靠土地管理法收回承包地的强制措施,起不到太大的作用。因为在种地无利可图的情况下,收回的承包地无人耕种,反而会成为发包方的一种负担。因此,要真正达到合理利用土地的目的,一方面要赋予土地承包人土地不得抛荒的义务,另一方面还需要国家采取各项措施予以配合,如降低农业生产资料价格,减轻承包地上的各种实际负担,稳定农产品价格等。

4. 土地不得随意流转的义务

土地承包经营权的移转,可以使分散的土地走向集中,使规模经营、集约经营成为可能,有利于土地资源的优化配置,同时也有利于推动农业的产业化、现代化。因此,《农村土地承包法》第32条规定,通过家庭承包取得的土地承包经营权可以依法采取转包、出租、互换、转让或者其他方式流转。允许土地承包经营权的移转,就是赋予土地承包经营人对土地承包经营权的独立处分权。

但是,独立处分权不是绝对处分权,由于土地承包经营权的具体客体是农业生产土地。在中国,独特的国情不允许土地承包经营人任意地流转农业生产土地,必须关注土地承包经营人如何流转土地。因此,《农村土地承包法》明确规定,土地承包经营权流转应当遵循以下原则:第一,平等协商、自愿、有偿,任何组织和个人不得强迫或者阻碍承包方进行土地承包经营权流转;第二,不得改变土地所有权的性质和土地的农业用途;第三,流转的期限不得超过承包期的剩余期限;第四,受让方须有农业经营能力;第五,在同等条件下,本集体经济组织成员享有优先权。同时,还规定土地承包经营权的移转必须得到土地所有人同意。

总之,土地承包经营权的移转须受土地所有人同意的限制,对土地承包经营人的处分权而言,既是限制又是保障。一方面,土地承包经营人在移转土地承包经营权时,须取得土地所有人的同意。避免土地承包经营人对处分权的滥用,维护土地所有权的利益,保障农民的生存安全,稳定农村社会。另一方面,通过对土地所有人同意权行使的严格界定,又防止了土地所有人对同意权的滥用,避免了同意权成为土地所有人侵扰土地承包经营权正常移转的手段。这一制度设计既符合物权法理,又符合中国实际。

5. 给付土地承包金的从义务

缴纳土地承包金是农户承包集体所有的土地应当承担的一项义务,是实施土地有偿使用制度的体现,也是集体经济的一个重要来源。因为确定一定数额的土地承包金可以有效地避免土地利用的低效率。同时,土地承包金主要是用于农民集体的福利和公益事业,少包或不包土地的农民也从中受益。这有利于土地承包经营制度在农村的稳定发展。

现在的问题是,将土地承包金同各种农村税费混为一谈,使土地承包金的作用大打折扣。长期以来,农村税费不分、租费不分,往往把各种税费同土地承包金混在一起进行征收;更有许多地方,在发包时并未明确约定土地承包金,却把各种名目的杂费当做农民占有和利用土地的代价,随意收取。这些都是土地承包金的性质和作用不明所造成的恶果。有鉴于此,法律应当明确将土地承包金作为家庭土地承包合同的一般条款,明确土地承包金是土地承包经营权取得的对价,明确其性质、目的、用途、确立方式和原则,尤其要明确拖欠土地承包金的法律责任,将土地承包金的收取与土地承包经营权的得失联系起来,将土地承包金与各种税费负担区别开来。

第三节 农业用地国家管理制度

一、农业用地国家管理制度概述

(一)农业用地国家管理制度概念

农业用地国家管理制度,从广义上讲,是指国家以社会公共利益为主导,对全国的农业用地在宏观上进行监督、调控和保护的各项规则、机制和手段的集合。狭义的农业用地国家管理制度,专指与农业用地相关的土地行政制度,是国家对农业用地进行保护、调控和监督的各项法律规定的总和。本书主要针对狭义的农业用地国家管理制度进行研究,是农业用地法律制度的重要组成部分。

在市场经济体制下,国家对农业用地进行管理,是由于单纯依靠市场机制调节土地市场,根本无法实现土地资源的优化配置。市场机制往往以效益最大化为目标调节土地资源的配置,若单纯依靠市场机制调节农业用地的归属和利用,必然导致农业用地数量减少;农业用地质量减退;生态环境恶化等现象。

(二)农业用地管理体制

农业用地管理体制是指农业用地管理的机构设置、职责划分、管理方式等相关制度的总称。我国农业用地的管理采用的是以垂直统一管理为主,行业管理为辅的模式。所谓的垂直统一管理,是指我国土地资源的规划、利用、保护等由国土资源部进行统一管理;所谓的行业管理为辅,主要是指国家农业部、林业部会从农、林业生产的角度,对农业用地进行适当地调控和管理。

1. 农用地的统一管理

我国《土地管理法》第5条规定:“国务院土地行政主管部门统一负责全国土地的管理和监督工作。县级以上地方人民政府土地行政主管部门的设置及其职责,由省、自治区、直辖市人民政府根据国务院有关规定确定。”

1998年,九届人大一次会议第三次全体会议表决通过关于国务院机构改革方案的决定。根据这个决定,由地质矿产部、国家土地管理局、国家海洋局和国家测绘局共同组建国土资源部。按照机构改革方案的说明,新组建的国土资源部的主要职能是:土地资源、矿产资源、海洋资源等自然资源的规划、管理、保护与合理利用,即我国目前由国土资源部统一管理土地,包括农用地的规划、开发、利用等各项行为。国土资源部对省级人民政府国上资源主管部门实行业务领导。这种统一管理的模式,符合资源开发利用的自然禀性,更有利于各项资源的统一规划和合理利用,更有助于自然资源的优化配置。

2. 农用地的行业管理

农业用地不仅是重要的自然资源,同时也是农业生产不可缺少的生产资料。农业用地的合理利用不仅关系到自然资源的有效利用,同时还涉及农业产业的发展、农村经济的振兴。因此,还需要我国农业部、国家林业局从行业主管部门的角度,通过土地承包工作,对农业用地的合理利用进行管理和调控。

我国《农村土地承包法》第 11 条规定:“国务院农业、林业行政主管部门分别依照国务院规定的职责负责全国农村土地承包及承包合同管理的指导。县级以上地方人民政府农业、林业等行政主管部门分别依照各自职责,负责本行政区域内农村土地承包及承包合同管理。乡(镇)人民政府负责本行政区域内农村土地承包及承包合同管理。”农业、林业行政主管部门负责农村土地承包工作和承包合同的管理工作。根据职责划分,各级农业、林业行政主管部门的职责分为三个层次:

(1)国务院农业、林业主管部门,即农业部、国家林业局根据规定的职责,分别负责全国的农村土地承包及承包合同管理的指导。主要是根据政策和法律、行政法规的规定,组织和指导全国的农村土地承包工作,制定并监督执行有关农村土地承包政策和规章,指导各地的农村土地承包合同管理等。

(2)县级以上各级地方人民政府的农业、林业主管部门,即农业厅(局)、林业厅(局)根据规定的职责,分别负责本行政区域内的农村土地承包及承包合同管理。主要是宣传贯彻有关农村土地承包政策、法律法规,具体指导农村土地承包合同的订立,颁发土地承包经营权证和林权证,监督承包合同的履行,解决承包合同纠纷,培训承包合同的管理人员等。

(3)乡(镇)人民政府根据规定的职责,负责本行政区域内的农村土地承包及承包合同的管理。具体组织农村土地承包合同的订立,监督承包合同双方履行合同,解决承包合同纠纷,以及管理承包合同档案等。

二、农业用地的有偿使用制度

1988 年 4 月,第七届全国人大修改了《宪法》有关条款,规定“土地使用权可以依照法律的规定转让”。同年 12 月修改了《土地管理法》,规定“国家实行国有土地有偿使用制度”,“国有土地和集体所有的土地的使用权可以依法转让。土地使用权转让的具体办法,由国务院另行规定”。这标志着我国立法对于土地有偿使用原则的正式确认,也标志着我国的土地使用制度正式结束了"无偿、无限期、无流动"的"三无"使用状态,土地的商品性质和土地使用权的财产性质从此得到了法律的认可。

这些年来,国有土地的有偿使用制度从最初收取土地使用费,到征收城镇土地使用税,直至现在的土地使用权出让的广泛适用,我国的城市地产市场已经得到了长足的发展。相比较而言,农业用地的有偿使用制度建设就显得要薄弱一些,完善农业用地的有偿使用制度,培育和发展农村土地市场,成为现今农地制度改革的关键。

(一)农业用地有偿使用制度的概念

我国的农业用地有偿使用制度,是在维护土地公有制的基础上,充分实现农业用地的商品属性的制度安排,即农业用地的实际使用者,因对他人土地享有的占有、使用、收益和适度处分的权利,而应当支付相应的对价。

农业用地有偿使用制度的原理,源于土地经济学中的地租理论。土地经济学所称的地租,是指土地作为自然资源,将其使用权让渡给他人利用所获取的报酬,其实质是土地所有者凭借其对土地所有权的垄断,向土地使用者索取报偿。在我国建立农业用地有偿使用制度,对于促进农业发展具有不可低估的作用,其作用具体表现在以下几个方面:

首先,农业用地有偿使用有利于促进农业生产力的发展。从我国的历史实践来看,我国实行农村家庭联产承包责任制之初,农业用地按人口、劳动力平均分配,无偿使用。这在一定程度上,就曾阻碍了农业生产力的发展。其一,由于承包地无偿取得,土地使用者缺乏外在压力,即使采取粗放经营,也能获得自然收益,影响了生产积极性;其二,由于承包地无偿使用,农民不肯轻易放弃土地,阻碍了土地的流转,使土地难以向种田能手集中,适度规模经营的步履艰难,影响农业向社会化、专业化发展。

事实证明,在价格机制的作用下,农业用地的地租转化为土地使用者的成本压力,必然促使其对土地的高效利用,从而真正促进农村生产力的发展。也就是说,只有承认农业用地的商品属性,利用价值规律的作用,才能有效利用和合理配置土地。

其次,该制度有利于建立完整的土地市场。我国目前的土地市场实际上是城镇国有土地使用权市场,建立的是城镇国有土地使用权有偿转让法律制度,并未包括农村集体所有的农业用地市场,当然也没有相应地建立农业用地有偿使用法律制度。但农业用地市场,是土地市场的重要组成部分。这一事实,充分表明我国的土地市场是不完整的。这种状况若持续下去,必然导致农产品和其他消费品的价格难以按正常的生产成本计算,其他生产资料也很难与农业用地形成最佳配合,社会主义市场体系与土地市场就很难达到协调统一。这一切都迫切要求建立农村土地市场,把农业用地纳入市场轨道,建立农业用地有偿使用法律制度。

(二)农业用地有偿使用的方式

在我国,农村土地市场的建立刚刚处于起步阶段,因此,目前我国农业用地有偿使用的改革,主要是针对农村集体所有的农业用地而言的。对于农业用地有偿使用的方式,目前国家尚无统一的法律规定。就实践中所采取的方式来说,多种多样,如土地有偿承包、土地租赁、土地使用权拍卖、土地使用权入股、土地反租倒包。

在此,要注意区分土地有偿使用的两种状态。其一是土地所有者与土地使用者之间的有偿使用,其二是土地使用者相互之间的有偿使用。前者是土地所有者让渡土地使用权的利益体现,是土地一级市场构建的基础;后者则是土地使用者转让土地使用权的具体体现,是构建土地二级市场的基础。《农村土地承包法》规定,土地承包经营权可依法采取转包、出租、互换、入股等方式进行流转。依照此规定,通过土地承包经营权的转让所带来的土地事实上的占有改定,实际上是属于土地二级市场上的交易。

这里所探讨的农业用地有偿使用方式,主要针对的是土地所有者与使用者之间的有偿使用,即农村集体经济组织与农业用地使用者,采用什么样的方式实现农业用地的有偿使用?现就将几种主要的方式作一个简单的介绍。

1. 土地有偿承包

土地有偿承包,是指农村集体经济组织以土地所有者的身份将土地使用权在一定年限内发包给农户,用于农业生产,并由农户向集体经济组织交付土地承包费的行为。土地有偿承包的关键就是如何确定土地承包费。

目前,有许多地方已经按照市场原则对土地实行有偿承包,即由集体经济组织将土地使用权作为资产经营,首先对土地分等定级评价,奠定商品化经营的基础;然后在此基础上确定不同标准的承包费,签订土地承包合同,承包方依合同按期向发包方的集体经济组织交付承包费。有的地方结合集体和农户两者的利益,适用"两田制"。例如,山东省平度市把耕地分为口粮田和承包田两大类。口粮田只负担农业税,不交土地承包费;承包田则按市场原则实行有偿承包,交付土地承包费。其承包费的确定,通过引入市场竞争机制,采取叫价承包,即由村经济合作社(或由村民委员会代行)以土地所有者的身份招标,而农民则以土地使用者的身份在承包费底标和上限范围内,现场投标,公平竞争。这样,既维持了社会公平原则,又适度改变了耕地均分的格局,增加了集体和农户的经济收入,促进了农业生产的发展。

由于我国农村的社会保障体系没有建立,目前的土地承包费还具有"准公共物品"的特性,不能完全依靠市场机制调节。若承包费过高,不利于保护土地承包户的利益;反之,若承包费过低,又会损害土地所有者的合法权益,所以,在我国建立一个客观、公正的农地价格评估制度已势在必行。

2. 土地租赁

土地租赁,指土地所有人把土地使用权有偿地交给公民、法人或其他组织使用,承租人向出租人支付租金。土地租赁包括两种形式:第一种,国家或集体经济组织作为土地的所有权人,将土地使用权交给他人进行农业生产,并收取相应的租金。这属于土地一级市场上的交易行为。第二种,土地承包人将自己的土地承包经营权出租给他人使用,并收取租金。这种土地租赁方式,属于土地二级市场上的交易行为,具体规定在我国《农村土地承包法》第32、49条,即"通过家庭承包取得的土地承包经营权可以依法采取转包、出租、互换、转让或者其他方式流转"。"通过招标、拍卖、公开协商等方式承包农村土地,经依法登记取得土地承包经营权证或者林权证等证书的,其土地承包经营权可以依法采取转让、出租、入股、抵押或者其他方式流转。"在这里介绍的主要是第一种土地租赁方式。

土地租赁的主要特点是,作为出租方的土地所有者有权按照租赁合同的约定收取地租及其他费用;监督承租方按照租赁合同约定的范围和用途,合理使用土地;租期届满收回土地使用权。同时,出租方有义务向承租方提供土地使用权,不得无故随意解除合同;依法提前收回土地时,应给承租者合理的补偿。承租方有权在取得的土地使用权的土地上自主经营;享受土地使用所取得的收益;并有权按照合同的约定进行转租、继承、抵押等。同时,承租方有义务按照合同交付租赁费及其他费用;按照合同约定的范围和用途合理使用土地;不阻挠出租方依法收回土地使用权。

总之,通过土地租赁所获得的农业用地的使用权,是债权性质的土地使用权,其权利完全受土地租赁合同的约束。通过土地有偿承包所获取的农业用地的使用权,我国将其称为土地承包经营权,是物权性质的土地使用权。虽然土地承包经营权的权利行使,同样受到土地承包经营合同的约束,但二者相比较,后者具有相对独立的处分权。

3. 土地使用权拍卖

土地使用权拍卖,是土地所有者将土地使用权作为独立财产,在市场上公开竞价买卖的法律行为。根据《农村土地承包法》的规定,我国主要适用于"四荒"拍卖。"四荒"是荒山、荒坡、荒沟、荒滩的简称。所谓"四荒"拍卖,是指农村集体经济组织代表本社区的全体农民,通过公开拍卖的方式,将"四荒"土地使用权出让给公民、法人等,用于农林牧渔生产经营,并于期限届满后,将其收归农村集体经济组织的制度。公民、法人等通过"四荒"拍卖程序,支付清地价款,办理完登记手续,便取得"四荒"土地使用权。

"四荒"拍卖最早出现于山西省吕梁地区,在当地取得了明显成效,而后在全国普遍推广。这种农业用地有偿使用制度,具有其鲜明的特征:第一,"四荒"拍卖是一个开放的市场。竞买主体突破了社区限制,拥有资金和技术的社区外单位或个人都可以参加荒地的开发与治理。第二,通过"四荒"拍卖取得的四荒土地使用权是一种完全意义上的用益物权。权利人可以在不改变土地用途的前提下,自由地转让、出租、抵押、入股等,农村集体经济组织不能进行任何限制。第三,"四荒"治理见效慢、周期长,因而"四荒"土地使用权的期限较长。《农村土地承包法》对"四荒"土地承包期限未作限制规定,原则上双方当事人可以自由约定。第四,"四荒"拍卖在实现荒地经济效益的同时,兼顾了环境治理的公益目的。既保护了环境,又实现了土地的有偿使用。

4. 土地使用权入股

土地使用权入股,是将集体或农户经营的农村集体所有的土地使用权作价、折股,使实物土地货币化,参与生产经营活动。这种以土地使用权入股的模式,发轫于广东省南海市,其基本做法是:(1)土地折股。把农村集体所有的土地全部作价、折股,使土地货币化。(2)股权分配。实践中有两种做法,第一种是设集体股和个人股,集体股归社区集体经济组织所有,其分红作为公共积累,不再收取集体提留;第二种是只设个人股,不设集体股,社区集体不参与分配,但收取集体提留。(3)建立股份合作制企业。将土地集中起来,进行统一规划和开发。对农业用地,采取竞标方式向愿意继续从事农业生产的农户或专业户发包。(4)股份合作企业获取的土地承包费或国家征地补偿费收入,在扣留集体提留或集体股红利后,按土地股份分配到户。

土地股份合作制实现了农业适度规模经营,大大提高了当地农民的收入。作为一种新的制度安排,具有许多优点。首先,土地股份合作制把土地承包经营权从过去对土地的实物占有转化为价值占有,为土地流转奠定了基础。大多数农民因保留土地股份收益,可以放心地离开土地,从事第二、三产业。其次,股份合作制企业将社区内的土地统一开发利用,实现了农地的适度规模经营,有利于农业现代化发展。最后,对土地的企业化管理和市场化经营,促使农村集体经济组织的职能向专业化的土地经营公司转变,管理由行政化转向民主化,同时也提高了农民的民主意识。当前,农业用地使用制度改革的重点是建立健全合理的土地流转机制,实行有偿使用。前面介绍的几种农业用地有偿使用形式,都是地方试验或农民群众自发创造的初步成果,并已经显示出它的先进性、优越性。现在要做的就是建立统一的农业用地有偿使用法律制度,使上述有偿使用的形式规范化、法律化,使农业用地有偿使用有法可依,有章可循。

三、农业用地的用途管制制度

(一)土地用途管制制度概述

土地用途管制是指国家为了保证土地资源的合理利用,经济、社会和环境的协调发展,通过编制土地利用总体规划,划定土地用途分区,确定土地使用限制条件,土地的所有者、使用者严格按照国家确定的用途利用土地的制度。

土地用途管制肇始于19世纪末的德国和美国。1875年德国柏林市政府采用分区方法,把城市划为若干功能区,使工人居住的公寓分散布局其中,改变居住拥挤、环境恶劣、交通不便的状况。1885年美国加利福尼亚州地方政府借口洗衣店污水污染环境,制定区划条件,禁止在城市中心区开设洗衣店。1916年美国纽约市政府正式制定以土地和建筑物的综合开发调控为主要内容的区划条例,划定城市工业区、商业区、居住区,并规定综合调控建筑物的密度、用途、容积率、空地率等指标。

自20世纪以来,尤其是从40、50年代开始,土地用途管制制度日益成为大多数国家管理土地的主要手段,并发挥了积极的作用,土地资源丰富的国家(如美国、加拿大等)的土地用途管制更重视环境保护,而土地资源贫乏的国家(如日本、韩国等)的土地用途管制则突出农地保护。近年来各国和地区为满足自身经济发展,社会制度、文化传统的需要,对土地用途管制制度不断进行改革和完善,主要是针对静态、僵化的管制制度与人口、产业、城市迅速发展变化的矛盾,增加了一些较具弹性的做法,如允许土地用途规划的修正,土地用途变更使用的许可、特别使用许可等。

我国也在1998年对《土地管理法》进行修正时,正式确立了土地用途管制制度。《土地管理法》第4条规定:“国家实行土地用途管制制度。国家编制土地利用总体规划,规定土地用途,将土地分为农用地、建设用地和未利用地。严格限制农用地转为建设用地,控制建设用地总量,对耕地实行特殊保护……使用土地的单位和个人必须严格按照土地利用总体规划确定的用途使用土地。”

(二)农业用地用途管制制度概述

综观各国的土地用途管制制度,虽然许多国家人少地多,不存在耕地危机,但都把农地保护作为土地立法的重点,划定农地保护区,严格限制农地转用,通过划定城市增长线、控制建筑许可总量等抑制城市扩张占用农地。例如,美国、日本、法国、荷兰等国家都依法设定了农用地保护区或农地专用保护区,美国99%的农牧场已纳入保护区范围。德国《农地转移法》规定农地(包括林地、可供耕种的沼泽地及荒野地)的转移,必须经过许可。韩国规定未经许可或骗取许可而将农地转作他用的,判处5年以下徒刑并处罚款。另外,一些国家通过税收、设立土地基金等经济手段保护农地。例如,匈牙利于1982年设立土地保护基金,其后3年内,由过去耕地减少30万公顷变为增加18万公顷;美国实行“复垦保证金制度”后,大批废弃地得以恢复利用。另外,美国的农场主在与政府签订协议保证农地农用后,可获得农地财产税、遗产税、农业所得税等税款减免,在荷兰等欧洲国家也采用大致相当的政策,从而保证了农地农用。

我国的土地管制制度的核心就是保护农业用地。其原因首先在于农业用地的自然属性。农业用地自身使用特点决定的其土地用途的弱可逆性。例如,人类可以很简单地把高产农地改变为更高经济收益的非农建设用地,但若要把非农建设用地再恢复成高产农地除了成本因素外,在技术上亦极为困难;土地资源的有限以及开发复垦农地尤其是耕地所需花费成本的不经济等因素迫使人们客观地认识并严肃地对待土地问题。其次,源于农业用地的重要性。耕地是粮食产量的基础,人类可以没有汽车、别墅,但人类无法不食五谷杂粮。耕地的减少直接制约着农业产业的发展和粮食的产量。再次,我国农业用地现状的不容乐观。由于商业、工业和住宅用地的经济价值远远高于农业、林业用地,面对经济效益差异的诱惑,大量的农业用地转为非农用地。实现土地用途管制已经成为当前规范市场行为和保护农地不得不采取的唯一良策。

我国实行土地用途管制制度的目标,就是围绕经济和社会可持续发展,保护耕地、实现耕地总量动态平衡,科学配置土地资源,其具体的实施手段是:

1. 农业用地的规划管理

农业用地的规划管理,是指通过制定土地利用总体规划,实行计划管理,对非农业建设用地从宏观上进行控制。根据《土地管理法》的规定,各级人民政府应当依据国民经济和社会发展规划、国土整治和资源环境保护的要求、土地供给能力以及各项建设对土地的需求,组织编制土地利用总体规划。通过土地利用规划,明确农业用地的数量和范围。其中,土地利用规划编制的原则之一,便是"严格保护基本农田,控制非农业建设占用农用地"。

2. 农业用地的实施管理

根据国际上通行的农用地管制的内容和需求,农用地管制实际上是农用地转移的管制,即对农用地利用现状的改变设定一定的限制条件。从国外的操作经验以及我国的实际情况来看,农用地管制可分为限制转移管制和许可转移管制两类。

第一类:限制转移管制。限制转移管制是指依据土地利用总体规划,划定一定数量的农用地主要是耕地作为特殊保护的区域严格加以管制。目前我国在农用地中划定的基本农田保护区就属于这一类性质的用途区域。对这类特殊保护的区域,不得进行任何形式的转用,若要转用,必须履行严格而又特殊的审批程序,并缴纳高额补偿费用以再造同等数量、质量的农地,以保持农用地保有量的平衡和稳定。

第二类:许可转移管制。所谓许可转移管制就是根据规划的布局,在一定的条件限制下,允许一部分农地进行规定用途的转用。这类管制包括三种情况:一是农用地内部转移管制,这主要是耕地向其他农业生产用地的转移;二是农用地向非农用地的转移管制;三是耕地后备资源的开发转移管制。

长期以来,我国对农地内部转移一直比较放任,没有具体的约束和引导,特别是在当前市场经济条件下,这种转移已是农户的一种自主行为,或者说这种转移是市场经济作用的结果。当前我国已经加入世界贸易组织(WTO),农业受到的冲击首当其冲,农业内部种植业结构的调整不可避免。因此,对农用地转移设置过多的管制要求既不现实也无必要,只要把握一个大的原则,那就是只要不破坏农用地的耕作层,农用地内部转移的管制可适当放松。所以,在现阶段,农用地许可转移管制的重点应放在农用地向非农用地的转移管制和耕地后备资源的开发转移管制。

农用地向非农用地的转移管制,主要依据土地利用总体规划来进行操作。操作步骤如下:第一,依据土地利用总体规划,确定可转移农用地的总量,在空间区位上予以明确和限定;第二,依据可转移的农用地总量,制订年度供应计划(数量和区位),依计划批准每个建设项目可占用的农用地数量;第三,依照规划和计划,加强对具体占用农用地建设项目的审查;第四,依据建设项目占用农用地的数量,制订再造计划,以确保耕地总量的持续平衡和稳定。

耕地后备资源的开发转移管制,主要是根据土地利用总体规划中的开发复垦和土地整理的规划,依照开发时序,有序地组织耕地后备资源的开发复垦,并依照《土地复垦条例》,加强开发复垦的项目管理。对于建设项目"占一补一"补偿耕地的开发复垦,则与农用地向非农用的转移管制一并实施。

3. 农业用地的动态调整

由于人们对未来事物的预见能力、认识能力的有限性,规划内容与实际发展之间的偏差是不可避免的,客观上要求土地用途随着社会经济发展进行某些动态调整。对于农业用地的动态调整,可以较好地解决农业用地用途的动态调整与规划实施之间的矛盾,使农业用地的利用在合理的土地利用规划指导下,沿物流、能流、价值流、信息流不断发展变化。

4. 农业用地的监督管理

农业用地的监督管理,要依据具有法律效力的土地用途规划文件、图件等进行,一方面要开展经常性的土地用途变更调查和土地变更登记,通过建立全国土地利用监测网,跟踪土地用途变更状况,监控土地用途规划和土地用途管制实施的全过程;另一方面要运用行政、经济、法律等措施,对符合规定的土地利用行为给予奖励,反之则给予严厉的处罚。同时要充分利用社会公众的监督作用,为土地用途管制的正确实施提供社会保障。

(三)耕地保护

耕地保护是指人们为了保证耕地的永续利用和为可持续发展提供基本保障所采取的措施,是指对耕地及其生态环境的良好性能和质量的保护,是我国的一项基本国策。耕地保护主要包括两个方面的内容:

1. 耕地数量的保护

近年来,由于我国的非农业建设用地失控,使得我国的耕地面积锐减。为了扭转这种局面,国家采取了各项具体措施,来保护耕地数量达到动态平衡。

首先,应严格控制耕地转为非耕地。我国耕地数量有限,可以开垦为耕地的后备资源更有限。因此,为了抑制耕地数量的不减少,除了通过开垦未利用土地、进行土地整理和复垦补充耕地外,更重要的是要严格控制非农业建设占用耕地。控制各项建设占用耕地的措施包括:第一,实行严格的土地用途管制制度。通过制定土地利用总体规划,划定建设用地区,限定建设可以占用的土地的区域。第二,对各项建设用地下达上地利用年度计划,控制建设占用上地(尤其要控制建设占用耕地)。第三,要报省级以上人民政府批准农用地转用。通过这些措施使各项建设占用耕地的总量降到最低限度。除此之外,在农业生产结构调整过程中,也要高度认识到耕地数量平衡的重要意义。不准私自在承包的耕地中挖鱼塘、种果树,要坚持"林果上山,鱼塘下滩"的方针。山区、半山区和丘陵地带林果要向山上发展,平原地区栽果、造林要选择在路边、田埂、渠坝、荒滩、村头、宅院等闲散地方。新开挖鱼塘(虾塘、鳖塘)要选择在涝洼地、河滩、盐碱地和海涂等不适宜耕种的地方。对于多年生的苎麻要严格控制其种植面积,做到有计划地发展,通过上述措施尽可能地减少耕地转为非耕地的数量。

其次,应建立耕地的占补平衡制度。耕地的占补平衡制度即占用耕地补偿制度,是指非农业建设经批准占用耕地的单位,要负责开垦与所占用耕地的数量与质量相当的耕地,作为对减少耕地的补偿。这是落实耕地总量动态平衡的重要措施之一。

非农业建设项目经批准占用耕地的,按照"占多少、垦多少"的原则,由占用耕地的单位负责开垦与所占耕地数量和质量相当的耕地;没有条件开垦或者开垦的耕地不符合要求的,应当按照省、自治区、直辖市的规定缴纳耕地开垦费,专款用于开垦新的耕地。

再次,应建立建设占用耕地的耕作层利用制度。耕地耕作层是经营多年耕种形成的,是农业生产的宝贵资源。而在工程建设中,耕作层的土壤好坏与建设要求的关系不大,有的工程还必须将耕作层挖掉来加固基础。因此,将耕作层土壤用作开垦耕地和其他耕地的土壤改良,是具有可行性的,可加快耕地熟化的过程和改良土壤。国内外有许多工程建设将耕作层剥离用于开垦耕地的成功经验。因而《土地管理法》第32条规定:"县级以上地方人民政府可以要求占用耕地的单位将所占用耕地耕作层的土壤用于新开垦耕地、劣质地或者其他耕地的土壤改良。"

当然,将耕地耕作层用于开垦耕地,要受到当地的自然条件和开垦耕地成本的影响,如运距的远近、当地土壤的条件是否需要、开垦耕地时另加多少耕作层等,对耕地开垦成本的影响。因此,法律规定人民政府应当根据当地的实际情况,实事求是地对具备条件的地方,提出将耕作层土壤用于造地的要求。

最后,执行耕地占用审批制度。依据《土地管理法》第44、45、60条的规定,耕地占用审批制度主要包括以下内容:(1)建设占用土地,涉及农用地转为建设用地的,应当办理农用地转用审批手续。省、自治区、直辖市人民政府批准的道路、管线工程和大型基础设施建设项目、国务院批准的建设项目占用土地,涉及农用地转为建设用地的,由国务院批准。在土地利用总体规划确定的城市和村庄、集镇建设用地规模范围内,为实施该规划而将农用地转为建设用地的,按土地利用年度计划分批次由原批准土地利用总体规划的机关批准。在已批准的农用地转用范围内,具体建设项目用地可以由市、县人民政府批准。除此之外的建设项目占用土地,涉及农用地转为建设用地的,由省、自治区、直辖市人民政府批准。(2)建设征用耕地及其他土地的,应按有关审批权限进行审批。征用下列土地的,由国务院批准:基本农田;基本农田以外的耕地超过35公顷的;其他土地超过70公顷的。征用土地在此范围之外的,由省、自治区、直辖市人民政府批准,并报国务院备案。征用农用地的,应当依照上述规定先行办理农用地转用审批。其中,经国务院批准农用地转用的,同时办理征地审批手续,不再另行办理征地审批;经省、自治区、直辖市人民政府在征地批准权限内批准农用地转用的,同时办理征地审批手续,不再另行办理征地审批,超过征地批准权限的,应当另行办理征地审批。(3)农村集体经济组织使用乡(镇)土地利用总体规划确定的建设用地兴办企业或者与其他单位、个人以土地使用权入股、联营等形式共同举办企业的,涉及占用农用地的,也依照上述(1)的规定办理审批手续。(4)农村居民使用宅基地占用农用地的审批。农村居民使用宅基地需经乡(镇)人民政府审核,由县级人民政府批准。其中涉及占用农用地的,应当按上述规定办理农用地转用审批手续。

2. 耕地质量的保护

对耕地的保护不单单是数量方面的保护,耕地质量的保护同等重要。只有耕地的质量不下降,对耕地数量的保护才有意义,才能从根本上保证耕地上的产出不减少。对于这个问题,我们将放在农业用地的可持续发展制度中进行详细阐述。

(四)基本农田保护制度

基本农田保护制度,实际上是耕地保护制度中的一个重要组成部分。所谓基本农田,是指按照一定时期人口和社会经济发展对农产品的需求,依据土地利用总体规划确定的不得占用的耕地。基本农田保护区,是指为对基本农田实行特殊保护而依据土地利用总体规划和依照法定程序确定的特定保护区域。

保护耕地最要紧的是保护基本农田。务必做到:一是总量不能减少。要千方百计保住全国18亿亩耕地,这是保障国家粮食安全的“底线”。但是,耕地保护的严峻形势远远超出了预期。基本农田一经划定,就是一条不可逾越的“红线”,任何地方和单位不得随意调整和占用。符合法定条件确需调整和占用的,必须报国务院批准。二是用途不能改变。基本农田必须用于农作物生产。严格禁止在基本农田挖鱼塘、种树,以及其他毁坏耕作层的活动。三是质量不能下降。要加强基本农田建设,鼓励和引导农民多用有机肥,合理施用化肥和农药,保持和培肥地力。因此,我国的基本农田制度主要体现在以下几个方面。

1. 基本农田保护区的划定

划定基本农田保护区的依据是土地利用总体规划。依照《基本农田保护条例》的规定,下列耕地应当划入基本农田保护区,严格管理:(1)经国务院有关主管部门或者县级以上地方人民政府批准确定的粮、棉、油生产基地内的耕地。(2)有良好的水利与水土保持设施的耕地,正在实施改造计划以及可以改造的中、低产田。将这部分耕地划入基本农田保护区主要是考虑到我国耕地总体质量较差,有些耕地因为生态的要求还必须进行退耕,为了粮食产出不减少,必须将这一部分耕地作为潜在的资源加以保护。(3)蔬菜生产基地。这部分耕地主要是为了解决城市居民吃菜的问题,在进行"菜篮子"工程建设时必须给予保护的耕地。(4)农业科研、教学试验田。农业科研、教学试验田虽然直接产粮并不多,但对农作物产量的提高、新品种的推广等都具有特殊的意义。而农业科研、教学试验田对耕地的土壤、气候、水利等都有特殊的要求,占用之后重新建设要经过一定的时间,这就会影响到农业科研的正常进行。因此,这一类数量不大的耕地也应该划入基本农田保护区。(5)根据土地利用总体规划,铁路、公路等交通沿线,城市和村庄、集镇建设用地区周边的耕地,应当优先划入基本农田保护区;需要退耕还林、还牧、还湖的耕地,不应当划入基本农田保护区。

2. 基本农田的保护

(1)基本农田的数量保护

第一,基本农田保护区经依法划定后,任何单位和个人不得改变或者占用。国家能源、交通、水利、军事设施等重点建设项目选址确实无法避开基本农田保护区,需要占用基本农田,涉及农用地转用或者征用土地的,必须经国务院批准。

第二,经国务院批准占用基本农田的,当地人民政府应当按照国务院的批准文件修改土地利用总体规划,并补充划入数量和质量相当的基本农田。

第三,禁止任何单位和个人在基本农田保护区内建窑、建房、建坟、挖砂、采石、采矿、取土、堆放固体废弃物或者进行其他破坏基本农田的活动。禁止任何单位和个人占用基本农田发展林果业和挖塘养鱼。禁止任何单位和个人闲置、荒芜基本农田。经国务院批准的重点建设项目占用基本农田的,满 1 年不使用而又可以耕种并收获的,应当由原耕种该幅基本农田的集体或者个人恢复耕种,也可以由用地单位组织耕种;1 年以上未动工建设的,应当按照省、自治区、直辖市的规定缴纳闲置费;连续 2 年未使用的,经国务院批准,由县级以上人民政府无偿收回用地单位的土地使用权；该幅土地原为农民集体所有的，应当交由原农村集体经济组织恢复耕种，重新划入基本农田保护区。承包经营基本农田的单位或者个人连续2年弃耕抛荒的，原发包单位应当终止承包合同，收回发包的基本农田。

(2)基本农田的质量保护

第一，利用基本农田从事农业生产的单位和个人应当保持和培肥地力。国家提倡和鼓励农业生产者对其经营的基本农田使用有机肥料，合理施用化肥和农药。

第二，县级人民政府应当根据当地实际情况制定基本农田地力分等定级办法，由农业行政主管部门会同土地行政主管部门组织实施，对基本农田地力实行分等定级，并建立档案，农村集体经济组织或者村民委员会应当定期评定基本农田地力学和施肥效益长期定位监测网点，定期向本级人民政府提交基本农田地力变化状况报告及地力保护措施。

第三，凡是向基本农田保护区提供肥料和作为肥料的城市垃圾、污泥的，应当符合国家标准，因发生事故或其他突然性变故造成或者可能造成基本农田污染事故的，当事人必须立即采取措施处理，并向当地环境和农业行政主管部门报告以及接受调查处理。

(3)基本农田保护的监督管理

第一，在建立基本农田保护区的地方，县级以上地方人民政府应当与下一级人民政府签订基本农田保护责任书；乡(镇)人民政府应当根据与县级人民政府签订的基本农田保护责任书的要求，与农村集体经济组织或者村民委员会签订基本农田保护责任书。也就是说，层层负责制。基本农田保护责任书应包括的内容有：基本农田的范围、面积、地块；基本农田的地力等级；保护措施；当事人的权利与义务；奖励与处罚等。

第二，县级以上地方人民政府应当建立基本农田保护监督检查制度，定期组织土地行政主管部门、农业行政主管部门以及其他有关部门对基本农田保护情况进行检查，将检查情况书面报告上一级人民政府。被检查的单位和个人应当如实提供有关情况和资料，不得拒绝。

第三，县级以上地方人民政府土地行政主管部门、农业行政主管部门对本行政区域内发生的破坏基本农田的行为，有权责令纠正。

四、农业用地可持续发展制度

保持生态平衡，加强水土保持，实现可持续发展战略已经在全社会达成共识。中国长期以来对土地的自然属性缺乏认识，对土地利用毫无节制，再加上人口的不断增加，使得土地沙漠化、盐碱化等状况日益加剧。采取持续性的土地利用方式，实现农用地的可持续发展已经越来越重要。所谓持续性的土地利用方式，是指人类通过科学、合理的开发、整治、利用土地资源，保持土地资源数量动态平衡，质量

(生产潜力、承载力)不断提高,使人类对土地资源的利用过程在一个无限长的时期内可以永远保持下去,永续地满足社会发展的需要。农业用地可持续发展制度主要表现在以下几个方面。

(一)地力维持制度

农业用地质量退化,使其生产能力下降,直接影响农产品的增产丰收,对农业的发展是极为不利的。为了防止农业用地质量退化,《土地管理法》第35条规定:"各级人民政府应当采取措施,维护排灌工程设施,改良土壤,提高地力,防止土地荒漠化、盐渍化、水土流失和污染土地。"

1. 防止水土流失

水土流失是我国土地资源遭到破坏的最常见的地质灾害,据统计,目前每年流失土表50亿吨,随土壤流失的肥力相当于4000万吨化肥。因此,防止水土流失就成为保护农业用地不退化的一个重要任务。为了防止水土流失,《水土保持法》规定,禁止在25度以上陡坡地开垦种植农作物,并要求省、自治区、直辖市人民政府可以根据本辖区的实际情况,规定小于25度的禁止开垦坡度。禁止开垦的陡坡地的具体范围由当地县级人民政府划定并公告。本法施行前已在禁止开垦的陡坡地上开垦种植农作物的,应当在建设基本农田的基础上,根据实际情况,逐步退耕,植树种草,恢复植被,或者修建梯田。开垦禁止开垦坡度以下、5度以上的荒坡地,必须经县级人民政府水行政主管部门批准;开垦国有荒坡地,经县级人民政府水行政主管部门批准后,方可向县级以上人民政府申请办理土地开垦手续。

2. 防止农业用地污染

土壤污染,已成为当前农业用地质量退化的关键性问题。由于工业的发展,环境保护工作又未跟上,来自大气的沉降物、污水灌溉、农药、化肥及固体废弃物的放弃,都在每时每刻地污染着农地,导致其质量退化。因此,防止土地污染就成为保护农业用地质量的一个重要环节。为了防止农业用地污染导致土质退化,我国关于防止水污染、大气污染、农田灌溉、食品污染、固体废弃物污染等法规,都有防止农业用地污染的规定,即通过各种渠道的限制,减少工商业和日常生活给农业用地带来的污染。

3. 防止农业用地沙化

我国的沙漠主要分布在西北、内蒙古与东北等几个省区。在这些省区的边缘地区,约有耕地1亿亩和占全国草场总面积1/3的天然草场,由于不合理开垦和过度放牧,交通建设和沙丘前移,沙化面积不断扩大。根据前些年统计,近15年内沙化面积增加4000多万亩,其中人为活动引起沙化面积扩大的占97%。因此,我国《环境保护法》规定,应当合理利用土地,防止土地沙化。

4. 防止农业用地盐碱化

农业用地盐碱化，可以直接影响农产品的产量。我国盐碱地中，仅新疆就有3亿多亩，而且盐碱化还有不断扩大的趋势。因此，我国《环境保护法》作了防止土地盐碱化的规定。我国《水污染防治法》也规定，国务院有关部门和地方各级人民政府在开发、利用和调节水资源时，应当维持地下水的合理水位，以防止过量抽取地下水，导致土地盐碱化。

（二）土地复垦制度

土地复垦，是指对在生产建设过程中，因挖损、塌陷、压占等造成破坏的土地，采取整治措施，使其恢复到可供利用状态的活动。土地复垦法律制度，就是国家调整土地复垦活动所产生的土地管理关系的法规的总称。据对全国待开发复垦土地资源调查和有关典型调查的综合分析，我国现有工矿废弃地等待复垦的土地资源约400万公顷，按50%比例复垦为耕地，全国可以增加耕地200万公顷左右，其他还可以复垦为鱼塘、建设用地等。可见，土地复垦制度对于农业用地的可持续利用具有重要的作用。土地复垦制度的法律规定，主要包括以下几方面的内容。

1. “谁破坏，谁复垦”原则

《土地复垦条例》规定了土地复垦实行“谁破坏，谁复垦”的原则，即用地单位和个人应当承担土地复垦的义务。因此，企业和个人在生产建设过程中，对其破坏的国家所有土地或国家不征用的集体所有的土地，应当承担复垦土地的义务。土地复垦费用可以列入基本建设投资或生产成本。复垦后的土地应当由当地人民政府行政主管部门验收，并达到规定的标准。同时，土地复垦中还采取“谁复垦，谁受益”的政策，复垦土地者可以优先取得土地的使用权。

2. 土地复垦费缴纳制度

如果建设单位没有条件和能力对破坏土地进行复垦，可以向当地行政主管部门缴纳土地复垦费，由当地土地行政主管部门统一组织复垦。对不履行土地复垦义务的要给予处罚。

3. 复垦的土地优先用于农业制度

复垦的土地应当优先用于农业，这是由我国人均耕地少，耕地后备资源不足的实际情况决定的。有条件复垦为耕地的，应当首先复垦为耕地，以便能真正增加耕地的有效面积。

思考题

1. 我国农业用地法律制度的基本原则是什么？
2. 什么是土地承包经营权？
3. 土地承包经营权的基本权利、基本义务分别是什么？

4. 我国耕地保护的主要内容是什么？

材料分析题

西王村土地复垦纠纷所涉315亩土地位于南京市六合区程桥镇西王村向阳河河西外滩，与安徽省来安县独山乡井王村后韩组田块接壤。1968年开挖向阳河时将这315亩土地隔到了向阳河西。20世纪80年代末，西王村由于交通和生产不便以及粮食价格等因素的影响，该土地承包给后韩组农户耕种。90年代后期，后韩组承包农户不予兑现承包费，西王村也因村组干部频繁调整而无人问津。随着粮食价格提高和免征农业税，农民种粮积极性被调动起来。2004年3月，西王村村民上访至程桥镇政府，要求依法收回这块土地交由农户耕种。2005年初，该土地经江苏省土地复垦中心批准立项，由六合区国土资源局对复垦工程进行招投标，2005年4月22日，南京八百建筑安装工程有限公司中标。同年5月6日，南京八百建筑安装工程有限公司作为施工方前去该土地放样，遭到后韩组150余人阻挠和围攻，标杆被拔掉。5月20日，施工方组织机械进场施工，并请来30余名社会闲杂人员为开工“保驾”，再次遭到后韩组100余名群众阻拦，全部施工机械被扣留，施工方为避免矛盾激化将人员全部撤回。

1. 争议土地的所有权应属于谁？

2. 争议土地的承包经营权应属于谁？

第三章　农业规划与管制法律制度

农业是国民经济的基础，但同时又是一个社会效益高、自身效益低、自然风险和市场风险大的弱质产业，需要国家的干预对其保护和扶持。农业规划和农业管制就是两种重要的国家干预手段，前者致力于农业宏观经济调控，后者则关注农业微观经济的具体管理，建立农业规划与农业管制法律制度对完善我国农业法体系，对实现我国农业现代化具有重要的意义。

第一节　农业规划法律制度

一、农业规划法律制度概述

（一）农业规划概述

要理解农业规划法律制度，首先必须弄清楚何为农业规划。通常而言，农业规划是指对农业技术研究、农业成果推广应用、农业生产以及农业和农村经济发展等所进行的规划。农业规划可以按不同的标准进行分类：按规划时间长短分类，可分为近期规划、中期规划和长期规划；按涉及地域面积和规模大小分类，可分为国家农业规划和地区农业规划；按规划深度分类，可分为初步规划、总体规划和详细规划；按规划内容分类，可分为综合规划和行业规划。

一个国家通常也要制定国民经济和社会发展规划，如我国的“十二五”规划（2011—2015年）。“十二五”规划也对我国农业和农村的发展规划进行了详尽的规定。由此可见，国家的整体规划与农业规划的关系是整体规划与局部规划、纲领性规划与具体性规划的关系。总的来讲，农业规划就是为农业发展指明前景、描绘蓝图。农业规划的质量直接影响农业的发展，一个科学、合理的农业规划，能给农业发展指明方向和道路，促进农业的健康发展。

（二）农业规划法定化

农业规划实质是一种农业政策，属于广义上的政策，这就涉及一个政策法定化的问题。

就政策与法律之间的关系而言，不能认为政策应当作为主宰经济生活的主要手段，也不能将政策与法律之间简单地画上等号。严格地讲，政策就是政策，法律就是法律，应当强调治国法治化，将政策及时地上升为法律规定。而且，如果政策经过一定程序上升为法律之后，政策本身也必须服从法律。就当前我国市场经济条件下的农业政策而言，它更需要法定化。因为，用法律来调控农业，是市场经济条件下发展农业的客观要求。

首先，市场经济条件下的农业发展需要用法律手段来调控农业。市场经济本质上是法制经济，农业生产经营者要以市场主体的身份出现于经济活动中，农业生产经营活动也必须遵循有关市场经济的规律，而这些规律需要用农业法律这种明确、稳定的形式加以表达和反映。

其次，市场经济条件下，农业经济活动和农业经济关系日趋复杂，也需要用法律加以引导、规范、保障和约束，即农业经济活动要严格按照法制的轨道来运行，如果没有法律的引导、规范、保障和约束，农业在市场经济条件下就不可能健康地发展，甚至还会出现混乱，从而破坏和阻碍农业经济的发展。

最后，在调控农业的手段中，政策虽然具有适时性、导向性和灵活性的优势，但它却不具有法律所具有的稳定性、规定性和强制性，因此在市场经济条件下，现代化农业的发展，需要我们由以政策调控为主，转向以法律为主。

基于上述原因，一些具有重大意义的、需要长期执行的农业政策应当法定化。而农业规划作为一种重要的农业政策，当然也应当法定化，否则，一些重要的农业规划就可能流于形式，或仅仅成为一种时髦的口号。

（三）农业规划法律的分类

农业规划法律并没有统一分类标准，因为它的本质是农业规划政策的法定化，因而它与不同国家、不同时期的农业规划政策密切相连，甚至可以说它就是某个国家某一时期农业规划政策的法定化。例如，美国 2014 年新农业法案，其农业规划方面的法律就有：（1）实施农业支持计划，如美国农业法案中的环境保护、营养计划、灾害救济、农村社区发展和能源计划等；（2）加强农业基础设施建设，如加强了农村宽带服务、远距离学习和医疗、污水处理与利用、垃圾处理以及节能项目等农村基础设施建设项目的支持力度；（3）提供财政和政策的优惠，如改革收入补贴、强化农业保险、增加资金预算等。所以每个国家的农业规划法律是不同的。根据我国的《农业法》规定，我国农业规划法律主要有三类，分别是：农业生产规划法律制度、粮食安全规划法律制度和农村经济发展规划法律制度。

农业生产和农村经济发展本是农业规划的题中应有之义，自然应当建构相应的农业生产规划法律制度和农村经济发展规划法律制度。然而，对于粮食安全为什么也可以纳入农业规划进行考量，则并不是那么一目了然，有必要作出简单的说明。

一般认为，所谓粮食安全，是在20世纪70年代由联合国粮农组织针对“世界粮食危机”而提出的一项政策目标，其内涵是保证任何人在任何时候都能够得到为了生存与健康所需要的足够食品。1996年世界粮食首脑会议通过的《罗马宣言》和《行动计划》再次强化粮食安全问题，强调“人人享有免于饥饿和营养不良的权利”，使“人人都有饭吃”。粮食问题不仅是一个关乎国家稳定、社会公平的社会问题，它也是一个非常重要的经济问题，从经济学的角度分析，如果粮食的供给跟不上需求的增加，导致工资水平上升，从而降低工业等近代产业部门的利润，最终会阻碍整个国民经济的发展，因而需要国家干预。国家干预的手段包括加强粮食流通领域的各项基础设施的建设；强化市场和价格管理；实行国家粮食储备等，所以必须将粮食安全问题纳入农村发展的整体规划之中，并建构粮食安全规划法律制度。

二、“十二五”规划与社会主义新农村建设

2011年3月由全国人大通过的“国民经济和社会发展第十二个五年规划”（2011至2015年，以下简称“十二五”规划），是全面建设小康社会进程中的重要规划。该规划以科学发展为主题，以加快转变经济发展方式为主线，体现了以人为本的可持续发展理念。该规划在第1篇规定了指导思想、主要目标和政策导向之后，紧接着在第2篇就以“强农惠农，建设社会主义新农村”为标题对未来我国的农业、农村和农民的发展进行了详尽而全面的规划，凸显了“三农”问题的解决在“十二五”规划中的战略地位。在总体规划中，预计5年内农村居民年均纯收入年均增长大于7%，即从2010的5919元增长到2015年的8310元。对于农村的资源环境，规划也提出了约束性的指标。耕地保有量应当保持2010年的18.18亿亩不变。森林覆盖率则应从2010年的20.36%增长至2015年的21.66%，森林蓄积量应从2010年的137亿立方米扩大至2015年的143亿立方米。

该规划中，关于社会主义新农村建设的规划一共分为四大部分。

第一，规划坚持走中国特色农业现代化道路，把保障国家粮食安全作为首要目标，加快转变农业发展方式，提高农业综合生产能力、抗风险能力和市场竞争能力。

一是增强粮食安全保障能力。稳定粮食播种面积、优化品种结构、提高单产和品质，广泛开展高产创建活动，粮食综合生产能力达到5.4亿吨以上。实施全国新增千亿斤粮食生产能力规划，加大粮食主产区投入和利益补偿，将粮食生产核心区和非主产区产粮大县建设成为高产稳产商品粮生产基地。严格保护耕地，加快农村土地整理复垦。加强以农田水利设施为基础的田间工程建设，改造中低产田，大规模建设旱涝保收高标准农田。加强粮食物流、储备和应急保障能力建设。

二是推进农业结构战略性调整。完善现代农业产业体系,发展高产、优质、高效、生态、安全农业。优化农业产业布局,加快构建以东北平原、黄淮海平原、长江流域、汾渭平原、河套灌区、华南和甘肃新疆等的农产品主产区为主体,其他农业地区为重要组成的“七区二十三带”农业战略格局。鼓励和支持优势产区集中发展粮食、棉花、油料、糖料等大宗农产品。加快发展设施农业,推进蔬菜、水果、茶叶、花卉等园艺作物标准化生产。提升畜牧业发展水平,提高畜牧业产值比重。促进水产健康养殖,发展远洋捕捞。积极发展林业产业。推进农业产业化经营,扶持壮大农产品加工业和流通业,促进农业生产经营专业化、标准化、规模化、集约化。推进现代农业示范区建设。

三是加快农业科技创新。推进农业技术集成化、劳动过程机械化、生产经营信息化。加快农业生物育种创新和推广应用,开发具有重要应用价值和自主知识产权的生物新品种,做大做强现代种业。加强高效栽培、疫病防控、农业节水等领域的科技集成创新和推广应用,实施水稻、小麦、玉米等主要农作物病虫害专业化统防统治。加快推进农业机械化,促进农机农艺融合,耕种收综合机械化水平达到60%左右。发展农业信息技术,提高农业生产经营信息化水平。

四是健全农业社会化服务体系。加强农业公共服务能力建设,加快健全乡镇或区域性农业技术推广、动植物疫病防控、农产品质量监管等公共服务机构。培育多元化的农业社会化服务组织,支持农民专业合作组织、供销合作社、农民经纪人、龙头企业等提供多种形式的生产经营服务。积极发展农产品流通服务,加快建设流通成本低、运行效率高的农产品营销网络。

第二,拓宽农民增收渠道,即加大引导和扶持力度,提高农民职业技能和创收能力,千方百计拓宽农民增收渠道,促进农民收入持续较快增长。具体措施包括:

一是巩固提高家庭经营收入。健全农产品价格保护制度,稳步提高重点粮食品种最低收购价,完善大宗农产品临时收储政策。鼓励农民优化种养结构,提高生产经营水平和经济效益。通过发展农业产业化和新型农村合作组织,使农民合理分享农产品加工、流通增值收益。因地制宜发展特色高效农业,利用农业景观资源发展观光、休闲、旅游等农村服务业,使农民在农业功能拓展中获得更多收益。

二是努力增加工资性收入。加强农民技能培训和就业信息服务,开展劳务输出对接,引导农村富余劳动力平稳有序外出务工。促进城乡劳动者平等就业,努力实现农民工与城镇就业人员同工同酬,提高农民工工资水平。增加县域非农就业机会,促进农民就地就近转移就业,扶持农民以创业带动就业。结合新农村建设,扩大以工代赈规模,增加农民劳务收入。

三是大力增加转移性收入。健全农业补贴制度,坚持对种粮农民实行直接补贴,继续实行良种补贴和农机具购置补贴,完善农资综合补贴动态调整机制。增加新型农村社会养老保险基础养老金,提高新型农村合作医疗补助标准和报销水平,提高农村最低生活保障水平。积极发展政策性农业保险,增加农业保险费补贴品种并扩大覆盖范围。加大扶贫投入,逐步提高扶贫标准。

第三,改善农村生产生活条件,即按照推进城乡经济社会发展一体化的要求,搞好社会主义新农村建设规划,加强农村基础设施建设和公共服务,推进农村环境综合整治。具体措施包括:

一是提高乡镇村庄规划管理水平。适应农村人口转移的新形势,坚持因地制宜,尊重村民意愿,突出地域和农村特色,保护特色文化风貌,科学编制乡镇村庄规划。合理引导农村住宅和居民点建设,向农民免费提供经济安全适用、节地节能节材的住宅设计图样。合理安排县域乡镇建设、农田保护、产业聚集、村落分布、生态涵养等空间布局,统筹农村生产生活基础设施、服务设施和公益事业建设。

二是加强农村基础设施建设。全面加强农田水利建设,完善建设和管护机制,加快大中型灌区、灌排泵站配套改造,在水土资源丰富地区适时新建一批灌区,搞好抗旱水源工程建设,推进小型农田水利重点县建设,完善农村小微型水利设施。加强农村饮水安全工程建设,大力推进农村集中式供水。继续推进农村公路建设,进一步提高通达通畅率和管理养护水平,加大道路危桥改造力度。加强农村能源建设,继续加强水电新农村电气化县和小水电代燃料工程建设,实施新一轮农村电网升级改造工程,大力发展沼气、作物秸秆及林业废弃物利用等生物质能和风能、太阳能,加强省柴节煤炉灶炕改造。全面推进农村危房改造和国有林区(场)、棚户区、垦区危房改造,实施游牧民定居工程。加强农村邮政设施建设。推进农村信息基础设施建设。

三是强化农村公共服务。扩大公共财政覆盖农村范围,全面提高财政保障农村公共服务水平。提高农村义务教育质量和均衡发展水平,推进农村中等职业教育免费进程,积极发展农村学前教育。建立健全农村医疗卫生服务网络,向农民提供安全价廉可及的基本医疗服务。完善农村社会保障体系,逐步提高保障标准。加强农村公共文化和体育设施建设,丰富农民精神文化生活。

四是推进农村环境综合整治。治理农药、化肥和农膜等面源污染,全面推进畜禽养殖污染防治。加强农村饮用水水源地保护、农村河道综合整治和水污染综合治理。强化土壤污染防治监督管理。实施农村清洁工程,加快推动农村垃圾集中处理,开展农村环境集中连片整治。严格禁止城市和工业污染向农村扩散。

第四,完善农村发展体制机制,即按照统筹城乡发展要求,加快推进农村发展体制机制改革,增强农业农村发展活力。

一是坚持和完善农村基本经营制度。坚持以家庭承包经营为基础、统分结合的双层经营体制。完善农村土地法律法规和相关政策,现有农村土地承包关系保持稳定并长久不变。搞好农村土地确权、登记、颁证工作,完善土地承包经营权权能,依法保障农民对承包土地的占有、使用、收益等权利。在依法自愿有偿和加强服务基础上完善土地承包经营权流转市场，发展多种形式的适度规模经营。深化农村综合改革，推进集体林权和国有林区林权制度改革，完善草原承包经营制度，加快农垦体制改革。

二是建立健全城乡发展一体化制度。加快消除制约城乡协调发展的体制性障碍，促进公共资源在城乡之间均衡配置、生产要素在城乡之间自由流动。统筹城乡发展规划，促进城乡基础设施、公共服务、社会管理一体化。完善城乡平等的要素交换关系，促进土地增值收益和农村存款主要用于农业农村。严格规范城乡建设用地增减挂钩，调整优化城乡用地结构和布局，逐步建立城乡统一的建设用地市场。严格界定公益性和经营性建设用地，改革征地制度，缩小征地范围，提高征地补偿标准。完善农村集体经营性建设用地流转和宅基地管理机制。加快建立城乡统一的人力资源市场，形成城乡劳动者平等就业制度。加大国家财政支出和预算内固定资产投资向农业农村倾斜力度。深化农村信用社改革，鼓励有条件的地区以县为单位建立社区银行，发展农村小型金融组织和小额信贷，扩大农村有效担保物范围。认真总结统筹城乡综合配套改革试点经验，积极探索解决农业、农村、农民问题新途径。

三是增强县域经济发展活力。扩大县域发展自主权，稳步推进扩权强县改革试点。建立健全县级基本财力保障制度，增加对县级财政的一般性转移支付，逐步提高县级财政在省以下财力分配中的比重。依法赋予经济发展快、人口吸纳能力强的小城镇在投资审批、工商管理、社会治安等方面的行政管理权限。发挥县域资源优势和比较优势，科学规划产业发展方向，支持劳动密集型产业、农产品加工业向县城和中心镇集聚，推动形成城乡分工合理的产业发展格局。

三、农业生产规划法律制度

（一）农业发展规划的制定和实施制度

农业发展规划，是县级以上人民政府对规划期内农业发展的方向、目标、指导方针、基本任务等所作的全面部署和安排，是指导特定时期全国和各地区农业发展的纲领性政策。我国农业法对规划制定和规划实施都作出了规定。

1. 规划制定

县级以上人民政府根据国民经济和社会发展的中长期规划、农业和农村经济发展的基本目标和农业资源区划，制定农业发展规划。

2. 规划实施

省级以上人民政府农业行政主管部门有职责根据农业发展规划，采取措施发挥区域优势，促进形成合理的农业生产区域布局，指导和协调农业和农村经济结构调整。

需要作进一步说明的是,何谓“合理的农业生产区域布局”,一般而言,农业生产总是在一定的地域进行的。由于不同的地域有不同的自然条件和经济条件,适宜进行不同的农业生产,这就要求农业生产在地域上要有一定的分工。“合理的农业生产区域布局”是指根据不同地区的资源禀赋、地理区位、农业生产水平、技术条件、生态环境、经济环境、人文历史等因素的差别,因地制宜地确定不同类型区域农业发展的战略目标和战略途径,构建农业优势区域和优势产业带,形成科学合理的地域分工。例如,美国农业部将48个州组合成11个农业区,就形成了较为合理的农业生产区域布局。合理的农业生产区域布局有利于农业生产结构的整体优化、有利于农业生产现代化的发展,有利于促进整个社会生产力的提高,因而是规划实施的重要目标。

(二)农业生产结构调整规划制度

一般来讲,农业生产结构是指一定区域内,农业各部门、各生产项目及其产品品种的构成情况,包括它们的比例关系、结合形式、地位作用和运动规律等。农业生产结构关系着农业各部门、各项目之间的物质能量转化关系,合理的农业生产结构能够保证资源的充分合理利用,保护和改善生态环境,使农业各生产部门和各生产项目之间协调发展、相互促进。

农业生产结构调整的本质表现为农业部门中的生产要素依据效率原则,服从一定的目标而进行的重新配置。在我国社会主义经济体制下,农业生产结构调整主要是指按照市场需要并结合当地实际,依靠科技进步和增加投入,优化农产品品种结构和品质结构,发展多种经营,向生产的深度和广度进军。

由于农业生产结构的调整要受到多种因素的制约,比如人口及消费构成、政策倾向、农业发展阶段以及国民经济发展战略等,非常复杂且非一成不变,所以法律只能作出原则性的规定。我国《农业法》第16条第1款规定了农业生产结构调整的基本要求:“国家引导和支持农民和农业生产经营组织结合本地实际按照市场需求,调整和优化农业生产结构,协调发展种植业、林业、畜牧业和渔业,发展优质、高产、高效益的农业,提高农产品国际竞争力。”

还需指出的是,从广义农业层次上讲,农业生产结构包括种植业、林业、畜牧业和渔业。所谓种植业通常又被称为狭义的农业,是利用植物的生活机能,通过人工培育取得植物性农产品的部门,它是农业的主要组成部分。林业是指培育、保护和利用森林的生产部门。畜牧业是利用动物的生理机能,通过饲养繁殖以取得畜产品和提供役用畜的生产部门。而渔业则是指养殖捕捞鱼类和其他水生动物以及海藻类水生植物以获取水产品的生产部分。由于各个生产部门具有不同的特点,所以具体到种植业、林业、畜牧业和渔业,法律对农业生产结构调整的基本要求又有不同的规定。

种植业：总的要求是以优化品种、提高质量、增加效益为中心，调整作物结构、品种结构和品质结构。

林业：加强林业生态建设，实施天然林保护、退耕还林和防沙治沙工程，加强防护林体系建设，加速营造速生丰产林、工业原料林和薪炭林。

畜牧业：加强草原保护和建设，加快发展畜牧业，推广圈养和舍饲，改良畜禽品种，积极发展饲料工业和畜禽产品加工业。

渔业：渔业生产应当保护和合理利用渔业资源，调整捕捞结构，积极发展水产养殖业、远洋渔业和水产品加工业。

此外，为使农业结构调整落实到实处，我国《农业法》还规定县级以上人民政府应当制定政策，安排资金，引导和支持农业结构调整。

（三）农业和农村基础设施建设规划制度

加强农业和农村基础设施建设是稳定和提高我国农业综合生产能力的根本措施，然而农业中的许多基础设施都具有公共物品的性质，如农业教育、农业基础科学研究、农业技术推广、天气预报、水库、堤坝、道路、防护林带建设等。所谓公共物品是指用于满足社会公共需要，具有“非排他性”和“非竞争性”的物品。简单地讲，“非排他性”是指一旦公共物品提供出来，不可能排除任何人对它的消费；而“非竞争性”则是指一旦公共物品提供出来，没有必要排斥任何人对它的消费，因为任何人对这种产品的消费都不会减少其他人对这一产品的消费。上述特征决定了公共产品不能依靠市场自身解决，而必须由政府来提供。为此，“十二五”规划明确指出，全面加强农田水利建设，完善建设和管护机制，加快大中型灌区、灌排泵站配套改造，在水土资源丰富地区适时新建一批灌区，搞好抗旱水源工程建设，推进小型农田水利重点县建设，完善农村小微型水利设施。

在实践中，各国农业法均要求政府都把农业和农村基础设施建设作为政府为农服务的内容直接组织实施。例如，英国的农业法规定，凡修建农场的道路、堤坎、供电系统等农业基础设施，政府承担 2/3 的费用。我国《农业法》第 17 条规定：“各级人民政府应当采取措施，加强农业综合开发和农田水利、农业生态环境保护、乡村道路、农村能源和电网、农产品仓储和流通、渔港、草原围栏、动植物原种良种基地等农业和农村基础设施建设，改善农业生产条件，保护和提高农业综合生产能力。”

（四）良种的选育和推广规划制度

良种是生产优质产品的基本保证，从这个意义上讲，农产品质量竞争的核心就在于良种的竞争。我国动植物良种繁育体系总体上落后于发达国家，因而要从整体上提高我国农产品的质量，加强国际竞争力，就必须非常重视良种的选育和推广。为此,我国《农业法》第18条规定:“国家扶持动植物品种的选育、生产、更新和良种的推广使用,鼓励品种选育和生产、经营相结合,实施种子工程和畜禽良种工程。国务院和省、自治区、直辖市人民政府设立专项资金,用于扶持动植物良种的选育和推广工作。”就法律规定的种子工程和畜禽良种工程而言,我国先后于1995年和1998年就分别启动了。这两个工程对推进动植物良种选育、推广发挥了重要的作用,所以我国将长期实施。而所谓的专项资金,是指国家安排用于专项生产、发展专门项目、具有专门用途、实行专项管理的资金。动植物良种选育和推广专项资金,就是专门为良种选育和推广而设立的。

(五)农田水利规划制度

水利是农业的命脉,中国历来重视水利,“上善若水,水善利万物而不争”,就表现了古人对水的美好期待。由于中国幅员辽阔,既有干旱困扰的缺水区,又有洪涝肆虐的丰水区。大江南北,古往今来,纵横千年,如何合理配置和利用水资源,如何“治水”,如何抗旱,如何泄洪,如何节水,都是难以解决的持续性问题。随着我国农业和农村经济发展进入新阶段,农田水利基本建设要紧紧围绕农业结构调整,要以基本农田的水利建设为重点,健全和完善农田排灌系统,加大中低产田改造力度,建设高产稳产的基本农田,按照建设节水型社会的要求,加强水资源管理。为此我国《农业法》第19条第1款规定:“各级人民政府和农业生产经营组织应当加强农田水利设施建设,建立健全农田水利设施的管理制度,节约用水,发展节水型农业,严格依法控制非农业建设占用灌溉水源,禁止任何组织和个人非法占用或者毁损农田水利设施。”

(六)农业机械化规划制度

农业机械,是指用于农业生产及其产品初加工等相关农事活动的机械、设备。农业机械化,是指运用先进适用的农业机械装备农业,改善农业生产经营条件,不断提高农业的生产技术水平和经济效益、生态效益的过程。农业要从根本上改变主要依靠手工劳动的传统生产方式,改变农业人口占很大比重的不发达状态,促进更多的人向城镇和非农产业转移,提高劳动生产率,降低农产品生产成本,增加农产品附加值,就必须实现农业机械化。甚至可以说,没有农业机械化,就没有农业现代化。农业机械化发展应与农业和国民经济发展相适应,以提高经济效益为中心,增强对国民经济持续、快速发展及产业结构战略性调整的支撑和保障能力,为提高农业综合生产能力和促进农民增收提供农业机械化技术支持。

为了使农业机械化保持较快发展速度,稳步提高装备水平,我国《农业法》第20条规定:“国家鼓励和支持农民和农业生产经营组织使用先进、适用的农业机械,加强农业机械安全管理,提高农业机械化水平。国家对农民和农业生产经营组织购买先进农业机械给予扶持。"我国《农业机械化促进法》还规定：县级以上人民政府应当把推进农业机械化纳入国民经济和社会发展计划，采取财政支持和实施国家规定的税收优惠政策以及金融扶持等措施，逐步提高对农业机械化的资金投入，充分发挥市场机制的作用，按照因地制宜、经济有效、保障安全、保护环境的原则，促进农业机械化的发展。

农业生产规划法律制度安排如下图：

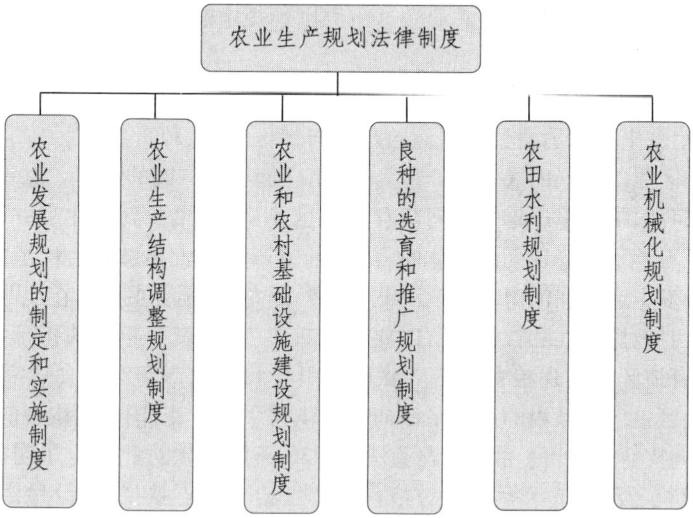

四、粮食安全规划与保障法律制度

（一）粮食生产能力保护制度

保护和提高粮食生产能力是确保国家粮食安全的基础。"十二五"规划明确提出：稳定粮食播种面积、优化品种结构、提高单产和品质，广泛开展高产创建活动，粮食综合生产能力达到5.4亿吨以上。实施全国新增千亿斤粮食生产能力规划，加大粮食主产区投入和利益补偿，将粮食生产核心区和非主产区产粮大县建设成为高产稳产商品粮生产基地。严格保护耕地，加快农村土地整理复垦。加强以农田水利设施为基础的田间工程建设，改造中低产田，大规模建设旱涝保收高标准农田。加强粮食物流、储备和应急保障能力建设。

我国《农业法》第31条第1款规定："国家采取措施保护和提高粮食综合生产能力，稳步提高粮食生产水平，保障粮食安全。"这些措施包括加强农业和农村基础设施的建设；充分利用世界贸易组织（WTO）框架下的有利政策，强化粮食增产的科技支撑体系；调整国家商品粮基地建设等。但所有措施中最值得专门强调的是要保护耕地，因为耕地是决定粮食供给的基础。众所周知，我国人地关系紧张，同时城市化水平也较低，所以随着人口增长，经济社会发展以及工业化、城市化的逐步推进，我国会在相当长的时间内面临较大的耕地占用压力，因此必须要严格控制各类建设用地对耕地尤其是基本农田的侵占行为，通过复垦增加耕地资源，减缓总耕地资源的下降速度。为此，我国《农业法》第31条第2款专门规定："国家建立耕地保护制度，对基本农田依法实行特殊保护。"此外，我国《土地管理法》、《农田基本保护条例》还规定了农村土地用途管制制度、严格征地审批制度和基本农田保护制度等，这些制度也是农业法这一原则性规定的具体化。

(二)粮食主产区重点扶持制度

我国粮食生产与消费具有明显的产区与销区特征，粮食主产区和主销区各有优势，主产区能以更低的成本生产粮食，主销区拥有更广阔的市场。由我国地理结构所决定，我国粮食生产越来越向粮食主产区集中，即集中到东北三省、黄淮海平原、长江中下游平原等地区。具体而言，玉米主产区在吉林、内蒙古、黑龙江、辽宁四省区；小麦主产区在河南、山东、河北、新疆、黑龙江；稻谷主产区在江西、湖南、湖北、江苏、四川、黑龙江和吉林。所以要确保粮食安全，就要重点扶持粮食主产区，而不是所有地区都实现粮食自给。要积极引导和强化市场对粮食供需的调节作用，从各地区追求区域内的产需平衡向全国供需平衡转变，国家对粮食的支持政策重点应倾向支持主产区。我国《农业法》第32条第1款对此作出了明确的规定："国家在政策、资金、技术等方面对粮食主产区给予重点扶持，建设稳定的商品粮生产基地，改善粮食收贮及加工设施，提高粮食主产区的粮食生产、加工水平和经济效益。"

此外，我国粮食产销区供需不平衡现象十分严重。国内粮食库存主要集中在少数主产区，部分产区特别是东北地区粮食存量占到全国粮食存量的大部分，而销区存量明显不足，一些产需缺口较大的省区，主要集中在南部地区。粮食产销区供需不平衡现象要求国内粮食的大量跨区域调度。因此，需要建立粮食主产区和主销区的利益协调机制，建立粮食主产区和粮食主销区之间粮食和经济利益之间互惠互利的关系，形成粮食稳定生产、有序流通和均衡供应的良性格局，避免粮食生产和粮食供求的剧烈波动。我国《农业法》第32条第2款也有相关规定："国家支持粮食主产区与主销区建立稳定的购销合作关系。"

(三)有条件的粮食收购保护制度

在市场经济条件下，粮食销售价格应当由市场的供求关系决定，但政府仍可以采取价格杠杆来影响市场价格，以保证农民的收入，稳定粮食产品市场。在市场粮价过低的情况下，各国政府通常以保护价收购农产品，对价格水平予以支持，以避免出现"谷贱伤农"的现象。为了保护以种粮为主业的农民利益，稳定农民收入，增强农民种粮积极性，我国农业规定了有条件的粮食收购保护制度。《农业法》第33条规定："在粮食的市场价格过低时，国务院可以决定对部分粮食品种实行保护价制度。保护价应当根据有利于保护农民利益、稳定粮食生产的原则确定。农民按保护价制度出售粮食，国家委托的收购单位不得拒收。县级以上人民政府应当组织财政、金融等部门以及国家委托的收购单位及时筹足粮食收购资金，任何部门、单位或者个人不得截留或者挪用。"

（四）粮食安全预警制度和粮食储备制度

从经济学的角度分析，合理的粮食储备，是确保粮食安全的重要手段。这是因为粮食的需求是均衡而稳定的，收入和价格弹性较低。同时，农业生产容易受到自然环境和市场的双重威胁，供给往往呈现出年度间的波动，因而只有建立一定规模的粮食储备，国家才能有效地调节余缺，保证社会稳定。在国际上，粮食储备规模是粮食安全的一个重要指示器，根据联合国粮农组织设定的标准，粮食储备只有达到17%～18%才算安全。这一制度受到了许多国家的重视。例如，1995年日本政府就建立了大米储备制度。印度政府也重视粮食储备，库存品种主要是小麦和大米，前者占60%，后者占40%。美国主要采取三种粮食储备方式：一是政府委托的信贷公司；二是与信贷公司签约的农民；三是以投机营利为目的的自由储备。此外还需提及的是，随着粮食市场化的发展，一个国家除了需要完善的粮食储备制度外，还需要粮食安全预警制度，以加强对市场的调控和消除不稳定因素。

基于粮食安全预警和粮食储备两个制度的紧密联系性，我国农业法将这两个制度同时规定在一个条文之中。《农业法》第34条规定："国家建立粮食安全预警制度，采取措施保障粮食供给。国务院应当制定粮食安全保障目标与粮食储备数量指标，并根据需要组织有关主管部门进行耕地、粮食库存情况的核查。国家对粮食实行中央和地方分级储备调节制度，建设仓储运输体系。承担国家粮食储备任务的企业应当按照国家规定保证储备粮的数量和质量。"从这一规定中我们可以发现，粮食安全预警的重要内容在于确立适当粮食安全保障目标、粮食储备数量指标、粮食生产能力及耕地数量指标。我国的储备制度是分级储备调节制度，实行中央和省级两级储备，中央的粮食储备主要用于全国范围内不同省份之间粮食供求关系的调节，保证重点城市、主要销区对粮食的消费需求。而省级储备则用于省内不同地区间农产品供求关系的调节。

（五）粮食风险基金制度

我国《农业法》第35条规定了粮食风险基金制度，规定："国家建立粮食风险基金，用于支持粮食储备、稳定粮食市场和保护农民利益。"

为应对粮食市场风险，国家实有必要建立粮食风险基金。就粮食风险基金的使用而言，因为粮食风险基金是政府调控粮食市场的专项资金，因而应重点用于储备费用支出，除此之外，还可以用于平抑市场粮价的支出以及对低收入群体粮食消费的补贴等。就粮食风险基金的筹集而言，粮食风险基金规模要切实纳入财政预算，由中央和省级财政按比例共同筹集，各省、自治区、直辖市人民政府按国务院规定统筹使用。就粮食风险基金的规模而言，通常应当与粮食储备规模相对应，如果粮食储备规模增加而粮食风险基金不足，就必须相应增加粮食风险基金规模。

（六）营养安全制度

国际社会普遍认为粮食问题不仅是一个食物能量问题，而且还是一个包括营养结构的问题。联合国粮农组织的分析指出，当前世界粮食安全中的一个主要问题是发展中国家的食物营养蛋白质含量不足。有相当一部分人群的基础代谢率低于正常标准，许多儿童发育迟缓、体重不足或严重消瘦。发达国家因营养过剩引起的肥胖症以及由此导致的高血压、心血管病、糖尿病也十分普遍。正是基于上述原因，1992 年联合国粮农组织、世界卫生组织共同召开了“国际营养大会”，要求与会各国承诺“加强营养监测和教育手段”，“在提高全民营养认识的基础上，注意营养安全，确保所有的人都能持续地做到营养充足”。接着又在 1996 年召开的“世界粮食首脑会议”上重申，“人人都有权获得安全而富有营养的粮食”，要求“到 2015 年把世界上饥饿和营养不足的发生率减少一半”。这些都表明营养安全已经成为粮食安全的一个重要的组成部分。

我国《农业法》顺应国际潮流，也将营养安全视为粮食安全的一部分，第 36 条规定：“国家提倡珍惜和节约粮食，并采取措施改善人民的食物营养结构。”

粮食安全规划与保障法律制度安排如下图所示：

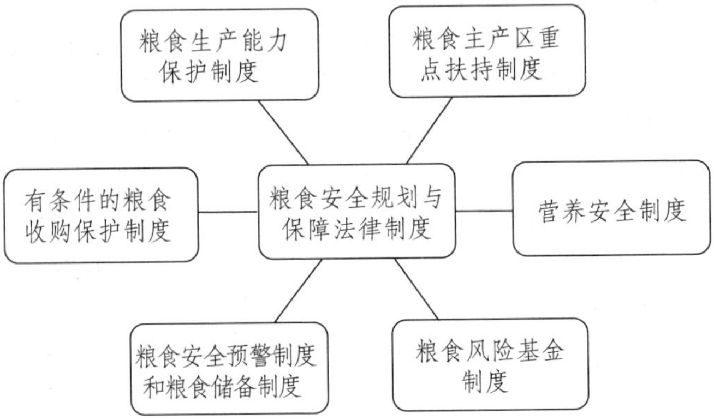

第二节 农业管制法律制度

一、农业管制法律制度概述

“管制”一词译自英文的“regulation”,也有人将其译为“规制”,从语言学和文体学上去考察,这两种译法并无多大差异。在《布莱克法律大辞典》中,管制的一个重要含义是为某种规则或限制所支配的控制性行为或过程。在农业法的语境中,农业管制实际上就是指根据农业法对农业进行控制的行为或过程,而进行控制所依据的相关农业法规则就是农业管制法律制度。

农业管制法律制度的设计通常按照大农业的思路来进行,所谓“大农业”是指农、林、牧、副、渔各业的内部以及它们之间的相互关系,农产品加工以及运输、销售等有关的服务业,并将它们作为一个产业链来看待。我国《农业法》第16条将农业分为四个大类,即种植业、渔业、林业和畜牧业,所以与之相对应,当前我国的农业管制制度也主要有四个基本的制度,即种植业管制法律制度、渔业管制法律制度、林业管制法律制度和畜牧业管制法律制度。这些法律制度除了在《农业法》这一部基本法中有总体性的规定之外,具体规定大多集中在《种子法》、《农作物种子生产经营许可证管理办法》、《农药管理条例》、《渔业法》、《种畜禽管理条例》、《兽药管理条例》、《森林法》、《野生动物保护法》等一系列法规之中。

此外,除了上述四个基本的农业管制法律制度之外,还有两个比较特殊的农业管制法律制度也需要注意,即兽药管制法律制度和农业转基因生物管制法律制度。之所以要设定这两个特殊的法律制度,主要是因为它们都关涉人的生命和健康。从表面看,似乎兽药仅仅涉及动物的健康,但有害物质累积在动物体内,从根本上也会对人产生影响,而农业转基因生物的安全性则是高科技带来的一个全球性的问题,所以国务院分别颁布了《兽药管理条例》和《农业转基因生物安全管理条例》对其进行规制。

我国农业管制法律制度安排如下图所示:

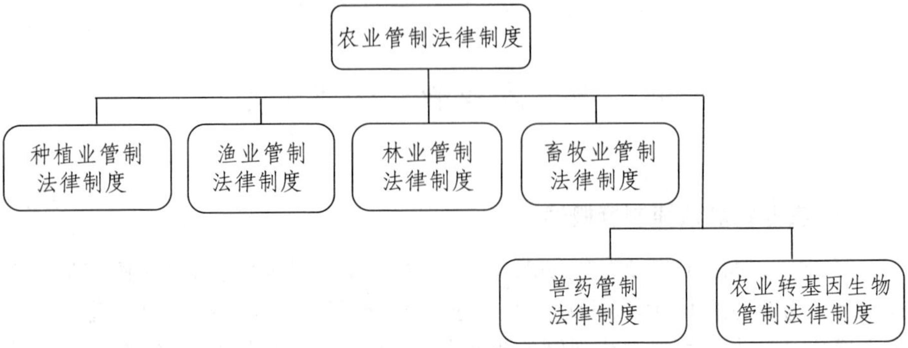

总的来讲，上述种植业管制法律制度、渔业管制法律制度、林业管制法律制度、畜牧业管制法律制度、兽药管制法律制度和农业转基因生物管制法律制度是从管制对象这一角度来划分的，如果从管制的方式来划分，上述六种管制法律制度中还有一些共同性的管制法律制度，认识了这些基本的管制法律制度，就能从整体上了解我国的农业管制法律制度。

(一)农产品质量标准体系和质量检验检测监督体系制度

农产品质量标准体系是由有关技术规范、操作规程和质量卫生安全标准组成的衡量农产品质量安全的指标体系。农产品质量检验检测监督体系，是由国家农业行政部门组建的各级各类质检中心及质检站所构成的网络。为尽快建立健全农产品质量标准体系、检测检验体系和认证体系，加强农产品质量安全执法监督、技术推广和市场信息工作，我国农业法规定，国家采取措施提高农产品质量，建立健全农产品质量标准体系和质量检验检测监督体系，保障农产品质量安全。

(二)农产品认证和标志制度

为从源头上解决农产品质量问题，我国农业法明确规定国家支持依法建立健全优质农产品认证和标志制度。国家鼓励和扶持发展优质农产品生产。县级以上地方人民政府应当结合本地情况，按照国家有关规定采取措施，发展优质农产品生产。符合国家规定标准的优质农产品可以依照法律或者行政法规的规定申请使用有关的标志。符合规定产地及生产规范要求的农产品可以依照有关法律或者行政法规的规定申请使用农产品地理标志。

对优质农产品进行认证和加贴相关标志是一种农产品质量管理的重要手段，我国目前得到公认的认证制度有三种：

1.绿色食品认证

它是指遵循可持续发展的要求，按照一定的生产方式经由专门机构认定，许可使用绿色食品标志的无污染、安全、优质、营养类食品。绿色食品标准分为两个技术等级,即AA级绿色食品标准和A级绿色食品标准,AA级基本等同于有机食品。

2. 有机产品认证

它是指认证机构按照有机产品国家标准和《有机产品认证管理办法》的规定对有机产品生产和加工过程进行评价的活动。有机产品,是国际有机联盟(IFOAM)提出的概念,是指在原料生产和产品加工过程中不使用农药、化肥、生长激素、化学添加剂、化学色素和防腐剂等化学物质,不使用基因工程技术的产品。

3. 无公害产品认证

它是指产地环境、生产过程和最终产品质量符合无公害农产品标准和规范,并使用无公害农产品标志的农产品。

而所谓农产品的地理标志,参考《与贸易有关的知识产权协定》(TRIPs)的定义,是指"识别一货物来源于一成员领土或该领土内一地区或地方的标志,该货物的特定质量、声誉或其他特性主要归因于其地理来源"。我国《商标法》则规定:"地理标志,是指标示某商品来源于某地区,该商品的特定质量、信誉或者其他特征,主要由该地区的自然因素或者人文因素所决定的标志。"

(三)农产品加工制品质量标准制度

随着现代技术的发展,如何合理、科学地加工农产品是一个很大的问题。现在很多食品卫生不合格不仅有源头的问题,也有在农产品加工过程中的污染问题,为提高农产品质量,国家建立健全农产品加工制品质量标准,完善检测手段,加强农产品加工过程中的质量安全管理和监督,保障食品安全。

(四)农业生产企业准入制度

农药、兽药、饲料和饲料添加剂、肥料、种子、农业机械等可能危害人畜安全的农业生产资料的生产经营,依照相关法律、行政法规的规定实行登记或者许可制度。

(五)农业生产资料安全使用制度

农业法规定,各级人民政府应当建立健全农业生产资料的安全使用制度,农民和农业生产经营组织不得使用国家明令淘汰和禁止使用的农药、兽药、饲料添加剂等农业生产资料和其他禁止使用的产品。农业生产资料的生产者、销售者应当对其生产、销售的产品的质量负责。禁止生产和销售国家明令淘汰的农药、兽药、饲料添加剂、农业机械等农业生产资料。

（六）动植物防疫、检疫制度

国家实行动植物防疫、检疫制度，健全动植物防疫、检疫体系，加强对动物疫病和植物病、虫、杂草、鼠害的监测、预警、防治，建立重大动物疫情和植物病虫害的快速扑灭机制，建设动物无规定疫病区，实施植物保护工程。

以上是基于整体的视角，从管制手段的角度对农业管制法律制度进行的介绍，但仅仅从整体上了解农业管制法律制度显然是不够的，下面将从管制对象的分类角度对六个农业管制法律制度作进一步的说明。

二、种植业管制法律制度

（一）种子管制法律制度

种子是指农作物和林木的种植材料或者繁殖材料，包括籽粒、果实和根、茎、苗、芽、叶等，它是农民的一种重要的生产资料。毫无疑问，具有优良品质的种子才能保证农产品的产量及质量，也才能保证农民的收入。但现实生活中农民因为使用假种子、劣种子而颗粒无收的情况却并不鲜见，假种子不仅直接损害了农民的经济利益，更严重破坏了农业经济秩序，所以需要法律管制。当然，维护农民的合法权益只是种子管制法律制度的目的之一，事实上，保护和合理利用种质资源，规范品种选育和种子生产、经营、使用行为，维护品种选育者和种子生产者、经营者、使用者的合法权益，提高种子质量水平，推动种子产业化，促进种植业和林业的发展，都是种子管制法律制度的目的。种子管制法律制度的主要法律依据是2000年12月1日施行的《种子法》[2015年4月，第十二届全国人大常委会第十四次会议初议审议了《中华人民共和国种子法（修订草案）》，并在中国人大网公布，向社会公开征求意见]，2011年9月25日施行的《农作物种子生产经营许可证管理办法》，2002年12月15日起施行的《林木种子生产经营许可证管理办法》（2015年4月30日修订），以及1997年9月8日实施的《关于设立外商投资农作物种子企业审批和登记管理的规定》等，其重要的制度主要有如下几项。

1. 农作物品种审定制度

为保证主要农作物品种和主要林木品种的生产安全，我国《种子法》规定主要农作物品种和主要林木品种在推广应用前应当通过国家级或者省级审定。应当审定的农作物品种未经审定通过的，不得发布广告，不得经营、推广。应当审定的林木品种未经审定通过的，不得作为良种经营、推广，但生产确需使用的，应当经林木品种审定委员会认定。要全面理解这一制度必须掌握以下几个内容：

（1）审定范围

主要农作物是指稻、小麦、玉米、棉花、大豆以及国务院农业行政主管部门和省、自治区、直辖市人民政府农业行政主管部门各自分别确定的其他一至二种农作物。主要林木由国务院林业行政主管部门确定并公布;省、自治区、直辖市人民政府林业行政主管部门可以在国务院林业行政主管部门确定的主要林木之外确定其他八种以下的主要林木。

(2)审定级别和申请者

《种子法》规定由省、自治区、直辖市人民政府农业、林业行政主管部门确定的主要农作物品种和主要林木品种实行省级审定,除此之外的,由申请者自己决定申请省级审定或者国家级审定。在中国没有经常居所或者营业场所的外国人、外国企业或者外国其他组织在中国申请品种审定的,应当委托具有法人资格的中国种子科研、生产、经营机构代理。

(3)审定机构

国务院和省、自治区、直辖市人民政府的农业、林业行政主管部门分别设立由专业人员组成的农作物品种和林木品种审定委员会,承担主要农作物品种和主要林木品种的审定工作。在具有生态多样性的地区,省、自治区、直辖市人民政府农业、林业行政主管部门可以委托设区的市、自治州承担适宜在在特定生态区域内推广应用的主要农作物品种和主要林木品种的审定工作。

(4)推广范围

通过国家级审定的主要农作物品种和主要林木品种由国务院农业、林业行政主管部门公告,可以在全国适宜的生态区域推广。而通过省级审定的主要农作物品种和主要林木品种由省、自治区、直辖市人民政府农业、林业行政主管部门公告,可以在本行政区域内适宜的生态区域推广;此外,对于相邻省、自治区、直辖市属于同一适宜生态区的地域,经所在省、自治区、直辖市人民政府农业、林业行政主管部门同意后也可以引种。

(5)法律责任

违反上述规定,经营、推广应当审定而未经审定通过的种子的,由县级以上人民政府农业行政主管部门责令停止种子的经营、推广,没收种子和违法所得,并处以1万元以上5万元以下罚款。

2. 种子生产许可制度

为从生产源头控制种子的质量,我国对种子的生产者实施了市场准入制度,对主要农作物和主要林木的商品种子生产实行许可制度。具体内容包括:

(1)申请者

种子生产许可证,由直接组织种子生产的单位或个人提出申请。委托农民或乡村集体经济组织生产的,由委托方提出申请;委托其他经济组织生产的,由委托方或受托方提出申请。申请领取具有植物新品种权的种子生产许可证的,应当征得品种权人的书面同意。

(2)申领条件

申请领取种子生产许可证的单位和个人,应当具有繁殖种子的隔离和培育条件;具有无检疫性病虫害的种子生产地点或者县级以上人民政府林业行政主管部门确定的采种林;具有与种子生产相适应的资金和生产、检验设施;具有相应的专业种子生产和检验技术人员。此外,对于主要农作物种子生产许可证和主要林木种子生产许可证的申领条件,我国行政规章还分别作出了进一步的规定。

主要农作物种子生产许可证申领还需满足:生产杂交稻、杂交玉米种子及其亲本种子,注册资本不少于3000万元,其他主要农作物种子,注册资本不少于500万元;有完好的相关仪器;检验室100平方米以上,申请杂交稻、杂交玉米及其亲本种子生产许可证的,检验室150平方米以上;有仓库500平方米以上,晒场1000平方米以上或者有种子烘干设备;有专职的种子生产技术人员、贮藏技术人员和经省级以上农业行政主管部门考核合格的种子检验人员各3名以上,其中,生产杂交水稻、杂交玉米种子及其亲本种子的,种子生产技术人员和种子检验人员各5名以上;农业部规定的其他条件。

主要林木种子生产许可证申领条件则更为严格,还必须满足:第一,具有繁殖种子的隔离和培育条件;第二,无检疫性病虫害;第三,具有按照有关标准、规定建立或者确定的种子园、母树林、采穗圃或者其他采种林及苗圃地;第四,具有必要的生产、检验设施;第五,具有经县级以上人民政府林业行政主管部门培训合格取得资格证书的林木种子生产、加工、检验、贮藏、保管技术人员(其中大田育苗面积不足50亩的,应当具有技术员或者育苗熟练人员;大田育苗面积50亩以上100亩以下的,应当具有相关专业中等专业以上学历、初级以上技术职称或者经县级以上人民政府林业行政主管部门培训的技术人员;采用容器育苗、组织培养、温室、大棚等先进技术设备进行育苗生产或者大田育苗面积超过100亩的,应当具有相关专业大专以上学历、中级以上技术职称或者经省级以上人民政府林业行政主管部门培训的技术人员)。

此外,生产籽粒、果实等有性繁殖材料的,除具备前款规定的条件外,还应当具备以下条件:具有晒场、种子加工和烘干设备、贮藏设施,包括种子库、种子风选和精选机等;具有恒温培养箱、光照培养箱、干燥箱、扦样器、天平、电冰箱等必要的种子检验仪器设备。

(3)主管机关

主要农作物杂交种子及其亲本种子、常规种原种种子、主要林木良种的种子生产许可证,由生产所在地县级人民政府农业、林业行政主管部门审核,省、自治区、直辖市人民政府农业、林业行政主管部门核发;其他种子的生产许可证,由生产所在地县级以上地方人民政府农业、林业行政主管部门核发。生产所在地为非主要农作物,其他省(自治区、直辖市)为主要农作物,申请办理种子生产许可证的,生产所在地农业行政主管部门应当受理并依法核发。

(4)法律责任

对未取得种子生产许可证或者伪造、变造、买卖、租借种子生产许可证,或者未按照种子生产许可证的规定生产种子的,由县级以上人民政府农业、林业行政主管部门责令改正,没收种子和违法所得,并处以违法所得1倍以上3倍以下罚款;没有违法所得的,处以1000元以上3万元以下罚款;可以吊销违法行为人的种子生产许可证或者种子经营许可证;构成犯罪的,依法追究刑事责任。

3. 种子经营许可制度

我国对种子经营实行许可制度。种子经营者必须先取得种子经营许可证后,方可凭种子经营许可证向工商行政管理机关申请办理或者变更营业执照。具体内容有:

(1)申请者条件

申请领取种子经营许可证的单位和个人,应当具备下列条件:具有与经营种子种类和数量相适应的资金及独立承担民事责任的能力;具有能够正确识别所经营的种子、检验种子质量、掌握种子贮藏、保管技术的人员;具有与经营种子的种类、数量相适应的营业场所及加工、包装、贮藏保管设施和检验种子质量的仪器设备;法律、法规规定的其他条件。此外,种子经营者专门经营不再分装的包装种子的,或者受具有种子经营许可证的种子经营者以书面委托代销其种子的,可以不办理种子经营许可证。

申请杂交稻、杂交玉米种子及其亲本种子经营许可证的单位和个人,还应当具备以下条件:注册资本不少于3000万元,固定资产不少于1000万元;有相应的检验室和仪器,检验室150平方米以上;有仓库500平方米以上,晒场1000平方米以上或者有种子烘干设备,营业场所300平方米以上;有成套的种子加工设备;有专职种子加工技术人员5名以上,种子贮藏技术人员3名义上,经省级以上人民政府农业行政主管部门考核合格的种子检验人员5名以上以及农业部规定的其他条件。

申请杂交稻、杂交玉米种子及其亲本种子以外的应当加工、包装的主要农作物的种子经营许可证,应当具备以下条件:注册资本不少于500万元,固定资产不少于250万元;有能够满足检验需要的检验室,检验室100平方米以上;有仓库500平方米以上,晒场1000平方米以上或者有种子烘干设备,营业场所200平方米以上;有成套的种子加工设备;种子加工厂房500平方米以上;有专职的种子加工技术人员、贮藏技术人员和经省级以上人民政府农业行政主管部门考核合格的种子检验人员各3名以上。

申请林木种子经营许可证的单位和个人,还应当满足以下条件:具有与经营林木种子的种类、数量相适应的营业场所;具有必要的经营设施;具有经县级以上人民政府林业行政主管部门培训合格取得资格证书的林木种子检验、加工、贮藏、保管技术人员。如果是经营籽粒、果实等有性繁殖材料的，除上述规定的条件外，还应当具备：种子加工和烘干设备、贮藏设施，包括种子库、种子精选机、种子包装机等；恒温培养箱、光照培养箱、干燥箱、扦样器、天平、电冰箱等必要的种子检验仪器设备。并且对于实行选育、生产、经营相结合的，除具备前述的条件以外，还应当具备以下条件：一是有固定的种子繁育基地；二是有3名以上经省级以上人民政府林业行政主管部门考核合格的种子检验人员。

(2)主管机关

种子经营许可证由种子经营者所在地县级以上地方人民政府农业、林业行政主管部门核发。主要农作物杂交种子及其亲本种子、常规种原种种子、主要林木良种的种子经营许可证，由种子经营者所在地县级人民政府农业、林业行政主管部门审核，省、自治区、直辖市人民政府农业、林业行政主管部门核发。实行选育、生产、经营相结合并达到国务院农业、林业行政主管部门规定的注册资本金额的种子公司和从事种子进出口业务的公司的种子经营许可证，由省、自治区、直辖市人民政府农业、林业行政主管部门审核，国务院农业、林业行政主管部门核发。

(3)法律责任

未取得种子经营许可证或者伪造、变造、买卖、租借种子经营许可证，或者未按照种子经营许可证的规定经营种子的。由县级以上人民政府农业、林业行政主管部门责令改正，没收种子和违法所得，并处以违法所得1倍以上3倍以下罚款；没有违法所得的，处以1000元以上3万元以下罚款；可以吊销违法行为人的种子生产许可证或者种子经营许可证；构成犯罪的，依法追究刑事责任。

4.种子质量管制制度

种子质量无疑直接关涉农民利益，因而也是全社会应当极为重视的一个社会问题，举近年来在我国有重大影响的一个案例来说明，据总部在沈阳的《华商晨报》以及中新社等媒体报道，2002年5月，黑龙江省绥化市兰西县农妇张凤听信骗子宣传，带动本村100多户农民购买了“丰神牌”、“丰度牌”西瓜籽500多盒，但西瓜籽下地3个月后几乎颗粒无收。深感对不起乡亲的张凤于当年8月喝农药自杀，她在死前给父亲留下的口信中说：“爹呀，就让我变作西瓜籽，种出大西瓜来给全村老少谢罪！”2003年5月12日，《中国青年报》披露了此事后，温家宝总理亲笔批示：“最近假种坑害农民之事颇多，要严肃执法，加大惩处力度。”可见政府对假种子的危害也十分重视，但我们对农民利益的保护不能仅仅根据总理的批示，在一个法治社会中我们更应该倚重法律来对此进行规范，因而种子质量管理制度就显得尤为重要。我国《种子法》专设种子质量一章来进行规范，具体内容有：

(1)标准化管理

种子的生产、加工、包装、检验、贮藏等质量管理办法和行业标准，由国务院农业、林业行政主管部门制定。农业、林业行政主管部门负责对种子质量的监督。

(2)检验管理

农业、林业行政主管部门可以委托种子质量检验机构对种子质量进行检验。但承担种子质量检验的机构,法律要求必须具备相应的检测条件和能力,并经省级以上人民政府有关主管部门考核合格。而且种子质量检验机构还应当配备符合条件的种子检验员,这些条件包括:应当具有相关专业中等专业技术学校毕业以上文化水平;从事种子检验技术工作3年以上;经省级以上人民政府农业、林业行政主管部门考核合格。

(3)禁止生产、经营假、劣种子

法律严令禁止生产、经营假种子和劣种子,并对什么是假种子和劣种子作出了明确的规定。假种子包括以非种子冒充种子或者以此种品种种子冒充他种品种种子的;或者种子种类、品种、产地与标签标注的内容不符的。而有以下五种情况的则为劣种子:第一,质量低于国家规定的种用标准的;第二,质量低于标签标注指标的;第三,因变质不能作种子使用的;第四,杂草种子的比率超过规定的;第五,带有国家规定检疫对象的有害生物的。当然法律也规定了一种例外的情况,即由于不可抗力原因,为生产需要必须使用低于国家或者地方规定的种用标准的农作物种子的,应当经用种地县级以上地方人民政府批准;林木种子应当经用种地省、自治区、直辖市人民政府批准。

(4)法律责任

生产、经营假、劣种子的,由县级以上人民政府农业、林业行政主管部门或者工商行政管理机关责令停止生产、经营,没收种子和违法所得,吊销种子生产许可证、种子经营许可证或者营业执照,并处以罚款;有违法所得的,处以违法所得5倍以上10倍以下罚款;没有违法所得的,处以2000元以上5万元以下罚款;构成犯罪的,依法追究刑事责任。

5. 种子进出口和对外合作制度

随着经济全球化时代的到来,种子的进出口和对外合作也随之增多,其管制法律制度也显得非常重要,我国《种子法》也规定了相应的条款,主要有:

(1)检疫管理

进口种子和出口种子必须实施检疫,防止植物危险性病、虫、杂草及其他有害生物传入境内和传出境外,具体检疫工作按照有关植物进出境检疫法律、行政法规的规定执行。

(2)准入管理

从事商品种子进出口业务的法人和其他组织,除具备种子经营许可证外,还应当依照有关对外贸易法律、行政法规的规定取得从事种子进出口贸易的许可。从境外引进农作物、林木种子的审定权限,农作物林木种子的进出口审批办法,引进转基因植物品种的管理办法，由国务院规定。境外企业、其他经济组织或者个人来我国投资种子生产、经营的，审批程序和管理办法由国务院有关部门依照有关法律、行政法规规定。

(3)标准化管理

进口商品种子的质量，应当达到国家标准或者行业标准。没有国家标准或者行业标准的，可以按照合同约定的标准执行。

(4)禁止性规定

禁止进出口假、劣种子以及属于国家规定不得进出口的种子。为境外制种进口种子的，进口的种子只能用于制种，其产品不得在国内销售。从境外引进农作物试验用种，应当隔离栽培，收获物也不得作为商品种子销售。

(5)法律责任

如果违反种子法的规定，向境外提供或者从境外引进种质资源的，由国务院或者省、自治区、直辖市人民政府的农业、林业行政主管部门没收种质资源和违法所得，并处以1万元以上5万元以下罚款。如果为境外制种的种子在国内销售的，或者从境外引进农作物种子进行引种试验的收获物在国内作商品种子销售的，由县级以上人民政府农业、林业行政主管部门责令改正，没收种子和违法所得，并处以违法所得1倍以上3倍以下罚款；没有违法所得的，处以1000元以上2万元以下罚款；构成犯罪的，依法追究刑事责任。

在2015年4月公布的《中华人民共和国种子法(修订草案)》中，更加注重对种子新品种的保护，并且规定了种子审定及登记制度，对种子生产许可证和经营许可证实行统一管理，并对发证权限也作了相应变动。具体而言，将原第三章品种选育与审定改为品种选育、审定与登记；新增第四章新品种保护；将原第四章种子生产、第五章种子经营、第六章种子使用合并为第五章种子生产经营，并将原第七章种子质量与原第九章种子行政管理合并为新第六章种子监督管理。由于该草案还在征求意见过程中，因此，本教材仍以现行有效的法律为准。

(二)农药管制法律制度

农药，是指用于预防、消灭或者控制危害农业、林业的病、虫、草和其他有害生物以及有目的地调节植物、昆虫生长的化学合成物或者来源于生物、其他天然物质的一种物质或者几种物质的混合物及其制剂。与种子一样，农药对于农业生产也具有重要的意义，为了加强对农药生产、经营和使用的监督管理，保证农药质量，保护农业、林业生产和生态环境，维护人畜安全，很有必要设置相关的法律制度。

1. 农药登记制度

国家实行农药登记制度。生产(包括原药生产、制剂加工和分装)农药和进口农药，必须进行登记。国内首次生产的农药和首次进口的农药的登记，按照下列三个阶段进行。

(1)田间试验阶段

申请登记的农药,由其研制者提出田间试验申请,经批准,方可进行田间试验;田间试验阶段的农药不得销售。

(2)临时登记阶段

田间试验后,需要进行田间试验示范、试销的农药以及在特殊情况下需要使用的农药,由其生产者申请临时登记,经国务院农业行政主管部门发给农药临时登记证后,方可在规定的范围内进行田间试验示范、试销。

(3)正式登记阶段

经田间试验示范、试销可以作为正式商品流通的农药,由其生产者申请正式登记,经国务院农业行政主管部门发给农药登记证后,方可生产、销售。

此外尚需注意的是,农药登记证和农药临时登记证都规定了登记的有效期限,如果登记有效期限届满而需要继续生产或者继续向中国出售农药产品的,还应当在登记有效期限届满前申请续展登记。经正式登记和临时登记的农药,在登记有效期限内改变剂型、含量或者使用范围、使用方法的,应当申请变更登记。

农药登记制度流程安排如下图所示:

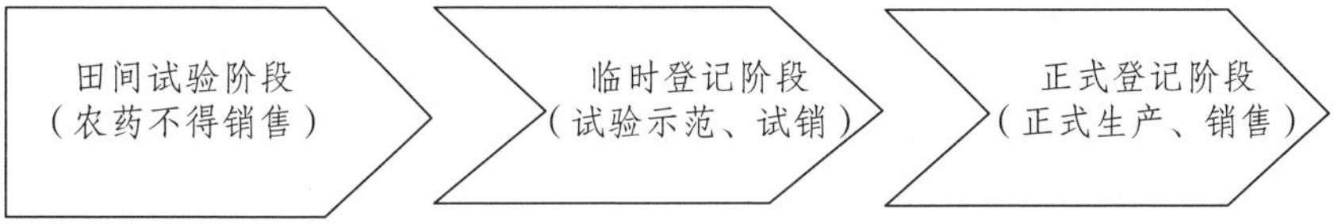

(4)法律责任

我国法律对违反农药登记制度设定了严格的罚则,具体有:第一,未取得农药登记证或者农药临时登记证,擅自生产、经营农药的,或者生产、经营已撤销登记的农药的,责令停止生产、经营,没收违法所得,并处违法所得1倍以上10倍以下的罚款;没有违法所得的,并处10万元以下的罚款。第二,农药登记证或者农药临时登记证有效期限届满未办理续展登记,擅自继续生产该农药的,责令限期补办续展手续,没收违法所得,可以并处违法所得5倍以下的罚款;没有违法所得的,可以并处5万元以下的罚款;逾期不补办的,由原发证机关责令停止生产、经营,吊销农药登记证或者农药临时登记证。第三,假冒、伪造或者转让农药登记证或者农药临时登记证、农药登记证号或者农药临时登记证号,依照刑法关于非法经营罪或者伪造、变造、买卖国家机关公文、证件、印章罪的规定,依法追究刑事责任;尚不够刑事处罚的,由农业行政主管部门收缴或者吊销农药登记证或者农药临时登记证,由农业行政主管部门没收违法所得,可以并处违法所得10倍以下的罚款;没有违法所得的，可以并处10万元以下的罚款。此外，如果上述第一、二项的行为构成犯罪，则按刑法相关规定定罪。

2. 农药生产制度

(1)农药生产准入管理

开办农药生产企业(包括联营、设立分厂和非农药生产企业设立农药生产车间)，应当具备相应条件，并经企业所在地的省、自治区、直辖市工业产品许可管理部门审核同意后，报国务院工业产品许可管理部门批准，这些条件包括：有与其生产的农药相适应的技术人员和技术工人；有与其生产的农药相适应的厂房、生产设施和卫生环境；有符合国家劳动安全、卫生标准的设施和相应的劳动安全、卫生管理制度；有产品质量标准和产品质量保证体系；所生产的农药是依法取得农药登记的农药；有符合国家环境保护要求的污染防治设施和措施，并且污染物排放不超过国家和地方规定的排放标准。只有符合上述条件并经批准后，才可依法向工商行政管理机关申请领取营业执照。

(2)农药生产许可证管理

生产有国家标准或者行业标准的农药的，应当向国务院工业产品许可管理部门申请农药生产许可证。生产尚未制定国家标准、行业标准但已有企业标准的农药的，应当经省、自治区、直辖市工业产品许可管理部门审核同意后，报国务院工业产品许可管理部门批准，发给农药生产批准文件。

(3)农药产品标识管理

农药产品包装必须贴有标签或者附具说明书。标签应当紧贴或者印制在农药包装物上。标签或者说明书上应当注明农药名称、企业名称、产品批号和农药登记证号或者农药临时登记证号、农药生产许可证号或者农药生产批准文件号以及农药的有效成分、含量、重量、产品性能、毒性、用途、使用技术、使用方法、生产日期、有效期和注意事项等；农药分装的，还应当注明分装单位。

(4)法律责任

我国法律对违反农药生产制度也设定了完善的罚则：第一，未经批准，擅自开办农药生产企业的，或者未取得农药生产许可证或者农药生产批准文件，擅自生产农药的，责令停止生产，没收违法所得，并处违法所得1倍以上10倍以下的罚款；没有违法所得的，并处10万元以下的罚款。第二，未按照农药生产许可证或者农药生产批准文件的规定，擅自生产农药的，责令停止生产，没收违法所得，并处违法所得1倍以上5倍以下的罚款；没有违法所得的，并处5万元以下的罚款；情节严重的，由原发证机关吊销农药生产许可证或者农药生产批准文件。第三，假冒、伪造或者转让农药生产许可证或者农药生产批准文件、农药生产许可证号或者农药生产批准文件号的，依照刑法关于非法经营罪或者伪造、变造、买卖国家机关公文、证件、印章罪的规定，依法追究刑事责任；尚不够刑事处罚的，由工业产品许可管理部门收缴或者吊销农药生产许可证或者农药生产批准文件，由工业产品许可管理部门没收违法所得，可以并处违法所得10倍以下的罚款；没有违法所得的，可以并处10万元以下的罚款。第四，生产产品包装上未附标签、标签残缺不清或者擅自修改标签内容的农药产品的，给予警告，没收违法所得，可以并处违法所得3倍以下的罚款；没有违法所得的，可以并处3万元以下的罚款。上述①、②、④项的行为如构成犯罪，则按刑法相关规定定罪。

3. 农药经营管制制度

（1）经营单位法定

我国法律只允许以下单位经营农药：供销合作社的农业生产资料经营单位；植物保护站；土壤肥料站；农业、林业技术推广机构；森林病虫害防治机构；农药生产企业；国务院规定的其他经营单位。除上述单位外，任何单位或个人未经批准都无权经营农药。

（2）经营单位准入管理

农药经营单位应当具备下列条件和有关法律、行政法规规定的条件，并依法向工商行政管理机关申请领取营业执照后，方可经营农药：第一，有与其经营的农药相适应的技术人员；第二，有与其经营的农药相适应的营业场所、设备、仓储设施、安全防护措施和环境污染防治设施、措施；第三，有与其经营的农药相适应的规章制度；第四，有与其经营的农药相适应的质量管理制度和管理手段。

（3）经营管理

农药经营单位购进农药，应当将农药产品与产品标签或者说明书、产品质量合格证核对无误，并进行质量检验。禁止收购、销售无农药登记证或者农药临时登记证、无农药生产许可证或者农药生产批准文件、无产品质量标准和产品质量合格证和检验不合格的农药。超过产品质量保证期限的农药产品，经省级以上人民政府农业行政主管部门所属的农药检定机构检验，符合标准的，可以在规定期限内销售；但是，必须注明“过期农药”字样，并附具使用方法和用量。

（4）禁止性规定

禁止生产、经营和使用假、劣农药。假农药、劣质农药对农业生产危害极大，必须严厉禁止，法律对什么是假农药、劣农药都作出了明确的规定。假农药表现为两种：以非农药冒充农药或者以此种农药冒充他种农药的，或者所含有效成分的种类、名称与产品标签或者说明书上注明的农药有效成分的种类、名称不符的。所谓劣质农药则是指不符合农药产品质量标准的，失去使用效能的，以及混有导致药害等有害成分的农药。

（5）法律责任

对违反上述规定的，法律规定了严格的罚则：第一，经营产品包装上未附标签、标签残缺不清或者擅自修改标签内容的农药产品的，给予警告，没收违法所得，可以并处违法所得3倍以下的罚款;没有违法所得的,可以并处3万元以下的罚款。第二,对经营未注明"过期农药"字样的超过产品质量保证期的农药产品的,由农业行政主管部门给予警告,没收违法所得,可以并处违法所得3倍以下的罚款;没有违法所得的,并处3万元以下的罚款。第三,生产、经营假农药、劣质农药的,依照刑法关于生产、销售伪劣产品罪或者生产、销售伪劣农药罪的规定,依法追究刑事责任;尚不够刑事责任的,由农业行政主管部门或者法律、行政法规规定的其他有关部门没收假农药、劣质农药和违法所得,并处违法所得1倍以上10倍以下的罚款;没有违法所得的,并处10万元以下的罚款;情节严重的,由农业行政主管部门吊销农药登记证或者农药临时登记证,由工业产品许可管理部门吊销农药生产许可证或者农药生产批准文件。

三、渔业管制法律制度

为了加强渔业资源的保护、增殖、开发和合理利用,发展人工养殖,保障渔业生产者的合法权益,促进渔业生产的发展,我国制定了相关的法律、行政法规和行政规章进行规制,主要有《渔业法》、《渔业法实施细则》、《渔业捕捞许可管理规定》、《远洋渔业管理规定》等,下面对其中的重要法律制度予以说明。

(一)养殖业管制制度

1. 养殖证核发管理

国家对水域利用进行统一规划,确定可以用于养殖业的水域和滩涂。单位和个人使用国家规划确定用于养殖业的全民所有的水域、滩涂的,使用者应当向县级以上地方人民政府渔业行政主管部门提出申请,由本级人民政府核发养殖证,许可其使用该水域、滩涂。县级以上地方人民政府在核发养殖证时,应当优先安排当地的渔业生产者。

2. 新品种推广管理

国家鼓励和支持水产优良品种的选育、培育和推广。水产新品种必须经全国水产原种和良种审定委员会审定,由国务院渔业行政主管部门批准后方可推广。水产苗种的进口、出口由国务院渔业行政主管部门或者省、自治区、直辖市人民政府渔业行政主管部门审批。水产苗种的生产由县级以上地方人民政府渔业行政主管部门审批。但是,渔业生产者自育、自用水产苗种的除外。

3. 法律责任

这一制度中的罚则主要有以下几项:(1)使用全民所有的水域、滩涂从事养殖生产,无正当理由使水域、滩涂荒芜满1年的,由发放养殖证的机关责令限期开发利用;逾期未开发利用的,吊销养殖证,可以并处1万元以下的罚款。(2)未依法取得养殖证擅自在全民所有的水域从事养殖生产的,责令改正,补办养殖证或者限期拆除养殖设施。(3)未依法取得养殖证或者超越养殖证许可范围在全民所有的水域从事养殖生产,妨碍航运、行洪的,责令限期拆除养殖设施,可以并处1万元以下的罚款。(4)非法生产、进口、出口水产苗种的,没收苗种和违法所得,并处5万元以下的罚款。(5)经营未经审定的水产苗种的,责令立即停止经营,没收违法所得,可以并处5万元以下的罚款。

(二)捕捞业管制制度

1.限额捕捞管理

国家根据捕捞量低于渔业资源增长量的原则,确定渔业资源的总可捕捞量,实行捕捞限额制度。国务院渔业行政主管部门负责组织渔业资源的调查和评估,为实行捕捞限额制度提供科学依据。中华人民共和国内海、领海、专属经济区和其他管辖海域的捕捞限额总量由国务院渔业行政主管部门确定,报国务院批准后逐级分解下达;国家确定的重要江河、湖泊的捕捞限额总量由有关省、自治区、直辖市人民政府确定或者协商确定,逐级分解下达。捕捞限额总量分配应当体现公平、公正的原则,分配办法和分配结果必须向社会公开,并接受监督。国务院渔业行政主管部门和省、自治区、直辖市人民政府渔业行政主管部门应当加强对捕捞限额制度实施情况的监督检查,对超过上级下达的捕捞限额指标的,应当在次年捕捞限额指标中予以核减。

2.捕捞许可证管理

国家对捕捞业实行捕捞许可证制度,具体内容有:

(1)申请捕捞许可证的条件

申请捕捞许可证必须具备以下三个条件,即有渔业船舶检验证书,有渔业船舶登记证书,以及符合国务院渔业行政主管部门规定的其他条件。

(2)审批的主管机关

到中华人民共和国与有关国家缔结的协定确定的共同管理的渔区或者公海从事捕捞作业的捕捞许可证,由国务院渔业行政主管部门批准发放。海洋大型拖网、围网作业的捕捞许可证,由省、自治区、直辖市人民政府渔业行政主管部门批准发放。其他作业的捕捞许可证,由县级以上地方人民政府渔业行政主管部门批准发放;但是,批准发放海洋作业的捕捞许可证不得超过国家下达的船网工具控制指标,具体办法由省、自治区、直辖市人民政府规定。

(3)禁止发放捕捞许可证的情况

有下列情形之一的,不得发放捕捞许可证:第一,使用破坏渔业资源、被明令禁止使用的渔具或者捕捞方法的;第二,未按国家规定办理批准手续,制造、更新改造、购置或者进口捕捞渔船的;第三,未按国家规定领取渔业船舶证书、航行签证簿、职务船员证书、船舶户口簿、渔民证等证件的。

3. 船网工具指标管理

船网工具控制指标是指渔船的数量及其主机功率数值、网具或其他渔具的数量的最高限额。农业部报国务院批准后,向有关省、自治区、直辖市下达海洋捕捞业船网工具控制指标。地方各级渔业行政主管部门控制本行政区域内捕捞渔船的数量、功率,不得超过国家下达的船网工具控制指标,具体办法由省、自治区、直辖市人民政府规定,送农业部备案。内陆水域捕捞业的船网工具控制指标和管理办法,由省、自治区、直辖市人民政府规定。

4. 法律责任

法律规定的罚则有以下几条:首先,未依法取得捕捞许可证擅自进行捕捞的,没收渔获物和违法所得,并处10万元以下的罚款;情节严重的,可以并处没收渔具和渔船。其次,违反捕捞许可证关于作业类型、场所、时限和渔具数量的规定进行捕捞的,没收渔获物和违法所得,可以并处5万元以下的罚款;情节严重的,可以并处没收渔具,吊销捕捞许可证。最后,涂改、买卖、出租或者以其他形式转让捕捞许可证的,没收违法所得,吊销捕捞许可证,可以并处1万元以下的罚款;伪造、变造、买卖捕捞许可证,构成犯罪的,依法追究刑事责任。

(三)渔业资源的增殖和保护管制制度

1. 水产种质资源保护区管理

国家保护水产种质资源及其生存环境,并在具有较高经济价值和遗传育种价值的水产种质资源的主要生长繁育区域建立水产种质资源保护区。未经国务院渔业行政主管部门批准,任何单位或者个人不得在水产种质资源保护区内从事捕捞活动。

2. 禁止捕捞规定

禁止使用炸鱼、毒鱼、电鱼等破坏渔业资源的方法进行捕捞。禁止制造、销售、使用禁用的渔具。禁止在禁渔区、禁渔期进行捕捞。禁止使用小于最小网目尺寸的网具进行捕捞。捕捞的渔获物中幼鱼不得超过规定的比例。在禁渔区或者禁渔期内禁止销售非法捕捞的渔获物。禁止捕捞有重要经济价值的水生动物苗种。因养殖或者其他特殊需要,捕捞有重要经济价值的苗种或者禁捕的怀卵亲体的,必须经国务院渔业行政主管部门或者省、自治区、直辖市人民政府渔业行政主管部门批准,在指定的区域和时间内,按照限额捕捞。

3. 重点保护水生野生动物的规定

国家对白鳍豚等珍贵、濒危水生野生动物实行重点保护,防止其灭绝。禁止捕杀、伤害国家重点保护的水生野生动物。因科学研究、驯养繁殖、展览或者其他特殊情况,需要捕捞国家重点保护的水生野生动物的,依照《野生动物保护法》的规定执行。

4. 法律责任

对于违反上述规定的行为，法律也规定了相应的处罚措施：(1)未经批准在水产种质资源保护区内从事捕捞活动的，责令立即停止捕捞，没收渔获物和渔具，可以并处1万元以下的罚款。(2)使用炸鱼、毒鱼、电鱼等破坏渔业资源方法进行捕捞的，违反关于禁渔区、禁渔期的规定进行捕捞的，或者使用禁用的渔具、捕捞方法和小于最小网目尺寸的网具进行捕捞或者渔获物中幼鱼超过规定比例的，没收渔获物和违法所得，处5万元以下的罚款；情节严重的，没收渔具，吊销捕捞许可证；情节特别严重的，可以没收渔船；构成犯罪的，依法追究刑事责任。在禁渔区或者禁渔期内销售非法捕捞的渔获物的，县级以上地方人民政府渔业行政主管部门应当及时进行调查处理。制造、销售禁用的渔具的，没收非法制造、销售的渔具和违法所得，并处1万元以下的罚款。

(四)远洋渔业管制制度

远洋渔业，是指中华人民共和国公民、法人和其他组织到公海和他国管辖海域从事海洋捕捞以及与之配套的加工、补给和产品运输等渔业活动，但不包括到黄海、东海和南海从事的渔业活动。远洋渔业管理制度主要包括远洋渔业项目申请及审批制度和远洋渔业企业资格认定及项目确认制度，以及相关的法律责任制度。

1. 远洋渔业项目申请和审批

法律对申请的条件和相关程序都作出了详尽的规定：

(1)申请条件

申请开展远洋渔业项目必须同时具备下列条件：在我国工商行政管理部门登记，具有独立法人资格；拥有适合从事远洋渔业的合法渔业船舶；具有承担项目运营和意外风险的经济实力，资信良好；有熟知远洋渔业政策、相关法律规定、国外情况并具有3年以上远洋渔业生产及管理经验的专职经营管理人员。申请前3年内没有被农业部取消远洋渔业企业资格的记录；企业主要负责人和项目负责人申请前3年内没有在被农业部取消远洋渔业企业资格的企业担任主要负责人和项目负责人的记录。

(2)申请和批准程序

符合上述条件的企业应当通过所在地省级人民政府渔业行政主管部门提出，经省级人民政府渔业行政主管部门审核同意后报农业部审批，但中央直属企业可以直接报农业部审批。农业部收到符合《远洋渔业管理规定》第7条要求的远洋渔业项目申请后，在15个工作日内作出是否批准的决定。特殊情况需要延长决定期限的，应当及时告知申请企业延长决定期限的理由。经审查批准远洋渔业项目申请的，农业部书面通知申请项目企业及其所在地省级人民政府渔业行政主管部门，并抄送国务院其他有关部门。从事公海捕捞作业的，农业部批准远洋渔业项目的同时,发给《公海渔业捕捞许可证》。经审查不予批准远洋渔业项目申请的,农业部将决定及理由书面通知申请项目企业。

2. 远洋渔业企业资格认定和项目确认

对于已获农业部批准并开始实施远洋渔业项目的企业,其生产经营情况正常,认真遵守有关法律、法规和《远洋渔业管理规定》的规定,未发生严重违规事件的,农业部授予其远洋渔业企业资格,并颁发《农业部远洋渔业企业资格证书》。

农业部对远洋渔业企业资格实行年审换证制度,对远洋渔业项目实行年审确认制度。申请年审的远洋渔业企业应当于每年1月15日以前向所在地省级人民政府渔业行政主管部门报送相关材料,省级人民政府渔业行政主管部门应当于1月31日前将审核意见和有关材料报农业部。农业部于3月31日前将远洋渔业企业资格审查和远洋渔业项目确认结果书面通知省级人民政府渔业行政主管部门、有关企业和国务院有关部门。对审查合格的企业,换发当年度《农业部远洋渔业企业资格证书》。

3. 法律责任

法律规定,如果远洋渔业企业未经农业部批准擅自从事远洋渔业生产,或未取得《公海渔业捕捞许可证》从事公海捕捞生产的,或者在申报或实施远洋渔业项目时隐瞒真相、弄虚作假的,由省级以上人民政府渔业行政主管部门或其所属的渔政渔港监督管理机构根据《渔业法》和有关法律、法规予以处罚。对已经取得农业部远洋渔业企业资格的企业,农业部视情节轻重和影响大小,暂停或取消其远洋渔业企业资格。

四、林业管制法律制度

森林资源包括森林、林木、林地以及依托森林、林木、林地生存的野生动物、植物和微生物。为了保护、培育和合理利用森林资源,加快国土绿化,发挥森林蓄水保土、调节气候、改善环境和提供林产品的作用,适应社会主义建设和人民生活的需要,实有必要进行法律管制。林业管制法律制度的主要法律依据是《森林法》、《野生动物保护法》及《森林法实施条例》等,下面对其中重要的法律制度进行介绍。

(一)森林、林木和林地登记发证制度

国家依法实行森林、林木和林地登记发证制度,依法登记的森林、林木和林地的所有权、使用权受法律保护,任何单位和个人不得侵犯。《森林法实施条例》中规定森林包括乔木林和竹林;林木包括树木和竹子,而林地则包括郁闭度0.2以上的乔木林地以及竹林地、灌木林地、疏林地、采伐迹地、火烧迹地、未成林造林地、苗圃地和县级以上人民政府规划的宜林地。法律对国家所有的森林、林木和林地与

集体所有的森林、林木和林地的登记有不同的要求。

1. 国家所有的森林、林木和林地的登记规定

(1)使用国务院确定的国家所有的重点林区(以下简称重点林区)的森林、林木和林地的单位,应当向国务院林业主管部门提出登记申请,由国务院林业主管部门登记造册,核发证书,确认森林、林木和林地使用权以及由使用者所有的林木所有权。

(2)使用国家所有的跨行政区域的森林、林木和林地的单位和个人,应当向共同的上一级人民政府林业主管部门提出登记申请,由该人民政府登记造册,核发证书,确认森林、林木和林地使用权以及由使用者所有的林木所有权。

(3)使用国家所有的其他森林、林木和林地的单位和个人,应当向县级以上地方人民政府林业主管部门提出登记申请,由县级以上地方人民政府登记造册,核发证书,确认森林、林木和林地使用权以及由使用者所有的林木所有权。

(4)未确定使用权的国家所有的森林、林木和林地,由县级以上人民政府登记造册,负责保护管理。

2. 集体所有的森林、林木和林地登记

由所有者向所在地的县级人民政府林业主管部门提出登记申请,由该县级人民政府登记造册,核发证书,确认所有权。

单位和个人所有的林木,由所有者向所在地的县级人民政府林业主管部门提出登记申请,由该县级人民政府登记造册,核发证书,确认林木所有权。

使用集体所有的森林、林木和林地的单位和个人,应当向所在地的县级人民政府林业主管部门提出登记申请,由该县级人民政府登记造册,核发证书,确认森林、林木和林地使用权。

3. 变更登记

改变森林、林木和林地所有权、使用权的,应当依法办理变更登记手续。

(二)森林经营管制制度

在法律上,森林分为防护林、用材林、经济林、薪炭林和特种用途林五类。所谓防护林是指以防护为主要目的的森林、林木和灌木丛,包括水源涵养林,水土保持林,防风固沙林,农田、牧场防护林,护岸林,护路林;用材林是指以生产木材为主要目的的森林和林木,包括以生产竹材为主要目的的竹林;经济林是以生产果品,食用油料、饮料、调料、工业原料和药材等为主要目的的林木;薪炭林是指以生产燃料为主要目的的林木;而特种用途林则是指以国防、环境保护、科学实验等为主要目的的森林和林木,包括国防林、实验林、母树林、环境保护林、风景林,名胜古迹和革命纪念地的林木,自然保护区的森林。并不是所有种类的森林都可以经营,法律只允许部分种类的森林、林木、林地使用权可以依法转让,也可以依法作价入股

或者作为合资、合作造林、经营林木的出资、合作条件,但不得将林地改为非林地。这些种类包括:(1)用材林、经济林、薪炭林;(2)用材林、经济林、薪炭林的林地使用权;(3)用材林、经济林、薪炭林的采伐迹地、火烧迹地的林地使用权;(4)国务院规定的其他森林、林木和其他林地使用权。依照上述规定转让、作价入股或者作为合资、合作造林、经营林木的出资、合作条件的,已经取得的林木采伐许可证可以同时转让,同时转让双方都必须遵守本法关于森林、林木采伐和更新造林的规定。必须注意的是,除上述几类之外的其他森林、林木和其他林地使用权不得转让。

(三)野生动物保护管制制度

根据《野生动物保护法》的规定,野生动物是指珍贵、濒危的陆生、水生野生动物和有益的或者有重要经济、科学研究价值的陆生野生动物。野生动物资源属于国家所有,国家对野生动物资源实行加强保护。

1. 野生动物保护

国家保护野生动物及其生存环境,禁止任何单位和个人非法猎捕或者破坏。国家对珍贵、濒危的野生动物实行重点保护。国家重点保护的野生动物分为一级保护野生动物和二级保护野生动物。国务院野生动物行政主管部门和省、自治区、直辖市政府,应当在国家和地方重点保护野生动物的主要生息繁衍的地区和水域,划定自然保护区,加强对国家和地方重点保护野生动物及其生存环境的保护管理。

2. 野生动物管理

野生动物管理主要采取许可证的管制方式,主要有特许猎捕证、狩猎证、驯养繁殖许可证和允许进出口证明书,这些证书具有法定效力,不得伪造、倒卖、转让。下面分别说明。

(1)特许猎捕证

法律禁止猎捕、杀害国家重点保护野生动物,因科学研究、驯养繁殖、展览或者其他特殊情况,需要捕捉、捕捞国家一级保护野生动物的,必须向国务院野生动物行政主管部门申请特许猎捕证;猎捕国家二级保护野生动物的,必须向省、自治区、直辖市政府野生动物行政主管部门申请特许猎捕证。

(2)驯养繁殖许可证

国家鼓励驯养繁殖野生动物,但驯养繁殖国家重点保护野生动物的,应当持有许可证。凡驯养繁殖国家一级保护野生动物的,由省、自治区、直辖市政府林业行政主管部门报林业部审批;凡驯养繁殖国家二级保护野生动物的,由省、自治区、直辖市政府林业行政主管部门审批。经批准驯养繁殖野生动物的单位和个人,其《驯养繁殖许可证》由省、自治区、直辖市政府林业行政主管部门核发。

(3)狩猎证

猎捕非国家重点保护野生动物的,必须取得狩猎证,并且服从猎捕量限额管理。猎捕者应当按照特许猎捕证、狩猎证规定的种类、数量、地点和期限进行猎捕。但即使有狩猎证,在自然保护区、禁猎区和禁猎期内,也禁止猎捕和其他妨碍野生动物生息繁衍的活动。此外还需提及的是,如果持枪猎捕,还必须取得县、市公安机关核发的持枪证,但不得使用军用武器、毒药、炸药进行猎捕。

(4)进出口证明书

出口国家重点保护野生动物或者其产品的,进出口中国参加的国际公约所限制进出口的野生动物或者其产品的,必须经国务院野生动物行政主管部门或者国务院批准,并取得国家濒危物种进出口管理机构核发的允许进出口证明书。

除上述通过许可证进行管制之外,法律还禁止出售、收购国家重点保护野生动物或者其产品。如果是因科学研究、驯养繁殖、展览等特殊情况,需要出售、收购、利用国家一级保护野生动物或者其产品的,必须经国务院野生动物行政主管部门或者其授权的单位批准;需要出售、收购、利用国家二级保护野生动物或者其产品的,必须经省、自治区、直辖市政府野生动物行政主管部门或者其授权的单位批准。

3. 法律责任

国家为保护野生动物,规定了全面完善的罚则,具体有:

第一,非法捕杀国家重点保护野生动物的,依照《关于惩治捕杀国家重点保护的珍贵、濒危野生动物犯罪的补充规定》追究刑事责任。

第二,在禁猎区、禁猎期或者使用禁用的工具、方法猎捕野生动物的,由野生动物行政主管部门没收猎获物、猎捕工具和违法所得,处以罚款;情节严重、构成犯罪的,依照《刑法》的相关规定追究刑事责任。

第三,未取得狩猎证或者未按狩猎证规定猎捕野生动物的,由野生动物行政主管部门没收猎获物和违法所得,处以罚款,并可以没收猎捕工具,吊销狩猎证。

第四,未取得持枪证持枪猎捕野生动物的,由公安机关比照《治安管理处罚法》的规定处罚。

第五,在自然保护区、禁猎区破坏国家或者地方重点保护野生动物主要生息繁衍场所的,由野生动物行政主管部门责令停止破坏行为,限期恢复原状,处以罚款。

第六,违反法律规定,出售、收购、运输、携带国家或者地方重点保护野生动物或者其产品的,由工商行政管理部门没收实物和违法所得,可以并处罚款。出售、收购国家重点保护野生动物或者其产品,情节严重、构成犯罪的按《刑法》有关规定追究刑事责任。

第七,非法进出口野生动物或者其产品的,由海关依照海关法处罚;情节严重、构成犯罪的,依照《刑法》关于走私罪的规定追究刑事责任。

第八，伪造、倒卖、转让特许猎捕证、狩猎证、驯养繁殖许可证或者允许进出口证明书的，由野生动物行政主管部门或者工商行政管理部门吊销证件，没收违法所得，可以并处罚款。伪造、倒卖特许猎捕证或者允许进出口证明书，情节严重、构成犯罪的，比照《刑法》相关规定追究刑事责任。

（四）森林采伐管制制度

1. 年采伐量

国家根据用材林的消耗量低于生长量的原则，严格控制森林年采伐量。国家所有的森林和林木以国有林业企业事业单位、农场、厂矿为单位，集体所有的森林和林木、个人所有的林木以县为单位，制定年采伐限额，由省、自治区、直辖市林业主管部门汇总，经同级人民政府审核后，报国务院批准。

2. 采伐要求

法律对不同种类的森林、林木有不同的采伐要求，对于成熟的用材林应当根据不同情况，分别采取择伐、皆伐和渐伐方式，皆伐应当严格控制，并在采伐的当年或者次年内完成更新造林；对于防护林和特种用途林中的国防林、母树林、环境保护林、风景林，只准进行抚育和更新性质的采伐；而对于特种用途林中的名胜古迹和革命纪念地的林木、自然保护区的森林，则严禁采伐。

3. 采伐许可证发放

除了农村居民采伐自留地和房前屋后个人所有的零星林木以外，采伐林木必须申请采伐许可证，并按许可证的规定进行采伐。许可证的发放依据不同的情况也有不同的规定：国有林业企业事业单位、机关、团体、部队、学校和其他国有企业事业单位采伐林木，由所在地县级以上林业主管部门依照有关规定审核发放采伐许可证；铁路、公路的护路林和城镇林木的更新采伐，由有关主管部门依照有关规定审核发放采伐许可证；农村集体经济组织采伐林木，由县级林业主管部门依照有关规定审核发放采伐许可证；而农村居民采伐自留山和个人承包集体的林木，则由县级林业主管部门或者其委托的乡、镇人民政府依照有关规定审核发放采伐许可证。审核发放采伐许可证的部门，不得超过批准的年采伐限额发放采伐许可证。

4. 运输证件发放

除国家统一调拨的木材以外，凡是从林区运出木材的，必须持有林业主管部门发给的运输证件。对于依法取得采伐许可证，并按照许可证的规定采伐的木材从林区运出时，林业主管部门应当发给运输证件。林区设立的木材检查站，对未取得运输证件或者物资主管部门发给的调拨通知书运输木材的，有权予以制止。

5. 出口管理

国家禁止、限制出口珍贵树木及其制品、衍生物。如需出口的，必须经出口人所在地省、自治区、直辖市人民政府林业主管部门审核，报国务院林业主管部门批准,海关凭国务院林业主管部门的批准文件放行。进出口的树木或者其制品、衍生物属于中国参加的国际公约限制进出口的濒危物种的,必须向国家濒危物种进出口管理机构申请办理允许进出口证明书,海关凭允许进出口证明书放行。

6. 法律责任

为保护森林资源,对违反森林采伐规定的,法律规定了严厉的处罚措施,具体如下:(1)盗伐森林或者其他林木的,依法赔偿损失;由林业主管部门责令补种盗伐株数10倍的树木,没收盗伐的林木或者变卖所得,并处盗伐林木价值3倍以上10倍以下的罚款。滥伐森林或者其他林木,由林业主管部门责令补种滥伐株数5倍的树木,并处滥伐林木价值2倍以上5倍以下的罚款。拒不补种树木或者补种不符合国家有关规定的,由林业主管部门代为补种,所需费用由违法者支付。盗伐、滥伐森林或者其他林木,构成犯罪的,依法追究刑事责任。(2)非法采伐、毁坏珍贵树木的,依法追究刑事责任。(3)超过批准的年采伐限额发放林木采伐许可证或者超越职权发放林木采伐许可证、木材运输证件、批准出口文件、允许进出口证明书的,由上一级人民政府林业主管部门责令纠正,对直接负责的主管人员和其他直接责任人员依法给予行政处分;有关人民政府林业主管部门未予纠正的,国务院林业主管部门可以直接处理;构成犯罪的,依法追究刑事责任。(4)买卖林木采伐许可证、木材运输证件、批准出口文件、允许进出口证明书的,由林业主管部门没收违法买卖的证件、文件和违法所得,并处违法买卖证件、文件的价款1倍以上3倍以下的罚款;构成犯罪的,依法追究刑事责任。伪造林木采伐许可证、木材运输证件、批准出口文件、允许进出口证明书的,依法追究刑事责任。

五、畜牧业管制法律制度

(一)种畜禽管制法律制度

种畜禽是指种用的家畜家禽,包括家养的猪、牛、羊、马、驴、驼、兔、犬、鸡、鸭、鹅、鸽、鹌鹑等及其卵、精液、胚胎等遗传材料。为了加强畜禽品种资源保护、培育和种畜禽生产经营管理,提高种畜禽质量,促进畜牧业发展,需要制定相关的法律进行规制,在我国主要有《种畜禽管理条例》及《种畜禽管理条例实施细则》,其中包括三种重要的种畜禽管制法律制度。

1. 畜禽品种培育和审定制度

畜禽新品种需要进行审定,其内容包括:

(1)审级规定

畜禽新品种审定实行国家和省两级审定制度,国家畜禽品种审定委员会进行跨省推广品种以及需由国家审定的品种的审定,并协调指导省级畜禽品种审定工作;省级畜禽品种审定委员会进行省内畜禽品种的审定。

(2)报审条件

畜禽新品种报审必须要符合以下条件:第一,品种主要特性、特征明显,生产性能优良,遗传性状稳定,与其他品种有明显区别;第二,经中试、区域试验增产效果明显,品质、繁殖率和抗病力等方面有一项或多项突出优良性状;第三,培育品种数量及畜禽结构达到品种要求标准;第四,生产性能指标应由畜牧行政主管部门指定的畜禽品种检测机构签署检定意见。

(3)申报材料

申报材料包括报审品种申请书、育种技术工作报告、报审品种的声像、画册资料及必要的实物等。

(4)审定程序

申请者按要求对相应主管机关提出申请;品种审定委员会在1个月内决定是否受理,并书面通知申请人,如不予受理,应说明理由。国家或省级畜禽品种审定委员会受理后于6个月内提出审定意见,如审定通过,报畜牧行政主管部门批准公布。省级批准公布的畜禽品种报国务院畜牧行政主管部门备案。

2. 种畜禽生产经营许可制度

生产经营种畜禽的单位和个人,必须向县级以上人民政府畜牧行政主管部门申领《种畜禽生产经营许可证》;工商行政管理机关凭此证依法办理登记注册。

(1)申请条件

对于一般的申请者必须符合下列条件:第一,符合良种繁育体系规划的布局要求;第二,所用种畜禽合格、优良,来源符合技术要求,并达到一定数量;第三,有相应的畜牧兽医技术人员;第四,有相应的防疫设施;第五,有相应的育种资料和记录。

除上述一般条件外,原种(纯系)场、曾祖代场及国家重点种畜场还须符合以下条件:第一,符合良种繁育体系布局要求,饲养对全国或区域性畜牧业生产有较大作用的种畜禽品种和珍贵禽品种;第二,种畜禽必须来源于国家确认的国内外原种;第三,具有独立的育种场所,完整的引种、育种记录;第四,具有明确的育种目标和群体规模;第五,种公畜禽按保种或选育要求不得少于六个家系,系谱清楚;第六,种畜禽基础群的质量必须符合本品种标准,公畜达到特级或一级,母畜达到一级,且三代系谱清楚。

(2)审级管理

原种(纯系)场、曾祖代场、种公牛站、国家重点种畜禽场和生产经营胚胎或其他遗传材料的单位的许可证,由申请人提出申请,经省级畜牧行政主管部门审核后,报国务院畜牧行政主管部门审批发证。其他种畜禽场、种畜站的许可证,由省级畜牧行政主管部门审批发证。单纯从事种畜禽经营和卵孵化的单位和个人的许可证,由县级以上畜牧行政主管部门审批发证。

(3)法律责任

未取得《种畜禽生产经营许可证》生产经营种畜禽的,由畜牧行政主管部门责令改正,可以没收违法所得,并可以处以违法所得2倍以下的罚款。

3. 种畜禽进出口管制制度

种畜禽进出口应当符合种畜禽进出口规划和计划,并符合种畜禽进出口品种名录的规定。种畜禽进出口品种名录,由国务院畜牧行政主管部门发布。种畜禽进出口的规划、计划由国务院畜牧行政主管部门制定。进出口种畜禽的单位或个人应当向省级畜牧行政主管部门提出申请,省级畜牧行政主管部门受理申请后,应当20天内审查完毕,审核同意后,报国务院畜牧行政主管部门审批。国务院畜牧行政主管部门应当在收到省级畜牧行政主管部门报送的申请材料后20天内作出是否批准的决定。认为需要进行技术审定或测定的,应当委托国家畜禽品种审定委员会根据国务院畜牧行政主管部门的要求对进出口种畜禽进行技术审定或测定。

(二)饲料和饲料添加剂管制法律制度

饲料是指经工业化加工、制作的供动物食用的产品,包括单一饲料、添加剂预混合饲料、浓缩饲料、配合饲料和精料补充料。饲料添加剂则是指在饲料加工、制作、使用过程中添加的少量或者微量物质,包括营养性饲料添加剂和一般饲料添加剂。为了加强对饲料、饲料添加剂的管理,提高饲料、饲料添加剂的质量,保障动物产品质量安全,维护公众健康,需要饲料和饲料添加剂管制法律制度,它主要的法律依据是《饲料和饲料添加剂管理条例》。下面对几个重要制度进行说明。

1. 新产品审定与进口管制制度

(1)新产品审定

新研制的饲料、饲料添加剂,在投入生产前,研制者、生产者(以下简称申请人)必须向国务院农业行政主管部门提出新产品审定申请,并提供该新饲料、新饲料添加剂的样品和下列材料:第一,名称、主要成分、理化性质、研制方法、生产工艺、质量标准、检测方法、检验报告、稳定性试验报告、环境影响报告和污染防治措施;第二,国务院农业行政主管部门指定的试验机构出具的该新饲料、新饲料添加剂的饲喂效果、残留消解动态以及毒理学安全性评价报告。申请新饲料添加剂审定的,还应当说明该新饲料添加剂的添加目的、使用方法,并提供该饲料添加剂残留可能对人体健康造成影响的分析评价报告。

国务院农业行政主管部门应当自受理申请之日起5个工作日内,将新饲料、新饲料添加剂的样品和申请资料交全国饲料评审委员会,对该新饲料、新饲料添加剂的安全性、有效性及其对环境的影响进行评审。全国饲料评审委员会应当自收到新饲料、新饲料添加剂的样品和申请资料之日起9个月内出具评审结果并提交国务院农业行政主管部门；但是，全国饲料评审委员会决定由申请人进行相关试验的，经国务院农业行政主管部门同意，评审时间可以延长3个月。国务院农业行政主管部门应当自收到评审结果之日起10个工作日内作出是否核发新饲料、新饲料添加剂证书的决定；决定不予核发的，应当书面通知申请人并说明理由。国务院农业行政主管部门核发新饲料、新饲料添加剂证书，应当同时按照职责权限公布该新饲料、新饲料添加剂的产品质量标准。

（2）新产品监测期

新饲料、新饲料添加剂的监测期为5年。新饲料、新饲料添加剂处于监测期的，不受理其他就该新饲料、新饲料添加剂的生产申请和进口登记申请，但超过3年不投入生产的除外。生产企业应当收集处于监测期的新饲料、新饲料添加剂的质量稳定性及其对动物产品质量安全的影响等信息，并向国务院农业行政主管部门报告；国务院农业行政主管部门应当对新饲料、新饲料添加剂的质量安全状况组织跟踪监测，证实其存在安全问题的，应当撤销新饲料、新饲料添加剂证书并予以公告。

（3）出入境产品登记

向中国出口中国境内尚未使用但出口国已经批准生产和使用的饲料、饲料添加剂的，或首次向中国出口中国境内已经使用且出口国已经批准生产和使用的饲料、饲料添加剂的，应当委托中国境内代理机构向国务院农业行政主管部门申请登记，并提供该饲料、饲料添加剂的样品和下列资料：第一，商标、标签和推广应用情况；第二，生产地批准生产、使用的证明和生产地以外其他国家、地区的登记资料；第三，主要成分、理化性质、研制方法、生产工艺、质量标准、检测方法、检验报告、稳定性试验报告、环境影响报告和污染防治措施；第四，国务院农业行政主管部门指定的试验机构出具的该饲料、饲料添加剂的饲喂效果、残留消解动态以及毒理学安全性评价报告。申请饲料添加剂进口登记的，还应当说明该饲料添加剂的添加目的、使用方法，并提供该饲料添加剂残留可能对人体健康造成影响的分析评价报告。

向中国出口中国境内尚未使用但出口国已经批准生产和使用的饲料、饲料添加剂的登记审核按照新研制的饲料、饲料添加剂审核程序进行，并决定是否核发饲料、饲料添加剂进口登记证。首次向中国出口中国境内已经使用且出口国已经批准生产和使用的饲料、饲料添加剂的，国务院农业行政主管部门应当自受理申请之日起10个工作日内对申请资料进行审查；审查合格的，将样品交由指定的机构进行复核检测；复核检测合格的，国务院农业行政主管部门应当在10个工作日内核发饲料、饲料添加剂进口登记证。

饲料、饲料添加剂进口登记证有效期为5年。进口登记证有效期满需要继续向中国出口饲料、饲料添加剂的，应当在有效期届满6个月前申请续展。禁止进口未取得饲料、饲料添加剂进口登记证的饲料、饲料添加剂。

2. 生产管制制度

（1）生产企业设立条件

设立饲料、饲料添加剂生产企业应当具备下列条件：有与生产饲料、饲料添加剂相适应的厂房、设备、和仓储设施；有与生产饲料、饲料添加剂相适应的专职技术人员；有必要的产品质量检验机构、人员、设施和质量管理制度；有符合国家规定的安全、卫生要求的生产环境；有符合国家环境保护要求的污染防治措施；国务院农业行政主管部门制定的饲料、饲料添加剂质量安全管理规范规定的其他条件。

（2）生产许可证管理

申请设立饲料添加剂、添加剂预混合饲料生产企业，申请人应当向省、自治区、直辖市人民政府饲料管理部门提出申请。省、自治区、直辖市人民政府饲料管理部门应当自受理申请之日起20个工作日内进行书面审查和现场审核，并将相关资料和审查、审核意见上报国务院农业行政主管部门。国务院农业行政主管部门收到资料和审查、审核意见后应当组织评审，根据评审结果在10个工作日内作出是否核发生产许可证的决定，并将决定抄送省、自治区、直辖市人民政府饲料管理部门。饲料添加剂、添加剂预混合饲料生产企业取得国务院农业行政主管部门核发的生产许可证后，由省、自治区、直辖市人民政府饲料管理部门按照国务院农业行政主管部门的规定，核发相应的产品批准文号。

申请设立其他饲料生产企业，申请人应当向省、自治区、直辖市人民政府饲料管理部门提出申请。省、自治区、直辖市人民政府饲料管理部门应当自受理申请之日起10个工作日内进行书面审查；审查合格的，组织进行现场审核，并根据审核结果在10个工作日内作出是否核发生产许可证的决定。

申请人凭生产许可证办理工商登记手续。生产许可证有效期为5年。生产许可证有效期满需要继续生产饲料、饲料添加剂的，应当在有效期届满6个月前申请续展。

（3）生产过程管理

饲料、饲料添加剂生产企业应当按照国务院农业行政主管部门的规定和有关标准，对采购的饲料原料、单一饲料、饲料添加剂、药物饲料添加剂、添加剂预混合饲料和用于饲料添加剂生产的原料进行查验或者检验。饲料生产企业使用限制使用的饲料原料、单一饲料、饲料添加剂、药物饲料添加剂、添加剂预混合饲料生产饲料的，应当遵守国务院农业行政主管部门的限制性规定。禁止使用国务院农业行政主管部门公布的饲料原料目录、饲料添加剂品种目录和药物饲料添加剂品种目录以外的任何物质生产饲料。饲料、饲料添加剂生产企业应当如实记录采购的饲料原料、单一饲料、饲料添加剂、药物饲料添加剂、添加剂预混合饲料和用于饲料添加剂生产的原料的名称、产地、数量、保质期、许可证明文件编号、质量检验信息、生产企业名称或者供货者名称及其联系方式、进货日期等。记录保存期限不得少于2年。

饲料、饲料添加剂生产企业，应当按照产品质量标准以及国务院农业行政主管部门制定的饲料、饲料添加剂质量安全管理规范和饲料添加剂安全使用规范组织生产，对生产过程实施有效控制并实行生产记录和产品留样观察制度。饲料、饲料添加剂生产企业应当对生产的饲料、饲料添加剂进行产品质量检验；检验合格的，应当附具产品质量检验合格证。未经产品质量检验、检验不合格或者未附具产品质量检验合格证的，不得出厂销售。饲料、饲料添加剂生产企业应当如实记录出厂销售的饲料、饲料添加剂的名称、数量、生产日期、生产批次、质量检验信息、购货者名称及其联系方式、销售日期等。记录保存期限不得少于2年。

（4）产品包装、标识管理

出厂销售的饲料、饲料添加剂应当包装，包装应当符合国家有关安全、卫生的规定，并附具标签。标签应当以中文或者适用符号标明产品名称、原料组成、产品成分分析保证值、净重或者净含量、贮存条件、使用说明、注意事项、生产日期、保质期、生产企业名称以及地址、许可证明文件编号和产品质量标准等。加入药物饲料添加剂的，还应当标明"加入药物饲料添加剂"字样，并标明其通用名称、含量和休药期。乳和乳制品以外的动物源性饲料，还应当标明"本产品不得饲喂反刍动物"字样。饲料生产企业直接销售给养殖者的饲料可以使用罐装车运输。罐装车应当符合国家有关安全、卫生的规定，并随罐装车附具标签。易燃或者其他特殊的饲料、饲料添加剂的包装应当有警示标志或者说明，并注明储运注意事项。

（5）法律责任

本制度规定的罚则主要有：

第一，未取得生产许可证生产饲料、饲料添加剂的，由县级以上地方人民政府饲料管理部门责令停止生产，没收违法所得、违法生产的产品和用于违法生产饲料的饲料原料、单一饲料、饲料添加剂、药物饲料添加剂、添加剂预混合饲料以及用于违法生产饲料添加剂的原料，违法生产的产品货值金额不足1万元的，并处1万元以上5万元以下罚款，货值金额1万元以上的，并处货值金额5倍以上10倍以下罚款；情节严重的，没收其生产设备，生产企业的主要负责人和直接负责的主管人员10年内不得从事饲料、饲料添加剂生产、经营活动。已经取得生产许可证，但不再具备相关设立条件而继续生产饲料、饲料添加剂的，由县级以上地方人民政府饲料管理部门责令停止生产、限期改正，并处1万元以上5万元以下罚款；逾期不改正的，由发证机关吊销生产许可证。已经取得生产许可证，但未取得产品批准文号而生产饲料添加剂、添加剂预混合饲料的，由县级以上地方人民政府饲料管理部门责令停止生产，没收违法所得、违法生产的产品和用于违法生产饲料的饲料原料、单一饲料、饲料添加剂、药物饲料添加剂以及用于违法生产饲料添加剂的原料，限期补办产品批准文号，并处违法生产的产品货值金额1倍以上3倍以下罚款；情节严重的，由发证机关吊销生产许可证。

第二，提供虚假的资料、样品或者采取其他欺骗方式取得许可证明文件的，由发证机关撤销相关许可证明文件，处5万元以上10万元以下罚款，申请人3年内不得就同一事项申请行政许可。以欺骗方式取得许可证明文件给他人造成损失的，依法承担赔偿责任。

第三，假冒、伪造或者买卖许可证明文件的，由国务院农业行政主管部门或者县级以上地方人民政府饲料管理部门按照职责权限收缴或者吊销、撤销相关许可证明文件；构成犯罪的，依法追究刑事责任。

第四，饲料、饲料添加剂生产企业有下列行为之一的，由县级以上地方人民政府饲料管理部门责令改正，没收违法所得、违法生产的产品和用于违法生产饲料的饲料原料、单一饲料、饲料添加剂、药物饲料添加剂、添加剂预混合饲料以及用于违法生产饲料添加剂的原料，违法生产的产品货值金额不足1万元的，并处1万元以上5万元以下罚款，货值金额1万元以上的，并处货值金额5倍以上10倍以下罚款；情节严重的，由发证机关吊销、撤销相关许可证明文件，生产企业的主要负责人和直接负责的主管人员10年内不得从事饲料、饲料添加剂生产、经营活动；构成犯罪的，依法追究刑事责任：使用限制使用的饲料原料、单一饲料、饲料添加剂、药物饲料添加剂、添加剂预混合饲料生产饲料，不遵守国务院农业行政主管部门的限制性规定的；使用国务院农业行政主管部门公布的饲料原料目录、饲料添加剂品种目录和药物饲料添加剂品种目录以外的物质生产饲料的；生产未取得新饲料、新饲料添加剂证书的新饲料、新饲料添加剂或者禁用的饲料、饲料添加剂的。

第五，饲料、饲料添加剂生产企业有下列行为之一的，由县级以上地方人民政府饲料管理部门责令改正，处1万元以上2万元以下罚款；拒不改正的，没收违法所得、违法生产的产品和用于违法生产饲料的饲料原料、单一饲料、饲料添加剂、药物饲料添加剂、添加剂预混合饲料以及用于违法生产饲料添加剂的原料，并处5万元以上10万元以下罚款；情节严重的，责令停止生产，可以由发证机关吊销、撤销相关许可证明文件：不按照国务院农业行政主管部门的规定和有关标准对采购的饲料原料、单一饲料、饲料添加剂、药物饲料添加剂、添加剂预混合饲料和用于饲料添加剂生产的原料进行查验或者检验的；饲料、饲料添加剂生产过程中不遵守国务院农业行政主管部门制定的饲料、饲料添加剂质量安全管理规范和饲料添加剂安全使用规范的；生产的饲料、饲料添加剂未经产品质量检验的。

第六，饲料、饲料添加剂生产企业不依法规定实行采购、生产、销售记录制度或者产品留样观察制度的，由县级以上地方人民政府饲料管理部门责令改正，处1万元以上2万元以下罚款；拒不改正的，没收违法所得、违法生产的产品和用于违法生产饲料的饲料原料、单一饲料、饲料添加剂、药物饲料添加剂、添加剂预混合饲料以及用于违法生产饲料添加剂的原料,处 2 万元以上 5 万元以下罚款,并可以由发证机关吊销、撤销相关许可证明文件。饲料、饲料添加剂生产企业销售的饲料、饲料添加剂未附具产品质量检验合格证或者包装、标签不符合规定的,由县级以上地方人民政府饲料管理部门责令改正;情节严重的,没收违法所得和违法销售的产品,可以处违法销售的产品货值金额 30% 以下罚款。

第七,饲料、饲料添加剂生产企业发现其生产的饲料、饲料添加剂对养殖动物、人体健康有害或者存在其他安全隐患的,应当立即停止生产,通知经营者、使用者,向饲料管理部门报告,主动召回产品,并记录召回和通知情况。召回的产品应当在饲料管理部门监督下予以无害化处理或者销毁。生产企业不主动召回的,由县级以上地方人民政府饲料管理部门责令召回,并监督生产企业对召回的产品予以无害化处理或者销毁;情节严重的,没收违法所得,并处应召回的产品货值金额 1 倍以上 3 倍以下罚款,可以由发证机关吊销、撤销相关许可证明文件;生产企业对召回的产品不予以无害化处理或者销毁的,由县级人民政府饲料管理部门代为销毁,所需费用由生产企业承担。

第八,饲料、饲料添加剂生产企业有下列行为之一的,由县级以上地方人民政府饲料管理部门责令停止生产、经营,没收违法所得和违法生产、经营的产品,违法生产、经营的产品货值金额不足 1 万元的,并处 2000 元以上 2 万元以下罚款,货值金额 1 万元以上的,并处货值金额 2 倍以上 5 倍以下罚款;构成犯罪的,依法追究刑事责任,包括:在生产过程中,以非饲料、非饲料添加剂冒充饲料、饲料添加剂或者以此种饲料、饲料添加剂冒充他种饲料、饲料添加剂的;生产无产品质量标准或者不符合产品质量标准的饲料、饲料添加剂的;生产的饲料、饲料添加剂与标签标示的内容不一致的。情节严重的,由发证机关吊销、撤销相关许可证明文件。

3. 经营管制制度

(1)经营企业准入管理

经营饲料、饲料添加剂的企业,应当具备下列条件:有与经营饲料、饲料添加剂相适应的经营场所和仓储设施;有具备饲料、饲料添加剂使用、贮存等知识的技术人员;有必要的产品质量管理和安全管理制度。

(2)经营管理

饲料、饲料添加剂的经营者进货时应当查验产品标签、产品质量检验合格证和相应的许可证明文件。饲料、饲料添加剂经营者不得对饲料、饲料添加剂进行拆包、分装,不得对饲料、饲料添加剂进行再加工或者添加任何物质。禁止经营用国务院农业行政主管部门公布的饲料原料目录、饲料添加剂品种目录和药物饲料添加剂品种目录以外的任何物质生产的饲料。饲料、饲料添加剂经营者应当建立产品购销台账,如实记录购销产品的名称、许可证明文件编号、规格、数量、保质期、生产企业名称或者供货者名称及其联系方式、购销时间等。购销台账保存期限不得少于 2 年。

向中国出口的饲料、饲料添加剂应当符合中国有关检验检疫的要求,由出入境检验检疫机构依法实施检验检疫,并对其包装和标签进行核查。包装和标签不符合要求的,不得入境。境外企业不得直接在中国销售饲料、饲料添加剂。境外企业在中国销售饲料、饲料添加剂的,应当依法在中国境内设立销售机构或者委托符合条件的中国境内代理机构销售。

(3)法律责任

违反上述规定的罚则有:

第一,不符合经营条件经营饲料、饲料添加剂的,由县级人民政府饲料管理部门责令限期改正;逾期不改正的,没收违法所得和违法经营的产品,违法经营的产品货值金额不足1万元的,并处2000元以上2万元以下罚款,货值金额1万元以上的,并处货值金额2倍以上5倍以下罚款;情节严重的,责令停止经营,并通知工商行政管理部门,由工商行政管理部门吊销营业执照。

第二,饲料、饲料添加剂经营者有下列行为之一的,由县级人民政府饲料管理部门责令改正,没收违法所得和违法经营的产品,违法经营的产品货值金额不足1万元的,并处2000元以上2万元以下罚款,货值金额1万元以上的,并处货值金额2倍以上5倍以下罚款;情节严重的,责令停止经营,并通知工商行政管理部门,由工商行政管理部门吊销营业执照;构成犯罪的,依法追究刑事责任:对饲料、饲料添加剂进行再加工或者添加物质的;经营无产品标签、无生产许可证、无产品质量检验合格证的饲料、饲料添加剂的;经营无产品批准文号的饲料添加剂、添加剂预混合饲料的;经营用国务院农业行政主管部门公布的饲料原料目录、饲料添加剂品种目录和药物饲料添加剂品种目录以外的物质生产的饲料的;经营未取得新饲料、新饲料添加剂证书的新饲料、新饲料添加剂或者未取得饲料、饲料添加剂进口登记证的进口饲料、进口饲料添加剂以及禁用的饲料、饲料添加剂的。

第三,饲料、饲料添加剂经营者有下列行为之一的,由县级人民政府饲料管理部门责令改正,没收违法所得和违法经营的产品,并处2000元以上1万元以下罚款:对饲料、饲料添加剂进行拆包、分装的;不依照本条例规定实行产品购销台账制度的;经营的饲料、饲料添加剂失效、霉变或者超过保质期的。

第四,饲料、饲料添加剂经营者发现其销售的饲料、饲料添加剂具有前款规定情形的,应当立即停止销售,通知生产企业、供货者和使用者,向饲料管理部门报告,并记录通知情况。经营者不停止销售的,由县级以上地方人民政府饲料管理部门责令停止销售;拒不停止销售的,没收违法所得,处1000元以上5万元以下罚款;情节严重的,责令停止经营,并通知工商行政管理部门,由工商行政管理部门吊销营业执照。

第五,经营者有下列行为之一的,由县级以上地方人民政府饲料管理部门责令停止经营,没收违法所得和违法生产、经营的产品,违法生产、经营的产品货值金额不足1万元的，并处2000元以上2万元以下罚款，货值金额1万元以上的，并处货值金额2倍以上5倍以下罚款；构成犯罪的，依法追究刑事责任：在经营过程中，以非饲料、非饲料添加剂冒充饲料、饲料添加剂或者以此种饲料、饲料添加剂冒充他种饲料、饲料添加剂的；经营无产品质量标准或者不符合产品质量标准的饲料、饲料添加剂的；经营的饲料、饲料添加剂与标签标示的内容不一致的。情节严重的，通知工商行政管理部门，有工商管理部门吊销营业执照。

六、兽药管制法律制度

兽药，是指用于预防、治疗、诊断动物疾病或者有目的地调节动物生理机能的物质（含药物饲料添加剂），主要包括血清制品、疫苗、诊断制品、微生态制品、中药材、中成药、化学药品、抗生素、生化药品、放射性药品及外用杀虫剂、消毒剂等。为了加强兽药管理，保证兽药质量，防治动物疾病，促进养殖业的发展，维护人体健康，我们很有必要设定相关的兽药管制法律制度，主要法律依据是2004年11月1日施行的《兽药管理条例》。下面对几个重要的制度进行说明。

（一）处方药和非处方药分类管理制度

国家对兽用处方药和非处方药进行分类管理。所谓兽用处方药，是指凭兽医处方方可购买和使用的兽药；而兽用非处方药，是指由国务院兽医行政管理部门公布的，不需要凭兽医处方就可以自行购买并按照说明书使用的兽药。禁止未经兽医开具处方销售、购买、使用国务院兽医行政管理部门规定实行处方药管理的兽药。对于未经兽医开具处方销售、购买、使用兽用处方药的，法律要求责令其限期改正，没收违法所得，并处5万元以下罚款；给他人造成损失的，还要依法承担赔偿责任。

（二）新兽药研制管理和安全检测制度

新兽药是指未曾在中国境内上市销售的兽用药品。为尽量减少新兽药给人类、动物和环境带来的危害和风险，我国法律对新兽药的研制和安全检测都有相关要求：

1. 研制者条件

研制新兽药，应当具有与研制相适应的场所、仪器设备、专业技术人员、安全管理规范和措施，并进行安全性评价。

2. 临床试验管理

研制新兽药，应当在临床试验前向省、自治区、直辖市人民政府兽医行政管理部门提出申请，并附具该新兽药实验室阶段安全性评价报告及其他临床前研究资料；研制的新兽药属于生物制品的，应当在临床试验前向国务院兽医行政管理部门提出申请,上述管理机关应当自收到申请之日起60个工作日内将审查结果书面通知申请人。

3. 新兽药注册管理

临床试验完成后,新兽药研制者向国务院兽医行政管理部门提出新兽药注册申请并提交该新兽药的样品和相关资料,国务院兽医行政管理部门自收到申请之日起10个工作日内,将决定受理的新兽药资料送其设立的兽药评审机构进行评审,将新兽药样品送其指定的检验机构复核检验,并自收到评审和复核检验结论之日起60个工作日内完成审查。审查合格的,发给新兽药注册证书,并发布该兽药的质量标准;不合格的,书面通知申请人。

4. 法律责任

法律对违反上述规定的行为设置了相应的处罚规定,包括:第一,兽药安全性评价单位、临床试验单位、生产和经营企业未按照规定实施兽药研究试验、生产、经营质量管理规范的,给予警告,责令其限期改正;逾期不改正的,责令停止兽药研究试验、生产、经营活动,并处5万元以下罚款;情节严重的,吊销兽药生产许可证、兽药经营许可证;给他人造成损失的,依法承担赔偿责任。第二,研制新兽药不具备规定的条件擅自使用一类病原微生物或者在实验室阶段前未经批准的,责令其停止实验,并处5万元以上10万元以下罚款;构成犯罪的,依法追究刑事责任;给他人造成损失的,依法承担赔偿责任。第三,买卖、出租、出借新兽药注册证书的,没收违法所得,并处1万元以上10万元以下罚款;情节严重的,撤销兽药批准证明文件;构成犯罪的,依法追究刑事责任;给他人造成损失的,依法承担赔偿责任。

(三)兽药生产、经营管制制度

1. 生产企业准入管理

兽药生产企业是指专门生产兽药的企业和兼产兽药的企业,包括从事兽药分装的企业。设立兽药生产企业,应当符合国家兽药行业发展规划和产业政策,并具备下列条件:与所生产的兽药相适应的兽医学、药学或者相关专业的技术人员;与所生产的兽药相适应的厂房、设施;与所生产的兽药相适应的兽药质量管理和质量检验的机构、人员、仪器设备;符合安全、卫生要求的生产环境;兽药生产质量管理规范规定的其他生产条件。

2. 兽药生产许可证管理

符合生产企业准入条件的,可向省、自治区、直辖市人民政府兽医行政管理部门提出申请,上述管理机关自收到申请之日起20个工作日内,将审核意见和有关材料报送国务院兽医行政管理部门,国务院兽医行政管理部门在40个工作日内完成审查,审查合格的,发给兽药生产许可证;不合格的,书面通知申请人。兽药生产许可证有效期为5年。有效期届满,需要继续生产兽药的,应当在许可证有效期届满前6个月到原发证机关申请换发兽药生产许可证。

3. 兽药产品标识管理

兽药包装应当按照规定印有或者贴有标签,附具说明书,并在显著位置注明“兽用”字样。兽药的标签和说明书经国务院兽医行政管理部门批准并公布后,方可使用。兽药的标签或者说明书,应当以中文注明兽药的通用名称、成分及其含量、规格、生产企业、产品批准文号(进口兽药注册证号)、产品批号、生产日期、有效期、适应症或者功能主治、用法、用量、休药期、禁忌、不良反应、注意事项、运输贮存保管条件及其他应当说明的内容。有商品名称的,还应当注明商品名称。除上述规定外,兽用处方药的标签或者说明书还应当印有国务院兽医行政管理部门规定的警示内容,其中兽用麻醉药品、精神药品、毒性药品和放射性药品还应当印有国务院兽医行政管理部门规定的特殊标志;兽用非处方药的标签或者说明书还应当印有国务院兽医行政管理部门规定的非处方药标志。

4. 经营单位准入管理

兽药经营企业,是指经营兽药的专营企业或者兼营企业。经营兽药的企业,应当具备下列条件:有与所经营的兽药相适应的兽药技术人员;有与所经营的兽药相适应的营业场所、设备、仓库设施;有与所经营的兽药相适应的质量管理机构或者人员;有兽药经营质量管理规范规定的其他经营条件。

5. 兽药经营许可证管理

符合经营单位准入条件的,申请人可向市、县人民政府兽医行政管理部门提出申请,并附具符合前款规定条件的证明材料;经营兽用生物制品的,应当向省、自治区、直辖市人民政府兽医行政管理部门提出申请,并附具符合前款规定条件的证明材料。县级以上地方人民政府兽医行政管理部门,自收到申请之日起30个工作日内完成审查。审查合格的,发给兽药经营许可证;不合格的,书面通知申请人。

6. 兽药广告发布管理

兽药广告的内容应当与兽药说明书内容相一致,在全国重点媒体发布兽药广告的,应当经国务院兽医行政管理部门审查批准,取得兽药广告审查批准文号。在地方媒体发布兽药广告的,应当经省、自治区、直辖市人民政府兽医行政管理部门审查批准,取得兽药广告审查批准文号;未经批准的,不得发布。

7. 法律责任

针对违反兽药生产、经营管理制度的行为,法律设置了严厉的法则,具体包括:

第一,无兽药生产许可证、兽药经营许可证生产、经营兽药的,或者虽有兽药生产许可证、兽药经营许可证,生产、经营假、劣兽药的,或者兽药经营企业经营人用药品的,责令其停止生产、经营,没收用于违法生产的原料、辅料、包装材料及生产、经营的兽药和违法所得,并处违法生产、经营的兽药(包括已出售的和未出售的兽药,下同)货值金额2倍以上5倍以下罚款,货值金额无法查证核实的,处10万元以上20万元以下罚款;无兽药生产许可证生产兽药,情节严重的,没收其生产设备;生产、经营假、劣兽药,情节严重的,吊销兽药生产许可证、兽药经营许可证;构成犯罪的,依法追究刑事责任;给他人造成损失的,依法承担赔偿责任。生产、经营企业的主要负责人和直接负责的主管人员终身不得从事兽药的生产、经营活动。

第二,违反本条例规定,提供虚假的资料、样品或者采取其他欺骗手段取得兽药生产许可证、兽药经营许可证的,吊销兽药生产许可证、兽药经营许可证,并处5万元以上10万元以下罚款;给他人造成损失的,依法承担赔偿责任。其主要负责人和直接负责的主管人员终身不得从事兽药的生产、经营和进出口活动。

第三,买卖、出租、出借兽药生产许可证、兽药经营许可证的,没收违法所得,并处1万元以上10万元以下罚款;情节严重的,吊销兽药生产许可证、兽药经营许可证;构成犯罪的,依法追究刑事责任;给他人造成损失的,依法承担赔偿责任。

第四,兽药的标签和说明书未经批准的,责令其限期改正;逾期不改正的,按照生产、经营假兽药处罚;有兽药产品批准文号的,撤销兽药产品批准文号;给他人造成损失的,依法承担赔偿责任。兽药包装上未附有标签和说明书,或者标签和说明书与批准的内容不一致的,责令其限期改正;情节严重的,依照前款规定处罚。

(四)兽药监督管制制度

兽药监督管制制度规定了县级以上人民政府兽医行政管理部门行使兽药监督管理权,兽药必须符合兽药国家标准,但最核心的是禁止使用假、劣兽药,并对假兽药和劣质兽药作出了明确的界定。

所谓假兽药就是指以非兽药冒充兽药或者以他种兽药冒充此种兽药的,或者兽药所含成分的种类、名称与兽药国家标准不符合的。此外,有下列情形之一的,也按照假兽药处理:国务院兽医行政管理部门规定禁止使用的;依照本条例规定应当经审查批准而未经审查批准即生产、进口的,或者依照本条例规定应当经抽查检验、审查核对而未经抽查检验、审查核对即销售、进口的;变质的;被污染的;所标明的适应症或者功能主治超出规定范围的。

而所谓劣质兽药则是指以下几种情况:成分含量不符合兽药国家标准或者不标明有效成分的;不标明或者更改有效期或者超过有效期的;不标明或者更改产品批号的;以及其他不符合兽药国家标准,但不属于假兽药的。

(五)兽药进出口管制制度

1. 境外企业销售管理

境外企业不得在中国直接销售兽药。境外企业在中国销售兽药,应当依法在中国境内设立销售机构或者委托符合条件的中国境内代理机构。

2. 兽药进口控制

禁止进口下列兽药：药效不确定、不良反应大以及可能对养殖业、人体健康造成危害或者存在潜在风险的；来自疫区可能造成疫病在中国境内传播的兽用生物制品；经考察生产条件不符合规定的；国务院兽医行政管理部门禁止生产、经营和使用的。

3. 兽药出口管理

向中国境外出口兽药，进口方要求提供兽药出口证明文件的，国务院兽医行政管理部门或者企业所在地的省、自治区、直辖市人民政府兽医行政管理部门可以出具出口兽药证明文件。国内防疫急需的疫苗，国务院兽医行政管理部门可以限制或者禁止出口。

4. 法律责任

境外企业在中国直接销售兽药的，责令其限期改正，没收直接销售的兽药和违法所得，并处5万元以上10万元以下罚款；情节严重的，吊销进口兽药注册证书；给他人造成损失的，依法承担赔偿责任。

（六）兽药进出口管制制度

1. 进出口审批

法律依据从境外引进农业转基因生物的目的不同，规定了不同的申请条件，具体而言规定了以下三种情况：

其一，从中华人民共和国境外引进农业转基因生物用于研究、试验的，引进单位应当向国务院农业行政主管部门提出申请；但只有符合一定条件的，国务院农业行政主管部门方可批准，这些条件有：具有国务院农业行政主管部门规定的申请资格；引进的农业转基因生物在国（境）外已经进行了相应的研究、试验；有相应的安全管理、防范措施。

其二，境外公司向中华人民共和国出口转基因植物种子、种畜禽、水产苗种和利用农业转基因生物生产的或者含有农业转基因生物成分的植物种子、种畜禽、水产苗种、农药、兽药、肥料和添加剂的，应当向国务院农业行政主管部门提出申请。只有符合一定条件的，国务院农业行政主管部门方可批准试验材料入境并依照相关规定进行中间试验、环境释放和生产性试验。这些条件是：输出国家或者地区已经允许作为相应用途并投放市场；输出国家或者地区经过科学试验证明对人类、动植物、微生物和生态环境无害；有相应的安全管理、防范措施。生产性试验结束后，经安全评价合格，并取得农业转基因生物安全证书后，方可依照有关法律、行政法规的规定办理审定、登记或者评价、审批手续。

其三，境外公司向中华人民共和国出口农业转基因生物用作加工原料的，应当向国务院农业行政主管部门提出申请；符合下列条件，并经安全评价合格的，由国务院农业行政主管部门颁发农业转基因生物安全证书：一是输出国家或者地区已经允许作为相应用途并投放市场；二是输出国家或者地区经过科学试验证明对人类、动植物、微生物和生态环境无害；三是经农业转基因生物技术检测机构检测，确认对人类、动植物、微生物和生态环境不存在危险；四是有相应的安全管理、防范措施。

2. 检疫管理

从中华人民共和国境外引进农业转基因生物的，或者向中华人民共和国出口农业转基因生物的，引进单位或者境外公司应当凭国务院农业行政主管部门颁发的农业转基因生物安全证书和相关批准文件，向口岸出入境检验检疫机构报检；经检疫合格后，方可向海关申请办理有关手续。农业转基因生物在中华人民共和国过境转移的，货主应当事先向国家出入境检验检疫部门提出申请；经批准方可过境转移，并遵守中华人民共和国有关法律、行政法规的规定。国务院农业行政主管部门、国家出入境检验检疫部门应当自收到申请人申请之日起270日内作出批准或者不批准的决定，并通知申请人。

3. 法律责任

针对违反上述规定的行为，法律也设定了相应的罚则：第一，未经国务院农业行政主管部门批准，擅自进口农业转基因生物的，由国务院农业行政主管部门责令停止进口，没收已进口的产品和违法所得；违法所得10万元以上的，并处违法所得1倍以上5倍以下的罚款；没有违法所得或者违法所得不足10万元的，并处10万元以上20万元以下的罚款。第二，违反本条例规定，进口、携带、邮寄农业转基因生物未向口岸出入境检验检疫机构报检的，或者未经国家出入境检验检疫部门批准过境转移农业转基因生物的，由口岸出入境检验检疫机构或者国家出入境检验检疫部门比照进出境动植物检疫法的有关规定处罚。

思考题

1. 为什么农业规划需要法定化？
2. 我国“十二五”规划对社会主义新农村建设作了哪些规定？
3. 简述粮食安全法律制度。
4. 从管制方式的角度，试论述我国基本农业管制法律制度。

材料分析题

1. 结合下列材料分析我国实行林业管制法律制度的必要性及可行路径

据统计，全世界的森林面积目前达到了28亿hm^2，覆盖率达全球面积的22%。世界上森林覆盖率最大的国家是芬兰，其国土面积的70%几乎都被森林覆盖了，而我国的森林覆盖率只有14%，甚至更少。并且我国森林资源存在严重的分布不均匀现象，呈现出较大的地域差别，东北、西南、东南部山区以及边疆地区的森林资源比较丰富，而我国的中原地区如在山西、河北、河南等地的森林资源是比较匮乏的，最为严重的是我国的西北地区，该地区的森林覆盖率连1%都达不到。

2. 结合以下材料分析我国饲料和饲料添加剂管制制度

2011年，农业部继续在全国30个省（区、市）组织开展了饲料质量安全监测工作。共从饲料生产、经营和使用环节抽检各类饲料样品18032批次，其中抽检商品饲料6686批次，产品合格率为95.51%，比2010年提高1.62个百分点。本次监测包括主要商品饲料、饲料添加剂和饲料原料、饲料卫生指标、宠物饲料、饲料中禁用物质、饲料标签等。其中，主要商品饲料抽检结果为：抽检配合饲料2469批次，合格率98.06%；抽检浓缩饲料1117批次，合格率96.51%；抽检添加剂预混合饲料786批次，合格率87.91%，其中复合预混合饲料合格率89.7%，微量元素预混合饲料合格率80.19%，维生素预混合饲料合格率81.63%。饲料添加剂和饲料原料抽检结果为：抽检国产饲料添加剂591批次，合格率96.62%；抽检进口饲料添加剂203批次，合格率91.13%。抽检动物源性饲料697批次，合格率90.39%；抽检植物性饲料原料597批次，合格率98.49%。饲料中禁用物质抽检结果为：共从生产、经营和使用环节抽检饲料样品10346批次。其中，在440批次样品中检出孔雀石绿2批次、隐性孔雀石绿4批次，检出率分别为0.45%和1.24%；在4795批次样品中检出盐酸克伦特罗1批次，检出率0.91%；在2514批次样品中检出三聚氰胺2批次，检出率0.08%；莱克多巴胺、沙丁胺醇等其他8种β兴奋剂和苏丹红、呋喃唑酮、地西泮、己烯雌酚、氯霉素检出率均为0%。饲料标签抽查结果为：共抽查饲料产品标签8489个，合格率93.96%。其中检查配合饲料和浓缩饲料标签3522个，合格率95.49%；添加剂预混合饲料标签888个，合格率95.61%；国产饲料添加剂标签556个，合格率98.38%；进口饲料添加剂标签203个，合格率94.09%；进口宠物饲料标签199个，合格率为98.99%；国产宠物饲料标签27个，合格率为96.3%；动物源性饲料标签603个，合格率77.94%；植物性饲料标签540个，合格率94.81%；精料补充料标签1431个，合格率98.32%。

延伸阅读

1. 潘醒等：《中国“三农”政策与法制建设研究》，中国农业出版社2014年版。
2. 吴长波：《农业产业现代化促进法律问题研究》，华中科技大学出版社2014年版。
3. 于江华等：《农业法案例选评》，对外经济贸易大学出版社2010年版。
4. 洪涛：《中国粮食安全保障体系及预警》，经济管理出版社2010年版。
5. 林毅夫：《制度、技术与中国农业发展》，格致出版社2014年版。
6. 蒋和平等：《中国特色农业现代化建设机制与特色》，中国农业出版社2013年版。
7. 傅晨：《中国农业改革与发展前沿研究》，中国农业出版社2014年版。

第四章　农业生产经营法律制度

第一节　农村土地承包经营法律制度

土地是最为基本的农业生产资料,土地的承包经营是家庭承包经营的核心,20世纪70年代末推行的农村土地承包经营责任制,在很大程度上解放了农村生产力,增加了农民收入,推动了农村社会经济的发展。但在农村实行土地承包经营责任制的很长时间内,对于农村土地承包经营的认可和推行都是通过政策来实现的,政策天生的不稳定性、不完善性与易变性成为影响农村土地承包关系稳定的巨大障碍。为了赋予农民长期而有保障的土地使用权,维护农村土地承包当事人的合法权益,促进农业发展和保障农村社会稳定必须通过法律形式明确承认农村土地承包经营制度,解决农村土地承包中出现的问题。在《宪法》、《农业法》对农村土地承包经营制度进行原则规定的基础上,我国的《土地管理法》、《农村土地承包法》对农村土地承包经营制度进行了明确的规定。其内容主要包括农村土地承包经营的原则、方式、期限、发包方与承包方的权利与义务、土地承包经营权的保护和流转等。

一、农村土地承包的原则

农村土地承包的原则,是农村土地承包过程中发包方与承包方都应遵循的基本准则,贯穿于农村土地承包活动的始终,规范指引农村土地承包的具体操作活动。根据我国《农村土地承包法》的规定,农村土地承包的原则主要包括:

(一)公开、公平、公正原则

"公开、公平、公正"是指导农村土地承包的一项基本原则。公开原则,要求土地承包过程中,必须保护集体经济组织成员的知情权,坚持民主原则,尊重集体经济组织成员的意愿。具体而言包括农村土地承包的内容公开、土地承包的程序公开以及承包方案和承包结果公开等。公平原则,要求本集体经济组织的成员依法平等享有承包本集体经济组织土地的权利。一方面体现为发包方与承包方之间的平等,即发包方与承包方各自的权利义务的设定要平等;另一方面体现在不同的承包方之间的平等,即不同的承包主体获得同等的承包机会,享有平等的承包权利,承担同等的承包义务。公正原则,要求在土地发包过程中,发包方应对所有的承包人一视同仁,平等对待,不能有亲疏之别,厚此薄彼。例如,在确定承包主体时不能进行"暗箱操作",通过招投标方式确定承包主体时,发包方不能与承包方进行暗中串通等。

(二)平等、自愿原则

根据《农村土地承包法》的规定,在统一组织承包时,本集体经济组织成员依法平等地行使承包土地的权利,也可以自愿放弃承包土地的权利。根据我国《宪法》规定,农村和城市郊区的土地,除由法律规定属于国家所有的以外,属于农民集体所有。这是农村集体经济组织中的成员依法享有对集体土地承包经营权的宪法基础,任何组织和个人均不得剥夺或者非法限制农村集体经济组织成员承包土地的权利。在承包过程中,本集体经济组织成员依法平等地行使承包土地的权利主要体现在两个方面。其一,承包主体的平等。本集体经济组织的成员无论是否存在性别差异、年龄差异还是其他个体差异都平等地享有承包本集体经济组织土地的权利。基于对妇女权益的特殊保护,《农村土地承包法》明确规定,妇女与男子享有平等的权利。任何组织和个人不得剥夺、侵害妇女应当享有的土地承包经营权。其二,承包过程中的平等。在承包过程中本集体经济组织成员都平等地行使承包本集体经济组织土地的权利,发包方应当平等地对待每一个本集体经济组织成员的承包权,不能对不同的承包人实行差别对待。自愿原则意味着,本集体经济组织的成员既可行使承包本集体经济组织土地的权利,也可以放弃承包土地的权利。本集体经济组织的成员作为土地承包的权利人,有权依法自主处置自己的权利。本集体经济组织的成员自愿放弃承包土地权利的,任何单位或个人不得干涉或者阻碍,但同时需强调,任何单位或个人不得在违背承包人意志的情况下强迫农村集体经济组织的成员放弃承包土地的权利。

(三)民主协商、公平合理原则

民主协商原则要求应当在民主的基础上,通过集思广益与协商的方式确定土地承包的方案,并依法进行承包活动。确定承包方案是进行土地承包的前提,承包方案是否科学、合理直接决定着承包活动能否顺利进行。发包方在发包过程中应当与作为承包方的本集体经济组织成员充分协商,充分听取和征求本集体经济组织成员的意见,既不能搞"暗箱操作",也不得放任少数人的独断专行。公平合理原则要求在承包过程中对本集体经济组织的不同成员进行公平对待。鉴于不同土地的自然属性的差异,以及不同承包户之间的个体差异,应在公平合理的基础上确定承包方案,进行发包活动。例如,根据土地土质的好坏、肥力的差别、不同承包户的地理位置的远近区别，结合各个承包户的具体情况进行合理安排，避免不合理的情况出现。

（四）承包方案合法原则

根据《农村土地承包法》的规定，承包方案应当依法经本集体经济组织成员的村民会议2/3以上成员或者2/3以上村民代表的同意。村民自治是基层农村最直接的民主形式，是农村村民对涉及自身利益的事项，行使当家作主权利的基本方式。农村的土地承包经营活动是关系农村村民切身利益的重大事项，通过村民自治方式决定承包方案是实现农村基层民主的基本要求。根据我国《村民委员会组织法》的规定，"村民会议"是村民集体讨论决定涉及全村村民利益问题的组织形式，是村民行使自治权的根本途径，村民会议由年满18周岁的村民组成。在确定农村土地承包方案时原则上应由本集体经济组织18周岁以上的村民参加的村民会议讨论通过，但在外出人员较多或者村民居住分散，全体村民不易召集的情况下，也可以采取选派代表参加会议的形式。同时，根据村民自治中的多数决定原则，为了体现大多数本集体经济组织成员的意志，承包方案必须经本集体经济组织村民会议2/3以上成员或2/3以上村民代表同意，否则该承包方案不能生效。

（五）程序合法原则

承包程序合法原则，要求承包程序应当符合法律、行政法规的规定，违反法定承包程序进行的承包活动无效。《农村土地承包法》中明确要求土地承包活动应遵循以下五个基本步骤：其一，由本集体经济组织成员的村民会议选举产生承包工作小组；其二，由承包工作小组依照法律、行政法规的规定拟订并公布承包方案；其三，依法召开本集体经济组织成员的村民会议，讨论通过承包方案；其四，公开组织实施承包方案；其五，签订承包合同。上述五个步骤是进行农村土地承包的必经程序，任何一个环节的缺失或不符合法律规定都将导致承包行为的无效。

二、农村土地承包经营的方式

我国的农村土地承包主要采取两种方式进行：其一，家庭承包经营方式；其二，招标、拍卖、公开协商的方式。

（一）家庭承包经营方式

家庭承包经营，是指农村集体经济组织内的成员以家庭为单位，作为承包方承包经营本集体经济组织的土地进行农业生产经营活动。家庭承包经营方式是农村土地承包的基本方式也是最为主要的方式，其特点主要表现在：

第一，家庭承包经营的主体限于本集体经济组织内部成员。根据我国《宪法》

与《土地管理法》的规定,农村和城市郊区的土地,除由法律规定属于国家所有的以外,属于农民集体所有。因此,本集体经济组织内的成员对本集体经济组织的土地进行承包经营是一项法定的权利,任何人均不得剥夺、限制。

第二,家庭承包经营的主体包括本集体经济组织内的任何一名成员。凡是本集体经济组织的成员,无论其年龄大小,是否成年,不分男女一概享有承包本集体经济组织土地的权利。一般而言,只要该成员的户籍所在地在本集体经济组织范围内即享有承包本集体经济组织土地的权利。

第三,家庭承包经营以家庭为单位进行承包活动。虽然集体经济组织的每个成员均享有承包土地的权利,但根据我国农业生产的习惯,实行以一个农户家庭的全体成员为一个承包单位的方式进行承包活动。以农户家庭的名义签订土地承包经营合同,以农户家庭为单位享有权利、承担义务,以家庭为单位进行生产、经营和分配。承包家庭中某个成员的残疾或死亡并不直接导致家庭承包关系的改变,家庭中的其他人员与发包方的承包关系继续存在。

(二)以招标、拍卖、公开协商的方式进行承包

以招标、拍卖、公开协商的方式进行承包,主要是指那些不宜采取家庭承包的土地,通过招标、拍卖或者公开协商的方式确定承包人进行农业生产经营活动。其特点主要表现在:

第一,适用对象的特殊性。以招标、拍卖、公开协商的方式进行承包主要针对不宜采取家庭承包的土地。一般而言农村集体经济组织的土地从满足集体成员生存与发展的要求出发,一般采取人人有份的家庭承包经营方式,但某些土地却不适合这种承包方式。例如,有的地方菜地、养殖水面数量较少不可能由各个家庭分户承包;又如,荒山、荒沟、荒丘、荒滩等荒地,虽然可能数量众多但本集体经济组织内的农户基于经营能力、收益等方面的考虑不愿承包;等等。在此情况下,可以采取招标、拍卖、公开协商的方式进行承包,避免土地的荒芜。

第二,承包主体的多样性。以招标、拍卖、公开协商的方式进行承包,其承包主体较之于家庭承包具有多样化的特点。其一,承包的主体不限于本集体经济组织内部的成员,亦可以是其他农村集体经济组织的成员,还可能是城市居民。不过,在同等条件下,本集体经济组织成员享有优先承包权。其二,承包的主体不一定以家庭为单位,也可以是农民个人,还可能是法人或其他组织。

第三,承包方式的法定性。根据《土地承包法》的规定,对于不宜采取家庭承包的土地,应当通过招标、拍卖或者公开协商的方式确定承包人。招标的方式,要求发包方发布招标公告,由投标人按要求制作投标书,并在规定的期限内投标,发包方从众多投标书中选择最佳投标人并与之签订承包合同。拍卖的方式,要求发包方以公开竞价的方式将土地的承包经营权拍卖给出价最高的当事人,并与之签

订土地承包合同。公开协商的方式,要求发包方与有意承包某块土地的一方当事人在自愿、平等的基础上,通过公开的方式就承包的相关事宜进行协商,最终依法签订承包合同。上述三种方式的核心均要求以公开的方式确定承包方,避免“暗箱操作”,以实现土地承包中的公平竞争。

三、农村土地承包合同

农村土地承包合同,是发包方与承包方在自愿、平等的基础上,就农村土地承包的相关事项达成的协议。农村土地承包合同就其性质而言属于民事合同,具有一般双务合同、有偿合同、要式合同的基本特征。作为确定发包方与承包方各自权利义务的基本法律文件,农村土地承包合同在土地承包关系中具有重要的作用。根据《农村土地承包法》的规定,农村土地承包合同一般应包括以下条款。

(一)发包方、承包方的名称,发包方负责人和承包方代表的姓名、住所

发包方与承包方是土地承包合同的基本当事人,在合同中其名称必须先行明确。根据我国法律规定,土地的发包方是农村集体经济组织,但在现实生活中作为发包方的农村集体经济组织的情况比较复杂,可能存在三种情形:其一,农民集体所有的土地依法属于村集体所有的,由村集体经济组织或者村民委员会发包;其二,农民集体所有的土地已经分别属于村内两个以上农村集体经济组织的农民集体所有的,由村内各该农村集体经济组织或者村民小组发包;其三,国家所有依法由农民集体使用的农村土地,由使用该土地的农村集体经济组织、村民委员会或者村民小组发包。土地的承包方根据承包方式的不同亦存在差别。在家庭承包经营方式中,承包方是本集体经济组织的农户,农户在以家庭为单位签订承包合同时应注明承包方的代表,通常为该家庭的家长。在以招标、拍卖、公开协商的方式进行承包的方式中,承包方可以是本集体经济组织中的农户,也可以是本集体经济组织中的农民个人,甚至还可以是本集体经济组织之外的农户、农民个人、法人或者其他经济组织。

(二)承包土地的名称、坐落、面积、质量等级

承包的土地作为农村土地承包合同的标的条款,是发包方与承包方权利义务共同指向的对象,其具体情况必须明确。首先,所承包的土地应根据用途确定其名称,如耕地、草地、林地等;其次,承包土地的地理位置应明确,合同中应载明承包土地的所在地及四至界限;最后,载明所承包土地的面积大小及反映土地质量状况的经土地管理部门依法评定的土地等级。

（三）承包期限和起止日期

农村土地承包的期限具有法定性，根据《农村土地承包法》的规定，耕地的承包期为30年。草地的承包期为30年至50年。林地的承包期为30年至70年。只有特殊林木的林地承包期，经国务院林业行政主管部门批准后可以延长。因此，合同双方应在上述法律规定的期限内明确约定土地承包的起止日期。

（四）承包土地的用途

我国的《土地管理法》实现严格的土地用途管制制度，严格限制农用地转为建设用地，控制建设用地总量，对耕地实行特殊保护。《土地管理法》第15条规定，农民集体所有的土地可以由本集体经济组织以外的单位或者个人承包经营，从事种植业、林业、畜牧业、渔业生产。《农村土地承包法》同样规定，农村土地承包应当遵守法律、法规，保护土地资源的合理开发和可持续利用。未经依法批准不得将承包地用于非农建设。如果承包方违法将承包地用于非农建设，将由县级以上地方人民政府有关行政主管部门依法予以处罚。因此，承包土地仅限用于种植业、林业、畜牧业、渔业等农业生产用途。

（五）发包方和承包方的权利和义务

发包方与承包方的权利和义务是农村土地承包合同的核心，根据《农村土地承包法》的规定，发包方承包方各自享有如下权利并承担如下义务：

1. 发包方的权利

第一，发包本集体所有的或者国家所有依法由本集体使用的农村土地。进行本集体经济组织土地的发包是发包方的一项法定权利，任何组织或个人不得剥夺。发包方除了可以发包本集体所有的土地外，对于国家所有但由本集体依法使用的农村土地同样拥有发包的权利。

第二，监督承包方依照承包合同约定的用途合理利用和保护土地。为了防止承包方擅自改变承包土地的用途，擅自将土地抛荒或者对土地进行不合理的利用，发包方有权对承包方是否依照承包合同约定用途使用土地进行监督。但发包方不能以行使该监督权为由，损害承包方的合法经营自主权。

第三，制止承包方损害承包地和农业资源的行为。对于承包方损害承包土地和农业资源的行为，如擅自占用耕地建窑、建坟或者擅自在耕地上建房、挖砂、采石、采矿、取土等，发包方有权予以制止，并有权要求承包方赔偿由此造成的损失。

第四，法律、行政法规规定的其他权利。

2. 发包方的义务

第一，维护承包方的土地承包经营权，不得非法变更、解除承包合同。为了稳定农村土地承包关系,确保承包方的土地承包权不受侵犯,发包方首先负有维护承包方土地承包经营权的义务。在承包合同生效后,承包方即享有了土地承包经营权,发包方不得因承办人或负责人的变动而变更或者解除土地承包合同,也不得因集体经济组织的分立或者合并而变更或者解除承包合同。

第二,尊重承包方的生产经营自主权,不得干涉承包方依法进行正常的生产经营活动。承包方的生产经营自主权是承包方按照土地的自然属性以及承包合同约定的用途,独立自主地安排生产经营,自主经营决策的权利。生产经营自主权是土地承包经营权的一项重要权能,是承包方通过土地经营获取收益的基本前提,因此对于承包方的正常生产经营活动,发包方不得以任何借口进行非法干涉。

第三,依照承包合同约定为承包方提供生产、技术、信息等服务。我国实行以家庭承包经营为基础、统分结合的双层经营体制,除了充分发挥家庭承包经营的积极性之外,还要求发挥集体经济组织的积极性。根据《农业法》的规定,农村集体经济组织应当在家庭承包经营的基础上,依法管理集体资产,为其成员提供生产、技术、信息等服务,组织合理开发、利用集体资源,壮大经济实力。

第四,执行县、乡(镇)土地利用总体规划,组织本集体经济组织内的农业基础设施建设。农业基础设施建设对于农业的发展具有举足轻重的作用,其范围一般包括农田水利建设,农产品流通设施建设,农业教育、科研、技术推广和气象基础设施建设等。由于家庭力量的弱小,承包方往往不可能凭借自身力量进行基础设施建设,在此情况下,作为发包方的农村集体经济组织应当充分发挥其统筹作用,依据县、乡(镇)的土地利用总体规划,组织本集体经济组织内的农业基础设施建设。

第五,法律、行政法规规定的其他义务。

3. 承包方的权利

第一,生产经营自主权。承包方对承包土地的生产经营自主权包括如下四个方面:首先,承包方对于依法承包的土地,在承包合同约定的范围内,在不改变承包土地用途的前提下,有权对其进行合理的使用,其从事农业生产的方式由承包人自行决定,不受任何第三方的非法干预。其次,承包方有权依法收取承包土地的收益。在合同约定的范围内,依法自主决定对其使用,并获取收益。在采取包干到户的承包模式下,承包方的劳动成果在完成缴纳国家税收、集体的统筹、提留后,余下的全部归承包方家庭所有。再次,承包方享有的土地承包经营权可以依法流转。《农村土地承包法》规定,通过家庭承包取得的土地承包经营权可以依法采取转包、出租、互换、转让或者其他方式流转。但同时规定,任何组织和个人不得强迫或者阻碍承包方进行土地承包经营权流转;土地承包经营权流转后不得改变土地所有权的性质和土地的农业用途;同时流转的期限不得超过承包期的剩余期限。最后,承包方对所承包的土地有权自主组织生产经营,如自主决定种植的作物、决定耕种的时间等,有权对承包经营所得的农产品进行自主处置。

第二，承包地被依法征用、占用的，有权依法获得相应的补偿。根据《宪法》的规定，国家为了公共利益的需要，可以依照法律规定对土地实行征收或者征用并给予补偿。对农村集体经济组织的土地进行征收，是指国家将农村集体所有的土地转变为国有土地，改变其所有权。所谓征用，是在不改变土地所有权的情况下，国家强制性地使用农村集体经济组织的土地。同时，根据《土地管理法》的规定，在兴建乡镇企业、乡(镇)村公共设施、公益事业、农村村民住宅等乡(镇)村建设时，经相关主管部门批准也可以占用承包方承包的土地。在进行建设项目施工或地质勘察时根据需要，还可能临时性占用农民集体所有的土地。无论是对承包地的征收、征用、占用还是临时占用，承包方的合法权益都将不可避免地受到影响。按照法律规定，承包方对此有主张经济补偿的权利。

第三，法律、行政法规规定的其他权利。

4. 承包方的义务

第一，维持土地的农业用途，不得用于非农建设。承包方虽然享有经营自主权，可以自行决定对土地的使用，但前提是不得改变土地的农业用途。在我国农村土地资源日益稀缺的情况下，《土地管理法》对土地用途进行严格管制，严格禁止擅自改变土地用途的行为发生。承包方承包经营的土地只能用于农业用途，如用于种植业、林业、畜牧业、渔业生产，基于农业生产的需要在承包土地上建造一些用于农业的构筑物，如建造沟渠、打井等，但是，严格禁止用于非农业建设用途。根据《农村土地承包法》第 60 条第 1 款的规定，承包方违法将承包地用于非农建设的，由县级以上地方人民政府有关行政主管部门依法予以处罚。

第二，依法保护和合理利用土地，不得给土地造成永久性损害。鉴于土地资源的不可再生性和稀缺性，承包方必须依法保护和合理利用承包土地，按照经济效益、社会效益、生态效益相结合的原则，遵循客观规律科学地使用土地，充分发挥其作用，保护耕地，保护土地生态环境，防止水土流失、土地沙化和盐碱化。如果因不合理利用土地，导致土地失去再生产能力，给土地造成永久性损害，根据《农村土地承包法》第 60 条的规定，承包方应赔偿由此造成的损失。

第三，法律、行政法规规定的其他义务。在上述法律规定的权利义务之外，在不违反法律、行政法规及社会公共利益的情况下，发包方与承包方还可以在自愿的基础上依法约定其他权利和义务条款。

5. 违约责任

为督促土地承包合同双方当事人严格遵守承包合同，促使其积极履行合同中约定的各项义务，双方当事人可在土地承包合同中约定违约责任条款。如果双方当事人对违约责任事项没有约定或约定不明则只能根据法律、行政法规的相关规定来确定违约方应当承担的法律责任。

根据《农村土地承包法》的规定，土地承包应由发包方与承包方签订书面承包合同,因此,一旦承包合同双方当事人在书面承包合同上签字或者盖章,农村土地承包合同即告成立。同时,根据《农村土地承包法》规定,农村土地承包合同自成立之日起即生效。承包方在承包合同生效时即取得土地承包经营权。

四、农村土地承包经营权的保护

为了稳定农村土地承包关系,切实保护承包方的土地承包经营权,调动广大农民群众的农业生产经营积极性,法律在赋予承包方土地承包经营权的基础上,还规定了对农村土地承包经营权保护的一系列措施,包括对承包地的收回的禁止与限制性规定,对承包地进行调整的禁止与限制性规定,承包地交回的规定,以及对妇女的土地承包经营权的特别保护和土地承包经营中的继承权的保护等。

(一)收回承包土地的禁止性与限制性规定

1. 发包方不得在承包期内收回承包土地

为了稳定农村土地承包关系,法律赋予承包方长期稳定的土地承包经营权,如果允许发包方在承包期内可任意随时收回承包土地,必将严重损害承包方的合法利益,也将危及农村土地承包关系的稳定。因此,《农村土地承包法》明确规定,发包方在承包期内不得收回承包地。值得注意的是,如果承包方在承包期内全家迁入小城镇落户,发包方可否收回承包土地?我们认为随着城市化步伐的加快,会不断出现农村家庭举家迁入小城镇落户的情况,但在该农民的户口未转为非农业户口时,其身份依旧是农民,鉴于我国现行社会保障制度依旧实行城乡二元分制,这些已经落户的农业人口还很难享有城市居民的社会保障,土地在很大程度上还是其赖以生存的基本保障,因此其承包土地还不能由发包方收回。对此,《农村土地承包法》明确规定,承包期内,承包方全家迁入小城镇落户的,应当按照承包方的意愿,保留其土地承包经营权或者允许其依法进行土地承包经营权流转。

2. 特殊情况下对承包土地的收回

虽然发包方在一般情况下不得在承包期内收回承包土地,但在某些特殊情况下,发包方仍拥有收回承包土地的权利。其一,承包方在承包期内全家迁入设区的市,转为非农业户口。在此情况下,承包方的身份已经发生改变,不再是农村集体经济组织的成员,同时基于其身份的转变他们可享受城镇的社会保障制度,因此其承包的土地一般情况下应交回发包方。承包方不交回的,发包方可以收回。值得注意的是,如果承包方承包的土地是林地,鉴于林业生产周期长、投入大、收益慢、风险大的特点,即使承包方全家迁入设区的市,转为非农业户口,对于其承包的林地,发包方不应当收回。对此,《农村土地承包法》规定,承包期内,承包方全家迁入设区的市,转为非农业户口的,应当将承包的耕地和草地交回发包方。承包方不交回的,发包方可以收回承包的耕地和草地。其二,承包方将土地抛荒。承包方将土地抛荒是对土地资源的极大浪费,对此行为不能放任,《土地管理法》明确规定,承包经营耕地的单位或者个人连续2年弃耕抛荒的,原发包单位应当终止承包合同,收回发包的耕地。

3. 承包土地收回后的补偿

《农村土地承包法》规定,承包期内,发包方依法收回承包地时,承包方对其在承包地上投入而提高土地生产能力的,有权获得相应的补偿。由于农业生产具有生产周期长、投入大等特点,承包方对土地的长期投入会使得土地的生产能力得到提高。在承包方的土地被提前收回的情况下,承包方对土地生产能力提高而付出的前期投入理应获得相应的投入补偿。

(二)调整承包土地的禁止性与限制性规定

1. 发包方不得在承包期内调整承包地

承包地的调整是指在承包期内变更某承包方所承包的农村土地的行为。对承包土地的调整虽然不同于对承包土地的收回,并不导致承包方土地承包经营权的丧失,但由于农业生产是一项长期投入的活动,如果置承包方在土地上的前期投入于不顾,频繁调整承包方的承包土地,势必影响承包方承包经营的积极性,或者引发承包方对土地的掠夺式经营,最终导致土地生产能力的大幅下降,产生破坏土地资源的严重后果。因此,《农村土地承包法》明确规定,承包期内发包方不得调整承包地。

2. 发包方调整承包地的例外规定

发包方不得在承包期内调整承包地虽然是一项原则性的规定,但在某些特殊情况下,如果绝对不允许对承包地进行调整也不符合农村社会经济发展客观实际。《农村土地承包法》规定了发包方可以调整承包地的例外情形,但同时规定了适用该例外情形的五个方面的严格条件:其一,承包合同中没有不得调整承包地的特别约定。如果承包合同中明确约定该承包户的承包地不得调整,则不能适用本例外规定。其二,发生了因自然灾害严重毁损承包地等特殊情形。其三,发包方对承包地的调整只适用于个别农户之间承包的耕地和草地需要适当调整的情况。这意味着,发包方对承包地的调整不能是对所有农户进行普遍调整,同时此种调整只能针对耕地和草地,而不能适用于林地。其四,必须经本集体经济组织成员的村民会议2/3以上成员或者2/3以上村民代表的同意。其五,应当报乡(镇)人民政府和县级人民政府农业等行政主管部门批准。

(三)交回承包土地的规定

1. 承包方可在承包期内自愿交回承包地

土地承包经营权是一种物权,承包方既可以在承包期内行使自己的承包经营权,要么自行占有使用土地以获取收益,要么依法将该土地承包经营权进行流转;

也可以对自己的承包经营权予以放弃。这种放弃不能是将土地抛荒，根据法律规定只能是将承包地交回发包方。如果承包方基于自身的实际情况，如考虑到自己通过从事非农职业已经可以获取稳定的收入来源，于是选择放弃承包经营权，交回承包土地，法律自然没有禁止的必要。

2. 承包方交回承包地的通知义务

承包方在自愿交回承包地时，负有通知义务。《农村土地承包法》规定，承包方自愿交回承包地的，应当提前半年以书面形式通知发包方。之所以规定承包方的通知义务，其目的在于给发包方一个合理的期限，便于其对交回的土地进行调整或者作出新的承包安排，以避免交回土地的闲置。

3. 承包方交回承包地后丧失再行要求承包的权利

《农村土地承包法》规定，承包方在承包期内交回承包地的，在承包期内不得再要求承包土地。由于承包方交回承包地是对自己依法享有的土地承包经营权的放弃，因此，在承包期内已经交回承包地的农户不得再行要求承包土地。此规定可在一定程度上约束承包方随意放弃土地承包经营权的行为。从该条规定我们还可看出，承包地的交回并不意味着土地承包权利的永久丧失，在下一个承包周期到来时，已经交回承包地的农户可以再次主张土地承包的权利。

（四）妇女土地承包经营权的保护

在农村，由于长期以来形成的忽视甚至是歧视妇女的错误观念，加之日益突出的人地矛盾，妇女的土地承包权往往得不到有效保护。《农村土地承包法》针对此种情况，专门作出了保护妇女土地承包权的特别规定。其一，承包期内，妇女结婚，在新居住地未取得承包地的，发包方不得收回其原承包地；其二，承包期内，妇女离婚或者丧偶，仍在原居住地生活或者不在原居住地生活但在新居住地未取得承包地的，发包方不得收回其原承包地。

（五）土地承包中继承权的保护

土地承包中继承权的保护包括对土地承包收益继承权的保护及土地承包经营权继承的保护。

1. 土地承包收益的继承

在承包人死亡时，承包人应得的承包收益应当作为承包人的个人财产，依照继承法的规定继承。《农村土地承包法》中规定，无论家庭承包还是其他方式的承包，承包人死亡的，其应得的承包收益，都应按照继承法的规定继承。

2. 土地承包经营权的继承

根据我国现行法律规定，在一般情况下不会发生土地承包经营权的继承。在家庭承包中由于承包方是本集体经济组织的农户，如果农户中的某位成员死亡，该农户的承包经营权并不会因此丧失,死亡承包人的承包经营权由该农户的其他成员继续享有,不发生继承法上的继承问题。如果该农户的所有成员均告死亡,鉴于我国人多地少的矛盾突出,该承包地的承包经营权亦不适用继承,而是由农村集体经济组织收回,用于承包地的调整。现行法律中只规定下列两种情况下的土地承包经营权的继承。其一,在家庭承包中,若承包土地是林地,林地承包的承包人死亡,其继承人可以在承包期内继续承包,继承其林地的承包经营权。其二,土地承包经营权通过招标、拍卖、公开协商等方式取得的,该承包人死亡,在承包期内,其继承人可以继续承包,继承其承包经营权。

五、农村土地承包经营权的流转

土地承包经营权是承包方对承包土地进行占有、使用、收益和处分的权益,承包方既可以自主占有使用承包土地以获取收益,也可以依法将其土地承包经营权进行流转。改革开放以来,随着大量农村劳动力向城市的转移,农民脱离土地谋求非农职业的情况已日益普遍,为避免大量土地闲置、抛荒,允许土地承包经营权依法流转既可以在一定程度上减少土地资源的闲置浪费,也可以推动农业规模化经营。我国相关法律明确规定农村土地承包经营权可以流转。

(一)土地承包经营权流转的原则

1. 平等、自愿、有偿原则

土地承包经营权的流转是承包方依法处分土地承包经营权的一种方式,转让方与受让方在法律地位上是平等的,双方当事人只有在平等的基础上才能就转让事宜进行自愿协商,最终达成双方均满意的转让协议。同时,土地承包经营权的流转必须出于双方当事人的完全自愿,转让方是否愿意转让土地承包权,受让方是否愿意接受转让,采取何种方式转让,转让条件如何确定应由双方当事人自行决定,任何组织或个人均不得强迫或阻碍承包方进行土地承包经营权的流转。同时《农村土地承包法》还规定,承包期内,发包方不得单方面解除承包合同,不得假借少数服从多数原则强迫承包方放弃或者变更土地承包经营权,不得以划分“口粮田”和“责任田”等为由收回承包地搞招标承包,不得将承包地收回抵顶欠款。以防止发包方利用其优势地位阻碍承包方依法转让其土地承包经营权。土地承包经营权的流转同时还应体现等价有偿原则,由于承包方在承包土地上进行了投入,由此提高了土地的生产能力,因此在进行土地承包经营权流转时,受让方应对转让方进行相应的对价补偿。根据转让方式的不同,其对价方式可能是转包费、租金、转让费或其他方式。根据法律规定,流转的收益归承包方所有,任何组织或个人不得擅自截留、扣缴。

2. 维持土地所有权性质和土地用途原则

农村土地承包经营权是建立在农村集体组织土地所有权基础之上的一种用益

物权，即使承包方通过合同方式将其承包经营权转让给第三人，也不能改变土地的集体所有性质，土地的所有权性质也不会因为土地承包经营权的流转而发生改变。同时，由于承包方在取得土地承包经营权时负有按承包合同约定用途对承包土地进行利用的义务，因此在土地承包经营权流转时，受让方也应依法维持土地的用途，以遵守我国现行法律对土地用途管制的规定。

3. 流转期限有限原则

承包方基于承包合同取得的土地承包经营权是一种附期限的用益物权，根据土地用途的不同，其占有使用期限可能是30年、50年或70年。在承包方将其土地承包经营权转让给第三方时，流转的期限不得超过承包期的剩余期限。对于超过承包期限的土地承包经营权的转让，其行为属于无权处分，不能产生当然的法律效力。

4. 受让主体资格受限原则

虽然土地承包经营权的转让遵循自愿原则，承包方可以自行选择受让方，农村土地承包经营权流转的受让方可以是承包农户，也可以是其他按有关法律及有关规定允许从事农业生产经营的组织和个人，但并非任何人均可成为土地承包经营权的受让方。我国法律规定，受让方必须具有农业经营能力。由于土地承包经营权不能改变土地所有权性质和土地用途，因此受让方依旧必须进行农业生产，如果不具备农业生产经营能力将不得接受土地承包经营权的流转。

5. 优先原则

土地承包经济权的优先原则，是指在土地承包经营权流转时，同等条件下，本集体经济组织成员享有优先权。土地承包经营权作为在本集体经济组织土地所有权基础上设立的用益物权，为本集体经济组织的成员取得并享有，同时也就具备了成员权的性质和特征。尊重和保护本集体经济组织成员在同等条件下优先受让承包经营权的权利，既是对本集体经济组织其他成员的成员权的尊重，同时也可以在一定程度上实现土地的连片规模经营。

（二）土地承包经营权流转的方式

《农村土地承包法》规定，土地承包经营权流转的方式包括转包、出租、互换、转让或其他方式。

1. 土地承包经营权的转包

土地承包经营权的转包，是指承包方将部分或全部土地承包经营权以一定期限转给同一集体经济组织的其他农户从事农业生产经营。转包后原土地承包关系不变，原承包方继续履行原土地承包合同规定的权利和义务。接包方按转包时约定的条件对转包方负责。土地承包经营权的转包主要发生在本集体经济组织内部成员之间，在土地承包经营权的转包过程中，承包方既可以将其承包经营的土地全部转包，亦可以部分转包，转包的期限在承包期的剩余期限内由双方自行协商约定。进行土地承包经营权的转包后，土地承包关系不会因此发生改变，原承包方与发包方的土地承包合同关系依旧存在，接包方并不由此取得原承包方的法律地位，只是与承包方建立了一个新的土地承包经营权流转的合同关系。

2. 土地承包经营权的出租

土地承包经营权的出租，是指承包方作为出租方将自己承包期限内的土地，在一定期限内全部或部分转交给承租方按原有土地用途进行农业生产，承租方向出租方支付租金的流转方式。土地承包经营权的出租与土地承包经营权的转包没有实质区别，进行土地承包经营权的出租同样不会改变土地承包关系，原承包方与发包方的土地承包合同关系依旧存在。较之于土地承包经营权的转包，土地承包经营权出租主要针对本集体经济组织以外的人，同时出租更接近于市场配置资源的方式，租金一般要高于转包费。

3. 土地承包经营权的互换

土地承包经营权的互换，是指承包方之间为方便耕作或者各自需要，对属于同一集体经济组织的承包地块进行交换，同时交换相应的土地承包经营权。在现实生活中，不同的土地承包方基于方便耕种的需要或其他需要，可以在自愿的基础上进行土地承包经营权的互换。土地承包经营权的互换具有三个特征：其一，进行土地承包经营权互换的双方必须属于同一集体经济组织，均应具有从事农业生产的能力，交换的是同一集体经济组织土地的承包经营权。其二，承包关系主体的变更。在土地承包经营权互换后，原来的发包方与承包方的关系变为发包方与调换后的承包方的关系，即原土地承包经营合同的主体发生了变更。其三，承包合同中权利义务的维持。土地承包经营权互换后，虽然承包关系的主体发生了变更，但原承包合同中的权利义务并未发生改变，互换后的承包方依旧应按发包时确定的土地用途使用该土地，履行原土地承包合同中对原承包方约定的义务。

4. 土地承包经营权的转让

土地承包经营权转让，是指承包方有稳定的非农职业或者有稳定的收入来源，经承包方申请和发包方同意，将部分或全部土地承包经营权让渡给其他从事农业生产经营的农户，由其履行相应土地承包合同的权利和义务。土地承包经营权的转让与土地承包经营权的转包、出租、互换最大的区别在于，土地承包经营权一经转让，转让方就丧失了土地承包经营权，转让方退出土地承包关系，受让方通过继受取得方式获得土地承包经营权，与发包方建立土地承包关系。根据我国法律规定，土地承包经营权的转让应当具备如下条件：其一，承包方有稳定的非农职业或者有稳定的收入来源。为了避免原承包方将土地承包经营权转让后丧失生活来源，引发社会不稳定因素，法律要求转让方必须要有稳定的非农职业或者有稳定的收入来源。其二，应当经发包方同意。土地承包经营权事实上涉及原土地承包合同权利、义务的概括转让，根据合同法的一般原则，将合同权利义务一并转让的应经合同对方当事人同意,因此土地承包经营权的转让应经发包方同意。其三,受让方应当是具备从事农业生产经营的农户。在土地承包经营权转让中受让方同样应具有农业生产能力,至于受让方是本集体经济组织的成员还是本集体经济组织之外的农户,法律并未作禁止性规定。我们认为,除本集体经济组织的成员外,本集体经济组织之外的农户也可成为土地承包经营权转让的受让方。

5. 土地承包经营权入股

土地承包经营权入股,是指实行家庭承包方式的承包方之间为发展农业经济,将土地承包经营权作为股权,自愿联合从事农业合作生产经营;其他承包方式的承包方将土地承包经营权量化为股权,入股组成股份公司或者合作社等,从事农业生产经营。进行土地承包经营权的入股不同于一般的土地使用权作价出资入股设立公司,它具有三个方面的特点:其一,家庭承包方式中,土地承包经营权入股只适用于承包方之间。土地承包经营权的入股不适用于将土地承包经营权用于与非承包方之间的联合投资活动。其他承包方式中土地承包经营权可以量化为股权,入股组成股份公司或者合作社。其二,土地承包经营权入股是为了发展农业经济进行的联合,因此只适用于农业生产领域,而不适用于非农业生产领域。其三,土地承包经营权入股实行自愿原则。任何组织或个人均无权阻止或强迫承包方将其土地承包经营权入股。

6. 土地承包经营权的抵押

土地承包经营权的抵押,是指土地承包经营权人将土地承包经营权作为履行债务的担保,在土地承包经营权人不能履行债务时抵押权人可以将土地承包经营权折价,或者从拍卖、变卖的价款中优先受偿。根据我国现行法律规定,土地承包经营权的抵押具有如下限制:其一,可以用于抵押的土地承包经营权仅限于以招标、拍卖、公开协商方式获得的土地承包经营权,不包括以家庭承包方式取得的土地承包经营权。其二,以土地承包经营权设定抵押,应经发包方同意。其三,在实现抵押权时,不得改变土地集体所有的性质和土地的用途。

7. 土地代耕

土地代耕,是指在不改变土地承包经营权的前提下,承包方将承包土地交由他人代为耕种。从严格意义上讲,土地代耕并非土地承包经营权流转的一种方式,代耕人基于代为耕种行为获取土地收益,同时并不需向承包方支付报酬。在实践中,代耕土地往往是当事人以口头方式加以约定,因此《农村土地承包法》规定,承包方将土地交由他人代耕不超过1年的,可以不签订书面合同。

(三)土地承包经营权流转的管理

1. 土地承包经营权流转合同的管理

根据《农村土地承包法》的规定,土地承包经营权采取转让方式流转的,应当经发包方同意;采取转包、出租、互换或者其他方式流转的,应当报发包方备案。根据《农村土地承包经营权流转管理办法》的规定,在进行土地使用权流转时,还应向乡(镇)人民政府农村土地承包管理部门报告。根据最高人民法院《关于审理涉及农村土地承包纠纷案件适用法律问题的解释》的规定,承包方未经发包方同意,采取转让方式流转其土地承包经营权的,转让合同无效。如果承包方依法采取转包、出租、互换或者其他方式流转土地承包经营权,发包方不能仅以该土地承包经营权流转合同未报其备案为由主张流转合同无效。

2. 土地承包经营权流转的登记管理

根据《农村土地承包法》的规定,土地承包经营权在采取互换、转让方式流转时,当事人要求登记的,应当向县级以上地方人民政府申请登记。未经登记,不得对抗善意第三人。我国的土地承包经营权的流转具有如下四个方面的特点:其一,土地承包经营权流转的登记范围仅限于互换和转让方式的流转,不适用于转包、出租以及其他方式。其原因在于,以互换和转让方式进行土地承包经营权流转时土地承包经营权的权利主体发生了变化,而其他方式的流转并未改变土地承包经营权的权利主体。其二,土地承包经营权流转登记采自愿原则。土地承包经营权在互换、转让时是否进行登记由当事人自主决定,法律并未强制。其三,登记机关是县级以上地方人民政府。其四,登记的效力采对抗要件主义,即土地承包经营权以互换、转让方式流转时,未进行流转登记不影响流转的效力,但若未进行登记将不能对抗善意第三人。例如,转让方将其土地承包经营权转让给某甲,未进行登记,又以同一土地承包经营权转让给了不知情的某乙,进行了登记。则某乙将取得该土地承包经营权,某甲只能向转让方主张违约损害赔偿。

(四)土地承包经营权流转的规模管理

根据《关于引导农村土地经营权有序流转发展农业适度规模经营的意见》,各地要依据自然经济条件、农村劳动力转移情况、农业机械化水平等因素,研究确定本地区土地规模经营的适宜标准。防止脱离实际、违背农民意愿,片面追求超大规模经营的倾向。现阶段,对土地经营规模相当于当地户均承包地面积10倍至15倍、务农收入相当于当地二三产业务工收入的,应当给予重点扶持。创新规模经营方式,在引导土地资源适度集聚的同时,通过农民的合作与联合、开展社会化服务等多种形式,提升农业规模化经营水平。

(五)土地承包经营权流转的用途管理

根据《关于引导农村土地经营权有序流转发展农业适度规模经营的意见》,我国坚持最严格的耕地保护制度,切实保护基本农田。严禁借土地流转之名违规搞非农建设。严禁在流转农地上建设或变相建设旅游度假村、高尔夫球场、别墅、私人会所等。严禁占用基本农田挖塘栽树及其他毁坏种植条件的行为。严禁破坏、污染、圈占闲置耕地和损毁农田基础设施。坚决查处通过“以租代征”违法违规进行非农建设的行为,坚决禁止擅自将耕地“非农化”。利用规划和标准引导设施农业发展,强化设施农用地的用途监管。采取措施保证流转土地用于农业生产,可以通过停发粮食直接补贴、良种补贴、农资综合补贴等办法遏制撂荒耕地的行为。在粮食主产区、粮食生产功能区、高产创建项目实施区,不符合产业规划的经营行为不再享受相关农业生产扶持政策。合理引导粮田流转价格,降低粮食生产成本,稳定粮食种植面积。

第二节　乡镇企业法律制度

我国《农业法》规定,农民和农业生产经营组织可以自愿按照民主管理、按劳分配和按股分红相结合的原则,以资金、技术、实物等入股,依法兴办各类企业。作为农业生产经营的一种重要组织形式,乡镇企业在推动农村经济发展,促进整个国民经济的繁荣与发展方面发挥着越来越重要的作用。

一、乡镇企业的概念、地位和任务

(一)乡镇企业的概念

乡镇企业,是指农村集体经济组织或者农民投资为主,在乡镇(包括所辖村)举办的承担支援农业义务的各类企业。乡镇企业并非我们一般意义上理解的设立在乡镇的企业,根据《乡镇企业法》的规定,乡镇企业具有如下几个方面的特征:

第一,乡镇企业须是农村集体经济组织或农民投资为主的企业。所谓农村集体经济组织或农民投资为主,是指农村集体经济组织或者农民投资超过50%,或者虽不足50%,但能起到控股或者实际支配作用。

第二,乡镇企业是承担支援农业义务的企业。乡镇企业对农业的支援主要表现在四个方面:其一,为农业提供化肥、农药、农具等生产资料,为农业生产的产前、产中、产后提供运输、供销等服务,直接支援农业生产的稳定发展。其二,为农业注入资金,支援农业和农村社会性支出。其三,通过进行农副产品加工业和发展“贸工农”一体化,为农副产品提供广泛的市场,促进农业生产的规模化、专业化、商品化和现代化。其四,在农忙季节乡镇企业义务停工停产支援农业生产。其中第二项义务属于法定义务,按照《乡镇企业法》的规定,乡镇企业应当按照省级人民政府的规定,从税后利润中提取一定比例的资金用于支援农业和农村社会性支出。

如果企业不承担支援农业的义务,不应视为乡镇企业。

第三,乡镇企业是设立在乡(镇)村的企业。即便由农村集体经济组织或农民为主投资设立的企业,如果未设在乡(镇)村也不能归入乡镇企业。但是,考虑到乡镇企业向城镇延伸发展的情况,《乡镇企业法》同时规定,乡镇企业在城市设立的分支机构,或者农村集体经济组织在城市开办的并承担支援农业义务的企业,可以按照乡镇企业对待。

乡镇企业包括具备以上三要素的各类企业,按照乡镇企业注册登记的法律依据的不同,乡镇企业的具体形式包括:按照《乡村集体所有制企业条例》的规定设立的集体企业;按照《个人独资企业法》设立的独资企业;按照《合伙企业法》设立的合伙企业;按照《公司法》设立的有限责任公司或股份有限公司;以及依法设立的股份合作制企业。如果乡镇企业符合企业法人的条件,依法取得企业法人资格。无论乡镇企业采取何种组织形式,在依法登记设立后,都应当向当地乡镇企业行政管理部门办理登记备案手续。

(二)乡镇企业的法律地位

《乡镇企业法》第3条规定,乡镇企业是农村经济的重要支柱和国民经济的重要组成部分。这是对我国乡镇企业法律地位的明确肯定。我国作为一个人多地少、人均农业资源有限、农业劳动生产率不高的国家,若单纯依靠农业实现小康目标困难重重。乡镇企业作为农村经济的重要支柱,成为带动农业飞跃的重要因素。截至2000年,乡镇企业增加值达到27300亿元,占到国内生产总值净增部分的37%;乡镇企业增加值占农村社会增加值的比重已经提高到64%。实践证明,发展乡镇企业是深化农村改革,推动农村经济全面发展最终逐步实现农业现代化的重要方略,乡镇企业成为农村经济不可或缺的重要支柱。从乡镇企业对我国国民经济的贡献来看,"九五"期间,全国乡镇企业增加值年平均增速比全国平均增速高4.25%;"九五"期间,乡镇工业增加值年平均增长11.70%,比全国工业增长幅度高1.72%;占全国工业增加值的比重达47.3%。"九五"期间,在国民经济平均增长88%中,乡镇企业占35%,乡镇企业已经成为我国国民经济的重要组成部分。

(三)乡镇企业的主要任务

根据《乡镇企业法》第3条第2款规定,乡镇企业的任务主要包括三个方面:

第一,根据市场需要发展商品生产,提供社会服务,增加社会有效供给。乡镇企业作为商品生产经营单位,其根本任务应当以市场为导向,努力扩大产品生产,增加产品品种,提高产品质量,为社会提供更多的商品和服务,增加社会供给,满足社会需要。

第二,吸收农村剩余劳动力,提高农民收入。中国农村富余的劳动力不仅制约农民增收,同时也在一定程度上成为影响农村稳定的因素。经过二十余年的发展,乡镇企业成为吸纳农村富余劳动力的主要渠道。目前我国农村尚有富余劳动力1.6亿人左右,截至2000年底,乡镇企业吸纳农村富余劳动力1.27亿人,乡镇企业人均工资达5507元,全国农民从乡镇企业获得的人均纯收入达760元,占农民人均纯收入的33.7%。乡镇企业成为解决农民就业,提高农民收入的重要渠道。

第三,支援农业,推进农业和农村现代化,促进国民经济和社会的发展。支援农业是乡镇企业的基本特征,乡镇企业在满足自我积累、自我发展的同时,积极支持农业的发展,对调整优化农业的结构,推动农业的优质高效发展具有重要意义。据统计,仅"九五"期间乡镇企业用于支援农业生产的资金就累计达954亿元,截至2000年底,全国乡镇集体工业企业以农产品为原料的企业达138万个,实现增加值1882亿元,占乡镇集体工业企业增加值的24.5%,形成了龙头联基地,基地带农户的发展格局和新的产业链,乡镇企业在支援农业,推进农业和农村现代化发展方面发挥着重要作用。

二、发展乡镇企业的基本原则与指导方针

(一)基本原则

《乡镇企业法》第4条规定,发展乡镇企业,坚持以农村集体经济为主导,多种经济成分共同发展的原则。首先,我国社会主义性质决定了发展乡镇企业应当以农村集体经济为主导,这不仅有利于进一步巩固和发展农村集体经济,还可以通过农村集体经济的主导作用,引导和保障乡镇企业中其他经济成分的发展。其次,应当看到,在我国的不同地方农村集体经济发展很不平衡,有的地方农村集体经济已居主体地位,但也有一些地区,特别是广大中西部经济欠发达地区,地方农村集体经济发展较慢,力量薄弱。因此,乡镇企业的发展在坚持农村集体经济为主导的前提下,还应当坚持多种经济成分共同发展,实行"多轮驱动、多轨运行",哪个发展快就发展哪个,以调动广大农民发展乡镇企业的积极性,让不同所有制的企业都进入市场,实行平等竞争,以提高乡镇企业发展的总体水平。

(二)指导方针

根据《乡镇企业法》的规定,国家对乡镇企业的发展采取积极扶持、合理规划、分类指导、依法管理的指导方针。

1. 积极扶持

积极扶持乡镇企业的发展,是我国长期以来一直对乡镇企业实行的基本政策。它是在立足于农村、依靠农民的基础上,通过国家财政、金融、税收、价格、对外贸易、科技等各方面的优惠措施,积极鼓励并支持乡镇企业的发展。早在1984年中

共中央、国务院转发农牧渔业部《关于开创社队企业新局面的报告》的通知中就指出:"对乡镇企业要和国营企业一样,一视同仁,给予必要的扶持。"明确要求各级计划、物资、财政、银行和交通部门要把乡镇企业立上户头,给予减免税。1990年,国务院发布的《中华人民共和国农村集体所有制企业条例》又明确规定对乡镇企业要给予各方面必要的扶持。《乡镇企业法》更是对扶持乡镇企业的措施进一步细化。当前,国家对乡镇企业扶持的重点主要集中在经济欠发达地区、少数民族地区。同时鼓励经济发达地区的乡镇企业或者其他经济组织采取多种形式支持经济欠发达地区和少数民族地区举办乡镇企业。

2. 合理规划

合理规划要求有关部门应当对乡镇企业的发展作出科学、全面、长远的发展规划。乡镇企业虽然具有机制灵活等多方面优势,但也存在盲目建设,布局分散,资源得不到有效利用等问题。只有对乡镇企业进行合理规划才能保证乡镇企业健康、稳定、协调地发展。合理规划的内容非常广泛,它包括了将乡镇企业发展纳入国民经济的总体规划,以保障乡镇企业的发展与整个国民经济发展相协调;也包括了对乡镇企业的土地利用、环境保护、人才培养、科技进步、吸纳劳力等多方面进行整体规划,以实现乡镇企业的持续发展;同时还包括把发展乡镇企业同小城镇建设相结合,引导和促进乡镇企业适当集中发展,逐步加强基础设施和服务设施建设,以加快小城镇建设等诸多方面。

3. 分类指导

分类指导是考虑到我国乡镇企业发展的千差万别,因时制宜、因地制宜,针对不同乡镇企业的具体情况分类进行指导。我国地区差异很大,乡镇企业发展也很不平衡,各类乡镇企业的差别较大,其发展要求也不尽相同。按照地域划分,乡镇企业可分为东部、中部、西部地区的乡镇企业,或者分为经济发达地区、经济欠发达地区及少数民族、边远、贫困地区的乡镇企业。按企业规模大小的不同,可分为大型与中小型乡镇企业。按经济成分的不同,又可分为集体、个体、私营乡镇企业等。只有针对乡镇企业的不同类别进行分类指导才能解决不同类型乡镇企业发展中的不同问题。例如,《乡镇企业法》中规定的对经济欠发达地区、少数民族地区乡镇企业的重点扶持,对四种中小型乡镇企业作为扶持的重点在税收和信贷方面给予特殊优惠,即是该分类指导方针的具体体现。

4. 依法管理

随着法制的不断健全,对乡镇企业的管理,也应当逐步走上依法管理的轨道。根据《乡镇企业法》的规定,国务院乡镇企业行政管理部门和有关部门按照各自的职责对全国的乡镇企业进行规划、协调、监督、服务;县级以上地方各级人民政府乡镇企业行政管理部门和有关部门按照各自的职责对本行政区域内的乡镇企业进行规划、协调、监督、服务。管理的内容包括对乡镇企业的财务监督管理、统计监督管理、税收监督管理、产品质量监督管理等各个方面。

三、国家对乡镇企业的扶持措施

(一)税收扶持

根据《乡镇企业法》的规定,国家对乡镇企业的税收扶持主要体现在两个方面:其一,国家根据乡镇企业发展的情况,在一定时期内对乡镇企业减征一定比例的税收。例如,《国务院关于加快发展中西部地区乡镇企业的决定》中规定,中西部地区乡镇企业只要产品质量高、销路好,又有治理污染和保护资源、环境的可靠措施,项目规模大小不受限制,并免征固定资产投资方向调节税。又如,《财政部、国家税务总局关于企业所得税若干优惠政策的通知》规定,乡镇企业可以按照应缴所得税款减征 10% ,用于补助社会性开支。其二,国家对四类中小型乡镇企业,根据不同情况实行一定期限的税收优惠。这四类中小型乡镇企业包括:集体所有制乡镇企业开办初期经营确有困难的;设立在少数民族地区、边远地区和贫困地区的;从事粮食、饲料、肉类的加工、贮存、运销经营的;国家产业政策规定需要特殊扶持的。对此,财政部、国家税务总局在 1996 年的《关于乡镇企业东西合作示范项目有关财税政策问题的通知》中就规定,乡镇企业东西合作示范工程示范项目为新办并在国家确定的"老、少、边、穷"地区的,经主管税务机关批准后,可减征或者免征企业所得税 3 年。

(二)信贷支持

资金短缺是目前乡镇企业发展面临的最大"瓶颈",乡镇企业由于规模较小,自有资金有限,为了维持企业的运转和扩张必须有大量的借贷资金的投入,但金融机构通常认为向乡镇企业发放贷款风险大、成本高、赢利小,往往不愿意向乡镇企业发放贷款。在此情况下,国家运用信贷手段鼓励和扶持乡镇企业发展,对于解决乡镇企业发展中资金短缺的矛盾,保持乡镇企业持续稳定发展就十分必要。《乡镇企业法》规定,国家运用信贷手段,鼓励和扶持乡镇企业发展。对于集体所有制乡镇企业开办初期经营确有困难的;设立在少数民族地区、边远地区和贫困地区的;从事粮食、饲料、肉类的加工、贮存、运销经营的;国家产业政策规定需要特殊扶持的四类中小型乡镇企业,如果符合贷款条件,国家有关金融机构可以给予优先贷款,对其中生产资金困难且有发展前途的还可以给予优惠贷款。1993 年,财政部、国家民族事务委员会、农业部还共同制定了《少数民族地区乡镇企业贴息贷款项目贴息办法》,给少数民族地区的乡镇企业提供贴息贷款。

(三)设置乡镇企业发展基金

乡镇企业的发展需要从多个渠道获得资金支持,国家为缓解乡镇企业发展资金的不足,除了进行税收优惠,给予信贷支持外,设立乡镇企业发展基金也是十分必要和可行的。根据《乡镇企业法》的规定,乡镇企业发展基金由县级以上人民政府依照国家有关规定设立。乡镇企业发展基金主要来源于四个渠道:其一,政府拨付的用于乡镇企业发展的周转金;其二,乡镇企业每年上缴地方税金增长部分中一定比例的资金;其三,基金运用产生的收益;其四,农村集体经济组织、乡镇企业、农民等自愿提供的资金。乡镇企业发展基金应当专门用于扶持乡镇企业发展,其使用范围主要包括:支持少数民族地区、边远地区和贫困地区发展乡镇企业;支持经济欠发达地区、少数民族地区与经济发达地区的乡镇企业之间进行经济技术合作和举办合资项目;支持乡镇企业按照国家产业政策调整产业结构和产品结构;支持乡镇企业进行技术改造,开发名特优新产品和生产传统手工艺产品;发展生产农用生产资料或者直接为农业生产服务的乡镇企业;发展从事粮食、饲料、肉类的加工、贮存、运销经营的乡镇企业;支持乡镇企业职工的职业教育和技术培训以及其他需要扶持的项目。

(四)人才扶持

乡镇企业的发展除了离不开资金的扶持外,也离不开人才的支持。为实现乡镇企业的人才战略,为乡镇企业的发展壮大打造一支庞大的人才队伍,《乡镇企业法》规定,国家将积极培养乡镇企业人才,鼓励科技人员、经营管理人员及大中专毕业生到乡镇企业工作,通过多种方式为乡镇企业服务。国务院在《关于加快发展中西部地区乡镇企业的决定》中也指出,国家教育部门要鼓励大中专毕业生到乡镇企业就职,对新分配的大中专毕业生,凡是到乡镇企业工作的,允许保留国家干部身份,行政关系保存在县乡镇企业主管部门或人才交流中心,免除见习期,其工资奖金在不低于国家规定标准的前提下,由企业自行确定。为了提高乡镇企业的整体素质,各有关大中专院校要为乡镇企业定向培养人才,并列入各级教育部门的计划;有条件的大专院校,要增设适用于乡镇企业的专业;通过职业中学、民间办学、短期培训等途径加强对农村现有知识青年的职业教育,不断扩大乡镇企业的人才后备资源。同时积极支持科研、事业单位工作人员、国有企业技术人员和职工,利用工余时间和节假日,为乡镇企业提供有偿服务,允许离退休人员接受乡镇企业的聘任。

第三节 农民专业合作经济组织制度

《农业法》规定,国家鼓励农民在家庭承包经营的基础上自愿组成各类专业合作经济组织。农民专业合作经济组织应当坚持为成员服务的宗旨，按照加入自愿、退出自由、民主管理、盈余返还的原则，依法在其章程规定的范围内开展农业生产经营和服务活动。农民专业合作经济组织可以有多种形式，依法成立、依法登记。任何组织和个人不得侵犯农民专业合作经济组织的财产和经营自主权。目前，农民专业合作经济组织形式中最为突出的方式为农民专业合作社。

一、农民专业合作经济组织的概念

农民专业合作经济组织是农民在自愿基础上建立的，以对成员提供服务为宗旨，以生产经营活动为纽带，以销售、加工环节的合作为重点，以维护成员利益、增加成员收入为目的，实行自主经营、自负盈亏、自我管理、自我积累的经济组织。实践证明，农民专业合作经济组织在发挥联系市场和农户的中介作用，解决农户分散经营与统一大市场的矛盾方面；在提高农民的组织化程度，增强农户抵御市场风险的能力方面；在优化配置资金、技术、人才、劳动力等生产要素方面都发挥着积极作用，成为推动农业产业化经营，加快农村现代化进程的重要方式。

二、发展农民专业合作经济组织的基本原则

（一）以家庭承包经营为基础的原则

发展农民专业合作经济组织，不得动摇农民家庭经营的基础地位，不能侵犯农民家庭经营的自主权，不能改变农民财产的所有权，防止借发展农民专业合作经济组织之名，侵犯农民的财产权和经营自主权。

（二）自愿原则

成立农民专业合作经济组织，应当充分尊重农民的意愿，坚持加入自愿、退出自由的原则。农民可以根据自身需要和意愿参加一个或同时参加数个农民专业合作经济组织。各级政府和各有关部门可以进行引导和扶持，但不得对农民专业合作经济组织强制命令，不得以各种行政手段干扰甚至解散农民专业合作经济组织。

（三）民主管理原则

农民专业合作经济组织必须严格遵循民主管理的原则，按照章程实行民主选举、民主决策和民主监督。农民专业合作组织的生产经营计划、盈余分配方案和投资决策等重大事项必须经过成员大会或成员代表大会审议决定，经营情况和重大事项要定期向全体成员公布。

（四）盈余返还原则

农民专业合作经济组织的盈余和积累归其全体成员共同所有，对于年度可分

配盈余，在留取必要的公共积累以后，可以按照交易额比例返还给本组织成员。

（五）守法遵章原则

农民专业合作经济组织应当依法制定其章程，载明组织的名称、住所、业务范围、宗旨和原则，明确发展目标，规范运作程序，规定成员的权利和义务、股金数额及缴纳办法、盈余和亏损处理办法，明确机构组成和职责、议事规则、表决方式、合并（分立）和终止程序、章程修改程序等必备事项。农民专业合作经济组织应当依法在其章程规定的范围内开展农业生产经营和服务活动。

三、农民专业合作经济组织的类型

（一）专业合作社

专业合作社是从事专业生产的农民自愿组成的合作经济组织，采取入社自愿、退社自由、平等持股、自我服务、民主管理、合作经营的原则，形成成员共同经营的利益共同体。农民加入专业合作社通常需要交纳一定金额的股金，合作社除按股付息外，主要按购销产品数量向社员返还利润。专业合作社一般内部制度比较健全、管理比较规范、与农民利益联系紧密。符合法定条件的可以在工商管理部门登记为企业法人。

（二）股份合作社

股份合作社是在合作制基础上实行股份制的一种新型合作经济组织。股份合作社的基本特征是实行劳动联合与资本联合相结合、按劳分配与按股分红相结合。与一般专业合作社不同的是，资本在股份合作企业的生产经营活动和收益分配中，占有比较重要的地位。近年来，农民在兴办龙头企业或龙头企业牵头兴办合作组织，进行农产品加工、销售、运输、储藏、资源开发和水利建设等方面多采取这种形式。

（三）农业协会

农业协会是一种较为松散的合作形式，现实生活中主要存在农业服务协会和专业协会两种形式。农业服务协会主要为农户提供综合性系列化服务。专业协会则是由从事专项农产品生产、销售、加工的农民，按照自愿互利的原则，以产品和技术为纽带，组建的社团性合作经济组织，着重为会员提供技术和运销服务等专门服务。凡是从事专业生产并达到一定规模的农民都可以加入农业协会，协会通常对会员进行无偿和低偿服务。农业协会具备法定条件的可以在民政部门登记注册为社团法人。

四、发展农民专业合作经济组织的法律措施

（一）确立农民专业合作经济组织的法律地位

农民专业合作经济组织只要具备企业法人条件就应当进行相应的注册登记，明确其法律地位。具备企业法人条件的，应到工商行政管理机关办理登记手续，取得企业法人资格；具备社会团体法人条件或者民办非企业单位条件，不从事营利性经营活动的农民专业合作经济组织，应到民政部门进行登记，取得社会团体法人资格或民办非企业单位登记证书。

（二）加大财政、税收和信贷支持的力度

为扶持农民专业合作经济组织的发展，有的地方政府要求在财政支农预算中安排一定资金，用于支持农民专业合作经济组织的发展。有的地方政府要求农业银行、农村信用合作社等金融部门积极安排贷款，为农民专业合作经济组织提供信贷支持。根据财政部、国家税务总局的有关规定，对农民专业合作经济组织为其成员提供技术服务或劳务收入暂免征收企业所得税；从事农业机耕、排灌、病虫害防治、植保、农牧保险以及相关技术培训业务，家禽、牲畜、水生动物配种和疾病防治的收入免征营业税；对农业生产者销售自产的农业产品，按照财政部、国家税务总局《农业产品征税范围注释》规定的范围免征增值税；对于农民专业合作经济组织兴办的经营性企业，经主管国税机关认定为增值税一般纳税人的，其加工生产、销售的产品，属于增值税按 13% 税率征税范围的，按 13% 的增值税优惠税率计算缴纳增值税。

（三）加强组织引导和管理服务

我国的农民专业合作经济组织目前尚处于探索发展阶段，各级农村合作经济经营管理部门应当充分发挥组织指导和管理服务的作用，为农民专业合作经济组织的发展提供保障，不断提高经营管理水平。

五、农民专业合作社制度

农民专业合作社是发展农户联合与合作的重要载体，是推进农业经营方式转变的有效形式。近年来，农民合作社快速发展，在建设现代农业、促进农民增收、建设社会主义新农村中发挥了重要作用。

（一）农民专业合作社的概念

农民专业合作社是在农村家庭承包经营基础上，同类农产品的生产经营者或

者同类农业生产经营服务的提供者、利用者,自愿联合、民主管理的互助性经济组织。农民专业合作社以其成员为主要服务对象,提供农业生产资料的购买,农产品的销售、加工、运输、贮藏以及与农业生产经营有关的技术、信息等服务。

农民专业合作社的成员以农民为主体,以服务成员为宗旨,谋求全体成员的共同利益,遵循入社自愿、退社自由的原则,成员地位平等,实行民主管理,盈余主要按照成员与农民专业合作社的交易量(额)比例返还。

(二)农民专业合作社的设立

农民专业合作社依法登记,取得法人资格。农民专业合作社对由成员出资、公积金、国家财政直接补助、他人捐赠以及合法取得的其他资产所形成的财产,享有占有、使用和处分的权利,并以上述财产对债务承担责任。农民专业合作社成员以其账户内记载的出资额和公积金份额为限对农民专业合作社承担责任。

1. 农民专业合作社的设立条件

(1)农民专业合作社的成员

设立农民专业合作社有5名以上的成员。具有民事行为能力的公民,以及从事与农民专业合作社业务直接有关的生产经营活动的企业、事业单位或者社会团体,能够利用农民专业合作社提供的服务,承认并遵守农民专业合作社章程,履行章程规定的入社手续的,可以成为农民专业合作社的成员。但是,具有管理公共事务职能的单位不得加入农民专业合作社。农民专业合作社的成员中,农民至少应当占成员总数的80%。成员总数20人以下的,可以有一个企业、事业单位或者社会团体成员;成员总数超过20人的,企业、事业单位和社会团体成员不得超过成员总数的5%。

(2)农民专业合作社的章程

农民专业合作社章程应当载明下列事项:名称和住所;业务范围;成员资格及入社、退社和除名;成员的权利和义务;组织机构及其产生办法、职权、任期、议事规则;成员的出资方式、出资额;财务管理和盈余分配、亏损处理;章程修改程序;解散事由和清算办法;公告事项及发布方式;需要规定的其他事项。

(3)农民专业合作社的组织机构

农民专业合作社的组织机构包括农民专业合作社成员大会(成员代表大会)、理事会(理事长)、监事会(执行监事)。

农民专业合作社成员大会由全体成员组成,是农民专业合作社的权力机构,农民专业合作社召开成员大会,出席人数应当达到成员总数2/3以上。成员大会选举或者作出决议,应当由本社成员表决权总数过半数通过;作出修改章程或者合并、分立、解散的决议应当由本社成员表决权总数的2/3以上通过。农民专业合作社成员大会每年至少召开一次。农民专业合作社成员超过150人的,可以按照章程规定设立成员代表大会。成员代表大会按照章程规定可以行使成员大会的部分或者全部职权。

农民专业合作社设理事长一名,可以设理事会。理事长为农民专业合作社的法定代表人。农民专业合作社可以设执行监事或者监事会。理事长、理事、经理和财务会计人员不得兼任监事。理事长、理事、执行监事或者监事会成员,由成员大会从本社成员中选举产生,对成员大会负责。

(4)农民专业合作社的名称和住所

农民专业合作社的名称应当含有“专业合作社”字样,并符合国家有关企业名称登记管理的规定。农民专业合作社的住所是其主要办事机构所在地。

(5)农民专业合作社的成员出资

农民专业合作社成员可以用货币出资,也可以用实物、知识产权等能够用货币估价并可以依法转让的非货币财产作价出资。成员以非货币财产出资的,由全体成员评估作价。成员不得以劳务、信用、自然人姓名、商誉、特许经营权或者设定担保的财产等作价出资。成员的出资额以及出资总额应当以人民币表示。成员出资额之和为成员出资总额。

2. 农民专业合作社的设立程序

设立农民专业合作社应当召开由全体设立人参加的设立大会。设立时自愿成为该社成员的人为设立人。设立大会行使下列职权:通过本社章程,章程应当由全体设立人一致通过;选举产生理事长、理事、执行监事或者监事会成员;审议其他重大事项。

申请设立农民专业合作社,应当由全体设立人指定的代表或者委托的代理人向登记机关提交下列文件:设立登记申请书;全体设立人签名、盖章的设立大会纪要;全体设立人签名、盖章的章程;法定代表人、理事的任职文件和身份证明;载明成员的姓名或者名称、出资方式、出资额以及成员出资总额,并经全体出资成员签名、盖章予以确认的出资清单;载明成员的姓名或者名称、公民身份号码或者登记证书号码和住所的成员名册,以及成员身份证明;能够证明农民专业合作社对其住所享有使用权的住所使用证明;全体设立人指定代表或者委托代理人的证明。农民专业合作社的业务范围有属于法律、行政法规或者国务院规定在登记前须经批准的项目的,应当提交有关批准文件。

提交的登记申请材料齐全、符合法定形式,登记机关能够当场登记的,当场登记,发给营业执照。不能当场登记的,由登记机关在受理申请之日起20日内,做出是否登记的决定。予以登记的,发给营业执照;不予登记的,应当给予书面答复,并说明理由。营业执照签发日期为农民专业合作社成立日期。

(三)农民专业合作社的财务管理

1. 财务管理制度

《农民专业合作社法》规定,国务院财政部门依照国家有关法律、行政法规,制定农民专业合作社财务会计制度。农民专业合作社应当按照国务院财政部门制定的财务会计制度进行会计核算。农民专业合作社应认真执行农民专业合作社财务会计制度,配备会计人员或将农民合作社财务进行委托代理,设置会计账簿,规范会计核算,及时向登记机关和农村经营管理部门报送会计报表,并抄报有关行业主管部门。从事会计工作的人员,必须取得会计从业资格证书,会计与出纳互不兼任。理事长、监事会成员及其直系亲属、执行与农民合作社业务有关公务的人员,不得担任农民合作社的财务会计人员。

2. 成员账户和管理档案制度

《农民专业合作社法》规定,农民专业合作社应为每个成员建立成员账户,准确记载成员出资额、公积金量化份额、与农民合作社交易量(额)等内容。为维护农民专业合作社成员的合法权益,农民专业合作社应加强档案管理,建立符合自身产业特点、行业要求的基础台账,包括成立登记、年度计划、规章制度、会议记录(纪要)以及产品加工、收购、购销合同等文书档案,会计凭证、账簿、成员盈余分配等会计档案以及其他档案。

3. 收益分配制度

《农民专业合作社法》规定,在弥补亏损、提取公积金后的当年盈余,为农民专业合作社的可分配盈余。收益分配事关农民合作社成员的切身利益。农民合作社应按照法律和章程制定盈余分配方案,经成员(代表)大会批准实施。可分配盈余中,按成员与农民合作社的交易量(额)比例返还的总额不得低于可分配盈余的60%;剩余部分依据成员账户中出资额、公积金份额、财政补助和社会捐赠形成的财产平均量化的份额,按比例进行分配。农民合作社可以由章程或成员(代表)大会决定,对成员为农民合作社提供管理、技术、信息、商标使用许可等服务或作出的其他突出贡献,给予一定报酬或奖励,在提取可分配盈余之前列支。农民合作社可以从当年盈余中提取公积金、公益金和风险金。农民合作社不得将成员作为牟利对象,其与成员和非成员的交易应当分别核算。

4. 定期公开社务制度

为保证农民专业合作社财务管理的阳光与公开,农民合作社应积极考虑建立社务公开制度,法律章程要求公开的必须向成员如实公开,逐步实现公开事项、方式、时间、地点的制度化。理事会须依法编制年度业务报告、盈余分配方案、亏损处理方案以及财务会计报告,于成员(代表)大会召开的十五日前,置备于办公地点,供成员查阅。执行监事或者监事会负责对农民合作社年度业务报告和财务会计报告进行内部审计，农民合作社也可委托审计机构进行财务审计，审计结果须向成员（代表）大会报告。

（四）农民专业合作社法的扶持政策

1. 项目支持

《农民专业合作社法》规定，国家支持发展农业和农村经济的建设项目，可以委托和安排有条件的有关农民专业合作社实施。

2. 服务支持

《农民专业合作社法》规定，中央和地方财政应当分别安排资金，支持农民专业合作社开展信息、培训、农产品质量标准与认证、农业生产基础设施建设、市场营销和技术推广等服务。对民族地区、边远地区和贫困地区的农民专业合作社和生产国家与社会急需的重要农产品的农民专业合作社给予优先扶持。

3. 资金支持

《农民专业合作社法》规定，国家政策性金融机构应当采取多种形式，为农民专业合作社提供多渠道的资金支持。国家鼓励商业性金融机构采取多种形式，为农民专业合作社提供金融服务。《关于引导和促进农民合作社规范发展的意见》提出，把农民合作社纳入银行业金融机构信用评定范围，对信用等级较高的农民合作社在同等条件下实行贷款优先等正向激励措施，对于符合条件的农民合作社及其成员进行综合授信；鼓励地方政府和民间出资设立融资性担保公司，为农民合作社提供贷款担保服务；有条件的地方，对农民合作社贷款给予贴息。创新适合农民合作社生产经营特点的保险产品和服务。

4. 税收优惠

《农民专业合作社法》规定，农民专业合作社享受国家规定的对农业生产、加工、流通、服务和其他涉农经济活动相应的税收优惠。

第四节　其他农业生产经营制度

一、农业产业化经营制度

《农业法》规定，国家采取措施发展多种形式的农业产业化经营，鼓励和支持农民和农业生产经营组织发展生产、加工、销售一体化经营。国家引导和支持从事农产品生产、加工、流通服务的企业、科研单位和其他组织，通过与农民或者农民专业合作经济组织订立合同或者建立各类企业等形式，形成收益共享、风险共担的利益共同体,推进农业产业化经营,带动农业发展。

(一)农业产业化经营的概念

农业产业化经营是在家庭承包经营的基础上,以市场为导向,以提高经济效益为中心,依靠农业龙头企业的带动,把千家万户的农业产前、产中、产后各个环节联结起来,实现生产、加工、销售的一体化、规模化、专业化和集约化的一种新型农业经营方式。

在巩固家庭承包经营的基础上,实行农业产业化经营,有利于克服因农户分散经营导致的抵御自然风险、市场风险与技术风险能力差的局面,改变农业弱质产业的地位;有利于农业和农村经济加快社会化分工,实现规模经济;有利于农业技术推广,提高农产品质量,增强农产品的竞争力;有利于适应加入世贸组织后的新形势,扩大农业对外开放;有利于加快农业产业结构的战略性调整,提高农业整体素质,实现农业增效、农民增收;有利于加快农村城镇化步伐,转移农村剩余劳动力,促进农村经济的全面发展和农村社会稳定。

(二)推进农业产业化经营的法律措施

1. 建立健全农业产业化经营组织体系

农业产业化经营组织上连市场、下连农户,既是市场竞争中最活跃的因素,又是当前维系城乡发展、区域发展的重要力量。它包括实行产供销一体化经营的农业企业、农产品市场、农产品行业协会、农业合作社、各类农业中介组织等。建立健全农业化经营组织体系,首先,应当着力培育壮大一批起点高、规模大的大型骨干龙头企业,以开拓市场、科技创新带动农业产业化经营开展。其次,应当积极引导和帮助农业产业化经营组织组建行业协会。通过该协会协调行业内部经营行为,加强行业内的联系与合作,通过行业自律提高行业整体市场竞争力。最后,要大力培育发展农业合作社,提高农民直接参与产业化经营的程度。

2. 建立健全农业产业化经营的利益联结机制

首先,通过积极引导龙头企业推行“公司加基地,基地带农户,科技市场服务一体化”等有效的组织经营形式,建立稳定的产销关系。大力推广合同、订单农业,提倡和鼓励龙头企业采取建立风险基金、保护价收购、利润返还等形式,为农户提供市场信息、生产资料和产品销售服务,与农户建立合理的利益联结机制。其次,鼓励农民以土地经营权、资金、技术等生产要素和产品入股,采取股份制、股份合作制等形式,与龙头企业结成利益共享、风险共担的利益共同体。最后,切实保障农民的土地权益,在稳定和完善家庭承包经营的基础上,按照“自愿、有偿、依法、规范”的原则,建立和完善土地流转机制,推进土地规模经营和集约经营。

3. 加快农业产业化经营的配套制度改革

首先，必须稳定和完善以家庭承包经营为基础、统分结合的双层经营体制。实行农业产业化经营，是在家庭承包经营的基础上，通过运用现代科技和扩大经营规模等方式进一步发展家庭承包经营的成果。只有正确处理农业产业化经营和稳定家庭承包经营的关系，维护农民的合法权益，才能保证农业产业化经营健康发展。其次，建设和完善农产品市场体系。加强对农产品市场体系的规划、建设和管理。再次，继续深化粮食购销体制改革，加快农业产品和产业结构调整的步伐。最后，加快农业标准化建设。要以实现与国内外市场接轨为目标，按照安全、优质、环保、高效的要求，加快农产品质量标准体系和农产品质量安全监测体系建设。

4. 加大政府对农业产业化经营的扶持力度

首先，增加财政资金投入。例如，有的地方政府把扶持农业产业化经营作为财政支农的重点，有的地方政府把农业良种工程、农业技术推广、科技三项经费、“星火计划”及农业科技示范园区建设资金，都用于优先支持农业产业化经营的科技项目。其次，推行税收优惠政策。例如，农业部等八部委在联合下发的《关于扶持农业产业化经营重点龙头企业的意见》的通知中规定，对符合条件的重点龙头企业从事种植业、养殖业和农林产品初加工业取得的所得，暂免征收企业所得税。最后，加强金融信贷支持。例如，有的地方政府规定，积极争取国有商业银行和农村信用社支持农业龙头企业的发展。支持银行通过资质评估，确定一批实力强、资信好的农业龙头企业，核定一定的授信额度。有的地方政府规定，扶贫、金融等相关部门要合理运用扶贫贷款资金、小额扶贫信贷资金，支持龙头企业在经济欠发达地区建设生产基地。有的地方政府规定，支持龙头企业通过实施资本运营整合现有资源，扩大企业规模，支持龙头企业按照《公司法》规范改制上市。

二、农产品行业协会制度

《农业法》规定，农民和农业生产经营组织可以按照法律、行政法规成立各种农产品行业协会，为成员提供生产、营销、信息、技术、培训等服务，发挥协调和自律作用，提出农产品贸易救济措施的申请，维护成员和行业的利益。

（一）农产品行业协会的概念

农产品行业协会，是指由从事农产品生产、加工、流通、科研、中介、教学的企业、专业合作经济组织，以及与此相关的其他组织和个人自愿参加组成的具有法人资格的自律性社团组织。通过组建农产品行业协会，充分发挥其服务、自律、代表和协调的职能作用，可以提高农业企业和农户生产经营的组织化程度，增强农产品的市场竞争力，切实维护企业和农民的利益，促进农村经济持续发展。在现阶段积极推动组建农产品行业协会，既是完善农业社会化服务体系的重要组织措施，也是应对我国加入世贸组织后提高农业国际竞争力的有效手段。

(二)农产品行业协会的职能

1. 服务职能

农产品行业协会首先立足于为成员提供生产、营销、信息、技术、培训等服务。例如,通过对市场信息的收集、整理、分析与发布,为会员提供行业发展动态、产销与质量技术标准信息等服务;通过建立健全农产品信息网络,为会员提供产业政策、生产经营、科研技术、市场营销、质量标准、动植物防疫等方面的咨询与指导等。同时还可以接受政府、企事业单位委托,对有关发展战略、政策措施进行论证,为成员以外的机构提供服务。

2. 协调职能

农产品行业协会的协调职能主要体现在两个方面:其一,协调会员与会员之间的关系。例如,积极组织会员之间的经济协作和信息、销售、经营管理等方面的交流与沟通,加强协会成员间的合作,开展人才与技术交流。又如,通过加强对国内外农产品市场及其相关法律、政策、技术性贸易措施的跟踪和研究,强化对农产品进出口企业的协调与指导。其二,协调行业协会与外部的关系。例如,积极组织会员参与国内外经济技术合作和竞争,积极开拓国内外市场。又如,积极向政府反映情况,提出建议,沟通与有关部门的联系,争取政府的领导和支持,为行业发展创造良好的外部环境等。

3. 自律职能

农产品行业协会通过贯彻执行政府有关法律法规,以及本协会的自律规章,督促会员诚信经营,依法办事,遵守协会章程和行业规范,对会员企业的产品和服务质量、经营信用、资质等级、经营作风进行行业评定,维护行业信誉,维持公平竞争秩序。

4. 行业代表职能

农产品行业协会的代表职能表现在,代表会员积极向有关部门反映会员意见要求,提出有关行业或农产品发展的政策和立法建议,参与有关农业产业发展规划、产品质量标准、政策措施的制定与实施。面临国际贸易技术壁垒和不公平竞争行为,代表行业参与反垄断、反倾销、反补贴的调查,应诉和行业损害调查,以及贸易纠纷的处理,维护会员的合法权益

(三)政府对农产品行业协会的引导

1. 加强指导

为积极推动行业协会的建立与发展,各级政府可以根据当地农产品行业发展需要,围绕主导产业和优势产品,研究制定协会的整体发展规划,做好农产品行业协会的综合指导工作。民政部门可以根据《社会团体登记管理条例》的规定,在农

产品行业协会的设立过程中加强指导工作。例如，有的地方政府规定，省、市、县三级政府要重点引导农业产业化龙头企业为主组建农产品行业协会，在乡、村基层重点要引导农村专业大户牵头组建专业合作经济组织。有的地方政府规定，农产品行业协会实行会员制，会员大会或者会员代表大会为协会的最高权力机构。农产品行业协会理事会为协会的日常办事机构，会长是行业协会的法定代表人，会长、副会长、秘书长由理事会在理事中提名，经会员大会或会员代表大会选举产生。根据会员的意愿，协会也可以设立监事会。

2. 强化职能

各级政府应当将一些属于或适宜由协会承担的职能赋予农产品行业协会，充分发挥其行业自律和协调的作用。例如，各级政府部门在制定农业行业发展政策时，应充分听取农产品行业协会的意见；政府部门在制定农产品行业发展规划、行业生产标准时，可以邀请农产品行业协会参与；农业科研推广项目可先由行业协会筛选，再向政府有关部门推荐申报；农产品展销展示和贸易洽谈以及行业培训，可由行业协会为主具体承办。政府部门在将部分行业管理职能委托协会行使后，要依法加强对农产品行业协会工作的指导和监督，确保相关工作顺利开展。

3. 加大扶持力度

为积极推动农产品行业协会的发展，促使其成为协调行业内部经营行为、加强行业内联合与合作、搞好行业自律、提高行业整体市场竞争力、维护会员单位合法权益的农村新型组织。不少地方政府给予农产品行业协会以信贷、税收等各方面的扶持。例如，有的地方政府规定，经登记成立的农产品行业协会，属于为企业和农户提供农产品产前、产中、产后技术服务和劳务取得的所得，按规定暂免征收其所得税。有的地方政府规定，农产品行业协会经批准可组织会员单位设立贷款担保公司，为会员企业的短期资金融通提供担保。

思考题

1. 我国农村土地承包有哪些方式，各自具有什么特征？
2.《农村土地承包法》中规定了哪些保护农村土地承包经营权的措施？
3. 农村土地承包经营权转包与转让有何联系与区别？
4. 我国乡镇企业的主要任务是什么？
5. 我国农民专业合作社的设立条件和程序是什么？
6. 农产品行业协会具有哪些职能？

案例分析题

李某与聂某是同村同组村民。2006 年 4 月，为耕种方便，李某与聂某经口头协商,达成承包地互换协议,李某以位于蛇脑头的二亩承包地与聂某位于村前的1.8亩承包地互换。2011年,因某高速公路征用蛇脑头,其中包括了聂某耕种的二亩承包地。2012年7月发放征地补偿款时,村委会将聂某耕种的二亩土地的补偿款4.7万元支付给李某。聂某不服将村委会和李某诉上法庭,要求返还征地补偿款4.7万元。村委会与李某以土地互换没有经过村委会备案为由,请求确认互换无效于法无据。

问题:

1. 李某与聂某承包地互换协议的性质如何认定?
2. 互换协议未报村委会备案是否具备法律效力?

摘录自中国法院网

热点话题

作为国家统筹城乡综合配套改革试验区,重庆正在推进一项农村金融改革,将农民土地承包经营权、林权和宅基地使用权等农村"三权"确定为财产权,允许抵押融资,以期达到盘活土地资产,为农村、农业发展注入资金的目的。从2010年底开始,重庆在农村土地确权的基础上,放开政策限制,允许以农村"三权"向银行抵押贷款,真正唤醒农村长期沉睡的土地资产。从基层实践来看,"三权"抵押试点,主要作用在于:一是"激活"土地财产权能,带动农民土地财产有效流动,解决贷款缺乏抵押物的难题;二是"三权"抵押额度更大、期限相对较长,一定程度上可满足农村专业大户、经济能人的资金需求。为解决"三权"抵押融资中面临的问题,重庆也做了不少探索。"例如,为打通'农民贷款难'与'银行放贷慎'间的'肠梗阻',重庆率先在全国探索建立'三权'抵押贷款风险补偿基金,即通过市、区县两级财政资金补助。"一旦发生贷款风险,由政府给予金融机构适当补偿,形成政府、银行和农民共同承担风险的格局。与此同时,在配套政策设计上,重庆市还逐步将水稻、玉米、柑橘等主要农产品纳入到政策性保险范围,以进一步降低农业经营风险,不断提高贷款农业大户按期偿债的能力。"三权"改革在推进过程中,也面临土地资产面临评估难、变现难、土地承包户与流转户利益难协调等,贷款申请程序也相对繁琐等问题。

来源:《重庆日报》2014年4月16日

延伸阅读

1. 陈广华:《土地承包经营权流转法律问题研究》,中国政法大学出版社2014年版。
2. 汤鹏主:《中国乡镇企业兴衰变迁》,北京理工大学出版社2013年版。
3. 王玉梅:《农民专业合作组织的若干法律问题研究》,科学出版社2011年版。
4. 农业部农业产业化办公室、中国农业科学院农业经济与发展研究所组编:《农业产业化探索与实践》,中国农业出版社2015年版。
5. 韩学平、刘兆军:《土地适度规模经营的法制保障问题研究》,中国农业出版社2013年版。

第五章　农产品流通与加工法律制度

第一节　农产品流通法律制度

一、市场经济条件下依法调整农产品流通的必要性

第一,农产品流通的法律调整,是迅速而有秩序地实现农产品流通市场化目标的必要手段。如前所述,我国的农产品流通市场化进程与我国统一市场的其他部分相比,仍处于初始阶段。因此,把市场机制引入农产品流通过程,根据市场经济的内在要求来改革农产品流通体制,是构建新型农产品流通体制和完善社会主义市场经济体制的重要内容。农产品流通市场化应是一个自觉的过程,必须根据市场经济的发展需要,遵循市场经济的内在规律。改革期间,可能会遇到旧的农产品流通体制的历史惯性以及改革过程中的利益冲突等带来的阻力。因此,必须根据社会主义市场经济的内在要求,将农产品流通的市场规则和调控规则制度化、法律化,这对于迅速而有秩序地实现农产品流通体制改革,具有十分重要的意义。

第二,农产品流通的法律调整,有助于消除政策调整不稳定所带来的弊端。农业政策始终是调整农产品流通的重要手段,即使在农产品流通市场化程度很高的情况下,农产品流通也离不开农业政策的调整。由于我国现阶段的农产品流通基本上还是靠政策调整,而我国农业政策的不稳定性使得农产品流通体制处于不确定状态,并使农业政策在一定程度上失去其应有的作用。要充分并且适当地发挥农业政策在农产品流通过程中的积极作用,一方面要把基本的农业政策法律化,使其具有协调性、稳定性和法律强制力,成为农产品流通过程中起到行为预测的稳定准则,另一方面要有法律来规范农业政策的制定程序、适用范围、实施方式,从而保障农业政策的有效性和连续性。

第三,对农产品流通的法律调整,是利益均衡原则有序实现的法制基础。从根本上说,对农产品流通的法律调整实质上是利益调整。以市场化取向作为农产品流通体制改革的出发点,必然要引起利益格局的巨大变化。在原有的利益格局被打破,而新的利益格局尚未定型的时期,各种利益主体往往会从自己的利益出发,从事农产品购销等活动。在相关法律尚未健全的情况下,不同的利益要求往往导

致利益摩擦，反映在现实生活中，就是主体行为的无序化。国家主要通过政策来进行利益调整。政策虽有便捷、及时等优点，但如前所述，政策也有不稳定性等诸多缺点。与政策相比，由于法律的制定与实施有严格的程序保障和责任制度，因此法律调整可以最大限度地做到利益上的统筹兼顾。另外，由于法律具有稳定性和预测作用，因而法律调整可以降低利益调整过程的成本。因此，通过法律调整可以将适合社会主义市场经济发展的利益格局确定下来，实现不同利益主体的行为秩序化，并且有助于政策调整效力的提高。

第四，对农产品流通的法律调整，是我国农民市场主体资格的法制保障。随着经济体制的改革，我国农民有了生产的自主权，但在目前的农产品流通体制下，农民的经营自主权受到了很大的限制。不仅农民享有的定价权极为有限，而且对交易方式、交易对象、交易条件，也缺乏充分的选择权利。另外，我国农民的生产规模小，农产品商品化程度较低，农民自身组织能力弱，组织结构分散，因而对市场信号不能作出灵活、准确的反应，不能有力地参与市场竞争。因此，通过对农产品流通的法律调整，确立和保障农民的各种自主权利，可以从形式上和实质上保障农民的市场主体地位。

二、农产品流通的立法现状

我国进行经济体制改革以来，国家对农产品流通的调整，逐步由单纯的政策调整转化为政策调整和法律调整相结合。尤其是近几年，国家加快了农产品流通体制改革的步伐。2015 年 2 月，中共中央、国务院在《关于加大改革创新力度加快农业现代化建设的若干意见》中规定："加快全国农产品市场体系转型升级，着力加强设施建设和配套服务，健全交易制度。"《中共中央关于建立社会主义市场经济体制若干问题的决定》中亦指出："实现农业产品结构和农村产业结构调整，必须积极培育农村市场，打破地区封锁、城乡侵害的状况，进一步搞活流通，增强农村经济发展的开放性，使各种资源在更大的范围内流动和组合。"这些政策性规定为以后的相关立法活动提供了依据。

当前，有关农产品流通的法律规范，主要规定在《农业法》中。《农业法》是我国调整农业活动的基本法，其中有关农产品流通的内容主要包括：确立了对农产品的购销实行市场调节和国家宏观调控相结合的原则；对重要农产品实行储备调节制度；健全农产品流通市场体系建设；鼓励和支持发展多种形式的农产品流通活动，完善农产品流通组织的建设；鼓励发展农产品进出口贸易等。除了《农业法》中有关农产品流通的法律规定之外，国家颁布的其他有关农产品流通的规范和非规范性的法律文件主要有：《关于加大改革创新力度加快农业现代化建设的若干意见》（中共中央、国务院，2015 年）；《关于协同推进农村物流健康发展加快服务农业现代化的若干意见》（交通运输部、农业部、供销合作总社、国家邮政局，2015

年);《关于进一步加强农产品市场体系建设的指导意见》(商务部等13部门,2014年);《关于加快推进鲜活农产品流通创新的指导意见》(商务部,2012年);《农业部定点市场管理办法》(农业部,2010年);《关于发挥骨干企业积极作用健全和完善政府对大宗农产品市场调控体系和机制的通知》(工信部、财政部、农业部等,2010年);《关于加强农产品市场流通工作的意见》(农业部,2005年);《关于进一步深化粮食流通体制改革的意见》(国务院,2001年);《关于进一步深化棉花流通体制改革的意见》(国务院,2001年);《粮食收购条例》(国务院,1998年);《关于按保护价敞开收购议购粮的通知》(国务院,1997年);《国务院关于进一步搞活农产品流通的通知》(国务院,1991年)。

由于农产品流通体制改革正处于反复实践、不断总结经验的探索过程中,许多制度尚不成熟,因而有关农产品流通的具体法律制度还未系统建立。当前,对面临市场国际化的农产品流通的法律调整不仅要靠原则性的法律规定予以保障,更要借助具体的法律制度予以实现。因此,与农产品流通市场化进程的客观需要相比,有关农产品流通的法律制度仍有许多需要完善的地方。值得庆幸的是,中国正在积极制定包括《农产品流通条例》在内的市场流通立法,以更好地引导和规范农产品流通行为。

三、农产品流通法律调整的基本原则

(一)市场调节和国家宏观调控相结合

我国《农业法》第26条规定:"农产品的购销实行市场调节。国家对关系国计民生的重要农产品的购销活动实行必要的宏观调控……"此条规定了我国对农产品流通的法律调整实行市场调节和国家宏观调控相结合的基本原则。市场经济就是要使市场在国家宏观调控下对资源配置起基础性作用的经济。农产品流通作为我国社会主义市场经济的组成部分,同样也遵循这一规律。在整个国民经济领域的其他部分引入市场机制以后,在其他商品流通领域市场化以后,农产品流通不可能独立于市场之外,保持浓厚的计划经济特点,否则就只能引起农产品流通秩序的混乱和严重的利益冲突。因此只有坚定地走农产品流通市场化一途,才能消除农产品流通中的混乱现象,增强农业的竞争力。另外,我国的市场经济是社会主义市场经济,而不是完全自由竞争的市场经济,国家对经济的宏观调控一直处于重要地位,在农产品流通领域尤其如此。农产品由于具有生产周期长,受自然因素影响大的特点,特别是一些重要农产品,如粮食、棉花等,还关系到国计民生和社会秩序的稳定,因此,农产品流通不能盲目进行,国家必须对农产品流通进行必要的宏观调控。并且,即使在市场经济高度发达的西方国家,对农产品流通的宏观调控也非常重视。但是,在市场经济条件下,国家对农产品流通的宏观调控,必须要适合市场经济的要求，遵循市场经济的规律。因此，对农产品流通的法律调整，必须是市场调节和国家宏观调控的有机结合。

（二）完善我国对农产品流通的宏观调控方式

过去，国家对粮、棉等主要农产品流通的调控方式，主要采用的是带有计划经济色彩的行政手段。从根本上说，国家采取这种调控农产品流通的方式，是通过牺牲农产品市场发育来求得一时的交易秩序稳定，并没有从体制上铲除交易秩序混乱的根源。随着市场经济的发展，农民参与农产品流通能力的提高，农产品流通市场化的进程会大大加快，国家必须要相应调整宏观调控农产品流通的方式和方法。

在农产品流通市场化的条件下，国家主要通过价格机制来调控农产品流通市场，平衡各方面的利益。农产品流通的价格调控机制主要由农产品保护价格制度和储备调节制度构成。前者在于保证农产品价格不致过低，以保障农民的利益；后者在于保证农产品价格不致过高，以保障消费者的利益。两种制度有机结合，适时适当地交替运用，使农产品流通有秩序、有效益地运行，从而促进农业和整个国民经济的协调发展。

新的《农业法》在“农产品流通与加工”一章中主要规定了农产品储备调节制度，如我国《农业法》第26条还规定：“……建立中央和地方分级储备调节制度，完善仓储运输体系，做到保证供应，稳定市场。”农产品储备是政府调控农产品市场的重要手段。建立农产品储备调节制度，除了救灾应急外，主要用于农产品市场的吞吐调节，稳定农产品市场价格，保证农民的利益不遭受大的损害以及重点城市、主要销区对重要农产品的消费需要。当市场农产品价格过低时，按国家规定的保护价格收购；当市场农产品价格过高时，按合理价格抛售。通过吞吐调节，把农产品市场价格稳定在合理的范围内，使农民和消费者的利益都能得到保护。

我国目前的农产品储备调节制度，实行的是中央和地方分级储备调节制度，既坚持中央的集中统一领导，又发挥地方的积极性。其中，农产品储备使用决定权由中央统一行使，即农产品的吞吐调节，由中央政府决策，统一调节，然后由国家农产品储备管理机关及时在各地的分支机构具体执行。如果允许地方有权运用农产品储备，难免会出现为了地方利益而你吞我吐的现象，这会加剧农产品市场的波动。

为了更好地发挥农产品储备调节制度的作用，我们需要做好以下几个方面的工作：

第一，根据国家和社会经济安全的需要，合理确定实行政府储备农产品的品种和规模。实行政府储备的农产品应限于对国民经济全局具有战略意义的品种，如粮食、棉花、油等重要品种。储备的规模要适度。规模过大，会加重政府的财政负担，规模太小，则无法保证安全目标的实现。因此应根据国际经验，结合我国实际状况，确定合理的储备品种和规模。

第二,国家应根据农产品生产成本、经营费用及合理利润等情况,制定出农产品价格的安全区,无论价格突破最高限还是最低限,政府都需要立即作出反应,或抛售或收购,使市场农产品价格保持在合理限度之内。与灵活吞吐相适应,国家应完善农产品预警预报系统,提高储备农产品决策的时效性与准确性。

第三,储备农产品的运作方式应采用相对独立的垂直专储体系。为此,要建立中央直接管辖的国家农产品储备体系,由中央政府直接管辖一批大型骨干企业,并实行垂直管理,从而有效保证中央农产品政令畅通、吞吐灵敏。

第四,建立制度化、规范化的农产品储备基金、风险基金。农产品储备系统的灵活运作,必须有强大的财政与金融保证,即必须做到财政资金的及时定额拨补到位。做不到这一点,储备农产品的吞吐调节乃至转换均无法操作。

四、农产品市场体系的法律制度

(一)农产品市场及其分类

1. 农产品市场的概念

农产品市场是农业商品经济发展的客观产物。它有狭义和广义之分。狭义的农产品市场是指进行农产品交换的场所。生产者出卖自己生产的农产品和消费者购买自己需要的农产品,要有供他们进行交换的场所,这种交换农产品的场所就是农产品市场。广义的农产品市场是指农产品流通领域交换关系的总和。它不仅包括各种具体的农产品市场,还包括农产品交换中的各种经济关系。本章所采用的是广义的农产品市场概念。

2. 农产品市场的分类

农产品市场可以从不同的角度作不同的分类。按农产品种类,可分为种植业产品市场、林产品市场,畜产品市场、水产品市场等;按地域空间,可分为地方市场、区域市场、全国性市场和国际市场;按农产品流通的空间距离,可分为产地初级市场、中心集散市场和销地市场;按市场所处的位置可分为乡村市场、集镇市场和城市市场;按农产品交易的交割方式,可分为买方市场和卖方市场等;按照农产品交易量的大小,可分为农产品集贸市场和农产品批发市场。本章采用的主要是农产品集贸市场和农产品批发市场的分类。

(1)农产品集贸市场

农产品集贸市场是农民之间、农民和城镇居民之间的一种传统的商品交易场所。它是农民出售农产品最直接、最方便的交易方式。农产品集贸市场具有以下特点:一是基础性。农产品集贸市场具有初级市场形态,它是农民进入农产品流通领域的最初场所,是连接农产品的生产和消费的最基本场所,是整个农产品市场的基础。二是自发性。许多农产品集贸市场都是在日常农产品交易活动中自然形成的,因而往往缺乏有组织的市场经营者和管理者。三是简单性。农产品集贸市场基本上是小额现货交易,交易规则主要靠习惯,一般没有制定详细的交易规则。四是局限性。由于农产品集贸市场的流通半径小,交易量不大,市场形成的价格不能真正反映供求状况,因而一些大宗农产品的批量贸易就很难靠农产品集贸市场进行,农民按集贸市场价格安排生产往往也不能真正做到适销对路。

(2)农产品批发市场

农产品批发市场是一种较高层次的农产品市场形态,是整个农产品市场体系的中心,是进行大宗农产品批量贸易的理想场所。农产品批发市场具有以下特点:一是规模性。农产品批发市场与集贸市场相比,首先是规模、交易量和流通半径要大得多。因此农产品批发市场对农产品流通影响较大。二是组织性。农产品批发市场一般设有相应的组织,即使是由集贸市场自发发展而成的,在形成批发市场后也要设立有关的组织。农产品批发市场的组织性,不仅表现在市场经营管理的组织性上面,还表现在交易活动的组织性上面。大多数的农产品批发市场有市场使用规则和交易规则,开展有组织的各种农产品交易活动。三是专业性。与集贸市场不同的是,农产品批发市场既可以是综合性的,也可以是专业性的,而专业性的农产品批发市场对某一类农产品的流通影响更大,其交易行情可以成为形成全国性农产品交易价格的参照。另外,市场的专业化,也使得交易规则专门化。

正是由于农产品批发市场具有以上特点,在当前和今后一个时期,我国完善农产品市场体系的重点,是积极培育农产品批发市场。

(二)农产品市场体系建设的目标

当前,我国农业与农村经济发展已经进入了新的阶段,这个新阶段的一个重要特征就是农产品供求关系发生了重大变化,农产品的生产供应能力大幅度提高。但我们也应该看到,由于市场体系不健全,市场引导生产的能力低下,一方面表现为农产品区域性、结构性供大于求的矛盾,凸显出农产品难卖、价格低迷等问题,另一方面表现为农产品生产的无序性,结构调整的盲目性和趋同性,导致农产品(如粮食)安全面临新的威胁。从总体上看,目前我国农产品市场体系正处在发育和形成过程中,许多方面还不尽如人意,与农业发展的形势和要求还不相适应。其主要表现为:市场布局不尽合理,尚未形成覆盖全国的市场网络;市场基础设施建设不足,影响了市场功能的充分发挥;市场法规不健全,交易秩序比较混乱;地区封锁现象时有发生,全国统一市场尚未真正形成。为此,《农业法》第 27 条规定:“国家逐步建立统一、开放、竞争、有序的农产品市场体系,制定农产品批发市场发展规划。对农村集体经济组织和农民专业合作经济组织建立农产品批发市场和农产品集贸市场,国家给予扶持。县级以上人民政府工商行政管理部门和其他有关部门按照各自的职责,依法管理农产品批发市场,规范交易秩序,防止地方保护与不正当竞争。”此条规定了国家建立农产品市场体系的目标，即逐步建立统一、开放、竞争、有序的农产品市场体系。为了完成这一目标，《农业法》还规定了相关政府职能部门的职责。党的十八届三中全会也高度重视农产品市场体系问题，强调要完善农产品市场体系，尽快形成统一、开放、竞争、有序的农产品市场体系，并把其和农业社会化服务体系、国家对农业的支持保护体系一起，作为新阶段加强农业、加快农村发展和促进农民增收的综合性改革措施提出来。

（三）建立新型农产品市场体系的意义

建立新型农产品市场体系，充分发挥农产品市场特别是批发市场的商品集散、价格形成和信息传递等功能，对引导农民调整农业和农村经济结构，搞活农产品流通，扩大就业，增加农民收入，都有着举足轻重的作用。

1. 商品集散功能：解决农产品卖难买难

我国农业由千家万户小规模分散经营的格局在短期内不会改变，一家一户生产出来的小批量农产品需要由农村集贸场所，即产地批发市场，将产品集中起来经过远距离运输送达大中城市销地批发市场，再经过二道批发扩散到城市集贸市场或其他零售网点，供城市居民消费。我国农产品的这一产销特点，决定了批发市场成为农产品流通的极为重要的中心环节，通过其集货与散货，在解决农产品卖难买难方面起着不可替代的作用。近些年来，各地调整农业和农村经济结构的实践表明，在蔬菜、水果、生猪、禽蛋和水产品等集中产区，凡是在科学规划基础上建立起比较规范的产地批发市场的地（市）、县，依托市场培育了大批农民运销商组织和经纪人队伍，同时引来大批外地客商，就不会出现农产品卖难。另一方面，在大中城市建立起了农产品批发市场，不仅满足城市居民日常消费的品种，余缺调剂有了保障，即使遇上自然灾害，本市农产品供应吃紧，价格上扬的信息一经披露出去，就会客商云集，货源滚滚而来，既保证了供应，平抑了物价，又节省了财政补贴。

2. 价格形成功能：优化农产品的品种品质结构

农产品市场体系特别是批发市场的建设与发展，打破了农产品流通领域的地区封锁和部门垄断，形成了多渠道经营、多主体平等竞争的格局。批发市场货源集中，通过“货比三家”实现了优质优价、优胜劣汰、引导农民淘汰质量低劣的品种和产品，生产适销对路的优质农产品。

3. 资源配置功能：农业和农村经济结构的优化升级

农产品批发市场的发展，使农产品的流通半径扩大，市场对资源配置的基础性作用得以充分发挥。各地可以充分利用区域比较优势，面向全国大市场和国际市场调整农业结构，建设和发展专业化、区域化、规模化的商品生产基地，同时发展农产品加工、运销业，使农业和农村经济结构渐趋合理与优化。

4. 信息传输功能:引导农民正确产销

农产品批发市场的货源充足,品种齐全,交易量大而又集中,通过公开、公平竞争形成的供求信息、价格信息比较真实可靠。特别是产地批发市场贴近农村、农民,是农民出售产品、获取市场信息的快捷渠道。产区的县、乡政府可以根据市场信息进行综合分析和预测,哪些产品该发展、市场在哪里,哪些产品该收缩或停止生产,引导农民科学决策,适时调整种养业结构。根据即时性的市场信息引导和帮助农民把已经生产出来的产品及时卖出去,卖个好价钱。

5. 市场准入功能:保证农产品质量安全

农产品市场一头连着生产基地和农民,一头连着广大消费者。严格把好农产品市场准入关,既可以防止有毒有害物质超标的农产品流向老百姓的餐桌,又可以为生产基地和农户传递优胜劣汰的市场信息,引导农民按照标准化的技术要求规范操作,确保农产品质量安全,同时激励农民在调整农业结构中大力发展包括绿色食品、有机食品等在内的无公害农产品。

6. 市场开放功能:增加农业国际竞争力

我国的农产品市场体系是个全方位开放系统,是扩大国内外农业技术交流与农产品贸易的重要窗口和载体。目前进入批发市场交易的农产品,既有向境外输出的优质蔬菜、水果、生猪和肉类加工品、水产品、花卉等,又有从国外进口的优质水果、花卉和引进种植和养殖的优良新品种,农民既可以从出口创汇中获得较高的收益,又可以及时了解国际市场行情,学习、引进国外的农业新技术、新品种,与我国土地和劳动力成本低的优势相结合,按照国际和有关国家的技术要求和产品标准组织生产、加工和储运,增强我国农业的国际竞争力。

7. 繁荣市场功能:解决农村就业和城镇化建设问题

农产品市场体系的形成、发展与繁荣,对于促进运用民间资源广开就业门路,转移农业剩余劳动力以及促进城镇化建设等发挥着日益重要的作用。

(四)建立完善的农产品市场体系的具体措施

1. 制定和实施农产品批发市场发展规划

目前我国农产品批发市场从数量上讲已经不少,但由于没有全国的统一规划,由各个地方在自己管辖范围内作规划,因而造成重复建设和社会浪费。因此,设立农产品批发市场应从当地的农产品商品货源及其流向、居民消费需要、经济发展和区位交通条件等实际情况出发,遵循统筹规划、合理布局、发挥优势、讲求实效的原则,防止盲目、重复建设。

设立农产品批发市场应考虑下列条件:(1)设立者主要是农民合作组织,或涉农企事业单位、社会团体等法人组织;(2)符合国家和本地区农产品批发市场建设发展规划;(3)位于农产品的主要产地、销地或集散中心;(4)具备相应的场地、设施和资金；(5)具备企业登记注册的其他条件。

各级农业部门应制定本区域农产品批发市场建设发展规划，规划的主要内容包括：(1)农产品批发市场的数量、规模、布局；(2)市场建设和设施改造的要求；(3)主要交易商品种类；(4)市场同生产基地、关联市场的联结关系。

规划建设产地批发市场，应主要依托各类农产品生产基地，充分考虑生产规模、商品流量流向、产品特点、区位交通条件、辐射范围以及小城镇建设等因素，确定市场的类型、位置、规模和设施标准。要打破行政区划的界限，在一个市场辐射范围内，不再规划建设新的市场。产地批发市场应以建设专业性市场为主。

规划建设销地批发市场，应主要依据销地人口数量和市场容量，充分考虑市政规划、区位交通条件、零售方式和消费习惯等因素，确定市场的数量、布局、规模和设施标准。销地批发市场应以建设综合性市场为主。

2. 增加投入，完善农产品批发市场的基础设施

一般来讲，农产品批发市场的基础设施应包括经营设施、辅助设施、关联服务设施、办公生活福利设施和配套工程设施等。由于目前我国农产品的分级、包装水平低，样品交易和拍卖方式尚未广泛采用，又缺乏收购批发商和销售批发商之类的中介，多数还是收购商和零售商之间面对面的直接交易，因此，尽管有了比较大的交易场所，但总是拥挤不堪。我们必须使农产品市场设施简陋、交易条件差、服务功能不配套的状况有个根本改观，完善农产品批发市场的基础设施的各项建设。

农产品批发市场基础设施建设过程中，要体现高效、经济、先进和实用的要求，做到功能分区明确，交易流程合理，经营运作方便，物流、车流、人流组织顺畅，停车面积匹配，设施齐全配套；注重市场绿化和环境保护。农产品批发市场应着重加强下列基本功能设施与能力建设，逐步提高现代化水平：(1)交易方式，从对手交易向代理制、拍卖交易转变；(2)结算方式，从分散的现金结算向统一的电子结算转变；(3)信息系统，完善信息收集、发布手段，建立网络服务平台，发展农产品电子商务；(4)检测系统，健全检测制度，增强检测手段，提高检测水平；(5)物流服务，实现商品贮藏、保鲜、运输和装卸等服务手段高效率、低成本；(6)秩序监控，对市场交易活动实行全面电子监控，提高交易纠纷的防范和应急处理能力；(7)环境卫生，对市场产生的垃圾、污水及时进行清除处理，使之达到环保排放标准。

3. 加强对农产品批发市场的管理

如果农产品批发市场基础设施建设得比较好，但却缺乏对之有效的监督管理，这样的农产品批发市场仍不是完善的市场，不能发挥其应有的功能。为此，2004年6月14日农业部下发的《农产品批发市场建设与管理指南》，对农产品批发市场的管理作了以下要求：(1)农产品批发市场的设立者应健全市场管理机构，加强市场管理。(2)农产品批发市场应采取政府调控、企业管理、客商经营的运行管理模式。市场应明晰产权，建立现代企业制度。(3)农产品批发市场管理者应以提供

服务和加强监管为宗旨，负责市场日常交易活动的管理工作。其主要工作有：负责市场规划、建设和改造，服务设施的完善与改进；负责市场交易方式、结算方式和信息系统的现代化建设；负责市场交易商（经销商、贩运商、零售商、经纪人）的身份登记，对其交易活动进行规范化管理和服务；负责市场交易活动监督、检查和日常管理工作，处理交易活动中发生的纠纷等事项；负责市场交易商品质量、重量、包装规格的监督与检查；落实市场交易、卫生、消防安全和环保等管理制度；提供商品运输、装卸、贮藏、保鲜、包装、加工等综合性服务；协助政府主管部门调控与监督管理市场；负责场所和设施的管理、出租（出售）和维护；负责市场信息的收集与传递发布等。(4)农产品批发市场应当建立健全市场日常管理制度、市场经营管理制度、市场交易指南、市场交易商品管理制度、商品质量检查制度、市场治安和安全保障制度、市场环境卫生管理制度、车辆管理制度、财务管理和统计报表制度等。(5)农产品批发市场应突出信息服务，及时收集和发布成交的品种、数量、产地、价格、质量等级等行情信息和商品供求信息，供交易双方参照。同时按规定将这些行情信息报主管部门，由国家主管部门汇总统一向全国发布。(6)农产品批发市场应实行下列公开办事制度：市场管理人员姓名、职务、职责公开；市场管理制度和工作人员守则公开；场所和设施安排、租赁费、管理费、服务费收取标准公开；纠纷事项处理结果公开。(7)农产品批发市场收费应符合国家有关规定。除国家规定外，任何单位和个人不得自行进入市场设立收费项目或者提高收费标准。(8)农产品批发市场应加强对管理人员的专业技术培训和业务考核，推行持证上岗，禁止市场管理人员参与市场交易。(9)农产品批发市场接受政府部门的管理和社会监督。

4. 规范农产品批发市场的交易活动

《农业法》第27条规定，县级以上人民政府工商行政管理部门和其他有关部门按照各自的职责，依法管理农产品批发市场，规范交易秩序，防止地方保护与不正当竞争。为了贯彻《农业法》的规定，《农产品批发市场建设与管理指南》对农产品批发市场的交易活动作了以下要求：(1)农产品批发市场交易的商品必须符合国家法令和质量安全要求。下列物品禁止上市交易：国家和地方明文规定重点保护的珍稀植物、动物及其制品；未经检疫或检疫不合格的畜禽及其产品；经检测不合格，有毒、有害健康的产品；法律、法规禁止上市的其他物品。(2)农产品批发市场的商品交易应逐步推行统一司磅，统一结算。(3)农产品批发市场的商品价格由买卖双方议定，随行就市。属于政府对价格实施监控管理的商品，应当执行有关规定。(4)农产品批发市场管理人员发现在市场买卖交易中有不正当行为，或出现不公正价格时，根据规定可以对交易商的交易活动进行限制。(5)农产品批发市场禁止下列行为：蓄意串通，捏造和散布虚假信息；以操纵市场为目的，合伙抬价或压价买入或卖出同一种商品；任何形式的欺行霸市，强买强卖行为；以其他直接或间接方式操纵或扰乱市场交易秩序。(6)农产品批发市场应加强对经纪人代理交易活动的监管,规范经纪行为。(7)农产品批发市场交易的农产品应推行分级分类处理,逐步达到质量等级化、重量标准化、包装规格化。(8)农产品批发市场交易的农产品应在包装物的指定位置标明名称、等级、产地、生产商、生产或采摘日期、重量、检验合格证明等需要说明的事项。(9)农产品批发市场交易的农产品实行分区交易。蔬菜、水果、肉类、水产品、畜禽等应分区销售;鲜活与冷冻商品应分区销售。

5. 加快制定有关规范农产品市场秩序的法律制度

首先,应尽快制定和完善提高农产品市场统一程度的法律法规,消除地区封锁和行政垄断,规范竞争行为,实现货畅其流。比如,在粮食流通方面,应将粮食收购和批发的经营资格扩大到有条件的个体户,取消经营资格审批权,使客观上大量存在的粮贩子"黑市"收购合法化,降低粮食市场监督管理的交易费用。将查堵"黑市"交易的行政资源,转移到规范交易行为,维护粮食市场公平交易秩序的领域中来。其次,抓紧农产品质量标准体系建设,强化市场规则的建立,应尽快建立健全农产品质量分级分类及包装标准体系、质量检测体系、产品认证体系和质量监督制度。最后,要尽快制定有关农产品批发市场的法律。造成我国农产品批发市场的组织化程度和规范化程度都比较低的重要原因就是批发市场法规建设严重滞后。因此应根据我国国情,尽快制定和颁布有关农产品批发市场的法律或行政法规,明确其法律地位,规范其组织行为,达到公开、公正、效率的目的,使批发市场在搞活农产品流通上起到中心环节的作用。

五、国家鼓励和支持多种形式的农产品流通

为了适应农业的发展,搞活农产品流通,要鼓励农村集体经济组织和农民个人以多种方式组织起来进入流通领域,发展多渠道经营。凡农村经济中放开经营的农产品,集体商业和个体工商户都可以经营。为此,《农业法》第28条第1款规定:"国家鼓励和支持发展多种形式的农产品流通活动。支持农民和农民专业合作经济组织按照国家有关规定从事农产品收购、批发、贮藏、运输、零售和中介活动。鼓励供销合作社和其他从事农产品购销的农业生产经营组织提供市场信息,开拓农产品流通渠道,为农产品销售服务。"此条规定表明了国家对发展多种形式的农产品流通活动持鼓励和支持的态度。为了贯彻本条规定,应做好以下几方面工作。

(一)培育市场主体,提高其组织化程度

要大力发展农民合作运销组织,让农民组织起来进入市场,解决一家一户生产经营活动的信息不对称,进入市场难,风险大,产品运销环节多、成本高,从而导致农民增产不增收的问题;同时,要培育农民经纪人队伍和代理商、中间批发商组织,

扩大营销规模，提高交易效率。目前，国有贸易企业和供销合作社仍是重要的农产品流通主体，要引导它们与农民建立多种形式的联合与合作，逐步形成利益共同体，以保持和占有一定的市场份额。

除了重视发挥原有的农产品流通主体的作用，同时，要加快新型流通组织的发展，营造组织化程度不断提高的新型农产品流通组织体系。首先，继续大力推进连锁经营组织向更大范围、更深层次的发展和延伸，逐步确立连锁经营组织在流通业中的主体地位；鼓励优势连锁企业、批发企业以及优势生产企业采取加盟、特许等方式发展连锁经营，以吸收和整合众多分散经营、传统小型的流通主体。其次，鼓励多元化流通主体之间，不同区域流通企业之间，流通企业与上游生产企业之间，批发、零售与外贸等不同环节流通企业之间的重组、合并与联合，突破流通领域传统的依部门、环节、地区分离的板块结构，营造新型的流通组织模式与大型流通企业。最后，培育多种形式的新型农产品流通组织。要注重培育和发展“公司＋农户”型、农民合作型以及专业产销协会型等多种形式、专业化的农产品流通组织，逐步实现有组织的、规模化的农产品流通模式；鼓励各种连锁企业向农村市场延伸，使农产品借助连锁经营组织的销售网络直接快速进入城市市场。

（二）健全和完善农产品流通信息网络体系

农产品生产和销售的分散性客观上造成信息的不完备和分布的不对称，使农民难以获得市场信息。互联网为农产品流通提供信息平台，电子商务突破了空间和时间限制，扩展了流通范围，提高了商流效率，提高了物流合理性。因此，应加快各大批发市场电脑网络系统的联网建设，建立市场信息的收集和发布制度，并在市场内部设立电子屏幕，随时公布市场信息。为保护市场信息的客观、准确、权威，政府部门应成立专门的组织从事农产品供求、价格和主要批发市场运行状况等信息的采集、整理、分析和预测工作，并通过互联网等各种信息传播渠道及时向农产品市场供求双方发布信息，提供咨询服务和指导。通过全方位、开放式、多层次的农产品信息网络，及时、准确地向农民和交易者提供价格信息、生产信息、库存信息以及气候信息，提供中长期市场预测分析，使农产品信息网络成为引导农民调整生产结构、保持市场平稳运行的重要手段。

（三）推广现代农产品营销手段

现代营销手段不能为工业产品所包揽，农产品也需要利用现代手段，积极开展市场营销、促销，提高效益，如采取代理、中介、期货等方式，采用品牌、商标、广告宣传等手段。要积极运用现代的营销手段开拓国外市场。应加强对现有的优质农产品的保护，鼓励农民以多种形式进行农产品的商标注册，树立并保护名牌产品形象。当前政府出面组织协调是比较切实可行的方法。例如，河北省赵县政府组织全县梨农为雪梨注册了“赵州”牌商标，顺平县政府为本地生产的红富士苹果注册了“顺富”商标，使他们的农产品走进了中南海。目前我国农民的广告意识还不强，广告费用较高也在一定程度上制约着农产品的广告宣传，加之农民尚不具备做广告的生产规模，所以，由政府组织协调促成优质农产品的广告应是近期工作的主要内容。

（四）创新农产品交易方式

一是拍卖交易。拍卖能够形成公开、公平、公正的价格，既能体现社会的供求关系，节省交易成本，又能提高经营效率。二是电了商务。电子商务技术的应用，将对传统的农产品生产流通过程产生深远的影响。有助于形成农产品从生产到最终消费全过程中资源配置的最优化，从而使农业部门总体和综合的效率与效益得到大大提高。三是期货交易。农产品期货交易具有价格发现、套期保值的功能，它既是国内农产品市场的先导，也是联结国际农产品市场的重要渠道。建设完备的农产品期货市场，对于完善农产品流通体制，引导特定农产品的生产和经营，至关重要。上述几种交易方式对于促进农产品流通将起到重要的作用，应大力提倡。

六、疏通农产品运输“绿色通道”

“绿色通道”，又称为“鲜活农产品绿色通道”，是1995年国务院纠风办、交通部、公安部为落实国务院提出的“菜篮子工程”，保障城市蔬菜供给而提出并组织建设的。三部门先后开通了山东寿光至北京、海南至北京、海南至上海、山东寿光至哈尔滨四条蔬菜运输“绿色通道”，总里程达到1.1万公里，贯穿全国18个省（区、市）。“绿色通道”使这端的市民受惠、那端的农民受益，早已是不争的事实。这四条“绿色通道”的示范作用使很多地方决策者受到启发。从2002年开始，湖北、四川、贵州、安徽、浙江、福建等省相继出台了对整车运送本省生产的鲜活农产品（包括西瓜、蔬菜、水果等）运输车辆给予减征或免征通行费的优惠政策，建立了具有区域特点的农产品公路运输“绿色通道”。这些“绿色通道”的开通，对提高农产品流通效率、促进农民增收起到了积极作用，为农村经济的发展注入了新的生机和活力。为此，我国《农业法》第28条第2款规定：“县级以上人民政府应当采取措施，督促有关部门保障农产品运输畅通，降低农产品流通成本。有关行政管理部门应当简化手续，方便鲜活农产品的运输，除法律、行政法规另有规定外，不得扣押鲜活农产品的运输工具。”中共中央、国务院在《关于促进农民增加收入若干政策的意见》中也有类似规定。为了贯彻落实《农业法》和《关于促进农民增加收入若干政策的意见》的相关规定，在全国建立高效率的鲜活农产品流通“绿色通道”，支持鲜活农产品运销，交通部、公安部、农业部、商务部、发改委、财政部六部委和国务院纠风办于2005年1月13日联合发布了《全国高效率鲜活农产品流通“绿色通道”建设实施方案》。该方案规定了建立鲜活农产品流通的指导思想和原则、建立全国鲜活农产品流通的主要内容及组织实施，具体来说，主要有以下几方面内容：第一，构建全国鲜活农产品主要产销区之间“绿色通道”网络。第二，统一界定鲜活农产品的范围和不属于鲜活农产品的范围。第三，制定切实措施，确保“绿色通道”通畅。但是伴随市场需求的增长和流通环节的变化，为进一步完善和落实鲜活农产品运输“绿色通道”政策，降低流通成本，更好地促进鲜活农产品流通，交通运输部、国家发展和改革委员会以及财政部于 2010 年 11 月发布《关于进一步完善鲜活农产品运输绿色通道政策的紧急通知》，具体内容如下：

第一，扩大鲜活农产品运输“绿色通道”网络。从 2010 年 12 月 1 日起，全国所有收费公路（含收费的独立桥梁、隧道）全部纳入鲜活农产品运输“绿色通道”网络范围，对整车合法装载运输鲜活农产品车辆免收车辆通行费。新纳入鲜活农产品运输“绿色通道”网络的公路收费站点，要按规定开辟“绿色通道”专用道口，设置“绿色通道”专用标识标志，引导鲜活农产品运输车辆优先快速通过。

第二，增加鲜活农产品品种。按照国发〔2010〕40 号文件的要求，将马铃薯、甘薯（红薯、白薯、山药、芋头）、鲜玉米、鲜花生列入交通运输部、国家发展改革委《关于进一步完善和落实鲜活农产品运输绿色通道政策的通知》（交公路发〔2009〕784 号）确定的《鲜活农产品品种目录》（以下简称《目录》），落实免收车辆通行费等相关政策。

第三，进一步细化“整车合法装载”的认定标准。在继续执行交通运输部、国家发展改革委《关于进一步完善和落实鲜活农产品运输绿色通道政策的通知》（交公路发〔2009〕784 号）的基础上，考虑车辆配载的实际情况，对《目录》范围内不同鲜活农产品混装的车辆，应认定为整车合法装载鲜活农产品，按规定享受鲜活农产品运输“绿色通道”各项政策；对《目录》范围内的鲜活农产品与《目录》范围外的其他农产品混装，且混装的其他农产品不超过车辆核定载质量或车厢容积 20% 的车辆，比照整车装载鲜活农产品车辆执行。考虑车辆计重设备可能出现的合理误差，对超限超载幅度不超过 5% 的鲜活农产品运输车辆，比照合法装载车辆执行。

第四，加强和规范检测工作，提高“绿色通道”通行效率。各地交通运输主管部门和相关单位要积极争取地方政府及有关部门支持，根据实际工作需要，可在重要路段的“绿色通道”收费道口配备数字辐射透视成像等检测设备，逐步建立以自动检测为主、人工查验为辅的鲜活农产品运输“绿色通道”检测体系，利用科技手段，尽可能缩短鲜活农产品运输车辆的查验时间，提高合法运输车辆的通行效率。对于交通量大、经常发生交通拥堵的收费站，应增设收费车道或加强人工疏导，维护正常通行秩序，确保“绿色通道”畅通。与此同时，各地要加大检查力度，重点打击假冒鲜活农产品运输车辆骗逃车辆通行费等违法行为，确保道路运输行业公平竞争和运输市场秩序稳定。

第五，进一步健全监督工作机制。根据国务院的统一部署，完善鲜活农产品运输“绿色通道”政策，由地方各级人民政府负责组织落实。一是地方各级交通运输、价格、财政主管部门要严格执行国务院决策要求，迅速行动，在省级人民政府的统一领导下，不折不扣地落实好车辆通行费免收等优惠政策。二是建立健全政策执行监督机制，明确专人负责，定期对相关部门和单位“绿色通道”政策落实情况进行监督检查。三是公布“绿色通道”政策投诉电话，认真受理群众的举报和投诉，及时研究解决“绿色通道”政策运行中出现的各类问题，切实维护广大群众和公路经营企业的合法利益。四是及时协调解决“绿色通道”政策执行过程中的问题，重大情况要及时向省级人民政府、交通运输部、国家发展改革委和财政部反映。

此外，国家采取各种措施促进农产品出口，关于农产品的国际贸易问题，参见本书第十章的论述。

第二节　农产品加工法律制度

大力发展农产品加工业，不仅有助于克服农产品“卖难”，增加农产品的附加值，而且农产品加工业的发展还可以有力地促进农业生产结构的调整，提高农业整体素质，增强农业的竞争力，加快我国由传统农业向现代农业转变的进程。为此，新《农业法》将原《农业法》第四章由“农产品流通”改为“农产品流通与加工”。《农业法》第29条规定：“国家支持发展农产品加工业和食品工业，增加农产品的附加值。县级以上人民政府应当制定农产品加工业和食品工业发展规划，引导农产品加工企业形成合理的区域布局和规模结构，扶持农民专业合作经济组织和乡镇企业从事农产品加工和综合开发利用。国家建立健全农产品加工制品质量标准，完善检测手段，加强农产品加工过程中的质量安全管理和监督，保障食品安全。”根据《农业法》的相关规定，结合农业部2004年2月27日印发的《农产品加工推进行动方案》、国务院办公厅2002年11月6日印发的《关于促进农产品加工业发展意见的通知》以及农业部2002年6月1日下发的《全国主要农产品加工业发展规划》等法律法规，可以看出，我国有关农产品加工的法律制度主要包括如下内容。

一、发展农产品加工业的指导思想和主要原则

（一）指导思想

当前和今后一个时期，要紧紧围绕农业和农村经济结构的战略性调整，因地制

宜，科学规划，合理布局，依靠科技进步发展农产品加工业；在避免重复建设、提高农产品综合加工能力的同时，逐步实现农产品由初级加工向精深加工转变，由传统加工工艺向采用先进适用技术转变；推进农产品加工原料生产基地化，产加销经营一体化，加工制品优质化，促进农产品加工业持续健康发展。

（二）主要原则

第一，以市场需求为导向。遵循市场经济规律，发展优质、安全、方便、营养的农产品加工制品，巩固城市消费市场，开拓农村、小城镇和国际市场，不断适应和满足市场需求。

第二，发挥区域比较优势。因地制宜，充分发挥其资源、经济、市场和技术优势，依托优势农产品专业化生产区域，发展优势、特色农产品加工业，逐步形成农产品生产和加工产业带，实现农产品加工与原料基地有机结合。

第三，适度规模经营。发展农产品加工业，要与原料基地的规模和市场需求相适应，既要发展大中型龙头骨干企业，又要发展有市场、有特色、有潜力的小型企业。

第四，采用先进适用技术。保护和发展具有民族特色的传统工艺，选用先进适用的技术装备，鼓励有条件的农产品加工企业积极引进和开发高新技术。

第五，发展和保护相结合。坚持高标准、严要求，采用先进工艺和技术，切实推行清洁生产，保护生态环境，有利于可持续发展。发展农产品加工业，要特别注意不能上污染严重和危害生态环境的项目。

第六，加强宏观指导。通过制定和实施农产品加工业发展规划、政策，引导农产品加工业合理布局，防止盲目铺摊子和低水平重复建设，新上项目一开始就要做到高起点、高水平，提高农产品加工的现代化水平。

二、统一规划，合理布局，支持农产品加工业的发展

我国《农业法》还规定："县级以上人民政府应当制定农产品加工业和食品工业发展规划，引导农产品加工企业形成合理的区域布局和规模结构，扶持农民专业合作经济组织和乡镇企业从事农产品加工和综合开发利用。"

发展农产品加工要与国家产业政策和小城镇战略相结合，引导农产品加工业合理布局。扶持粮食主产区发展以粮食为主要原料的农产品加工业，重点是发展粮食深加工。引导农产品加工企业向优势农产品产业带、农产品加工园区和小城镇集中，促进优势农产品产业带的形成，推动小城镇建设。命名一批全国农产品加工业园区，树立典型，充分发挥其示范带动作用。与国家西部大开发战略和振兴东北老工业基地战略相结合，引导东部地区与中西部地区企业、东北地区企业、国内企业与国外及港澳台地区企业开展交流与合作，大力开发该区域农产品资源。

发展农产品加工业，要按照市场需求、资源条件和产业政策科学规划，充分利用现有的加工企业示范项目，通过技术改造，扩大生产加工能力，防止盲目发展和重复建设。为此，《全国主要农产品加工业发展规划》对当前和今后一段时间具体农产品加工业发展的重点和布局作了以下规定：

（一）农作物加工业发展重点和布局

当前和今后一段时间农产品加工业发展的重点是以种植业产品为原料的食品加工业，要突出粮食、油料、糖料、蔬菜、水果和茶叶等产品的加工。

1. 粮食类产品加工

要从粗加工向精加工、从单一品种向多品种、从简单产品向深加工产品转化。重点是要搞好稻谷、小麦、玉米和薯类的深加工和综合利用，努力提高基础原料产品质量，实现加工品种多样化、系列化、专用化，加快粮食产品向食品制造业的延伸。

（1）稻谷加工

目前，我国稻谷加工企业规模小，加工方式传统落后，深度开发不够，90% 的稻谷在农村加工，与世界先进水平差距明显。今后要在精深加工和综合利用上做文章，着重发展优质稻谷精加工，重视加工过程中的精碾、调质、成品整理等技术的开发与应用，大力开发米糠等副产品制油等多种用途，向高出米率、精米、特种米（包括胚芽精米、营养强化米、蒸谷米及其他专用米）、碎米深加工（包括米粉类制品）、大米添加剂（上光剂、增香剂等）及稻壳、米糠综合利用五类系列产品方向发展，扶持合理规模企业发展。在加工企业的布局上，要以国家商品稻谷基地为依托，实行产地就近加工。东北、华北及西北地区稻区主要发展精米加工，华南、华中、西南稻区在搞好优质米加工的同时，发展饲料稻和以早籼稻为原料的精深加工。

（2）小麦加工

目前，我国小麦制粉行业技术水平与世界先进水平差距不太大，但总体装备水平与国外有差距，面粉加工品种单一，加工能力过剩，优质专用粉生产能力不足，在一定程度上制约了以面粉为原料的食品加工业的发展。今后 5—10 年，小麦制粉行业应对现有面粉加工企业进行技术改造，扩大企业规模，提高产品技术含量，不断开发新产品。发展从专用小麦种植到加工的产业化经营，对出粉率低、能耗高的小型面粉厂要适当控制其发展，避免盲目引进国外加工设备。要在提高总出粉率、好粉出粉率的同时，大力发展多种专用面粉，开发冷冻面团、营养强化面粉及特殊人群适用的专用面粉等；开展面制主食品的工业化生产加工。布局上，在北方冬麦区和黄淮冬麦区的优质、专用小麦集中产区鼓励发展具有一定规模的优质、专用面粉加工企业；在大中城市的郊区和沿海地区结合产业调整重组，建设以面粉为原料的食品加工联合企业，推进面制主食品的工业化。

(3)玉米加工

我国的玉米加工技术水平较低,仅占产量的20%左右,普遍用作口粮和饲料,深度加工只占产量的9%。今后要加大高油玉米、优质蛋白玉米等新品种的培育与开发力度,开发多样化的玉米食品和多用途的工业原料;提高现有加工企业的综合利用水平,开发淀粉、玉米粉、玉米浆、玉米蛋白粉、纤维渣或玉米皮及胚芽等产品。要在玉米淀粉的深度开发利用方面做文章,生产变性淀粉、柠檬酸、淀粉糖等高附加值产品。玉米饲料加工要向专用化、特种化、保健化和颗粒化方向发展。在布局上,重点是在黑龙江、吉林、辽宁、内蒙古等玉米主产区择优扶持和建立一批具有较大规模和较高水平的玉米加工企业。

(4)薯类加工

薯类是比较经济的淀粉原料之一,也是许多工业产品的中间原料。近年来,薯类用作口粮越来越少,除加工成薯干、淀粉、粉条等传统产品外,还进一步开发了淀粉及其衍生物、淀粉糖、有机酸、氨基酸以及化工原料等产品。但与发达国家相比,我国薯类加工量的比例只有15%左右,加工深度不够,今后要向深度开发进军。培育适于不同加工用途的专用薯类品种,发展专用薯类品种的种植基地,保证薯类深加工的原料供应。加大薯类深加工技术及成套装备研究开发力度,加工薯类淀粉、变性淀粉、马铃薯全粉、马铃薯复合薯片和速冻薯条等产品,实现多次加工转化增值。在薯类的集中产区,尤其是贫困地区,国家要给予适当扶持,建成一批有规模、上档次的薯类加工企业,发展产业化经营,带动当地的农业结构调整与农民增收。

2. 棉花加工

我国是世界第一产棉大国。随着我国经济的不断发展,人民生活水平逐年提高,对棉产品需求量逐年增加,特别是对高档棉纺织品的需求增加更快。目前,我国棉花加工企业较多,经整顿后关闭了一批不具备加工条件的棉花加工厂,使棉花加工质量有了较大提高,但与世界先进水平相比,仍有一定差距。一般棉花加工厂的加工周期为5—6个月,往往造成棉花霉烂、变质,品质下降。特别是长绒棉的加工仍沿用六七十年代的设备,工艺落后,生产效率低,棉花质量下降,急需加以改善和提高。今后,应重点解决长绒棉的加工工艺与设备问题,缩短周期,提高长绒棉的加工效率,保证棉花的加工质量。加工厂应有一定的规模,并采用较现代的加工设备,生产出优质的棉产品,满足市场需求。

3. 油料加工

随着人民生活水平的提高和人口的增长,食用油的需求日益增大,国内自给不足,相当一部分需要进口。改革开放以来,我国的油料加工能力和技术装备水平都有很大提高,但油料加工企业布局不合理,低水平重复建设问题突出,加工设备利用率不高,产品加工档次较低。今后要通过引进新技术,扩大企业规模,调整产品结构,开发精深加工产品,实现油料资源的合理利用。

油料加工企业的布局要在油菜籽、花生和大豆等的集中产区,对现有的加工企业进行技术改造,逐步淘汰加工档次低的小型加工企业,培植一批技术先进、产品品牌质量优良、综合利用程度高的大中型油料加工企业。控制非油料主产区油料加工企业的发展。重点扶持传统蛋白制品的现代化生产和新兴蛋白制品的开发。在大豆主产区或主要销区改造一批大豆加工企业,改进设施设备,提高科技含量。

4. 糖料加工

我国是世界上既生产甘蔗糖,又生产甜菜糖的少数国家之一。在国家糖料基地建设的推动下,我国糖料作物面积不断扩大,食糖产量迅速增长,食糖供应实现基本自给。但由于我国糖料生产单产低、成本高、加工企业的规模较小、综合利用程度不高、多数企业的经济效益不理想,今后要实行总量控制,依靠科技进步,着力调整结构,培育糖料作物优良品种,加速机械化,提高单产和含糖率。对经济效益差、污染严重、无原料保障的企业,实行关闭破产。对基础较好、规模较大、管理规范的食糖加工企业要进行技术改造,引进新技术、新设备,不断提高食糖质量和糖料综合利用程度,扩大企业规模。鼓励发展精制糖和一次性小包装糖、淀粉糖、营养型甜味剂和软饮料用淀粉糖,严格控制糖精生产。

在企业布局上,一是扶持广西、云南、广东的甘蔗糖厂和新疆的甜菜糖厂进行技术改造,防止重复建设;二是引导福建、四川、海南、湖南、江西的甘蔗糖厂和黑龙江、吉林、辽宁和内蒙古的甜菜糖厂进行结构调整,开发新产品,提高综合利用率,降低成本,恢复竞争力;三是引导不宜发展糖业的地区退出。

5. 蔬菜加工

目前,我国蔬菜总产量占世界的一半以上,已发展成为我国种植业中的第二大类产品,出口量居世界第一位。但我国蔬菜加工的比例和水平与世界先进国家相比还有很大的差距,绝大部分蔬菜未经清洗、分级就投放市场,保鲜和加工薄弱,蔬菜损耗浪费比发达国家高出 20% 以上。加工产品仍以传统的腌菜、泡菜、制干为主,近几年才逐步在沿海地区建立了一些以出口为主的速冻菜、罐藏菜、脱水菜加工企业。今后,要依靠科技进步,发展无公害、无污染的绿色蔬菜基地,努力提高蔬菜品质。要大力提高采后清洗、分级、预冷、保鲜、破碎、杀菌和包装等商品化处理程度,推行净菜上市。对传统的蔬菜加工制品要改进加工工艺,更新机械设备,使其在产品包装、质量等方面上一个新水平。加快发展具有出口潜力的蔬菜罐头、速冻菜、脱水菜、蔬菜汁、蔬菜粉、蔬菜脆片以及膨化蔬菜和保健蔬菜等。加大野生菜资源的开发利用。

在加工企业布局上,要在蔬菜集中产地建设一批净菜上市加工企业,在沿海和有出口条件的地区建设一批出口蔬菜加工企业,对传统的有地方特色的蔬菜加工企业给予适当扶持。

6. 水果加工

目前,我国已成为世界第一大水果生产国。我国水果90%以上是鲜销,与发达国家40%—70%进行加工相比,存在相当大的差距。我国水果品质良莠不齐,多数品质不高,不适合进行加工,影响加工业的发展。因此,今后首先要加强优良品种的培育与原料基地的建设。在此基础上,大力发展水果的贮藏保鲜与加工。要重点建设产地贮藏库,开发水果生物保鲜技术,提高水果采后清洗、分级、预冷、杀菌、打蜡、包装等商品化处理程度,加大冷藏运输等基础设施建设。要改造、改组现有水果加工企业,重点发展适应国内外市场需要的果汁、果酱、果粉、果酒和膨化果品等产品。要注重野生水果的资源开发,提高加工和综合利用水平。

在加工企业的布局上,在水果的集中产区,分期分批投资建设水果自动分级包装厂、冷藏库,对现有的果汁、罐头、果酱、蜜饯、果酒、果干等加工企业进行技术改造,重点建设一批上档次、上水平的水果加工企业。

7. 茶叶加工

我国茶园面积居世界第一位,产量居世界第二位,出口占全球贸易量的20%,居世界第三位。我国虽然是茶叶生产大国,但人均消费量并不高,年人均消费茶叶300克,是世界人均消费量的60%。茶叶是我国具有出口优势的农产品。但加工的设备陈旧、产品的质量和包装档次低,综合利用不高。今后,要运用新技术、新材料、新工艺加快传统制茶业的改造,提高连续化和自动化水平,提高科技含量。产品开发仍以饮料为主,要以保质、保鲜、保特色和使用便捷为基点,以名优茶、绿色食品、有机茶、保健茶为重点。茶叶加工要与医药业、其他食品业更加紧密结合,大力开发以茶叶为原料的健康食品、食品添加剂、保健品和药品。

在加工企业布局上,对具有一定规模的大宗茶叶加工企业进行技术改造,在名优茶产地大力推进机械加工,在大中城市适当发展罐装茶饮料企业。

(二)畜禽产品加工业的发展重点和布局

改革开放以来,我国畜牧业生产快速增长,畜禽产品加工也有长足发展。2000年肉类总产量6125万吨,加工肉制品260万吨,蛋制品4万吨,涌现出一批规模较大、产品质量较高的"龙头"加工企业。但也应当看到,我国畜禽饲养结构不合理,畜禽产品加工整体水平低,用于加工的肉、蛋分别只占总产量的3%—4%和1%,而发达国家一般为总产量30%—40%。我国鲜奶加工成乳制品只占50%,而发达国家一般在80%以上。我国畜禽产品加工行业内低水平的重复建设比较严重,环保意识不强,产品的深度开发和综合利用还很不够。今后,畜禽产品加工业要严格执行有关屠宰法律、法规,建立与国际接轨的肉类食品质量安全控制体系,进一步提高加工产品的卫生质量,推广HACCP卫生管理系统,提高深加工产品比例,规范市场有序竞争,重点抓好肉类、蛋类和乳制品的加工。肉类加工要进一步向机械化屠宰、加工与冷藏相结合、深度加工和综合开发利用的方向发展，并解决好产地与市场间冷藏运输环节薄弱的问题。乳制品要进一步提高产品质量、增加花色品种。

1. 肉类加工

要推广冷却肉的生产及供应，大力发展低温肉制品和生物发酵制品。提倡把中国传统风味酱、卤、烧、烤等肉制品的生产工艺与现代技术紧密结合，实现中式肉制品的工业化生产。发展可微波加热的速冻肉制品、真空冷冻干燥肉制品。发展畜禽的头、蹄、尾、内脏等深加工制品及为生化制药提供原料，提高肉类加工附加值。鼓励肉食品加工企业进入食品配送领域，通过超市、连锁方式销售加工肉制品。注重骨、毛等废弃物的综合利用，减少环境污染，提高经济效益。在加工企业布局上，对现有肉联厂、冷冻厂和大型龙头加工企业，要引导其扩大生产规模、提高产品档次、增加花色品种和开展综合利用，在畜产品集中产区扶持建立一批包括冷藏、保鲜和深加工在内的龙头企业。

2. 蛋类加工

自1985年以来，我国一直保持世界禽蛋第一生产大国的地位，总产量占世界蛋类总产量的40%左右。今后要在巩固松花蛋、咸蛋、糟蛋等传统花色品种蛋加工的同时，大力发展液体蛋和干蛋品。在满足国内市场的同时，培育壮大福建、浙江、湖南等地的年产量1000万吨以上的出口创汇基地。要在我国禽蛋产区，加快鲜蛋制品加工能力建设，形成加工规模，改善生产设施和质量监测条件，改进加工工艺，提高加工产品的卫生质量，不断增加禽蛋加工的花色品种，同时，合理利用禽蛋中的壳膜、蛋壳、溶菌酶和其他成分，发展食品、医药、饲料和化工等用途产品的深加工。

3. 奶类加工

要大力调整产品结构，狠抓鲜奶和乳制品质量，开发适合不同消费群体的多层次、多样化的新产品。重点发展液体奶、保鲜奶、无菌奶及各种酸奶饮料，开发牛奶甜点制品，以及免疫牛奶、功能性奶、花色奶等。要进一步开拓奶源，加快发展规模化良种奶牛奶源基地，整合散养奶牛、奶羊奶源，鼓励集中机械化挤奶，完善收奶冷链设施，建立标准化、优质化的奶源基地。

在大中城市奶源基地，重点发展液体奶及其延伸制品；在农牧地区奶源基地重点发展脱水乳制品及其延伸制品，结合国家改善营养行动计划，科学引导消费，加快实施“学生饮用奶”计划等，使奶类、乳制品及其延伸制品深入到国民特别是广大农村居民的饮食生活中，提高人均消费水平和生活质量。

（三）水产品加工业的发展重点和布局

改革开放以来，我国渔业生产持续快速发展，水产品产量占世界总产量的1/3

左右,连续9年位居世界第一位。水产品加工已基本形成一个包括水产品制冷(含冷冻、冷藏、制冰)、干制、腌制、熏制、罐制(含软罐头)、鱼糜加工、水产药品与保健、调味品、鱼粉与饲料加工、海藻化工(海带提取碘、褐藻胶、甘露醇)与海藻(海带、裙带菜、紫菜)食品以及鱼皮制革、水产工艺品等十余个专业门类的庞大行业。然而,我国水产品加工和综合利用方面与世界水平相比差距还十分明显。具体表现在:一是加工量比例较低,我国水产品加工比例不到总产量的1/3,其中淡水水产品不足5%;二是加工技术含量低、高附加值产品少;三是废弃物综合加工利用水平不高,加工过程中的鱼头、内脏、鱼鳞、鱼骨、虾头、蟹壳及腐烂水产品等废弃物,主要用来生产饲料鱼粉,对其中很有价值的成分尚未充分提取和利用;四是传统产品加工技术落后,我国几千年来形成的许多传统风味水产食品仍然沿用传统的作坊式手工加工方法,市场逐渐萎缩。

今后,水产品生产和加工要以大宗产品、低值产品和废弃物的精深加工和综合利用为重点,优化产品结构,推进淡水鱼、贝类、中上层鱼类、藻类加工产业体系的建立。培植和引导一批具有活力的水产品加工龙头企业,通过加快企业技术改造,促进适销对路的加工产品的开发,发展既有营养又食用方便的加工食品,不断提高国内外市场占有率。

1. 海水产品加工

要重点研究开发新捕捞对象加工成食用及制成优质鱼粉、鱼片、鱼糜、模拟食品和调味品等。海洋低值水产品的加工要在加大传统水产食品开发力度的基础上,大量开发精制食用鲜鱼浆,进而以鲜鱼浆为原料生产风味鱼丸、鱼卷、鱼饼、鱼香肠、鱼点心等各式方便食品、微波食品及色香味俱佳的高档人造蟹肉、贝肉、鱼翅、鱼子等合成水产食品,提高低值产品的综合利用率和附加值。

2. 淡水鱼加工

要按照"一保鲜、二保活、三加工"的原则,销售以活、鲜为主,在冰鲜和冷冻的条件下,逐步发展"三去"、分割、切片加工,搞好配送,抓好鱼糜、鱼片以及新型盐干品、熏制品、调味制品的开发,综合加工开发利用不可食部分,提高附加值。

3. 贝类加工

主要是搞好保活、净化和消毒,并进行多样化开发,如贝类调味品、干制品、熏制品和软包装罐头等食品以及人体和动物钙源食品等。

为适应我国水产品加工业的发展,并根据国际渔业贸易一体化、自由化的新趋势,要按照发挥区域比较优势的原则,选择一些易加工、市场需求量大、出口换汇高的重点品种,建设一批从种苗培育到养殖、加工等区域化布局、专业化生产、规模化经营的生产基地。重点发展对虾、罗非鱼、斑点叉尾、鳗鱼、大菱鲆、牙鲆等品种的苗种、养殖、加工一体化的出口基地。同时,要加强水产标准体系建设,全面推行HACCP管理系统,制定、修订一批水产品质量、品种、生产技术、生态环境等标准,逐步与国际接轨,消灭无标生产,培植水产名牌产品,提高产品竞争力。

三、促进农产品加工业发展的政策措施

(一)提高认识,加强宏观指导

各级政府要统一思想,提高认识,明确主管部门,并将促进农产品加工业发展工作纳入本地区社会、经济发展规划,列入政府工作的重要议程。要切实转变政府职能,改进工作方法,加强对农产品加工业的宏观指导和服务。要遵循市场经济规律,防止盲目发展和重复建设。各有关部门要加强协调与配合,共同促进农产品加工业的发展。

(二)创造政策环境,加快发展步伐

第一,要加大对农产品加工业的财政支持。各级政府要进一步调整投资结构,增加对农产品生产、加工和市场体系建设的投资。投资重点用于为农产品加工企业服务的基础性项目,包括良种繁育、动植物保护、农产品包装、仓储、运输等生产和流通设施,技术引进、示范和推广,市场营销,信息网络等服务设施,产品标准、质量检测和环境控制等保障设施。今后,中央和省级财政每年要安排一定数量的资金,用于重要农产品加工业的技术改造贷款贴息。

第二,制定对农产品加工业的税收优惠政策。在所得税方面,对重点农产品加工龙头企业从事种植业、养殖业和农林产品初加工取得的所得,暂免征收企业所得税;鼓励农产品加工企业加快技术开发和技术创新,企业研究开发新产品、新技术、新工艺所发生的各项费用在企业所得税前扣除;在增值税方面,将农产品加工企业进项抵扣率提高到13%,减轻农产品加工企业的增值税税赋;对符合国家高新技术目录并经国家有关部门批准引进项目,进口国内不能生产的农产品加工设备和先进技术,免征进口关税和进口环节增值税。

第三,改进对农产品加工企业的信贷服务。要在继续防范金融风险、保证信贷资金安全的前提下,做好对农产品加工企业的信贷支持工作。商业银行要通过资质评估,对一批实力强、资信好、资产负债率低和发展前景良好的农产品加工企业,核定一定的授信额度。在确定对农产品加工企业贷款时,要以企业授信等级为主要标准,不受银行对地区授信等级的限制。对于农产品加工企业季节性收购农产品所需流动资金,商业银行要及时核发;对于农产品加工企业申请固定资产贷款,商业银行要适当放宽抵押担保条件,简化审批手续。切实发挥金融扶持作用,把支持农产品生产、加工、流通作为当前涉农金融服务工作重点,有针对性地制定信贷计划,加大涉农贷款投放总量,着力满足农产品生产、加工、流通各环节有效信贷需求。

第四，放宽农产品加工企业融资渠道。鼓励和支持农产品加工企业利用资本市场筹集发展资金。在同等条件下，证券机构要优先受理符合上市条件的重点农产品加工企业上市，并在配股和增发新股方面给予优先安排。农产品加工企业还可以通过股份制、股份合作制、出售、独资、租赁、承包等多种形式，吸引城乡个体私有资本、集体资本、国有资本、金融资本和国外资本投资农产品加工业，实现投资主体和产权主体多元化。鼓励骨干企业打破部门、地区、行业和所有制的界限，以资产为纽带，以名牌产品为龙头，组建产权清晰、权责分明的企业集团，促进生产要素向优势企业集中。鼓励农产品加工企业积极、有效地利用外资，充分发挥国外企业在资金、技术、管理和市场等方面的优势，提高我国农产品加工业整体水平和拓宽出口渠道。

（三）调整结构，建立稳定的原料基地

农业结构战略性调整中，要以市场为导向，按照农产品加工业标准化、优质化的要求，调整和优化农产品生产结构，实现由“生产什么就加工什么”到“加工需要什么就生产什么”的转变。

要按照区域化布局、专业化生产、标准化管理、产业化经营和社会化服务的发展思路，突出地方特色，充分发挥区域比较优势，以农产品加工企业为龙头，建立一批与加工企业相配套的粮油、蔬菜、果品、畜禽、蛋奶和水产品原料基地，促进农产品加工业发展。在种植业方面，要大力发展优质稻、加工专用小麦、优质饲用玉米和高淀粉、高含油玉米，高产长绒棉、“双低一高”油菜、优质耐贮存可加工水果、蔬菜以及各种名、特、优、新、稀且适宜深度加工的作物。在畜牧、水产业方面，大力发展草食牲畜、瘦肉型猪、优质肉牛、高产奶牛和高附加值的水产品，发展适应市场需求和满足加工要求的优良品种。

要大力提倡发展有机农业和绿色农业，按照讲究营养、保证卫生、注重特色、符合保健、崇尚美味、回归自然的要求，生产无公害农产品，为农产品加工企业提供安全、优质的加工原料。农产品加工基地建设，要在农户家庭经营的基础上，走“小规模、大群体”的路子，鼓励农户、专业合作经济组织与农产品加工企业通过合同、合作等方式，形成稳定的利益联结关系。提倡农产品加工企业主要通过定向投入、定向服务、定向收购等方式，兴办稳定的农产品原料基地。

（四）加快科技进步，提高科技含量

要加快科技进步，不断提高农产品加工业的科技含量，实现农产品加工业由初加工向深加工、由粗加工向精加工的转变。

第一，要提高企业的科技创新能力。企业要设立科技发展基金，建立科技开发中心。鼓励企业加速折旧，增加新产品开发费用和风险调节基金的提取，提高企业

技术改造和技术创新的能力，开发具有自主知识产权的技术和产品。

第二，有关大专院校和科研单位要积极加大农产品加工技术研究和新产品开发的力度。要加强现代生物技术、微电子、新材料等技术在农产品加工业中的应用研究。国家每年安排一定的科研经费用于农产品加工业的研究。技术持有单位要努力通过直接开发或技术入股、转让等方式，尽快实现技术的商品化。

第三，要加大国外先进技术、工艺、设备和管理经验的引进。在重视"硬件"引进的同时，更要注意"软件"的引进，推动国内农产品加工企业的科技进步和管理水平的提高。要发挥现有一批国家农产品研究开发中心及国际援建的研究开发项目的作用，充分利用已有的研究开发条件，扩大国际交流与合作，引进人才和技术，形成一批推进我国农产品加工业发展的骨干力量。

第四，要重视农产品加工人才培养。广泛开展各种形式的教育培训活动，提高企业家、专业管理技术人员的素质，大力开展职工职业技能开发与鉴定工作，努力提高企业职工的岗位技能和文化知识，建立一支宏大的多层次的人才队伍。

四、完善质量标准体系，确保食品安全

随着现代技术的发展，如何合理、科学地加工农产品是一个很大的问题。现在很多食品卫生不合格不仅有源头的问题，也有在农产品加工过程中的污染问题。为了提高农产品质量，《农业法》第 29 条第 2 款规定："国家建立健全农产品加工制品质量标准，完善检测手段，加强农产品加工过程中的质量安全管理和监督，保障食品安全。"根据农业部制定的《农产品加工业标准制(修)订指南》的要求，应当加快农产品加工标准的制修订力度；积极引进和采用国际标准，并逐步与国际接轨；建立对加工品国际标准、特别是主要贸易国加工品标准动态跟踪制度。进一步加强质量安全的监督、检查、检测体系建设，建立一个既符合我国国情，又与国际接轨的加工品检测检验体系。制定进一步加强农产品加工业质量安全工作的意见。为此，我们必须做好以下工作：

第一，按照"统筹规划、合理布局、突出重点、分步实施"的原则，参照国际标准，抓紧制定、修订和健全农产品加工制品的质量安全标准及技术规范和农产品加工业质量安全检验检测体系。

第二，建立农产品加工业的质量安全检验检测标准、技术规程和管理规范，逐步将质量安全检验检测工作纳入规范化和法制化轨道。

第三，切实加强部级农产品加工品质检中心建设，充实仪器设备，完善检验检测手段，尽快提高检验检测能力，逐步实现与国际接轨。当前要加强加工品质量安全综合类质检机构的建设，新建一批急需的农药残留、兽药残留、转基因等加工品质量安全检验检测中心，尽快建立健全全过程的质量安全检验检测体系。

第四，引导地方和鼓励企业加强农产品加工品质量安全检验检测体系建设，逐

步健全省级加工品质量安全检验检测站。

第五，加大质量标准和检测标准的宣传和推广工作，要在管理部门、服务部门和重点生产加工企业普及标准知识，提高各个方面自觉执行标准的意识。

思考题

1. 我国农产品市场体系建设的目标是什么？如何建设？
2. 什么叫"绿色通道"？如何完善"绿色通道"？
3. 国家支持发展农产品加工业的政策措施有哪些？

材料分析题

试从以下材料分析我国"互联网＋农产品流通"的问题及法制出路

"互联网＋"的概念炙手可热，各行各业都做出了解读，在农业领域的"互联网＋"更是后劲儿十足。农业本身体量巨大，普通2C电商零售模式的交易仅是九牛一毛。创新模式下的互联网平台交易规模在短时间内将呈现爆发式增长，或已实现日交易流水亿元以上。农业互联网的模式创新在山东、河南、河北等农业大省最为活跃，正在引领农业进入新时代。

但是也有专家指出，"互联网＋农产品流通"至少还存在三个问题：一是物流成本高昂，目前农产品物流成本占到销售价格的25%—40%。二是产品标准无法统一，我们知道中国的农产品品种繁多、复杂；简单分类就有生鲜、蔬菜、水果、海鲜、河鲜、禽肉、蛋奶、五谷等；每个品类又有更多的细类。不同类别的产品将造成标准的繁复与不一致。三是"信任"问题，例如淘宝网对其他的电商产品有相对比较强的控制力来解决信任度的问题，包括如果买到假货可以由淘宝网先赔钱等。但农产品的性质使得淘宝网也很难解决信任问题。

参考文献

1. 陈丽华、[韩]金弘泰、侯顺利：《农产品流通体系创新管理》，北京大学出版社2015年版。
2. 贾敬敦等主编：《农产品流通蓝皮书：中国农产品流通产业发展报告（2014）》，社会科学文献出版社2015年版。
3. 全国城市农贸中心联合会、北京物资学院农业物流研究所编：《中国城市农产品流通发展报告》，中国社会科学出版社2015年版。
4. 孙前进：《农产品流通体系规划与建设》，中国财富出版社2012年版。
5. 戴芳：《我国农产品加工业财税政策研究》，法律出版社2012年版。

第六章　农业资金投入法律制度

第一节　农业资金投入的概念、特征与类型

一、农业资金投入的概念

农业资金投入是指国家、农村集体或农户等主体对种植业、林业(不包括森林工业)、养殖业、水利、气象、畜牧业、渔业、农垦、农机以及农村其他事业投入资金的活动的总称。可以从以下方面对这一概念作进一步的分析:

(一)农业资金投入的主体

从农业资金投入的主体的角度来廓清农业资金投入的概念,并有针对性地分析各种投资主体面临的问题,这是学界普遍采用的方法。农业资金投入的主体的多元化意味着农业资金来源的多元化。具体而言,国家是农业资金投入的主要来源,它集中表现为国家财政支农资金。近年来,我国不断强化财政支农资金在调整农业产业结构、保障农村公共事业发展、促进农民增收中的重要作用,并从注重财政投入的数量向注重财政投入的绩效转变。2015 年中共中央、国务院出台《关于加大改革创新力度加快农业现代化建设的若干意见》,明确指出要“优先保证农业农村投入”,将“增加农民收入”作为政府改善农村农业发展条件的基本责任,强调“把农业农村作为各级财政支出的优先保障领域,加快建立投入稳定增长机制,持续增加财政农业农村支出,中央基建投资继续向农业农村倾斜。优化财政支农支出结构,重点支持农民增收、农村重大改革、农业基础设施建设、农业结构调整、农业可持续发展、农村民生改善。转换投入方式,创新涉农资金运行机制,充分发挥财政资金的引导和杠杆作用。改革涉农转移支付制度,下放审批权限,有效整合财政农业农村投入。”其次,包括银行及农村信用合作社等在内的金融机构是农业资金投入的另一重要主体,在农业资金投入中的地位与作用日益凸显。最后,一直以来,农村集体经济组织与农户自身都是农业投资的直接承担者,对农业与农村经济发展起着关键的作用。除此之外,还可积极利用外资等其他灵活多样的投资形式,确保农业资金的充分供给,以满足农村经济发展的需要。

（二）农业资金投入的领域

农业资金投入的领域较为广泛，包括种植业、林业、养殖业、水利、气象、畜牧业、渔业、农垦、农机以及农村其他事业。从我国《农业法》对"农业"范围的规定看，该法采取了广义的"农业"概念，即除了传统的种植业、林业、畜牧业和渔业之外，还将与其直接相关的产前、产中、产后服务纳入"农业"范畴。在各地方颁行的涉农地方性法规中，有关农业资金投入领域的规定亦不局限于传统的种植业、林业、畜牧业和渔业，而是扩展到其他同样迫切需要资金的领域。比如，《山西省农业投资条例》第 3 条规定："本条例所称农业投资是指各级人民政府安排的除农用工业投资以外的农业基本建设资金，支援农村生产支出，农业的科技费用，国营农业企业技术改造资金和其他用于农业的资金。"《辽宁省农业投资条例》第 2 条规定："本条例所称农业，是指种植业、林业、畜牧业和渔业以及为上述各业服务或相关的水利、农机、气象、乡镇企业、农垦等产业或行业。本条例所称农业投资，是指各级人民政府及其有关部门用于农业的基本建设投资、科技三农费用、支援农村生产支出和农业部门的事业费、农业综合开发资金、财政支农周转金、依法收取的用于农业的各项基金等非税资金，以及用于农业的其他投资。"上述立法全面地反映了农村、农业经济发展的资金需求，体现了农业资金投入领域的发展方向。此处对农业资金投入的概念界定亦采纳这种广义理解。

二、农业资金投入的特征

农业资金投入具有其特殊性，这在很大程度上导致了农业资金投入的格局与现状，因而，剖析农业资金投入的特征，对改善农业资金投入不足、完善农业资金投入结构具有积极的意义。概括起来，农业资金投入具有以下特征：

其一，农业资金投入周期长。由于农业自身具有的产业属性，相当部分的农业投资需要较长时间的周期才能获取投资回报。这一特征亦使得来自民间的资金投入先天不足。

其二，农业资金投入收益不稳定。对农业投入收益的评价可以包括是否有收益、收益多少以及收益的主体的范围、取得收益的时限长短等。据此，农业资金投入收益的不稳定，即是指农业投入既可能产生收益，也可能只有投入而无收益，或者因收益的主体具有跨区域性而难以确定，或者因投资周期过长而难以判断。导致农业投入收益不稳定的直接原因，在于农业自身的高风险性。农业是受自然风险与市场风险双重约束的产业，不仅受自然条件的约束明显，抵御自然灾害的能力较弱，而且在农产品市场，容易形成季节性短缺和饱和，造成市场风险。多种风险的交织，导致农业资金投入收益的不稳定性。

其三，农业资金投入外部性较强。私人投资者无法通过市场定价的方式直接占有产生于该项投资的农业技术产品,并拥有全部投资收益,因而不能排斥其他无偿使用者的“搭便车”行为,其结果便是私人投资者缺乏投资农业的激励,而宁可选择坐等其他地方增加对本地农业的投资,仅享受其收益而不承担农业经营的高风险。这势必导致农业投入的严重不足,不利于农业的可持续发展与农村的稳定。

其四,农业资金投入方式灵活、主体多元。尽管财政支农资金在农业资金投入中占据主导地位,但是这并不排斥其他支农资金的进入。这是因为一方面财政支农资金本身十分有限,而依赖于财政投入的领域又相当广泛,因而客观上需要拓宽农业资金投入的方式和主体;另一方面,农村经济社会的发展依托于不同层次、不同类型、不同特点的公共产品或公共服务的供给,这些公共产品或公共服务在竞争性或排斥性程度方面存在显著差异,由此为农业资金投入的多元化提供了现实可行的基础和条件。事实上,农业投资亦在朝多元化方向发展,尤其是近年来,在多种财税政策的激励之下,金融信贷资金及其他社会资金已经向农村、农业倾斜,并且不同的投资主体形成了各自不同的投资重点,相互补充、协调发展。具体而言,属于典型的公益性的农业领域,如农村基础设施建设等,由于其受益对象广,且社会效益高于直接的经济效益,外部性较强,投入巨大,周期较长,因而,主要通过政府的公共投资来完成;属于农村发展的基础性领域,如农业科技成果的开发与推广等,其既具有较强的外部性、投入大、风险高的特点,又具有财务回报的要求,且其现实的回报率也较高,[1]因而这一领域既依赖于政府的公共投资,同时企业、农户等也可以并愿意对其进行投资;属于营利性的农业项目,如直接面向市场的农业生产、加工与流通领域等,其竞争性较强,市场机制的作用明显,因而主要可由农村集体经济组织、企业、农户等进行投资。

三、农业资金投入的类型

根据来源划分,农业资金投入可以分为财政支农资金、农业信贷、农业专项基金、农村集体经济组织投资与农户投资、其他投资(参见图1)。

(一)财政支农资金

财政支农资金是农业资金投入的主要组成部分,是各级政府通过财政预算安排的农业资金。

---

〔1〕 农业科研投资的内部回报率世界平均水平达49%,其中亚洲国家为67%,拉丁美洲为47%,22个经济合作发展组织国家评价为40%,非洲为37%。中国农业科研投资的内部回报率高达56%—60%。参见黄季焜等:“农业科技投资体制与模式:现状及国际比较”,载《管理世界》2000年第3期。

1. 功能

财政支农资金具有以下功能：

(1)资源配置。财政支农的首要功能表现在优化资源配置上，即利用财政政策在加大对农业投入的同时，使有限的农业资金能投向有利于农村长效发展、促进农民真正增产增收的重点领域，从而优化资源的配置。比如农村基础设施建设领域、农业科技开发与推广领域、农村教育领域等，这些领域对于增进农村经济效益与社会效益具有重要的意义。

(2)收入分配。这主要体现在农民增收上，即通过财税政策对收入的调节，提高农民的收益。典型例子是农业税的免除，通过税收杠杆，使农民能够真正享受改革发展的收益和成果。

(3)宏观调控。财政支农的宏观调控职能主要表现在调节农业产业的结构、调节农产品流通和促进城乡协调发展，其中重点是调整农村和农业的产业结构。通过调整农村和农业经济结构，使农业农村经济能够步入稳定、长期、可持续的发展道路。

(4)推动其他资金投入机制的建立与健全。财政支农在农业资金投入中占据重要和主导的地位，相比于其他农业资金投入机制而言，财政支农是国家财政对农业的投入，资金来源更为稳定，因而对促进农村经济与社会发展具有更强的保障力。同时财政资金还为开拓其他资金渠道提供了支持，如农业金融体系中政策性金融部分很大程度上依赖于财政资金的支持；农村经济组织或农户在筹集农业资金时也需要国家财政的扶持。对此《农业法》专门规定国家鼓励和支持农业生产经营组织和农业劳动者在自愿的基础上采取多种形式，筹集农业资金。

2. 现有立法规定

我国关于财政支农资金的立法规定主要体现在《农业法》、各地方的关于农业投资的地方性法规以及《预算法》上。《农业法》结合农业发展的状况，就财政支农的总体要求以及财政支农资金的使用方向作出了明确规定。第38条规定："国家逐步提高农业投入的总体水平。中央和县级以上地方财政每年对农业总投入的增长幅度应当高于其财政经常性收入的增长幅度。"该条不仅明确了国家财政支农的总体要求，而且将地方各级政府的财政支农义务也以立法的形式进行明确规定，强化了地方政府的支农职责。在一些地方性法规中，关于各级地方政府财政支农的规定更为细化。比如《山西省农业投资条例》分别就农业基本建设投资、支援农村生产支出、农业科技费用、国营农业企业技术改造资金在当年财政状况下各自应当占据的投资比例作出了明确规定，因而操作性与拘束力更强。但值得注意的是，这种将财政支出与国民经济发展或财政收入的增长挂钩的法律规定对预算安排造成较大冲击。按照上述规定，在预算决策之前，财政支出已经由法律法规授权做出安排，而不受预算的直接控制，这就对2014年《预算法》修订之后落实预算法定以及预算全面性原则产生消极影响。如何平衡预算外部的农业资金需求与预算决策及相关法律法规的关系？中共中央第十八届三中全会《关于全面深化改革若干重大问题的决定》专门指出“清理规范重点支出同财政收支增幅或生产总值挂钩事项，一般不采取挂钩方式”，这一决定的目的就在于弱化现有实体法律对预算安排的冲击，强调预算本身的法定性以及预算对相关财政支出的全面控制。因而，未来的立法导向应当是在保障一定支农资金数量的同时着重提升支农资金的使用绩效，克服单纯注重农业投入数量增长的路径依赖。关于财政支农资金的使用方向，《农业法》第 38 条第 2 款规定：“各级人民政府在财政预算内安排的各项用于农业的资金应当主要用于：加强农业基础设施建设；支持农业结构调整，促进农业产业化经营；保护粮食综合生产能力，保障国家粮食安全；健全动植物检疫、防疫体系，加强动物防疫和植物病、虫、杂草、鼠害防治；建立健全农产品质量标准和检验检测监督体系、农产品市场及信息服务体系；支持农业科研教育、农业技术推广和农民培训；加强农业生态环境保护建设；扶持贫困地区发展；保障农业收入水平等。”此外，《农业法》还明确了财政投向农业各领域资金的协调安排的要求及西部扶持的政策倾斜措施。第 38 条第 3、4 款规定：“县级以上各级财政用于种植业、林业、畜牧业、渔业、农田水利和农业基本建设投入应当统筹安排、协调增长。国家为加快西部开发，增加对西部地区农业发展和生态环境保护的投入。”

国家公共预算是支持财政支农资金的基本依据。《预算法》第 27 条第 2 款规定：“一般公共预算支出按照其功能分类，包括一般公共服务支出，外交、公共安全、国防支出，农业、环境保护支出，教育、科技、文化、卫生、体育支出，社会保障及就业支出和其他支出。”

3. 财政支农的具体方式与内容

(1)财政支农的具体方式

财政支农包括了以下几种主要形式：财政拨款、税收优惠、财政补贴、财政贴息。具体而言，财政拨款包括国家对农业基本建设的财政拨款；国家对农业事业费的财政拨款；国家对国有农业企业的流动资金拨款（1983 年后改为银行贷款）；对贫困地区的财政补助等。通过税收调节农村产业机构和农民收入分配是实现财政支农职能的重要手段。税收政策包括对农业实行轻税或免税政策，调动农民生产积极性，促进农业生产；对不同农产品征收不同的税收以限制某些作物或产品的生产，同时鼓励其他作物或产品的生产从而达到调整和优化生产结构的目的；对特定地区，如贫困地区和发生灾害地区实行税收减免以刺激或恢复经济发展。财政补贴包括主要运用于农产品收购和农用工业品销售等方面的价格补贴，以及直接面向农民和其他农业生产经营主体的粮农直接补贴、良种补贴、农机具购置补贴、农资综合补贴等。财政贴息则是针对银行发放的农业贷款利息提供的财政补贴。

(2)财政支农的具体内容

财政支农的具体内容包括以下方面:第一,支持农业农村基础设施建设。主要是大江大河的治理、中小型基本农田水利设施建设、农业科研基础设施建设、大宗农产品商品基地建设、乡村道路建设、农村电网改造、人畜饮水设施改善等。用于这方面的财政支农资金包括农业基本建设投资(含国债投资)、农业综合开发、小型农田水利建设支出、农村小型公益设施建设资金、扶贫资金等。第二,支持农业科技进步。主要是农业科研、科技成果转化、农业科技推广应用和农民科技培训等。用于这方面的财政支农资金包括农业科研支出、科技三项费用、农业科技推广支出、农业科技成果转化资金、农民科技培训资金、财政扶贫资金等。第三,支持粮食生产和农业结构调整。主要是支持粮食等大宗农作物生产发展、农业结构调整、农业产业化经营和农村劳动力转移就业等。用于这方面的财政支农资金包括良种补贴、农业产业化资金、农民就业技能培训资金、支持农民专业合作组织资金、农产品政策补贴资金等。第四,支持生态建设。主要是支持生态恶化的重点地区改善生态环境,为国民经济和社会可持续发展奠定基础。用于这方面的财政支农资金包括退耕还林资金、天然林保护资金、森林生态效益补偿资金、草原生态治理资金、水土保持资金等。第五,支持抗灾救灾。主要是支持抗御洪涝灾害、动植物病虫害和其他一些自然灾害,帮助受灾地区和群众恢复生活生产。用于这方面的财政支农资金包括特大防汛抗旱资金、动植物病虫害防治资金、森林草原防火资金、农村救济费、农业税灾歉减免补助资金、蓄滞洪运用补偿资金等。第六,支持扶贫开发。主要是支持贫困地区改善生产生活条件,促进贫困地区社会经济发展。用于这方面的资金包括财政扶贫资金、国债资金(以工代赈)等。第七,支持农村社会事业发展。主要是支持发展农村教育、卫生、文化等事业,促进农村社会经济协调发展。财政用于这方面的资金包括教育支出、医疗卫生支出、文化支出等。第八,支持农村改革。主要是支持农村深化改革,促进理顺农村经济关系,加快农村市场经济体制建设。财政用于这方面的资金包括农村税费改革转移支付、农产品政策补贴等。

(二)农业信贷

农业信贷是指由银行及其他金融机构向农业提供资金。结合《农业法》及其他相关立法的规定,我国农业信贷领域存在以中国农业银行为主导的商业性金融,以中国农业发展银行为代表的政策性金融以及由农村信用合作社担负的合作性金融三种主要的农村金融形式。这三方面构成了我国农村正式金融制度的主要内容。此外,伴随着近几年我国农村金融市场改革的逐步深化,以农村小额信贷、村镇银行、农村资金互助社等为代表的新型农村金融主体不断孕育发展,成为农村金融市场的重要补充力量。而在正式金融制度安排之外,我国还存在民间的非正式金融制度安排,其既在一定程度上弥补了正式金融安排的不足,又因其固有缺陷而必须对之加强引导和规范。综上，我国现有农业信贷体系可作如下疏理：

1. 中国农业银行

农业银行是农村正式商业性金融的主要活动主体。这有两层含义：

其一，农业银行是商业性金融的组成部分，这是由农业银行的基本性质决定的。值得注意的是，农业银行的商业性特征并非一蹴而就，而是经历了一个发展历程。20世纪60年代，农业银行处于重建初期，为实现其支持农业发展的职能，农行在业务上除办理农业信贷、领导农村信用合作社之外，还承担了监督拨付财政支农资金的任务，因而，同时担负了商业性与政策性的业务，运作成效并不高。1993年国务院发布关于金融体制改革的决定，明确包括农业银行在内的国家各专业银行应将政策性业务分离出去，并尽快转变为国有商业银行；中共十四届三中全会通过《中共中央关于建立社会主义市场经济体制若干问题的决定》，进一步肯定了这一要求："发展商业性银行，现有的专业银行要逐步转变为商业银行并根据需要有步骤地组建农村合作银行，……商业银行要实行资产负债比例管理和风险管理。"这一系列决定为农行的角色定位与功能导向提出了妥适的发展要求。此后，随着中国农业发展银行的成立，中国农业银行原有的政策性业务和商业性业务实现分离，分离政策性业务的中国农业银行由专业银行逐步向商业银行转变，并按照商业银行经营机制运行，实行资产负债比例管理和风险管理，建立自主经营、自担风险、自负盈亏、自我发展的机制。

其二，在各种正式的商业性金融安排中，农行承担了主要的农村金融服务职能。我国的商业银行体系包括了四大国有独资商业银行以及新创立的股份制商业银行，但从目前农村金融运作体系来看，在商业性银行中为农村地区提供金融服务的主要是农业银行。这一方面表现在国有商业银行囿于自身经营机制的需要，已经逐步从农村市场退出；另一方面，新组建的股份制商业银行，受市场机制作用的影响则更加显著，追求营利的动机使他们面对农业这一高风险而收益又不稳定的弱势产业时，不得不权衡利弊。显然，在不能提供防范风险、提高收益的有效制度保障的情况下，完全商业性运作的银行机构缺乏资金投入的动力。但这并不意味着农村就不存在金融的需求，恰恰相反，农业经济的可持续发展正日益受制于农业资金投入的不足，迫切需要包括国家在内的多种主体加大投入力度，因此，为农村、农民提供基本的金融服务是必需的，农业银行便承担了这一重要使命。

中国农业银行的主要职责是：按照国家的法律、法规和方针、政策，以国家信用为基础，按照现代商业银行的经营机制运行，综合经营以农村业务为主的商业性信贷业务，讲求经济效益，在为农村经济发展提供金融服务过程中谋求自身的发展壮大。其具体的经营范围包括：办理农村机关、团体、部队、企业、事业单位存款，农村合作经济组织和个体工商业存款，个人储蓄存款；办理国有企业、乡镇企业、集体经济组织、农户和农村国有、集体工商企业、个体工商户等各项贷款；转账结算和现金结算；商业汇票承兑贴现业务；信托贷款及委托，代理租赁、咨询等项业务；国际金融组织的农业信贷和中间贷款；经批准办理外汇存款、贷款等业务；办理中国人民银行委托的有关财政存款和金银代售等业务；经批准发行金融债券，代理股票、债券发行及转让业务；办理国家委托或经国家批准的其他业务。由上观之，农行的主要职责是为农村经济发展提供金融服务，相应地，其业务范围与一般的商业银行业务种类基本一致，同时兼顾了其服务农村的特定领域和对象特点。

2. 中国农业发展银行

农业发展银行是我国专门从事农业政策性金融服务的机构。它的主要任务是：按照国家的法律、法规和方针、政策，以国家信用为基础，筹集农业政策性信贷基金，承担国家规定的农业政策性金融业务，代理财政支农资金的拨付，为农业和农村经济发展服务。作为一家国有的政策性银行，农业发展银行具有与商业性金融机构不同的特点：其一，业务的政策性和效益性相统一。这表现在农发行不以营利为目的，具有稳定的资金来源，提供优惠的贷款利率，享有合理的补偿机制；其二，运行机制的特殊性。农发行在资金来源与运用的关系上表现为资金运用决定资金来源，因而，在计划管理、会计管理、信贷管理等方面，有不同于商业银行的规定、要求和办法。

对一家政策性金融机构而言，确保稳定的资金来源具有特别的意义。农发行的主要资金来源包括两个层面：第一，农发行组建时的资金来源，即农发行的注册资本来源。农发行的注册资本为200亿元人民币，其中一部分从中国农业银行、中国工商银行现有信贷资金中划转，其余部分由财政拨款。第二，农发行运营资金来源。这主要包括了业务范围内开户企业事业单位的存款；面向金融机构发行金融债券；财政支农资金；向中国人民银行申请再贷款；境外筹资。应予注意的是，财政资金仅仅是农发行资金来源的一个组成部分，这就意味着农发行作为一家政策性金融机构也应考虑盈亏问题，坚持银行管理的基本原则，力争保本微利。因而，一个有效的内部经营管理机制对于农发行而言也是极为必要的。确保了资金来源之后，有必要明确农发行的业务范围。对此，应予指出的是，农发行业务范围的界定可以考虑以下三个标准：一是关系到国计民生，难以完全市场化，必须由国家控制或扶持的项目；二是国务院确定的，并相应落实了资金和利益补偿来源的专项信贷业务（如扶贫贴息贷款、农业综合开发贷款）；三是对政策性信贷资金的封闭运转起关键作用的企业或连带项目的信贷业务。

根据上述标准，《中国农业发展银行章程》明确了其业务范围：办理由国务院确定、中国人民银行安排资金并由财政予以贴息的粮食、棉花、油料、猪肉、食糖等主要农副产品的国家专项储备贷款；办理粮、棉、油、肉等农副产品的收购贷款及粮油调销、批发款项，办理承担国家粮、油等产品政策性加工任务企业的贷款和棉麻系统棉花初加工的贷款；办理国务院的扶贫贴息贷款、老少边穷地区发展经济贷款、贫困县县办工业贷款、农业综合开发贷款以及其他财政贴息的农业方面的贷款；办理国家确定的小型农、林、牧水利基本建设和技术改造贷款；办理中央和省级政府的财政支农资金的代理拨付,为各级政府设立的粮食风险基金开立专户并代理拨付;发行金融债券;办理业务范围内开户企事业单位的存款;办理开户企事业单位的结算;境外筹资;办理经国务院和中国人民银行批准的其他业务。其中,其业务重点是给予粮棉油购销企业贷款贴息扶持,通过保障收购资金的稳定来达到支农的目的。

3. 农村信用合作社

农村信用合作社是农村居民个人和经济组织按照自愿互利原则建立起来的合作金融组织,具有组织上的群众性、管理上的民主性与业务经营上的灵活性的特点。具体而言,农村信用社是农村居民自筹资金根据自愿互利原则组织起来的群众性组织,财产属于入股社员集体所有,宗旨是通过开展存贷业务,为农村居民提供金融服务,这反映了农信社具有组织上的群众性的特点。农信社实行民主管理,社员组成社员代表大会,共同行使农信社的决策权。农信社业务经营灵活,实行自主经营、自负盈亏、自担风险的原则。农信社的资金来源是农村储蓄或集体存款,资金投向是对农村集体经济组织和广大农村居民发放贷款,具体的服务形式则灵活多样,目的是满足农民的互助共济的需求。

农村信用合作社一直是农村金融体系中的重要组成部分。1996 年国务院发布《关于农村金融体制改革的决定》,对我国农村金融体制作出了一系列重要安排,明确了农村金融体制的改革重点与发展方向。其中,农村金融体制改革的重点在于“恢复农村信用社的合作特点,进一步增强政策性的服务功能,充分发挥国有商业银行的主导作用”;改革的发展方向在于“以合作金融为基础,商业性金融、政策性金融分工协作”。至此,农信社真正步入了独立发展之路。此后,1997 年中央金融工作会议作出的有关金融机构设置的决定为农信社在农村金融体系中的重要作用的发挥提供了契机。此次会议确定各国有商业银行收缩县(及县以下)机构,发展中小金融机构,支持地方经济发展。根据此项决定,仅 1998 年至 2002 年初,包括农行在内的四大国有商业银行共撤并 3 万多个县及县以下机构,而农业发展银行的业务也被缩减为有关支持粮棉流通的国有粮、棉、油企业的收购,极大限制了其支农的作用。在这种情况下,农村信用社逐渐在农村金融中获取了主导地位,成为农村金融的主力军。但是农村信用社的改革并未停止。2007 年 7 月,由银监会牵头、16 个部委和单位组成的农村金融改革发展专题小组向国务院上报了《关于加快农村金融改革发展的意见》,提出了农村金融改革发展工作的总体要求和主要任务,明确了农村信用社市场化、商业化的改革取向,以及力争用 5 年到 10 年时间把农村信用社分期分批办成产权清晰、经营有特色的现代金融企业的改革目标。2010 年 3 月,针对我国农村合作金融机构改革中存在的产权关系和制度安排的问题,银监会出台了《中国银监会关于加快推进农村合作金融机构股权改造的指导意见》,提出取消资格股、加快股份制改造、逐步提升法人股比例的方案,要求用五年时间将农村信用合作社总体改制成产权关系明确、公司治理完善的股份制金融机构。2014年银监会通过了《关于规范向农村合作金融机构入股的若干意见》重新规定了农村信用合作社的成立条件。

4. 新型农村金融机构

2006年12月银监会出台《关于调整放宽农村地区银行业金融机构准入政策、更好地支持社会主义新农村建设的若干意见》,规定放宽准入资本范围,调低注册资本,调整投资人资格,放宽业务准入条件与范围,调整董(理)事、高级管理人员准入资格,调整新设法人机构或分支机构的审批权限,实行简洁、灵活的公司治理。在这样的政策背景下,我国的村镇银行、小额贷款公司、农村资金互助社等新型农村金融机构不断涌现,他们以其灵活的经营方式、低成本的信贷供给渠道成为农村金融市场的重要补充,有效满足了传统金融机构所无法覆盖的农业生产经营主体的融资需求。

5. 农村其他金融安排

在商业银行、政策性银行、农村信用合作社、新型农村金融机构等构建的农村正式金融安排之外,还存在非正式的民间金融。非正式民间金融是与正式金融安排相对的概念,是指农村中非法定的金融组织所提供的间接融资以及农户相互之间或者农户与企业之间的直接融资,其呈现出非组织化和非制度化的特点,与传统的小农经济较为适应。非正式民间金融的存在是基于其能够一定程度上弥补正式金融安排的不足这一功能定位。而这种功能的形成又与它区别于正式金融安排的一个重要特点密不可分,即它自身并非以单纯的商业信用关系为基础,而是广泛建立在血缘、亲缘、地缘为基础的社会关系上。世界银行经过研究后认为,正规的金融安排往往无法完全满足非法人部门的需求,他们所需要的金融对正规的金融机构来说可能太小,因而,分散的农村居民从正规的金融机构中获取资金支持的难度较大。国际农业发展基金的研究报告表明,中国农民来自非正规金融市场的贷款高于正规信贷机构,对于农民而言,非正式金融市场的重要性远远超过正式金融市场。由此可见,农村非正式金融安排同样是农村金融体系中不可忽视的重要力量,在中国农村经济发展进程中,其作用是正式金融所无法完全替代的。它的主要方式有:其一,私人借贷。其借贷利率由私人相互协商拟定,一般与借贷双方的了解或亲疏程度成反比;其二,私人钱庄。在经济学上,钱庄对克服农村借贷双方的信息不对称以及减少交易成本起到重要的作用,有利于农村金融交易规模的扩大;其三,合会。合会一般由会头组织若干人组成,会头定期召集会议以约定方式决定本期所聚集资金的使用者。

(三)农业专项基金

设立农业专项基金是农业投资体制的一项重要内容。实践中我国已经逐步建立农业发展基金、林业基金、育林基金和水利基金制度。在各地方有关农业投资的地方性法规中,对设置农业专项基金进行了原则规定,同时授权地方政府制定农业专项基金的具体办法。《农业法》对农业专项基金的投资主体进行了扩展,第41

条第1款规定:“国家鼓励社会资金投向农业,鼓励企业事业单位、社会团体和个人捐资设立各种农业建设和农业科技、教育基金。”这就意味着有关农业建设及其他专项基金不再限于由政府筹集并设立,社会投资主体也可依法投资设立各种农业基金。此外,在中央关于农业扶持的政策性文件中,也有农业专项基金的相关内容。

1. 农业发展基金

农业发展基金是根据1988年国务院发布的《关于建立农业发展基金,增加农业资金投入的通知》而设立的,其资金来源渠道主要有:耕地占用税收入;从国家预算调节基金中提出10%(即提高国家能源交通重点建设基金的征收比例,拿出1%)的资金;乡镇企业税收(包括产品税、营业税、增值税和工商所得税),比上年实际增加部分中的大部分;农林水特产税的大部分;向农村个体工商户及农村私营企业征收的税额,比上年增加部分中的主要部分;各地确定从粮食等农产品经营环节中提取的农业技术改进费和纳入基金管理的其他资金。应予注意的是,我国在2005年免征农业税后,上述农业发展基金来源中属于农业税税款收入部分的规定将不再适用。

2. 林业基金

林业基金是根据1981年中共中央、国务院《关于保护森林发展林业若干问题的决定》而设立的。该项基金的来源包括:国家对林业的财政拨款;国内外银行贷款;按规定提取固定资产更新改造和基本折旧基金;从木材、竹材和其他林产品售价和销售收入中征收的育林基金;社会集资;其他林业收入。

3. 育林基金

育林基金始建于20世纪50年代初。2009年财政部、国家林业局联合制定《育林基金征收使用管理办法》,进一步规范育林基金的使用管理工作,规定凡是采伐林木的单位和个人均须按最高不超过林木产品销售收入的10%缴纳育林基金。育林基金纳入政府预算管理,专款专用。

(四)农业生产经营组织与农户投资

所谓农业生产经营组织,根据《农业法》的规定,是指农村集体经济组织、农民专业合作经济组织、农业企业和其他从事农业生产经营的组织。农村生产经营组织和农户投资是农业投资体系中最具活力也最不稳定的部分。作为市场主体自身的一种投资行为,农业生产经营组织与农户投资受农村市场经济运行环境的影响最为直接,其投入的多少或增减取决于农业收益的状况:当农产品价格合理,农业收益增加时,农业生产经营组织和农户就会增加投资;当农产品价格降低,农业收益减少或者难以确定时,则会相应减少投资。因而,为农业生产经营组织和农户投资提供有效的激励与补偿机制,引导其为农业进行更多投入,对农业资金供给具有显著的促进作用,是拓宽农业资金投入渠道、保障农业资金充分供给的重要途径。对此,《农业法》规定:“国家运用税收、价格、信贷等手段,鼓励和引导农民和农业生产经营组织增加农业生产经营性投入和小型农田水利等基本建设投入。国家鼓励和支持农民和农业生产经营组织在自愿的基础上依法采取多种形式,筹集农业资金。"这一规定明确了农业生产经营组织和农户作为农业投资的重要主体的地位,并为有效发挥其作用提供了基本的政策工具,如税收、价格等,同时赋予农业生产经营组织和农户依法采取多种形式筹集农业资金的自主权利,从而在资金来源上确保了上述市场投资主体对农业投入的持续稳定增长。

(五)其他投资

农业投资的其他来源还包括其他社会资金及国外资金。《农业法》第41条规定:"国家鼓励社会资金投向农业,鼓励企事业单位、社会团体和个人捐资设立各种农业建设和农业科技、教育基金。国家采取措施,促进农业扩大利用外资。"将社会资金作为农业投入的资金来源之一,这是《农业法》的进步之处,亦是与《国务院关于投资体制改革的决定》的基本要求相吻合。该项决定已经就建立投资主体多元化、资金来源多渠道、投资方式多样化、项目建设市场化的新投资格局作出了总体部署,为包括农业投资在内的国家投资体制提出了明确的改革方向和行动要求。作为专门、系统规范农业投资的《农业法》,有必要在原有立法的基础上,根据该决定的基本要求,拓宽投资渠道,明确农业投资主体的多元化与投资方式的灵活性,以促进农业发展获取充足、稳定的资金。

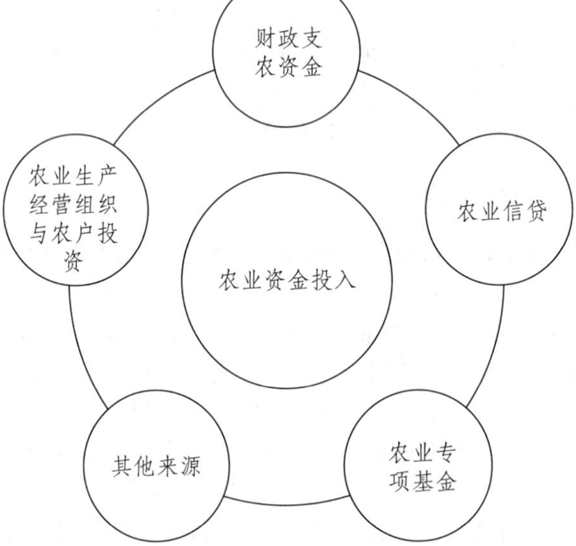

图1 农业资金投入类型

第二节　农业资金投入的必要性、现状检视与影响因素

一、必要性:农业投资持续增长及其对农业经济的作用

农业资金投入对农村经济与社会发展具有重要的意义。对农业与农村经济发展历程稍作分析,便可清楚地看到农业资金投入在不同历史阶段具有不同的特点,目前,农业资金投入已经成为诸项投入制度中保障农业可持续发展的首要推动力。在改革开放初期直至20世纪80年代,基于农村生产关系的调整,农业生产力得以极大释放,农村经济快步增长,并带动了我国国民经济的发展。这一时期农业投入的典型特点是以劳动投入为主,以最大限度地激发农业劳动生产者的积极性,为其提供长期的、较为稳定的投入回报机制为主要内容,以增强其加大劳动投入的信心与预期。而进入90年代尤其是近几年以来,随着我国农村城镇化步伐的加快,农业劳动力通过外出务工等途径向非农产业转移逐步增多,投入农业的劳动力数量显著减少。这一时期农业投入呈现出以下变化:一方面,劳动力的投入对农业的产出贡献明显下降,若继续增加劳动力投入则作用相对微弱;另一方面,以资金投入为载体的物质投入贡献分量不断上升,对农业产出和农业发展的作用日益凸显。显然,农业劳动力的外流仅仅是农村经济步入新的历史发展阶段的外在表现形式,而其深层次根源则是农村经济发展的客观规律。可以说依赖科技进步、产业结构优化等因素提升农业发展水平是农业发展的必然趋势和根本出路,而技术的开发与推广,农村产业结构的优化与资源的合理配置都不能离开农业资金的投入。因此,研究如何加大农村资金投入,增强农业资金投入的产出绩效是新的发展阶段所面临的重要课题。具体而言,农业投资的增长对农业经济的微观层面与宏观层面都发挥了不可替代的作用:

其一,就农业生产方面,农业投资的增长有利于改善农村生产条件,促进农业产值的持续增长。农业生产条件的改善又主要表现为农业生产体系和技术推广体系的建立与完善,正是由于农业技术水平不断提高,农业生产力才得以长足进步。一旦农业投资不足或呈现波动,则会对农业生产产生很大影响。农业部经济政策研究中心的研究表明,农业产值与投资具有极大的相关性,农业资金波动对农业生产波动的影响达41.1%。[2]

---

〔2〕 张国华等:“我国农业投资现状评价及政策建议”,载《经济与管理研究》2002年第5期。

其二,就农产品流通方面,农业资金投入通过改善产品质量,有助于提升农产品的国际竞争力,从而有利于农产品贸易。

其三,就农业产业结构调整方面,农业资金投入对调整农村产业结构,合理配置农业资源,确保农业生产收益的持续增长起到了关键作用。

二、现状检视:农业资金缺乏稳定有效的供给机制及合理有效的管理监督机制

(一)农业资金投入总体不足

应当指出的是,我国已经逐步加大对农业投资的力度,农业的综合生产能力进一步加强,农业产业结构也不断得到改善。但不可否认的是,我国农业资金的总体投入仍显不足,财政、信贷、集体、农户等各种资金来源对农业投入缺乏积极性,各项投资的比重呈下降趋势,这在一定程度上影响了农业和农村经济结构的调整及农民收入的进一步提高。可从两个层面展开具体分析:

第一,在农业资金投入的总量上,农业投资增幅递减、农业比较投资率下降。国家对1997年至2001年的中国农业投资总量的统计数据资料表明,这五个年度的农业投资总体是上升的,分别是470亿元(1997年),684亿元(1998年),804亿元(1999年),893亿元(2000年),888亿元(2001),但农业投资增幅基本逐年递减。2005年后,财政对农业投资除了个别年度有较大幅度上涨外,其余年份均涨幅不大(参见图2、图3),并且农业投资占全社会总投资的比重,即农业比较投资率也在不断下降。以农业比较投资率衡量农业投资总量的情况是国际通行的统计方法,根据世界农业投资的一般规律,在工业化中期,农业比较投资率的值应该接近或超过1,而我国的农业比较投资率低于这一标准。由此可见,我国对农业投资总量不足。

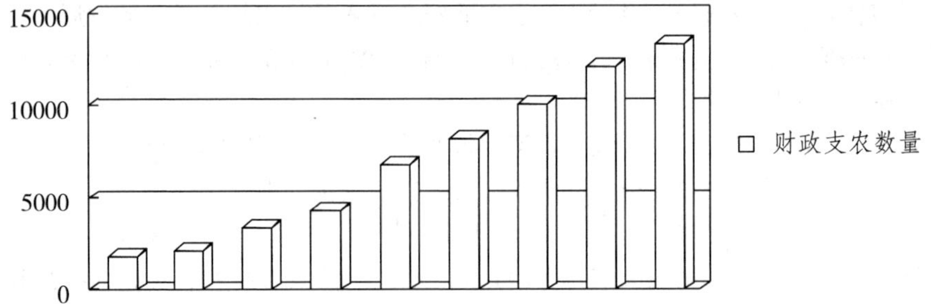

图2 2005—2013年全国财政支农数量(单位:亿元)

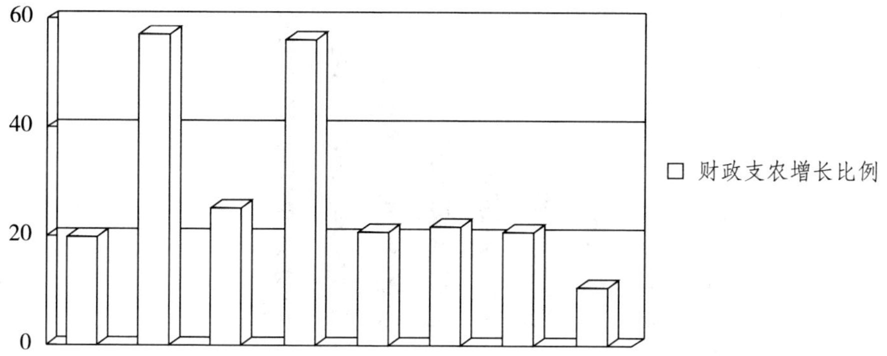

图3　2006—2013年全国财政支农增长比例(单位:%)

(以上数据来源:财政部官方网站公布的各年度全国财政决算表)

第二,在农业资金投入的来源上,各项农业投资减弱或萎缩。政府财政支农是农业资金投入的主要部分,但近年来,农业投资中财政支出比重总体呈下降趋势。这体现在中央财政与地方财政的农业投入比例均下降,尤其是地方政府表现明显(参见图4)。农业信贷投入是农业投资的重要来源,但投向农业的信贷资金主要是短期贷款,即用于农业的流动资金投入,对农业固定资产的投入微乎其微,因而对农业投资总体状况的改善作用有限。农村集体经济组织实力脆弱,资金积累机制严重退化,且农用资金非农化现象比较突出,对农业的直接投入显得力不从心。农户是农业的主要经营主体,也是农业不可忽视的投资主体,但相比于农户从农、林、牧、渔业获取的收益,农户对农业投资的份额仍然相对偏低。农业利用外资的规模总体较小,流向也不尽合理。我国农业利用外资的项目大多数是50万美元以下的小项目,大大低于利用外商投资项目的平均规模。项目平均规模小,决定了其作用的局限性,难以推动结构的根本性转变及农业产业化经营。外资的流向区域分布不平衡,外资主要集中在中小型的农副产品加工项目、农牧产品生产及农业资源开发项目,相当数量的荒山、荒坡、荒地、荒滩和养殖等有待开发利用,然而,这部分投资风险大、收益不稳定,因此外商较少涉足,同时在广大中西部地区,利用外资发展农业的项目也比较局限。

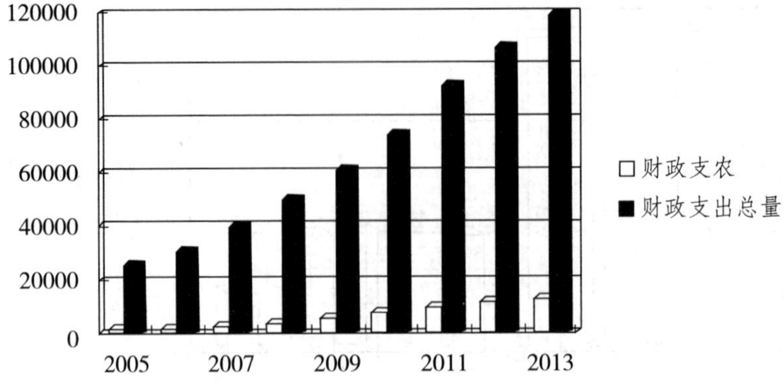

图4 2005—2013 年地方财政支农、财政支出总量情况(单位:亿元)

(以上数据来源:财政部官方网站公布的各年度财政决算)

(二)农业资金投入效果不理想

评价农业资金投入的总体绩效除了考察农业投资的总量这一基本要素之外,一个重要的判断标准就是农业投资的效果。如果说农业投资的总量分析着重从量的角度对农业资金投入现状进行评析的话,那么,投资的效果分析则着重考察农业资金投入的有效性问题,换言之,资金投入对投资对象是否能够发挥实质作用或作用的大小。显然,在前述投资总量不足的状况下,提高有限资金供给的最大功效具有特殊的实践意义。农业资金投入绩效的参照标准主要包括三个方面:农业投资结构的合理性、农业发展的增效水平以及农民增收水平。

第一,农业资金投入数量增加但结构不尽合理。以财政支援农村生产支出和财政农业基建支出来看,支援农村生产支出部分总体呈递增趋势,其中20世纪90年代之前,年均增长速度为9.22%;90年代以后,年均增长速度为13.21%,可以认为财政支援农村生产支出的力度有所加大。反观财政农业基建投资部分,总体情况不容乐观。自20世纪80年代以来,财政农业基建投资在数量上开始急剧下降,"七五"时期有所恢复,"八五"和"九五"时期有较快增长。近几年在实施民生财政,改革偏重经济建设型的财政支出结构的大背景下,农业基建支出及其他涉农的民生支出有所增加,以2014年为例,中央预算用于"三农"的投资无论是规模还是比重都超过去年,同时将安排700多亿元加强以水利为重点的农业基础设施建设。[3] 但其占国内财政支出的比重仍然较低。而财政农业基建投资是形成农业固定资本的一个主要资金来源,是农业总投资中可控性较大的部分,也是衡量农业

---

〔3〕 参见《关于2014年中央和地方预算执行情况与2015年中央和地方预算草案的报告》。

资金投入总量的重要参考因素。加大农业基础设施投资的力度，能够发挥它对其他投资主体的引导和示范作用，稳定农业资金投入，确保农业投资的长效稳步增长。农业基建投资比重较低造成投资结构不合理，进而抑制了农业投资的总体绩效。再就农业基建投资的具体结构来看，仍然存在不合理之处。近几年我国的农业基本建设支出重点是对大型的水利、生态环境的投资，结构偏向大江大河的治理，直接用于改善农业生产条件和农民生活条件的基础设施投资比重偏小。大型的水利、生态环境投资具有很强的社会公益性，很大程度上是让整个社会受益，而与农民增收密切的小型基础设施的投入很少，所以农民直接从中受益不多，难以有效带动农民增收。针对农业基建投资比重较低以及农业基建投资本身结构不合理的问题，《中共中央、国务院关于促进农民增加收入若干政策的意见》（即 2004 年中央 1 号文件）中专门提出了加强农村基础设施建设，为农民增收创造条件，要求一方面国家固定资产投资用于农业和农村的比例要保持稳定，并逐步提高；另一方面，适当调整农业和农村的投资结构，增加支持农村结构调整和农村中小型基础设施建设的投入。《中共中央、国务院关于进一步加强农村工作提高农业综合生产能力若干政策的意见》（即 2005 年中央 1 号文件）针对农田水利设施薄弱、亟待加强的状况，要求从 2005 年起，在继续搞好大中型农田水利基础设施建设的同时，不断加大对小型农田水利基础设施建设的投入力度，并提出了拓宽财政支持小型农田水利基础设施建设资金渠道的具体方式，着力改变农业投资结构。2012 年《中共中央、国务院关于加快推进农业科技创新持续增强农产品供给保障能力的若干意见》（即 2012 年中央 1 号文件）进一步强调，中央将出台措施继续增加中央财政小型农田水利设施建设补助专项资金，实现小型农田水利重点县建设基本覆盖农业大县。

第二，农业现代化步伐加快但差距明显。我国制定的《国民经济和社会发展第十二个五年规划纲要》（2011—2015 年）将“加快发展现代农业”、“坚持走中国特色农业现代化道路”作为“十二五”规划的重要目标，并以转变农业发展方式、提高农业综合生产能力、推进农业科技创新、完善农业产业化体系、治理农业环境污染等作为支撑农业现代化实现的具体举措。但是从实践看，我国农业无论是在规模还是效益上，都与世界现代农业有着较大的差距，农业现代化并未完成。这种状况固然反映出我国农业基础薄弱、依赖农业供给的人口众多的基本国情，但是我国农业资金投入效益不高、农业投入对改善农业生产经营水平作用不大亦是重要的制约因素。以农机购置补贴为例，自 2004 年我国实施《农业机械化促进法》、出台农机购置补贴政策以来，截至 2014 年中央财政共安排农机购置补贴资金 1200 亿元，补贴购置各类农机具超过 3500 万台（套），由此带动全国农作物耕种收综合机械化水平由2003年的33%提高到2014年的61%。[4] 其中,小麦基本实现全过程机械化,水稻机械种植水平由2005年的7.1%提高到30%以上,玉米机收割水平提高到40%,至2012年我国农作物耕种综合机械化水平达到57%。农业机械化水平的提高为保障我国粮食安全、加快农业现代化提供了坚实的支撑。即便如此,我国农业机械化水平与发达国家相比仍有不小差距,尤其是经济作物机收率较低,花生不到20%,油菜、棉花不到10%。[5] 2015年国家出台了《2015—2017年农业机械购置补贴实施指导意见》(以下简称《意见》),将补贴对象从"农牧渔民、农场(林场)职工、农民合作社和从事农机作业的农业生产经营组织"改为"直接从事农业生产的个人和农业生产经营组织"。其中,"个人"既包括农牧渔民、农场(林场)职工,也包括直接从事农业生产的其他居民;农业生产经营组织既包括农民合作社、家庭农场,也包括直接从事农业生产的农业企业等,这就扩大了享受农业机械购置补贴的主体范围。同时《意见》将中央财政资金补贴机具的范围从2014年175个品目压缩到137个品目,以重点推进粮棉油糖等主要农作物生产全程机械化,提高政策的指向性和精准性,有利于进一步提升我国的农业机械化水平。

第三,农民增产但不增收。影响农民收益的一个重要因素是农民负担问题,由于显性乃至大量隐性负担的存在,农民从农业经济发展中获取的收益受到极大抑制,农业投入的增加并未带动农民收入的增长,这表明农业的资金投入没有发挥其应有的促进农民增收的功能,农业资金投入的绩效大打折扣。以财政支农资金为例,2012—2004年农村居民家庭人均家庭经营纯收入(单位元)3533 3222 2833 2527 2436 2194 1931 1845 1746 ///财政支农支出(单位亿元)1792(2005)2161(2006)3405(2007)4289(2008),6720(2009),8129(2010)9938(2011),11974(2012),财政支农绩效不尽如人意。农民增收问题日益引起决策层的关注,中央1号文件多次提出解决农民增收问题的具体措施。《农业法》不仅将增加农民收入明确写入立法宗旨,而且新增"农业权益保护"一章,对农民享有包括拒绝乱收费、乱罚款、乱摊派等合法权益进行全面而系统的保护,为减轻农民负担,提高农民实际收入提供了有效的法律途径。

整体而言,提升农业投入资金的使用绩效是农业立法及各项涉农政策应当秉持的基本宗旨。《农业法》第39条规定,各级人民政府应当加强对国家各项农业资金分配、使用过程中的监督管理,保证资金安全,提高资金的使用效率。这意味着农业立法在加大农业投入,完善农业投资规范性的同时,重视农业投资的有效性

---

[4] "2015年农机补贴政策迎来大调整",载 http://www.mof.gov.cn/zhengwuxinxi/caizhengxinwen/201502/t20150209_1190190.html,2015年6月3日访问。

[5] "2013年我国农业现代化发展水平分析",载 http://www.chyxx.com/industry/201309/219617.html,2015年6月3日访问。

问题。应当在此基础上进一步增加保障农业资金投入有效性的制度供给，只有将农业投资的数量与绩效有机结合，农业资金才能真正发挥其支农的作用，促进农业经济发展。

（三）农业资金管理体制存有弊端

长期以来，我国一直实行农业资金的多部门分散管理体制，即农、林、水等农业主管部门，财政、农业综合开发、扶贫等政府职能部门分别对农业资金进行分散管理，这是我国农业资金管理的基本模式。不可否认，这种管理模式对农业资金的使用、管理与配置发挥了重要作用，但是伴随经济体制改革的日渐深入，这种管理模式已经无法适应市场经济体制与农村长效发展的要求，呈现出如下弊端：其一，造成农业资金过度分散，不利于发挥财政资金的整体引导优势，削弱了集中财政资金投入重点领域的作用；其二，由于各主管部门与职能部门对农业资金的分配都能行使职权，而各部门利益取向不同，难以就资金使用与分配达成一致意见，造成农业资金或者无法及时发放，延误了农业资金的使用，或者已经决策的农业资金使用不能真正落实，资金外流现象严重；其三，各管理部门相互职责划分不清，重复和浪费现象凸显，而这势必加重财政负担，造成农业主管部门的行政经费挤占农业事业费的情况。

三、导致农业投资现状的影响因素

（一）农业投资的一般特性是影响农业资金投入的背景因素

前已述及，农业投资的周期长、规模大、风险高而收益水平不稳定是农业投资的一般特性，而这与市场机制充分作用下资源配置的基本原则存在突出的矛盾。因为市场经济“无形之手”的调节会使资本要素向高收益率的行业集中，而农业作为基础产业部门，其投资的固有特性决定了对市场资本缺乏吸引力，由此造成了农业在获取投资方面的困境。

（二）各农业投资主体面临的条件约束是影响农业资金投入的具体因素

第一，就财政支农资金的投入来看，首先，分税制改革后的财政体制下，中央政府与地方政府在农业投入方面的博弈导致农业投资断层，是影响财政支农力度的基本原因。我国在 1994 年进行了财税体制的重大改革，地方政府财政支配能力明显增强，中央政府对地方财政收入的支配权则相应有所放松。这种财权安排的合理性基础在于更有利于发挥各地方的积极性，使地方财政能够结合本地情况合理安排资金投向，确保资金使用的高效。这与农业的分散性、区域性特点是相吻合的，相比于中央财政统一确定农业资金的分配与使用而言，进行地方性投资更有助于提高本地农业的综合发展效益，也有利于中央集中有限的资金投入需要国家重点扶持的领域，避免投资重复和浪费。应该说，这是提高农业投资绩效的重要途径。但应予指出的是，在改革后财税体制的实际运作中，中央政府与地方政府在分割财权的同时，并未对各自应当担负的事权进行有效的配置。这一方面导致中央政府将大部分农业投资的职责都下放到地方政府，包括其本应当承担的全国性的、跨区域的、公益性明显的农业投资也以财税体制改革为契机而完全交由地方财政，当然中央财政汲取能力下降、资金约束较大也从客观上制约了中央财政支农的力度；另一方面，地方政府由于获取了更多的财政支配权，更倾向于将资金投入可确保其地方财政最大化收益的领域，因而周期长、收益低的农业投资在各地方政府的投资选择中不可避免地被放置在其他产业的后面，甚至基于谋求个人政绩的考虑，挪用农业资金，转移农业积累。由此，中央与地方关于农业投资事权的分配实际上已经滞后于财权的分配改革，这成为导致财政农业投资不足的基本诱因。其次，财政支农资金筹集渠道的单一也是影响财政支农绩效的重要因素。受国家财力的限制，许多需要国家扶持和投入的农业领域、项目缺乏预算资金的保障，在这种情况下，中央政府选择发放大量国债以解决财政支出的困境。据统计，自 1998 年以来，国债资金已经成为政府支农资金的一个重要来源。但是依靠发行国债解决农业支农资金的筹集并非长久之计，一旦停发国债，如何确保农业支农资金的稳定来源便成为目前财政支农体制完善必须面临的重要问题。此外，财政支农资金结构不合理、资金管理体制分散也是制约财政支农绩效的主要原因。

第二，就农村信贷而言，国有商业性金融从农村的退出、政策性金融的职能的收缩及弱化、农信社改革的滞后是我国农村正式金融安排整体功能受到削弱的基本原因，而非正式的农村民间金融又由于自身固有的缺陷以及政府的控制而难以有所作为。具体而言，农业银行作为国有商业性金融在农村的主要投资主体，由于其银行商业化改革的要求，因而从农村撤离具有其必然性。显然，典型的商业银行是以营利性作为其目标之一的，这与农业投资收益的不稳定及高风险性是存有冲突的，这也使得在农村地区进行营利性投资变得较为困难。那么，这种局面又是否能借助专门的政策性金融机构的介入而得以改变呢？农业发展银行作为我国专门从事农业政策性金融业务的机构，并不以营利性作为其目标追求，其资金投放领域可以集中于收益回报低但具有较好社会效益和宏观经济效益的农业项目。自成立以来，农发行在保护农民利益、确保农民增收。保障国家粮食安全方面作出了其应有的贡献，也为农行及农信社的改革创造了必要的条件。但是，农发行的主要业务集中于粮、棉、油收购及收购资金的管理，而随着粮棉收购市场化进程的加快，粮棉流通领域政策性经营的空间也逐步缩小，农发行粮棉收购贷款业务出现大幅下降。同时基于政策性以及自身体制性原因，农发行不良贷款比例较高，信贷资产质量问题较为突出，这些都直接影响农发行的支农能力。农村民间金融安排的存在具有其合理性，但同样不容忽视的是，由于社会关系约束，民间金融的抗风险能力较弱，同时其自身固有的高利贷性质也在很大程度上制约了其进一步发展的空间。更重要的是，民间金融的非正式性使其一直游离于正式制度之外，不仅获取政府支持的难度较大，而且往往导致政府对其采取压制政策。因此，内在的缺陷以及外在的压制使民间金融的生存和发展空间极为有限。

第三，就农村生产经营组织和农户而言，困扰农村生产经营组织尤其是农村集体经济组织支农投入的重要原因是自身的资金积累机制严重滞后，不能满足农业发展的需求，已经无力承担对农业的大规模投入的职能。而农户的典型特点是经营规模较小，经营方式单一，这形成农业资金投入的严重障碍；土地承包权的权属不清，农地使用制度的缺陷也抑制了农户对农业追加投资的动力和热情。更为关键的是，农民增收速度缓慢，自身经济实力薄弱，用于生产积累投资明显乏力。

（三）农业资金有效供给法律机制之缺失是影响农业资金投入的根本因素

农业资金投入存在的问题与农业资金投入缺乏有效的制度保障、农业资金安排和使用随意有很大的关联，在一定程度上，农业资金有效供给法律机制之缺失已经成为制约农业资金稳定投入的根本因素。

概括起来，我国农业资金投入法律制度存在以下弊端：

一是既有立法笼统，缺乏可操作性。指导我国农业资金投入的基本规范性文件是颁布于1993年并于2002年、2009年、2012年三次进行修订的《农业法》。作为我国第一部全面而系统地规范农业经济及其相关领域的国家立法，它的内容涵盖了农业生产经营体制、农业生产、农产品流通、农业投入、农业科技与农业教育、农业资源与农业环境保护等诸多方面。通过多次修订，《农业法》增加了“粮食安全”、“农民权益保护”、“农村经济发展”和“执法监督”的相关内容，并强化了涉农科技推广服务的规范性。这一系列规定为我国农业经济的可持续发展提供了基本的法律依据。其中专章规定的“农业投入及支持保护”是指导全国进行农业投资的重要指南，该章明确了农村信贷资金、其他社会投资作为农业投资主体的法律地位；规定了降低农业经营风险的农业保险制度及农业灾害防治制度；还从农业信息服务、扶持农用工业发展的角度为农业资金投入提供了更为有效的服务机制与动力机制。应当承认，《农业法》已经在很大程度上克服了先前立法过于粗糙和原则的不足，在扶持农业发展的农业投资体系的构建上朝前迈出了实质性的一步。但仍需指出的是，农业法的规定在操作性上尚存缺憾，已有的规定弹性较大而刚性不足，因而在实际的执行过程中，随意性较强，相应的处罚力度不大甚至有关规定尚付阙如。

二是较多依赖政策甚至通知等非规范形式指导农业资金投入，缺乏必要的刚性与约束力。基本立法原则性较强，操作性不足，这种状况导致的直接后果便是执行力差,甚至不被遵循,本应发挥立法功能的规范性文件变成可有可无的摆设。这不仅浪费了国家资源,更重要的是未能真正促进农业增产与农民增收。既然国家基本立法不能切实发挥功效,那么通过政策或其他形式出台支农措施便成为现实的选择。探究此状况的背后成因不难发现,基本立法偏于原则性规定具有其客观性。由于农业发展的区域性与分散性特点,由国家统一立法提供具体的制度供给,保障农业投入实不妥当,再加上中央财政汲取能力的下降等因素,国家也倾向于通过鼓励地方投资而加大农业扶持力度,如此,基本立法的规定便显得简约和原则。但是,这并不意味着政府放弃农业扶持的职责以及相应的法律约束。在立法尚不具备条件的情况下,政策性措施或其他非规范形式的文件等可以在一定时期及一定区域内发挥作用,但必须寻求从政策上升为立法的妥适的途径,而不能在政策层面裹足不前。比如,前面提及的农业专项基金便是一个典型例子。修订前《农业法》明确规定,在县级以上政府都必须设立扶持农业发展的专项基金,尽管在修订后,农业法不再作此强调,但并未否定地方性法规中规定的农业专项基金的内容,因此,可以认为这些规定仍然是具有法律效力的。然而从前面的分析可以看到,基金的筹措、安排使用与管理等重要内容都基本是依据通知或行政决定而进行的,而其颁布时间又是在《农业法》实施之前,在《农业法》实施之后,农业专项基金的运作状况并未及时有效地经由立法的形式予以规范,这极大影响了农业专项基金的支农绩效。

三是农业资金投入立法的相关配套性规范不足。农业投资立法是涉及农业基本立法、预算法、价格法、税法、金融法、土地法等多个法律部门的一个综合性法律法规体系,一部《农业法》或一部单行的法律或法规并不能确保农业资金的稳步有效供给,而必须借助各个法律法规的合力。这就要求围绕农业资金投入,从农业基本立法,到农业资金投入各项配套立法应当形成一个有机整体,共同促进农业投入。就我国目前的农业投资立法来看,《农业法》之外,其他涉及农业资金投入的专项立法并不集中,基本分散在非涉农的更为宏观的规范性文件中,缺乏相关的专门配套立法,这就降低了农业法律法规的执行力。

反观其他国家在农业投入方面的举措,不难发现,通过立法确保农业资金投入的稳定增长、保护农民利益、发展农村经济是多数国家的共同选择。如美国,不仅颁行了作为基本法的《农业法》,而且制定了专门的农业信贷立法,并根据不同的经济发展状况进行适时地修订。其农业信贷立法体系主要就是由1916年的《联邦农业信贷法》、1923年通过的《农业信贷法》和1933年通过的《农业信贷法》构成的。在加拿大,除了作为基本法的《农业稳定法》修正案和《农业和农村发展法》之外,《银行法》、《地区发展促进法》、《农业信贷法》、《农业改良信贷法》等是其农业信贷立法的相关配套立法,内容全面且可操作性强。由此可见,我国应当加强农业投资基本法及其相关配套立法的完善,为农业资金有效供给提供法律保障机制。

第三节　农业资金有效供给的法律保障机制

通过系统的法规体系，保障农业资金有效供给，这是发达国家确保农业资金稳步投入的重要启示。以下结合有关国家农业资金投入立法，针对我国农业资金投入面临的切实问题，提出我国农业资金有效供给的法律保障机制。

对于是否及如何进行农业资金投入立法，国内存在以下三种意见：第一种观点主张制定一部统一的农业资金投入法。理由为，农业作为国民经济的基础部门，在国家优先发展工业的经济战略中作出了巨大牺牲，为工业发展提供了大量资金，但农业自身的发展却面临日益严峻的困境，尤其是在社会主义市场经济体制逐步完善的情况下，仍然坚持这种片面的发展战略，是不能适应我国经济与社会的全面和可持续发展要求的，因此，加强农业扶持与保护立法具有重要的现实意义。具体而言，应当将各投资主体的行为都统一纳入法制的轨道，尤其是有必要通过立法明确政府对农业资金投入的责任，同时明确政府利用经济杠杆引导其他社会资金向农业投入的职责。第二种观点主张根据不同的行业，不同的项目分别制定农业投资法。理由是，农业发展在不同时期具有不同的重点，作为经济调节手段的立法应当照顾到不同时期、不同项目的特点进行，作总体规定不便操作。第三种观点认为我国不应进行农业资金投入立法。理由是，财政收支具有整体性，应当由政府有关部门统一决策，统一调配使用，不能把财政预算肢解。对此，我们认为主张制定一部统一的农业投资立法的观点已经占据主流，同时由于农业投资涉及的领域较多、问题复杂，根据各个投资项目进行分别立法的观点亦有可取之处。因此，就农业投资立法的模式而言，我们的基本观点是农业资金投入总体立法与配套立法相结合，构建农业投资立法体系。

一、立法原则与基本目标

农业投资立法首先应当明确立法的基本原则与目标。农业投资立法应当遵循的基本原则包括以下内容：其一，保障农业资金投入稳定增长的原则。农业资金稳定增长是确保农业经济全面可持续发展的首要条件。它具体包括两方面的要求：一是农业资金投入的充足性，以此克服目前农业投资总体不足的状况；二是农业资金投入的稳定性，以此克服目前农业投资波动性强的弊端。根据这一基本原则，农业投资立法一方面需要为各农业投资主体提供相应的激励机制，另一方面应当合理安排有限资金的使用方向，提高农业资金的使用绩效。其二，鼓励多元主体共同投资农业的原则。引导并鼓励多元主体共同投资农业是为农业获取更多的资金来源而作出的必要选择。不可否认，每一种投资主体及其所提供的资金在一定历史发展阶段都起到了关键作用，而随着经济社会的变迁，各投资主体所能发挥的支农效能又可能随之而呈现强弱交替的变化：在前阶段的经济社会体制背景下发挥主导作用的支农主体可能在后一阶段有所减弱，反之，前一阶段并不凸显的支农来源在后一阶段由于约束条件的改变又可能变得格外重要。但无论经历怎样的变化，任何一种支农主体都不足以完全取代其他来源而成为支农的唯一主体，妥适的选择是将各种有助于农业经济社会发展、农民增收的投资渠道都纳入法律规范的领域。因此，农业投资主体应当多元化，农业投资方式应当灵活。这意味着，农业投资立法不仅应当继续深化传统的支农资金主体的相关制度完善，而且有必要开辟新的投资渠道，并积极运用包括财政、税收、价格、保险、信贷等多种手段，引导和鼓励社会资金、个人资金投向农业。而农业投资的具体方式则可以根据农业各领域的不同性质来决定，如典型的公益性农业领域可主要采取财政资金扶持的方式，具有竞争性的农业领域则可以引导、鼓励不同投资主体采取相宜的投资方式。

农业投资立法应当确立的基本目标则集中于一点，即确立一个稳定长效的农业资金投入保障机制。为实现这一目标，有必要从农业资金投入的利益补偿与激励机制、农业资金投入的财政支农机制、农业资金投入的信贷扶持机制、农业资金投入的使用与管理机制几方面进行构建或完善。显然，这样的立法体系并非一部单行的农业法规或农业基本法即能完成，需要农业投资基本法及其配套法规共同构成。

二、制度构建与完善

（一）农业资金投入的利益补偿与激励机制

诚如前述，农业投资风险大，收益不稳定。而由于农业投资回报难以确定，各主体对农业投资缺乏激励，动力不足，这是制约各投资主体加大农业投入的一个基本因素。因此，立法首要的应当寻求建立农业投资的利益补偿和激励机制。该机制的重要内容在于稳定农产品价格，确保农业生产者的投资回报。具体而言，即是改变目前的农产品价格体系，克服由于工农产品价格“剪刀差”导致的农业利益向非农产业的转移，提高农业的比较利益和农业的自我积累能力。在此条件下，投资主体在选择投资方向时，才可能在利益驱动下积极主动投资农业。

从有关国家农业投资立法来看，通过稳定农产品价格，确保农业投入的持续增长是他们的共同选择。如美国制定的《农业法》，其基本目标便是通过农产品价格支持和耕地调整，稳定农产品产量和农场主收入。为此，该法规定了不同时期的农产品价格支持水平、适用范围、条件和具体实施程序。在其另一部重要的农业扶持法律《农业调整法》中，规定价格支持和调整补贴适用于小麦、棉花、饲用玉米、生猪、水稻、烟草、牛奶及其制成品，并详细规定了小麦、棉花的支持水平及农业生产者获取补贴的条件。加拿大的《农业稳定法》对稳定农产品价格，支持农业投入也作出了明确要求，并专门成立农产品稳定局和由农业组织的代表组成的咨询会，赋予该农产品稳定局采取措施将农产品价格稳定在法律规定的价格水平上及提出价格指标建议，保证年度内农产品价格与成本间的合理比率的法定职责。对此，我们认为有必要借鉴上述国家农业投资立法中关于注重运用价格措施激励农业投资的做法，完善我国农业投资的补偿与激励机制。具体而言，至少有以下几方面的工作：其一，构建并完善农产品价格信息发布及其相关的服务体系；其二，运用价格手段鼓励、引导社会资金投入农业领域；其三，完善农产品收购的价格保护制度。

（二）农业资金投入的财政支农机制

财政支农资金一直是我国农业资金投入的重要来源，完善财政支农机制意义重大。依据中央政策文件并结合目前我国农业经济发展现状，完善财政支农法律机制应当从以下方面着手：

1. 财政支农中的政府责任

（1）强化政府财政支农的责任。第一，有必要拓宽财政支农资金渠道。中央政策文件曾针对农田水利建设的资金支持问题指出要稳定资金渠道，将预算内新增财政收入的一部分资金设立小型农田水利设施建设补助专项资金；并将预算内经常性固定资产投资和国债资金以及国有土地出让金的一部分作为支农的重要来源。尽管这是针对农田水利基础设施建设的支农资金来源的意见，但对拓宽用于其他领域的财政支农资金的渠道也具有参考意义和指导价值。第二，规范政府农业投资行为。《农业法》规定了中央财政与地方财政中对农业投入的基本比例要求，但缺乏具体可操作性的制度法规和约束机制，导致政府财政农业投入难以落到实处，在一些地方甚至出现“虚投”现象。因此，在立法中明确中央政府与地方政府对农业的投入范围、投入数量与比例、投入方式等相关内容实属必要。第三，完善政府财政支农的预算管理及实施制度。这一要求应当与《预算法》的有关规定的完善相结合，尤其是财政支农的预算—支出—落实—验收—决算的整个程序性规定应当加强操作性与约束力。进一步完善部门预算，使财政预算直接落实到农业各部门。

（2）突出政府财政支农的重点

财政支农资金应当投向需要政府扶持的重点领域：

第一，支持农业基础设施建设。农业基础设施建设投资长期不足，导致农业抗灾能力薄弱，制约了农业综合生产能力的提高，因此农业基础设施建设应该成为政府支农的重点之一。意见中对加大农田水利设施建设的支农力度的要求便是具体的表现。

第二，增加农业科研投入。农业科技成果转化率低和农业科技贡献率低是我国农业发展的一大“瓶颈”，远远落后于发达国家水平；与此同时，WTO下的新贸易规则要求各个国家取消“黄箱”政策，实施“绿箱”政策，这迫使政府放弃对生产提供直接补贴的做法，而转由对科研和科技推广加大投入，这是符合WTO规则要求的。由此，我国政府应当加大农业科技投入，加强农业科技创新能力建设，加大良种良法的推广力度，加快改革农业技术推广体系。

第三，支持农业产业化经营。发展农业产业化经营是发展现代农业一项重要内容。国家应当继续加大对多种所有制、多种经营方式的农业产业化龙头企业的支持力度，鼓励龙头企业以多种利益联结方式，带动基地和农户发展。具体措施包括，其一，信贷服务，农行和其他国有商业银行应按照有关规定，加快改进对龙头企业的信贷服务，切实解决企业收购资金紧张的问题，同时积极探索龙头企业和专业合作组织为农户承贷承还、提供贷款担保等有效办法；其二，税费减免，支持农民专业合作组织的发展，对专业合作组织及其所办加工、流通实体适当减免有关税费；其三，加快乡镇企业的结构调整、技术进步和体制创新，促进其积极参与农业产业化经营。

第四，增加对农业生态环境保护的投资。重点关注生态重点工程的建设，强化法律制度对农业环境保护的作用。

值得注意的是，上述财政支农的重点领域应当与促进农民增收结合起来，即将有限的财政资金投入能够真正提高农民收益的地方，尤其是提高种粮农民的收入。因此，集中财政力量支持粮食生产区发展粮食产业是制度供给的重要一环。

(3)明确各级政府财政支农的权限与职责分工。《农业法》明确了地方政府与中央政府在支农方面负有的同等职责要求，即中央和县级以上财政每年对农业总投入的增长幅度应当高于其财政经常性收入的增长幅度，这是完善农业资金投入法律制度的一项重要举措。但是《农业法》并未对各级政府财政支农的权限与职责分工作出原则性的规定，这就为进一步完善财政支农体制提出了新的课题。总体而言，财政支农的重心在逐步向地方倾斜，地方财政在农业投资中占据着日益重要的地位。它的意义是显著的：一方面，相对于中央财政而言，地方政府的投资行为更接近市场，更加重视直接的经济效益，决策过程更加透明，对于多元投资主体的形成具有强大的示范效应；另一方面，投资重心的下移也有利于中央政府从具体的管理事务中脱离出来，集中能力致力于农业投资的宏观决策及需要国家从整体层面加以扶持的农业领域。具体而言，中央与地方财政支农的权限与职责应当进行一定划分，尤其注意界定中央与地方政府发展农业的事权与财权，强化地方政府发展农业的职责，增加地方政府的财政投入：中央的职责集中于制定农业财税政策；支持跨地区的大型农业基础设施建设，大江大河治理，特大农业自然灾害防治；

农业基础科学研究,重大农业科技成果的推广;主要农产品在全国范围内供需调控等。地方的职责集中于贯彻执行国家有关农业的支持、保护政策;支持地方范围内的农业科技教育等事业发展;支持地方农业基础设施建设等。

(4)建立财政农业积累投入机制。各级财政加大对农业投入的必要条件是具有持久稳定的收入来源,这对于各级财政而言都是至关重要的。其中,确保地方财政来源又具有更为基础的作用,因为中央财政支农力度的大小很大程度上是依赖于地方财政的实力强弱的,而增加地方财政收入的最有效手段是发展地方经济,因而,可以认为促进地方经济发展是建立财政农业积累投入机制的基本要求。对此,有必要采取适当的减税让利的措施,如调减增值税、所得税税率,增强地方财力,刺激地方经济发展等。

2. 财政支农机制的完善与创新

(1)完善补贴、税收、贴息等财政支农手段,加大财政支农力度。

第一,农业补贴。通过财政对农业实行补贴是世界有关国家支持与保护农业的主要手段。以美国为例,差额补贴与修耕补贴是其两种具有代表性的补贴制度。所谓差额补贴指农产品目标价格与市场平均价格之间的差额,而目标价格是以生产成本为基础设定的价格,用于补偿农场主的生产成本并取得一定利润。具体运作方式为:当市场价格高于目标价格时,农场主可以在市场上出售其产品,以现金归还政府的贷款,在此情况下不存在差额补贴;当市场价格低于目标价格而高于贷款率时,农场主在市场上出售产品的所得仍达不到规定的目标价格,政府要给予补足,在此情况下,差额补贴开始发挥作用,其数额即等于目标价格与市场价之差;当市场价格低于目标价格和贷款率时,政府则补足目标价格与贷款率之间的差额,此种情况下差额补贴额等于目标价格减去贷款率乘以参加计划的耕地上的产量。所谓休耕补贴是美国为缓和农产品过剩危机,实行限制生产计划而采取的补贴措施。差额补贴是对农产品流通环节的价格补贴,休耕补贴侧重是对减少耕种而给农户带来的损失进行的补贴,两种补贴制度都具有较好的支持与保护农业的功能,并使农民从中获取实质的收益。反观我国当前实行的财政补贴政策,政策性的粮食补贴占据了绝大部分,并以粮食流通环节的价格补贴为主。尽管目前我国已经改变主要向国有粮食购销企业补贴的做法,实施粮农直补政策,有力提高了农民的增收能力,但是粮农直补过程中仍然存在运作不透明、补贴资金有限或者不落实、分配标准不统一等弊端,亟待通过具有约束力的立法对粮农直补的分配主体、受益主体、分配标准、分配程序、救济方式、法律责任等方面做出具体规定。

第二,农业税减免后的财政支农方式。农业税的减免是加大财政支农力度的重要体现。自 2005 年起,在国家扶贫开发工作重点县开始实行免征农业税试点,在牧区开展取消牧业税试点,并在其他地区进一步降低农业税税率,取消除烟叶以外的农业特产税。与此同时,中央财政支农力度进一步加强,2004 年 1 号文件要求因减免农(牧)业税而减少的地方财政收入,由中央财政安排专项转移支付给予适当补助。

第三,财政贴息。财政贴息是与财政支持向农业提供信贷资金密切相关的一项财政支农措施。如在以规范农业信贷资金投入为主要特点的日本,其农业资金投入立法大多数都涉及为农业提供信贷资金的金融机构的设置及其运作。为确保农业信贷资金的稳定投入,日本政府一般选择通过财政贴息的政策以对金融机构可能产生的损失给予弥补,从而为金融机构投资农业提供必要的动力支持。《农业现代化资金助成法》即是其中的代表,它是有关中央政府对地方政府农业投资进行补助的一项立法。该法第1条明确规定:"本法的目的是通过建立中央政府对都道府县政府所支付的农业现代化资金贷款贴息给予补助和中央政府直接进行农业现代化资金贷款贴息制度来鼓励以农业贷款为业务的农业协同组合等机构向农业人员提供长期低息贷款,促进农业资本装备和农业经营现代化。"就我国而言,《农业法》明确了国家财政贴息的基本职责,第45条第4款规定:"国家通过贴息措施,鼓励金融机构向农民和农业生产经营组织的农业生产经营活动提供贷款。"但是在贴息发放的具体标准、运作程序等具体规定方面缺失,妨碍了财政贴息的支农效应。

(2)创新财政支农机制。除了加强上述财政支农方式的完善之外,还有必要积极探索财政支农的创新机制。概括起来,实践中的三种方式值得关注。

第一,事后奖励。即农户和农业企业完成国家鼓励发展的农业项目后,政府给予一定的资金奖励或财政贴息的机制。这种机制不仅对受奖者具有激励作用,同时又可产生对其他投资主体的示范和引导效应。同时应当防止虚报冒领、挪用财政支农资金的情况发生。

第二,公开招标。即对财政支农项目进行公开招标的机制,其目的在于增加财政支出的透明度,提高财政资金使用效率。具体可以按照如下程序进行:首先,由农业专家顾问团对农业部门推荐的农业科技成果进行评审,经过严格筛选后,确定一些重点推广项目作为财政重点扶持推广的对象,并通过新闻媒体发布招标补贴公示等。它从资金分配和项目效益两个环节建立财政支农资金使用与管理的运行机制,有利于实现财政支农资金分配的公平、公正和公开,有助于增强项目资金管理使用的约束力,提高财政支农资金的使用绩效。

第三,补贴公示。即对财政支农资金的转移支付以及对农户的补贴实行公示的机制。这一机制的功能在于防止支农资金分配与管理过程中可能出现的"暗箱"操作,降低财政支农资金的流失。

3. 财政支农资金的监管

加强财政支农资金的监管是提高财政支农绩效的重要一环,对此,有必要从以下方面着手:

（1）财政支农资金的整合机制。第一，在财政支农资金的预算安排上，财政部门应当逐步实现资金管理的统一化，改变目前农业基本建设资金、农业事业费、粮棉油价格补贴、支援农村生产支出等财政支农资金由不同部门负责的情况，提高财政支农资金管理的效率；第二，在财政支农资金的使用安排上，应集中有限资金投入需要扶持的重点领域，统一规划、统筹安排、集中布局，以降低财政支农管理成本，提高资金使用效率。

（2）财政支农资金使用绩效评估机制。提高财政支农资金使用绩效一直是建立稳定增长的财政支农机制的核心目标，为此，构建一个科学的支农资金绩效评价评估机制非常必要。这包括设计合理的财政支农资金使用绩效评价的基本参数、量化模型、动态标准等。

（3）财政支农资金监督检查机制。强化财政支农的行为约束，尤其是在构建前述项目绩效评价体系的基础上，严格责任追究制度。

（三）农业资金投入的信贷扶持机制

农业信贷资金是财政支农资金之外又一个重要的资金来源，完善农业信贷扶持机制的关键在于发挥商业性金融、政策性金融与合作性金融的合力，实行正规金融与非正规金融并举的农业信贷体系。对此，在中共中央、国务院《关于进一步加强农村工作提高农业综合生产能力若干政策的意见》中就对完善农业资金投入的信贷扶持机制提供了基本依据。在意见第七部分，要求针对我国农村金融需求的特点，应加快构建功能完善、分工合理、产权明晰、监管有力的农村金融体系，这为农村金融改革提供了总的指导方针。就农村三种主要金融支农制度而言，农业银行应当继续发挥支持农业、服务农村的作用；政策性银行的支农力度应当加大，增加支持农业和农村发展的中长期贷款，拓宽其业务范围；农信社应当在完善治理结构、强化约束机制、增强支农服务能力等方面深化改革成果，进一步发挥其农村金融的主力军作用。此外，意见还强调了培育竞争性的农村金融市场，完善多种所有制金融机构的准入条件和监管办法；探索建立更加贴近农民和农村需要、由自然人或企业发起的小额信贷组织；落实对农户和农村中小企业实行多种抵押担保形式的有关规定；扩大农业政策性保险的试点范围，鼓励商业性保险机构开展农业保险业务。上述政策文件提出了农村金融改革的总体要求、主要金融支农制度的完善方向、农村金融市场的适度开放、传统金融安排之外的私人小额信贷的建立与完善、农业政策性保险机构及其业务的开展，为完善农村金融体系提供了切实可行的行动指南。基于此，有必要从农村信贷扶持机制的法规体系、主要农村金融制度的完善对策及农村金融安排的创新路径几方面，完善农村信贷扶持机制。

1. 农村信贷扶持机制的法规体系

农村信贷扶持机制是一个十分庞杂的体系，既涉及多个金融主体组织方面的程序法，又有农业信贷的实体法；既有贯彻于各种金融安排的一般规定，又有各项金融安排的特别规定。这足以显示农业信贷扶持机制在整个农业资金投入法律保障机制中所占据的重要地位。但正是基于其体系的复杂，因而试图在农业投资法律制度中囊括所有农村金融制度安排并分别作出详细规定的做法是不现实的。这便提出了如何在农业投资整体法律制度中妥适设计农业信贷扶持制度的内容以及农业信贷自身法规体系构建的问题。《农业法》基本解决了前一问题，在该法第45条概括性的规定了农村金融的基本制度安排。即国家建立健全农村金融体系，加强农村信用制度建设，加强农村金融监管；有关金融机构应当采取措施增加信贷投入，改善农村金融服务，对农民和农业生产经营组织的农业生产经营活动提供信贷支持；农村信用合作社应当坚持为农业、农民和农村经济发展服务的宗旨，优先为当地农民的生产经营活动提供信贷服务；国家通过贴息等措施，鼓励金融机构向农民和农业生产经营组织的农业生产经营活动提供贷款。可以看到，农信社是农业法规定的农村信贷的主要机构。至于农业信贷自身法规体系的构建与完善问题，显然必须通过有关农业信贷的基本立法及其一系列配套立法来完成。这里，有必要指出的是，农业信贷法规体系应当注重农业信贷组织法与农业信贷实体法相结合，农业信贷一般规定与特别规定的结合。这也是世界有关国家农业信贷立法选择的模式。农业信贷组织法主要规范专门从事农业信贷服务的金融机构，农业信贷实体法则是主要规范具体的金融制度安排，二者既可在一部立法中并行出现，也可采取制定单行法的形式。如美国、加拿大、日本等国便通过专门立法规定农业信贷的机构：美国通过《农业调整法》、《农产信贷公司特许法》建立并完善了农产信贷公司；加拿大通过《农业信贷法》成立了农业信贷公司；日本通过《农林中央金库法》和《农林渔业金融公库法》成立农林金库与农林渔业金融公库。农业信贷一般规定往往适用于各项农村金融安排，特别规定则是分别适用于各项金融制度的专有规范。比如在加拿大，一部《银行法》规范有关银行及银行业务活动的法律，该法授权银行向抵押农产品的批发商、运输商和中间商提供贷款，并对可以获取贷款的农户的基本条件作出规定。这可被看作农村金融安排中的一般规定。另外，加拿大还分别就鼓励农民进行规模经营的农业贷款、鼓励农民综合开发的农业贷款等具体内容作出规定。这种做法可资借鉴。

2. 主要农村金融制度的完善对策

具体而言，应当强化政策性金融的支农作用，完善商业性金融的制度构建，深化农信社改革，引导和发展民间金融。

(1)政策性金融

农业发展银行应当积极发挥其政策性银行的功能，并结合农业发展的不同情况，适时调整其经营业务范围。对此，

第一，科学界定政策性银行的职能范围。农业政策性金融主要体现国家农业

经济政策的宏观导向,并对商业性金融进行引导、补充,以实现资金在农村的优化配置。因此,有必要对农业政策性金融与商业性金融从事的服务领域进行科学的划分,既确保政策性金融支农功能的实现,又不影响商业性金融追求其自身利益。结合我国农业发展现状,农业政策性金融的资金投放领域主要应限制在如下范围:一是符合国家农业产业政策和区域农村经济发展政策,并列入优先发展目录的项目;二是社会效益好,而经济效益低,不能承担正常商业贷款利息的项目;三是投资周期长、数额较大、资金回报滞后的项目。

第二,有效发挥政策性金融对商业性金融的引导功能。具体而言,体现在如下方面:一是为符合规定的商业性贷款提供信用担保;二是为符合政策的产业和项目提供部分营运资本金,使之符合商业性金融机构的贷款条件;三是与商业性金融机构组成银团贷款,共同对符合产业政策的项目提供信贷资金;四是对商业性金融机构从事的符合政策的贷款项目给予贴息或再融资。

第三,完善政策性银行的治理机制,防范政策性金融风险。政策性金融由于其固有的政策性金融业务的性质,在资产质量、风险防范、内部治理结构等方面都存在不足,因而,有必要针对政策性金融不良资产形成的原因采取有效的解决措施,建立并完善政策性金融的贷款管理制度,并相应完善信用担保体系。

第四,适时调整农发行的经营业务范围,提高农发行支农的绩效。农发行一直以来将其业务重心放在保障粮棉油购销企业按保护价收购粮棉油的资金需求上,承担的政策性金融业务单一,而当前粮棉油收购企业的贷款扶持业务已经大为萎缩,在此情况下,应当适时调整其服务重心,支持农业基础设施建设、扶贫开发、农业综合开发等领域,以提高农发行的支农绩效。

(2)商业性金融

农业银行是商业性金融中承担支农职能的主要金融机构,尽管从目前来看,包括农业银行在内的国有商业银行陆续将其业务从农村撤离,但农业银行还是应当继续发展其农村金融业务。对此,首先,应当对农行实行一定优惠措施,鼓励其发展农村金融业务,比如可以降低中国农行的盈利性指标或者实行税收优惠等,以弥补农行从事“三农”业务而可能带来的损失。其次,应当加强农行自身的机制完善,尤其是内部的激励与约束机制。在此问题上,探索适合农村市场的贷款品种、改革信贷风险管理评价体系是大有助益的。最后,注意协调农业银行与农业发展银行的职能关系。农业发展银行作为专门的政策性金融机构,本应当承担支持农业资金投入的主要职责,但目前其经营业务局限于支持粮棉油的收购;而农业银行正在经历商业化改革的过程,根据其商业化运作的改革取向,势必收缩政策性业务的范围,更多从事符合商业银行性质的业务,但目前农业银行担负了较多的政策性职能,如扶贫、支持生态建设、农村基础设施建设、农业综合开发等。因此,应当根据农业银行与农业发展银行自身的特点构筑有效的农业信贷扶持体系,即农业银行将其承担的上述政策性业务划归农业发展银行，农业发展银行则着力转变主要从事收购单一业务的局面，真正发挥其支农的职能。

(3)合作性金融

农村信用合作社的改革是完善合作性金融制度的一项重要任务。对此，国家发布了有关的指导农信社改革的多个文件，为农信社改革提供了基本的方向。1998年国务院发布了《国务院办公厅转发中国人民银行关于进一步做好农村信用合作社改革整顿规范管理工作意见的通知》，确定了农信社改革整顿规范管理工作的总体要求是：坚持合作制原则改革农村信用合作社管理体制，强化对农村信用社的监管，改善内部经营管理，建立防范和化解风险的机制。2003年6月国务院《深化农村信用社改革试点方案》确定浙江、重庆、江苏等8省市进行深化农村信用社改革的试点工作。确定的改革方案是：第一，在经济比较发达、城乡一体化程度较高、信用社资产规模较大且已商业化经营的少数地区，可以组建股份制银行机构，包括农村商业银行、农村合作银行；第二，在人口相对稠密或粮棉商品基地县（市），可以县（市）为单位将各为法人的基层信用社和县（市）联社改为统一法人；第三，在其他地区，可在完善合作制的基础上，继续实行乡镇信用社、县（市）联社各为法人的体制；第四，采取有效措施，通过降格、合并等手段，加大对高风险信用社兼并和重组的步伐。2007年7月，由银监会牵头、16个部委和单位组成的农村金融改革发展专题小组向国务院上报了《关于加快农村金融改革发展的意见》，提出了农村金融改革发展工作的总体要求和主要任务，明确了农村信用社市场化、商业化的改革取向，以及力争用5年到10年时间把农村信用社分期分批办成产权清晰、经营有特色的现代金融企业的改革目标。2010年3月，针对我国农村合作金融机构改革中存在的产权关系和制度安排的问题，银监会出台了《中国银监会关于加快推进农村合作金融机构股权改造的指导意见》，提出取消资格股、加快股份制改造、逐步提升法人股比例的方案，要求用五年时间将农村信用合作社总体改制成产权关系明确、公司治理完善的股份制金融机构。2014年银监会通过了《关于规范向农村合作金融机构入股的若干意见》规定了农村信用合作社的成立条件。由上观之，农村合作性金融完善对策包括：一是明确经营目标。农村合作性金融的经营目标与发展方向是服务"三农"。服务"三农"为农村信用社在竞争激烈的城市金融市场之外开辟了一个发展潜力巨大、优势明显的农村金融市场，使农村信用社的发展具有了政策优势与市场拓展良机。二是完善内部治理结构。应当按照合作制原则的要求，实行自主经营、自我发展、自我约束、自负盈亏、自担风险的经营原则，农民、农村工商户以及各类经济组织自愿入股并在此基础上组建完善的内部管理机制，将农信社真正办成为农村、农民和农业经济发展服务的社区性地方金融机构。需要指出的是，合作制金融应当是一个开放和动态发展的体系，它不应当局限于传统的典型的合作制模式，恪守合作制原则的每一项内容，而是可以选择放松对营利性、互助合作性的要求,或者允许非社员投资入股但同时对其持股比例给予限制等。事实上,合作制金融本身并非一成不变,传统意义上的合作制原则正在世界范围内包括合作金融非常发达的国家中发生程度不同的改变,合作制的色彩已经有所淡化。比如放贷对象不再严格限定于社员;投资合作金融组织的主体范围放宽,允许设立跨行业、跨社团、跨区域的信用社;采取分红方式吸引非合作社社员入股,扩大合作社资本金;营利和商业化倾向加重;民主管理和自治原则受到削弱。作出这些调整或改变的直接目的是充实合作制金融机构的资本金、增加积累、提高其服务水平和应对风险的能力,这是促使合作制金融在众多可供选择的金融制度安排中变得更具活力和竞争力的恰当途径。三是强化外部风险控制。有必要设立专门的国家信用社监管机构,并制定相应的合作金融监管法规,以加强对农信社的风险监管和经营引导,维护农村金融秩序。

(4)民间金融

民间金融具有一定程度的有效性与合理性,在加强引导、监督的前提下,可以起到补充正规金融的作用。应予指出的是,民间金融存在的领域非常广泛,具有较强的适应性,不同制度、不同历史背景的国家都在一定程度上存在民间金融。这主要是基于民间金融具有融资速度快、信息费用低、利率具有弹性、服务态度良好、资金来源渠道广、回收快、资金利用率高等特点,而我国农民来自非正规金融的贷款高于正规金融市场,民间金融生存空间巨大。因此,以民间借贷形式出现的非正规金融应当与正规的金融体系并行,并取得合法化的地位,同时,加强规范非正规金融的活动范围、活动内容、审批程序以及风险防范等,为非正规金融的发展提供一个必要的途径。

3. 农村金融安排的创新路径

其一是贷款方式的创新。这主要是指大力推行小额信贷方式,便于农户获取符合其需求的信贷资金;其二是信用担保形式的创新。这主要包括实行动产抵押、仓单质押、权益质押等担保形式,探索设立专门的农业担保机构以及鼓励现有商业性担保机构开展农村担保业务;其三是金融组织的创新。这主要指着力发展多种形式包括不同所有制的金融组织,适度开放农村金融服务市场,促进以社会资本或外资组建的金融组织进入农村金融市场,为农村经济发展服务。

(四)农业投资风险的分担机制

前述三个部分着力从农业投资主体的角度思考农业资金有效供给的法律保障机制。而无论哪种投资主体都不得不面对农业投资的风险问题,因而,建立农业投资风险分担机制也就成为农业资金有效供给的法律机制的重要组成部分。从既有的规范性文件与政策性文件来看,农业投资风险分担机制的构建已经受到了重视。《农业法》从两个方面为分担农业投资风险提供了具体的制度:其一是农业保险制度。《农业法》第46条规定:"国家建立和完善农业保险制度。国家逐步建立和完善政策性农业保险制度。鼓励和扶持农民和农业生产经营组织建立为农业生产经营活动服务的互助合作保险组织,鼓励商业性保险公司开展农业保险业务。农业保险实行自愿原则。任何组织和个人不得强制农民和农业生产经营组织参加农业保险。"从中不难看到,《农业法》规定的农业保险制度的基本内容中,涉及较多的是农业保险的组织形态。根据农业保险的组织性质的不同,可以将提供农业保险服务的组织机构分为政策性农业保险、互助合作保险组织和商业性保险,由此形成多种组织性质的保险机构分工合作、和谐并存的农业保险的完整体系。其二是农业灾害防治制度。《农业法》第47条规定:"各级人民政府应当采取措施,提高农业防御自然灾害的能力,做好防灾、抗灾和救灾工作,帮助灾民恢复生产,组织生产自救,开展社会互助互济;对没有基本生活保障的灾民给予救济和扶持。"农业保险是农业投资风险分担机制的重要内容,农业灾害防治则是其重要补充,二者都有助于克服或减轻农业投资带来的高风险问题,从而为构筑农业资金持续供给的长效机制创造条件,从这个角度上讲,它们理应成为农业资金投入立法不可或缺的组成部分。

(五)农业资金投入的使用与管理机制

农业投资的监督与管理问题是困扰我国农业投资绩效增长的重要根源,其中对财政支农资金与农业信贷资金的监管问题颇为关键。诚如前述,当前对这两部分支农资金尤其是财政支农资金的管理较为混乱,而形成此种状况的原因一方面在于农业资金管理部门分散,职能不协调;另一方面是农业资金的具体运作过程中缺乏有效监督。前者涉及支农资金的预算安排,后者涉及支农资金的分配与使用。

具体而言,我国实行的由农业主管部门、政府有关职能部门对农业资金进行分散管理的基本模式已经形成了多种弊端,这表现在农业资金分散,无法集中发挥支农功能;各职能部门职责划分不清,争利现象突出;财政负担加重导致财政经费挤占农业事业费等。对此,较为妥适的选择是可以设置统一有效的农业资金管理机构,集中有限资金投入农村基础设施建设、农业科技推广及促进农村产业结构调整的工作中。亦可就一定的农业发展扶持事项设置专门的农业资金管理机构,如加拿大便针对农产品稳定问题在其《农业稳定法》中专门设置了农产品稳定局以及由农业组织的代表组成的咨询委员会,这种做法值得我们借鉴。在规范农业资金管理机构的基础上,还应当严格预算制度,使预算编制更加公开、透明,防止预算分配中的不规范行为,从而在支农资金预算安排这一初始环节把好管理关。

针对农业资金使用的有效监督问题,《农业法》第39条作出了明确规定:"县级以上人民政府每年财政预算内安排的各项用于农业的资金应当及时足额拨付。各级人民政府应当加强对国家各项农业资金分配、使用过程的监督管理,保证资金安全,提高资金的使用效率。任何单位和个人不得截留、挪用用于农业的财政资金和信贷资金。审计机关应当依法加强对用于农业的财政和信贷资金的审计监督。"根据该规定,并结合相关的其他规范,加强支农资金的监督重点在于强化对财政支农资金投入预算执行的监督检查。支农资金是否及时、足额拨付是预算执行监督检查工作的首要内容,对此,有必要完善有关农业专项资金专户直拨制度,确保支农资金的及时、足额拨付,同时对执行中未遵循法律规定的行为建立严格的责任制度。

思考题

1. 如何理解农业资金投入的特殊性?
2. 农业资金投入的基本类型是什么?
3. 试述农业资金投入的现状及其制约因素。
4. 分析财政支农资金与金融支农资金的关系。
5. 如何完善农业资金投入的绩效评估机制?
6. 如何完善农业资金投入的使用管理机制?

材料分析题

2015年年初中共中央、国务院印发了《关于加大改革创新力度加快农业现代化建设的若干意见》(即中央1号文件),提出"优先保证农业农村投入。增加农民收入,必须明确政府对改善农业农村发展条件的责任。坚持把农业农村作为各级财政支出的优先保障领域,加快建立投入稳定增长机制,持续增加财政农业农村支出,中央基建投资继续向农业农村倾斜。优化财政支农支出结构,重点支持农民增收、农村重大改革、农业基础设施建设、农业结构调整、农业可持续发展、农村民生改善。转换投入方式,创新涉农资金运行机制,充分发挥财政资金的引导和杠杆作用。改革涉农转移支付制度,下放审批权限,有效整合财政农业农村投入。切实加强涉农资金监管,建立规范透明的管理制度,杜绝任何形式的挤占挪用、层层截留、虚报冒领,确保资金使用见到实效。"围绕上述材料,分析以下问题:

1. 如何看待财政支农资金在农业资金投入中的地位作用?
2. 财政支农资金制度改革的主要方向是什么?
3. 怎样建立财政支农资金稳定增长机制?

热点话题

财政与金融是两种性质截然不同的资金配置方式,具有较强的功能互补性,将两者有机结合,可以解决农村资金大量外流而导致农村融资需求难以得到有效满足的困境。2009年4月财政部发布《财政县域金融机构涉农贷款增量奖励资金管理暂行办法》、《中央财政新型农村金融机构定向费用补贴资金管理暂行办法》两项规范性文件，对财政引导金融支农提供了具有可操作性的实施方案。2010年年初颁布的中央1号文件又围绕“健全强农惠农政策体系，推动资源要素向农村配置”的目标定位，再次提出“加强财税政策与金融政策的有效衔接，引导更多信贷资金投向‘三农’，落实和完善涉农贷款税收优惠、定向费用补贴、增量奖励等政策”措施，旨在继续推进财政引导金融、金融支持“三农”的财政金融新体制。近几年财政引导金融支农的力度不断加强，地方政府通过财政奖励和补贴，税收优惠，信贷损失的分担和补偿，农业保险、农村贷款担保机构的扶持积极引导金融资金向“三农”倾斜。但是，如何在法律制度层面建立财政引导金融支农的稳定、有效的保障机制仍然需要进一步思考，尤其是破除制约财政与金融两种支农资金有机结合的一些体制、机制障碍。如财政引导金融支农的适用范围如何确定，如何划清财政引导金融支农与财政直接支农的边界；如何统计金融机构的涉农贷款，以确定金融机构是否及能获得哪些方面的财政扶持或优惠；财政引导金融支农的资金本身如何纳入预算监管，对未能实现预期目标的财政激励资金是否建立一定的退出机制，对未履行或拖延履行财政引导金融支农的相关职责，超越或滥用法定权限，或未经正当程序擅自变更财政引导金融支农范围、方式、标准和额度的情况，又应当如何进行问责和救济。

延伸阅读

1. 亚洲开发银行项目：《中国政府农业投入政策研究》，人民出版社2013年版。
2. 曹跃群：《公共政策背景下农业资本投入运行机制研究》，社会科学文献出版社2014年版。
3. 汪希成：《西部地区农村公共品投入保障机制研究》，中国农业出版社2009年版。
4. 茆晓颖、成涛林：“财政支农支出结构与农民收入的实证分析”，载《财政研究》2014年第12期。
5. 邵传林、赵明霄、王莹莹：“农村非正规金融的兴起逻辑、现实困局与合法化难题”，载《经济体制改革》2012年第6期。
6. 陈治：“财政激励、金融支农与法制化——基于财政与农村金融互动的视角”，载《当代财经》2010年第10期。

第七章　农业科技与农业教育法律制度

第一节　农业科技法律规制

随着改革开放的进一步发展，我国农业进入了发展的新阶段，农业生产与农村经济结构调整优化，农业生产由数量型向质量型发展，农业增长方式由粗放型经营向集约型经营转变。面对农业结构调整，增加农民收入、实现农业现代化，有效地解决产量与品质、增产与增收矛盾，提高农业效益和增强国际竞争力等已十分迫切。因此，加速农业科技创新步伐，推动科技成果快速转化和产业化进程，满足新阶段农业及农村经济发展对科技的需求，将是我国农业现阶段的重要任务和历史使命。《农业法》对农业科技与农业教育作了专章规定。

一、世界科技与农业科学技术发展态势

（一）农业高新技术发展的特点和趋势

人类已经进入21世纪，科学技术的发展将会“一日万里”，呈现出更快更高的趋势。特别是农业，已发展成为现代生物技术和信息技术应用最广阔、最活跃、最富有挑战性的领域。以研究和掌握有生命的植物、动物和微生物生长和发育规律为主体的农业科学，在现代生命科学尤其是生物工程技术的突破、创新和促进下，不断产生出新领域，引发出新的产业革命。农业高新技术发展呈现出如下特点和趋势。

1. 全面加速

20世纪50年代初DNA分子结构双螺旋模型的提出，彻底改变了传统生物技术的被动状态，使人类按照自己的愿望在基因水平上对生命体进行操作成为可能，迅速发展的基因工程使整个生物技术跨入到一个新阶段。1965年首次以实验证明了细胞的全能性，1971年烟草生原质体首次培养成株，1972年第一批重组的DNA分子诞生，1983年首次获得转基因烟草等。2014年我国种植国产转基因抗

虫棉面积达到99%。[1] 在动物方面，自1982年获得第一个转基因“超级鼠”后，已相继培育出转基因猪、牛、羊、兔和鱼等，一些发达国家还建成了转基因动物农场，生产出基因工程药物和诊断剂，实行了产业化生产和产品商品化。利用兴起的计算机虚拟技术，以三维界面形式模拟设计不同物体的形态和演变过程，构造出人们需要的各式各样的想象物。这种技术应用于农业，在作物遗传育种方面，可以选择各种种质资源进行大跨度定向组合育种，大大缩短了育种周期。

2. 多方突破

现代高新技术不仅从理论、方法上而且还从技术手段上，加速更新了传统的农业科学及基础学科，产生出交叉学科、边缘学科和新兴学科，如农业生物工程学、核农学、太空农学等，呈现出新的发展趋势。例如现代生物技术使人类创建新的品种或物种成为现实。目前应用植物体细胞杂交技术已经获得了用传统的杂交技术无法获得的新的杂种植物，如“西红柿马铃薯”、“拟南芥油菜”等；通过基因工程技术培养出能生产人胰岛素和抗体的转基因植物，这类物种在自然界原是不存在的。再次，计算机已渗透到农业种质资源、动植物育种、作物栽培、畜禽饲养、土壤肥料、植物保护、农田灌溉、农业机械、农业气象、贮藏加工、农业经济等各个领域。特别是地理信息系统（GIS）、全球卫星定位系统（GPS）、遥感技术（RS）即农业的3S技术和计算机自动控制系统核心技术的应用，导致了“精准农业”的产生，并取得重大进展，将引发出新型农业生产经营形式。

3. 综合开发

现代农业将由动植物向微生物、农田向草地森林、陆地向海洋、初级农产品生产向食品、生物化工、医药、能源等多种产品生产方向拓展。以研究和掌握有生命的植物、动物和微生物生长发育规律为主体的农业科学，通过与现代科学尤其是生物技术的交融，在种植、养殖、特殊化学品种和食品添加剂、能源生产、生物电子及环境应用方面，也取得了一系列的重大突破，形成了一批新的高技术产业群。如通过工厂化微生物工程的发展，将形成绿色植物的、不污染环境的新型农业及其产业；研究开发可更新纤维素、工农业废气、废液、废渣；建立资源循环利用产业；建立单细胞蛋白工业及海藻生物技术产业；用多年生和一年生植物及藻类，生产酒精和石油代用品；用玉米糖蜜、甘蔗、作物秸秆发酵生产乙醇；用玉米、大豆等农产品生产塑料、新型材料、燃料添加剂、油墨、涂料等多种工业产品。用生物技术培育新菌种，加快有机酸发酵的利用，大规模生产不同用途的氨基酸。许多国家还采用生物措施与工程措施相结合的方式，加快了海洋开发的步伐，建造“海洋农场”、“海洋林场”，实现蓝色革命。日本的海洋开发已进展到100米左右的深海区，每平方公里海水产品的产量多达60吨。此外，将航天科学与农业科技相结合，还可发展太

---

〔1〕 载 http://www.56.com/u29/v_MTA4MDU2ODAy.html，2015年6月26日访问。

空农业。网络技术和数字技术的飞速发展，使信息产业在农业领域得到了迅速成长。

4. 不断拓展

农业高新技术的发展，带来了新兴产业的拓展，改变了人类的生活方式，促进了产业结构向更合理、更高层次上的转变。特别是现代信息技术使各国农村再现繁荣，信息高速公路正在使该国的商业、乡村教育、医学等各个领域发生极大变化，已全面渗透列人们的生活地域，80 年代的农场合并、地价下降以及服务业衰退使许多人离开农村，到 2000 年，美国迁移到农村地区的人口急剧增加，开始寻找新的就业机会。目前日本已有很多地区的农业协同组合引进了“综合农业信息系统”，为农户提供气象、土壤以及栽培、防灾等信息服务，并为农户编制作业时间表，逐步进入信息新时代。

（二）21 世纪必将迎来一场“新的农业科技革命”

进行一次新的农业科技革命，从科技角度来看，很大程度上就是以现代技术，特别是高新技术改造替代传统的农业技术体系，逐步建立健全由高效的农业科技管理体系，具有国际先进水平的研究开发体系，宏大的农业技术推广与服务体系以及强大而稳定的农业科技保障体系所组成的，与社会主义市场经济体制相适应的新型农业科技创新体系以及开放、流动、竞争、协作的新型机制。因此，高新技术的研究、开发和应用在新的科技革命中必然要占有重要的地位，尤其是生物技术、信息技术应起先锋和主导作用。可以预言，21 世纪农业将出现第三次革命，其特点和内涵是，在深入揭示生物生命奥秘的基础上，通过农业科学与生命科学等多学科的交融，带动农业和农村经济的全面发展。“将来农业问题的出路，最终要由生物工程来解决，要靠尖端技术”。小平同志这一精辟的论断，为我国农业新科技革命指明了方向，也说明农业是现代生物技术应用最广阔、最活跃、最富有挑战性的领域。

新的农业科技革命是一个巨大的、复杂的、开放的系统工程，其总目标是在 21 世纪初期使科技对我国农业增产的贡献率达到 50%；〔2〕要为中国的可持续农业发展做好科技准备；当前应十分重视高效农业、生态农业、节水农业和食品工业等的发展，要逐步提高农民的收入和缩小东部与中西部的差距。在具体实施时，要注意处理好高新技术与传统技术的关系；单项关键技术的突破与多项高新技术的组合集成的关系；农业基础性研究与应用开发研究的关系。人才是新的农业科技革命推行的关键，必须要在不断提高劳动者素质的基础上建立一支门类比较齐全、高水平、高素质的科技人才队伍，当务之急是要建立一支肯奉献、业务精的学科带头

〔2〕 韩德乾：“进行一次新的农业科技革命”，载《未来与发展》2000 年第 4 期。

人、科技管理专家、农业企业家和农技推广的骨干队伍，使各种新技术、新方法、新成果能尽快落到实处，尽快转变为现实生产力。同时，要为科研单位进入经济建设主战场、科技人员发挥才干和有用武之地提供条件，为农业科技单位开展科技革命创造良好的环境。重要的途径是农科教、产学研相结合，要提供科学技术，特别是高新技术产业化，不要就技术论技术，应与生产密切结合，把产前、产中和产后联系起来，形成一体化的产业。

（三）现行农业科技开发、转化和推广的法律法规

近年来，我国在农业科技开发、转化和推广方面颁布一系列法律法规，1987年7月《国家星火奖励办法》，1990年农业部发布《农业部发布适用农业科技成果办法》（试行），1989年5月1日施行的《中华人民共和国种子管理条例》，1991年6月19日通过《中华人民共和国种子管理条例农作物种子实施细则》，1991年10月11日农业部发布《农业部乡镇企业科技成果鉴定规定》（试行），2001年9月10日农业部发布的《农业科技成果转化资金项目管理暂行办法》，2009年11月18日、农业部通过的《植物新品种保护项目管理暂行办法》。特别是1993年通过、2012年12月28日修正的《中华人民共和国农业法》，1993年7月2日通过、2012年8月31日修正的《中华人民共和国农业技术推广法》（以下简称《农业技术推广法》）是指导我国农业科技推广的最基本法律，对稳定农技推广机构、健全农技推广体系起着至关重要的作用。已有大部分的省（自治区、直辖市）先后出台了《农业技术推广法实施办法》。2014年6月16日，财政部、科技部、农业部发布了《中央财政农业科技成果转化与技术推广服务补助资金管理办法》，对加速农业、林业、水利等科技成果的转化，提高国家农业技术创新能力，为我国农业和农村经济发展提供了强有力的科技支撑。从我国现行的法律法规的内容上看，农业科技开发、转化和推广的法律激励机制还不健全，其他省（自治区、直辖市）应力争早日出台相应的实施办法。同时，国家需要尽快制定全国性的《农业技术开发、转化、推广法实施细则》，以指导和规范农技推广事业的发展。此外，还需要制定由农业部颁布实施的加强农业科技产业发展的系列规定，并与相关的法律、法规体系相配套，逐步使农业科技产业化发展纳入法制化轨道。

二、农业科技的概念和特点

（一）农业科学技术

农业科学技术包括农业科学与农业技术两个方面。农业科学是指建立在农业生产实践的基础上并具有严密逻辑论证的、关于农业领域各种事物的本质特征、必然联系或运动规律的理论认识和知识体系。农业科学是探索农业领域中自然规律

和经济规律的经验总结，在整个科学体系中属于应用科学。农业科学是自然科学和社会科学中多学科相互交错、相互结合、相互渗透的一门综合科学，它包括农业基础科学、农业环境科学、农业技术科学、基础科学及高新科技在农业上的应用科学、农业经济管理科学等。农业技术是各种科学原理经过实践、积累、总结发展而成的操作方法、技能和技巧，是把各种科学应用于农业生产实践中的方法和技能的总称。《农业技术推广法》第2条规定："本法所称农业技术，是指应用于种植业、林业、畜牧业、渔业的科研成果和实用技术，包括：（一）良种繁育、栽培、肥料施用和养殖技术；（二）植物病虫害、动物疫病和其他有害生物防治技术；（三）农产品收获、加工、包装、贮藏、运输技术；（四）农业投入品安全使用、农产品质量安全技术；（五）农田水利、农村供排水、土壤改良与水土保持技术；（六）农业机械化、农用航空、农业气象和农业信息技术；（七）农业防灾减灾、农业资源与农业生态安全和农村能源开发利用技术；（八）其他农业技术。"

（二）农业科学技术的特点

由于农业自身的特点，农业科学技术呈现出以下特点：

第一，环境的艰苦性。农业科技工作的主要场所是幅员广大的农村地区，由于多种因素的影响和制约，目前我国农村与城市相比，无论是物质生活条件还是精神生活条件都要差得多。并且，农业科技活动太多需要在室外进行，因而风里来、雨里去是经常之事，同时自然条件的变化无常经常会限制农业科研活动的进行，甚至会使眼前的成果瞬间全部丧失，这就更加增添了农业科技工作的艰苦性。

第二，对象的复杂性。开始于19世纪末20世纪初的现代农业科学的研究对象已远远超过了以往研究的广度和深度，其研究对象不仅仅是生物的有机体，而是以活的生物为中心的复杂的综合体，是生物与环境、生物与人的有机统一。其中既包括自然界的物理运动规律、化学运动规律、生物运动规律以及生态发展规律，也包括社会的经济规律和工程技术规律；既包括农业生物内部复杂的生理生化关系、农业生物之间的竞争和互助关系、农业生物与生活环境的关系，也包括农业生产与人的关系、农业生物与工程技术的关系，等等。因此，现代农业科技工作的对象是十分复杂的，重大的研究课题往往具有广博性、多结构性和综合性的特点。即便是一项普通技术的推广使用，也要求科技人员具备相当的业务素质。

第三，长周期性。农业科学技术研究的周期长，出成果的时间长。一项研究的完成和研究成果的获得，往往需要多年的努力。这主要是因为农业生产的周期比较长，如种植业，要完成一个生产周期少则一年半载，多则几年甚至几十年。如袁隆平的杂交水稻花了16年，从德国人哈勃兰特提出"植物细胞全能性"的假说，到中国人第一个培养出甘蔗叶植株和水稻花粉植株经历了半个多世纪。尽管现代科技已使人们能够采取"人工环境"或环境选择，如温室育秧等，但这并不能改变作物生长的规律和农业科学技术的长周期性的特点。

第四,主体的广泛性。现代科技在农业上的广泛应用,有力地促进了农业科学技术的进步,农业科技日益显现出综合化、整体化和社会化的趋势,使得农业科学研究、技术推广的组织形式更加集体化。现代农业科技工作,如果仅仅靠农业科技工作者个人是无法取得成果的,必须依靠集体,依靠群众,需要广大农民群众的参加和配合。一项科研工作,往往表现为一项群众性工程。

第五,项目的相关性。农业科技具有广泛多样的分工,这种分工是生产和科技发展的结果,每一项具体的工作都是整个农业科技工作的不可缺少的一部分。而各项具体工作之间又是密切联系、互相制约的。农业科研工作的这种分工和联系的关系决定了农业科技在农业生产上的应用必须是多学科、多技术的综合运用,因而每一项具体农业科技工作在影响上都具有强烈的综合相关性。

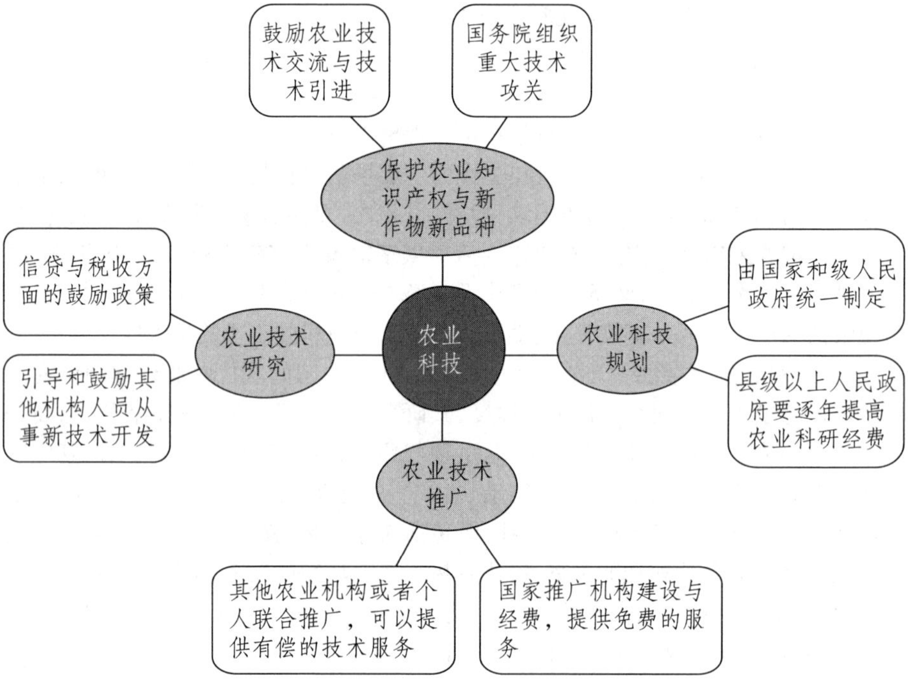

三、农业科技创新的法律规定

(一)农业科技创新体系参与主体职能定位

与其他产业相比,农业领域的科技创新具有一定的特殊性,这些特殊性进而会对农业科技创新体系参与主体的职能定位产生影响。

1. 农业科技创新的特殊性

(1)公益性强。农业科技的最终应用者是广大农民,他们势单力薄,不可能像工业企业那样进行大规模的自主研发和创新,农民的支付能力十分有限,不可能支付较高的价格去购买农业科技创新成果,因此,农业科技创新需要专门机构和组织来完成,并以无偿或廉价的方式与农民共享。同时,农业是国民经济的基础和社会稳定的基石,除了生产经营外,还承担着重要的社会职能和生态职能,而农业科技创新则是支撑这些职能发挥的重要力量。

(2)风险水平高。农业同时面临着来自于自然和社会的双重风险,这决定了农业科技创新也具有相对更高的风险性。一般来说,农业科学研究主要是探索生物内部规律及其与外界因素的关系,然而,生物是有生命的,外界因素也是不可控的,因此,农业科学研究必须按部就班,研究过程难度较大,充满不确定性。此外,农业科技成果的推广应用不仅受到推广内容、推广方式及推广人员素质的制约,还受到自然地理、经济条件、社会环境和农民素质等因素的影响,同样面临很大的不确定性。

(3)创新周期长。农业科技创新受生物规律支配,创新周期较长。特别是对植物育种、动物繁育新品种的研究,既受动植物自身生命周期和自然环境的影响,又受农业生产诸要素相互作用的影响,通常要经过多代的遗传、筛选、培育才能育出新品种,因此,历时相对较长。以小麦为例,一般情况下,育出一个新品种需要7年到8年时间。

(4)区域差异大。农业生产的对象是有生命的动植物,对自然环境和气候条件的依赖性较强,且不同动植物适宜的环境和条件存在较大差异。通常情况下,自然环境和气候条件随着地域的变化而变化,从而造成农业生产的对象、物质手段、操作程序等在不同区域之间存在较明显的差异性。例如,新品种的生产应用受季节、空间的限制十分明显,在一个地方能种的,换个地方就不一定适合种植。

(5)系统性强。农业科技创新受农业生产诸要素的相互作用和影响,既要涵盖农业产前、产中及产后各个领域,又要结合生物学、工程学、化学、资源环境学、信息科学和经济管理科学等方面的知识,还要实现政府部门、科研机构、高校、中介机构、合作组织、企业、农户之间的协调合作,各个环节、要素相互依赖,缺一不可。

2. 农业科技创新主体

同其他科技创新体系一样,农业科技创新体系也包括知识创新、技术创新和制度创新三个主要组织部分。农业科技创新体系的主体包括政府部门、科研机构、高校、中介机构、农民专业合作组织、涉农企业、农户等。根据国家创新体系的主体结构和功能定位,科研机构、高校是农业知识创新系统的主体,而企业则是农业技术创新系统的主体。因此,对于科研机构和企业的支持应各有侧重,促使其各展所长。对于科研机构,应重点支持基础性、前瞻性、战略性、公共性研究和重大科技攻关研究,以提升我国整体科研实力;对于企业,应重点支持应用研究,以加快农业科技成果的商品化和产业化。当然,这种定位也不绝对,企业研发机构也参与知识创新,科研机构和教育机构也参与技术创新。这应该是农业科技创新体系参与主体的基本功能定位。由于农业科技创新系统性强,农户和农民专业合作组织不具备这方面的能力,所以,需要由科研机构、高校和企业来完成。然而,农业科技创新风险水平高意味着收益存在不确定性,创新周期长意味着投资见效慢,区域差距大意味着规模效益受限制,加之还具有很强的公益性,导致现阶段企业开展农业科技创新的积极性并不太高。因此,现阶段农业科技创新还应以政府科研机构和高校研究机构为主导,对不同主体进行各有侧重的支持。同时应该完善科研机构的评价考核机制,提高科研人员的积极性和创造性。

农业创新体系的主体结构及职能定位

名称	核心部分	其他部分	主要职能
知识创新系统	国立科研机构、教学研究型大学	其他高校、企业研发部门、地方科研机构	知识的生产、传播和转移
技术创新系统	农民专业合作组织农业相关企业(大企业、高技术企业)	政府部门,其他教育机构、科研机构、中介机构等,农户	知识传播、人才培养
知识传播系统	高校系统、职业培训系统	政府部门,其他教育机构、科研机构、企业等	知识传播、人才培养
知识应用系统	社会、企业	政府部门、科研机构	知识、技术的实际应用与管理

3. 国外经验

(1)政府农业科研机构占主导地位。在美国的农业科技创新体系中,高校是基础研究的主体,科研机构是开发研究的主体,企业是科技商品化的主体,农业推广服务站是创新技术推广的主体,农场主是应用技术创新成果的主体。日本的农业科技创新体系主要由国立与公立科研机构、大学、企业等几大部分组成,其中,国立、公立农业科研机构占全国农业科研的55.4%,处于主导地位。法国的农业科研组织几乎完全由政府包办,其农业研究机构分为公立研究机构和私立研究机构两类,国家农业研究院是农业领域中唯一从事科学研究的政府机构,在全国自成体系。

(2)不同性质的参与主体之间分工明确。在发达国家,政府、科研机构、高校、企业、农户等农业科技创新体系参与主体之间都有明确的分工,不同性质的主体在创新活动的不同环节分工有所不同。一方面,具有基础性、探索性、前瞻性和战略性的研究项目,以及难以很快产生经济回报的研究项目,通常由政府所属农业科研机构承担。例如,荷兰全国范围内的农业科研工作由农业部下设的国家农业研究委员会负责,在委员会之下还设有一些起桥梁纽带作用的专业咨询委员会,它们在对研究工作提供部分资助的同时,提出生产上需要解决的问题,并把新的研究成果推荐给生产部门。另一方面,应用基础研究和应用研究,以及诸如杂交种培育、农药、肥料研制等可能带来直接经济回报的研究项目,可由地区性政府科研机构或企业进行。在荷兰,企业是应用研究工作的重要力量,企业科研机构由二十多个大型公司组成,主要任务是将研究和试验得到的成果应用于生产,解决遇到的实际问题。因为研究成果能直接和自身利益挂钩,企业在开展研究时更注重成果在农业生产中的实际应用,这就对荷兰农业的发展起到了重要推动作用。

(3)不同层级参与主体各有侧重。国家级的农业科研机构除主要从事基础性、前瞻性、战略性、公共性研究和重大科技攻关研究外,还在一定程度上兼有农业科研组织与协调工作职能;地方性的农业科研机构则主要开展区域性重大科技问题研究和有优势、有特色的应用基础和高新技术研究,重点解决区域性、关键性的重大科技问题。以美国为例,美国农业科技创新体系分为联邦、州和县三个层级。其中,联邦政府层面的科研项目主要由美国农业部下属的农业研究所承担。该所是美国最大的国家农业科研机构,由国家研究中心、七个区域性研究中心、四个海外研究中心和一百余个国内农业实验站组成。各州的公立农学院及其农业实验站承担对本州经济有影响的应用技术研究及推广任务。农业实验站以州立农学院为依托,同本州的农学院和农业推广站形成网络,在州政府的授权下,侧重本地区的农业科研和推广工作。农业推广服务站是县级农业推广组织,也是州推广中心的派出机构,与州推广中心联合指导该县的农业推广工作,帮助农民发现农场经营中存在的问题,并协助农民找到有效的解决办法。

(4)参与主体之间存在密切的合作交流。虽然各主体之间分工明确,但相互之间也存在合理的合作、协作与交流,以及人才、信息、资金等流动。这样就形成了以政府农业科研机构为主体,既分工协作又相互渗透的开放型农业科技创新体系。20 世纪 70、80 年代,为提升国际创新竞争力,美国政府以联邦科研资金的流向为杠杆,引导大学与产业密切联合,共同组建产学研协同创新联盟,最为典型的是美国国家科学基金会管理下的“产业/大学合作研究中心”模式。

(二)农业科技管理创新理念

增强农产品市场竞争力,主要靠提高产品质量,其核心是按标准化规范进行生产。标准化规范说到底是技术标准化,因此技术是关键。从中国的实际情况来看,应该关注三点:一是面对分散的一家一户小农经济和传统落后技术,需要把规范化高新技术传授给农民,使其按照规范化技术操作,生产出符合市场,特别是符合国际标准的高质量产品。二是面对龙头企业技术不规范、产品质量低、市场竞争力弱、经济效益低的实际,要进行技术改造,实行规范化、标准化生产,同时对职工进行技术培训。三是面对加入 WTO 后农产品市场的开放,需要不断增强产品竞争力,不断进行农业产业化经营各环节的技术创新,为此就必须加快科教体制改革,加快科技经济一体化进程,使科技和经济紧密结合起来融为一体,使科技进入产业化链条中的各个环节。

1. WTO对农业科技创新管理的影响

我国加入WTO后,农业在获得发展机遇的同时,也面临严峻的挑战。从目前来看,加入WTO对农业科技创新主要有以下影响:一是对农产品及农业投入物的影响。按WTO农业协议规定,我国逐步开放国内农产品市场,使农产品直接面对世界市场的挑战。一些进口国以保护资源和本国国民健康为由,对农产品进口设置绿色壁垒,实行了相当严格的质量、卫生、安全检疫标准,要使农产品赢得国际市场,必须使农产品及投入具有科技含量,这就要求运用生物技术、基因遗传工程等培育动植物质优新品种,研制新的农业投入物,农药、化肥等做到低残留,把塑料薄膜、饲料绿色无污染降低到最低限度。二是对农艺制度和农艺方法的科技创新的影响。为了提高农产品市场的竞争力,除改良农产品品种外,要求农艺制度的改革和新农艺方法的创新,用以指导开发出新的耕作栽培技术、饲养技术及农产品贮藏、保鲜和加工方面的新工艺新技术。三是对农业产业化生产经营管理方面的科技创新的影响。与发达农业国家相比,单家独户生产经营的农民根本不可与强大的国际集团抗衡。为形成竞争力,在农业生产经营管理上,应打破传统的管理模式,建立起统管农业生产资料、农产品流通和农产品加工的强有力的国际贸易新经济机构。四是对政府在创新政策环境上的影响。国家在加强支持"绿箱"政策,削减"黄箱"政策时,特别要求中央和省级政府给予扶持和帮助。积极为其加快发展创造良好的政策环境。用好、用活"绿箱"政策,加大财政投入和支持力度对重大农业高科技产业项目实行倾斜扶持。优化融资环境,调动企业、银行、科研机构投资积极性,形成多元融资投资机制。要建立完善科技服务体系,只有良好的发展环境,充裕的资金流通,才能进一步推动科技创新的发展。五是对农业生产者素质的影响。农业技术是否转化为现实农业生产力,农业经济运行效率是否提高,最终取决于农业生产者能否掌握和驾驭这些新知识和新技术。同时农民素质的高低也直接影响和决定农业科技成果的扩散速度和应用程度。

2. 农业科技创新管理的主要内容

影响农产品竞争力的因素主要是农业科技水平低。对农业产业科技创新而言,发展贸工农一体化的龙头型经济成了科技创新的必经之路。要充分发挥政府的政策指导作用,形成以龙头企业为主力,农业科技组织为指导,科教单位为协助的引导农民共同经营的"政府+龙头企业+农业专业组织+科教单位+农户"的独特管理模式。为此,第一,要为政府科技管理功能的重新定位。政府在农业产业化科技创新管理中具有重要的作用,将起到对整个科技创新管理模式的规范作用。在这种科技管理模式中,政府的职能主要是制定农业产业化科技创新发展的战略规划、重大政策，协调重大合作项目等。第二，农业高等院校和科研院所要承担技术创新、产品研发、人员培训和推广示范工作，用技术指导农民，提高农村劳动力素质。第三，龙头企业要通过多种形式，如技术协作、技术入股、股权转让等与农业科研单位、高等院校、技术推广部门组建农、工、科、贸综合集团，走产学研、科工贸一体化的道路。企业要通过各种利益联接机制与农户相联系，带动他们进入市场，使产品生产、加工、销售有机结合、相互促进。企业通过新上项目和进行技术改造扩大生产规模，逐步延伸拉长产业链，增强农产品加工能力。第四，农户在企业统一组织、科教人员指导和合作社的统筹下，负责农产品生产加工。

3. 农业科技管理的建议

首先，按照“小政府、大企业、大服务”的思路进行政府机构改革。“小政府”就是行政管理机构要小、层次要少，特别是要精简农林牧行政管理机构，可以合署办公，使大量的专业技术人员进入生产第一线，以技术入股，搞技术服务。“大企业”是在建立小政府的基础上，把大量精简的机构和人员组成企业集团，如农工商公司、农业开发公司、牧业开发公司，这些公司和农户通过基地建设等方式联接起来，形成发展农业产业的龙头。“大服务”是指政府、企业、大专院校、科研院所等都要为农业发展服务，为农业产业化和农业现代化服务，从技术开发、技术引进、技术培训、资金筹措、保险、市场信息、产品营销等方面进行全方位服务。同时，“企业 + 科技”应转为“企业 × 科技”，这是基于以下两个方面的考虑。一方面，在科技经济一体化改革中，由专业技术人员领办企业这条路代价太大，几乎是一条失败的道路，因为科技人员不是企业家和管理者，不懂得如何办企业，更不懂如何管理企业。其最佳的选择是在农业企业化、规模化发展过程中，农业科技人员通过技术入股的办法进入农业股份化企业，成为农业产业化经营和科技型产业中不可分割的一部分。另一方面，考虑到要通过政策机制，把科技人员推向经济主战场，实现科技与经济的有机结合，可以通过科技人员驻村、包村发展农业产业等方式，使村级经济的增长直接和技术人员的利益挂钩。

其次，建立政府综合协作机制，加大对农业龙头企业科技创新的政策支持，政府应创造最优的软硬环境，为科研开发和人才培养提供服务。要进一步改善龙头企业发展环境，落实优惠政策。地方政府及农业组织应积极争取国家对农业产业化企业和重点科技项目的支持。龙头企业是发展农业产业化经营的“火车头”，要将企业重点放在实现技术创新、管理创新、出口创汇、产业升级和增强竞争力及发挥其对农业示范带头作用上。

再次，加强科研院所、高等院校与企业合作，建立农业科技示范园区、校内外实习基地和校企结合的产学研结合基地。要重视农业高科技人才的培养，特别是要加强懂得农业科技、企业管理、市场开发和国际贸易的复合型人才的培养。同时深化科教体制改革，充分调动科教人员的积极性，激发创新精神，以促进新农产品、新工艺的研发和加速科技成果的转化。积极组织科技下乡,为农民送科技、送新的科技耕作方法。

复次,实施人才开发战略,提高农民科技创新素质。重点培养农业科技推广、应用和管理人才。全面普及农业科技教育和“绿色证书”教育,对农民进行各种实用技术培训,提高农业劳动者整体素质,为农业产业化科技创新管理提供保障和便利。采取激励政策,鼓励有关大中专毕业生从事农业经营管理工作,发展农业科技。选拔有一定基础的农民进行有针对性的强化培训。

最后,改革农业科技管理体制,提高科研开发效率。一是加强农业科技成果评价体系和中介机构建设。通过建立规范的科技成果评价体系,完善评估方式和评估程序,对农业科技成果进行客观、公正、科学的评价。应用性研究成果要以成果转化和产业化为主要评价标准。各级科技进步奖要重点奖励经济、社会、生态效益显著和具有自主知识产权的农业科技成果。做好农业科技成果信息的收集、整理、发布工作,密切农业科研机构与农业生产之间的联系,建立规范的成果中介运行机制,促进成果的产业化。二是对从事农业基础性研究、应用技术研究、高新技术研究、农业资源保护以及向社会提供公共服务、难以得到经济回报的公益性农业科研机构,在调整和明确研究方向、优化结构、精简人员、转换机制的基础上,由省科技主管部门会同财政、机构编制、地方税务部门,按照非营利机构组织认定,省财政下拨经常性事业费,并按项目和基地建设要求加大支持力度。同时,进一步增加科研条件投入,结合重点实验室、工程中心建设,提高科研装备水平和技术创新能力。三是重新确定农业科研院所的类型与管理。由于农业科研院所是一个多层次的有机体,涉及基础研究、应用研究、开发研究和技术推广应用,因此,农业科研院所改革不应按单位划分为几类,把部分科研院所全面包下来,又把部分科研院所推向市场。要实行按项目拨给经费,人头费与科研经费配套下拨,人头费跟着项目走。对公益性项目,必须确保必要的科研经费和人头费,但项目要进行公开竞争,择优下达科研任务。四是加快建立法人治理结构。对全面转为民营的科研院所,要按照市场经济的原则,加快股份制的改造进程,建立法人治理结构。要稳定科技人员,特别是骨干科学家,要吸收科技人员入股,或以知识产权入股,充分调动科技人员的积极性和创造性。

四、农业科技开发的法律规定

(一)农业科技开发的概念

农业科技开发是指科教机构将科技成果转化为生产力过程中的有偿服务、生产和经营活动。开发主体主要是指各级农业科研院(所)、高、中等农业院校和各级技术推广单位等农业科研、教育、推广机构(以下简称科教机构)。农业科教机构可根据需要和条件，设立科技开发管理机构，组织和管理本单位的科技开发工作。农业科教机构建立的科技开发经营实体，须向工商行政管理部门申请登记，领取营业执照。农业科技开发工作，以应用本单位的科技成果、技术、人才为主，亦可引进先进、成熟技术（含科学知识、技术信息和方法）消化吸收后进行开发。科技开发以促进农村经济发展、提高社会效益为主要目的，同时兼顾本单位的经济效益，以增强科教机构的实力、活力和自我发展能力。各级政府农业行政主管部门，应鼓励和支持科技开发，根据当地实际情况会同有关部门制定相应政策，协助疏通科技开发所需资金与物资渠道，协助落实各项优惠政策。对农业科教机构申请生产、经营自己培育、引进并经过审定的试验成功的优良品种种子、疫苗，凡符合条件的应发给许可证。

（二）农业科技开发工作的管理

农业科技开发工作要实行技术合同管理，按照《中华人民共和国合同法》规定签订合同，明确科技开发的形式、技术经济标的、权利、义务、债权、债务等。技术合同当事人双方认为有必要进行鉴证和公证的，可向技术供方所在地有关部门提出申请。农业科技开发的技术合同，须向技术合同登记机构办理登记手续。农业科教机构依法持有（所有）的科技成果，由单位组织开发，任何个人进行开发或转让时，必须经本单位授权。

（三）农业科技开发的主要内容和形式

农业科技开发的主要内容包括：(1)为各级政府农业科技攻关、工程建设、技术改造、技术引进等工作的决策提供技术咨询或解决技术关键；(2)按有关规定生产和经营各种粮食作物、经济作物、畜、禽、鱼、果树、蔬菜、食用菌、花卉等种子、种苗、种畜、种禽，以及农副产品贮藏、保鲜、加工装备及其产品；(3)各种饲料（饵料）、肥料、农药、兽药、疫苗、诊断液等技术配方、使用技术及其产品的开发经营[疫苗限省级以上农科院（所）和高等农业院校自己研制的产品]；(4)接受有关部门委托进行新品种、新材料等的计量、测试、化验、分析、鉴定，以及接受委托研究、规划设计或新产品的技术开发；(5)结合农业技术推广工作，经营相关的化肥、农药、农膜、农机具等农业生产资料；(6)为有关部门和生产单位提供农业技术经济信息，进行情报和检索服务，新技术资料的翻译与整理以及计算机的开发应用服务等；(7)接受有关部门和生产单位委托进行技术培训等；(8)根据本单位优势和其他有利条件开展的其他科技开发工作。

农业科技开发的形式主要有：技术转让、技术咨询、技术服务、技术承包、技术入股联营、兴办技术经济实体、建立科研生产联合体、组织技术开发集团等。

五、农业科技转化的法律规定

(一)科技成果转化的意义

科技成果转化是指为提高生产力水平而对科学研究与技术开发所产生的具有实用价值的科技成果所进行的后续试验、开发、应用、推广直至形成新产品、新工艺、新材料,发展新产业等活动。

科技成果转化率低,既有成果本身问题,又有体制、机制等方面的问题。其深层次原因还在于科技与经济体制上的"两张皮",即我国科研力量和科技成果目前主要集中在大专院校、科研院所,而游离于从事生产和销售的企业之外。一方面,企业面对市场的激烈竞争,急需合适的科技成果,但却得不到所需的科技成果;另一方面,科研单位的科研成果未必能够满足企业的需要。由于企业和科研单位是两个独立的利益主体,双方的利益和风险难以协调和保障,"两张皮"很难结合到一起,这种体制上的问题就是科技成果转化难的深层原因。

在市场经济较为发达的国家里,大型企业一般都拥有自己的科研所,其研究、开发、中试、销售等全过程实行统一管理。研究内容、资金筹措、广告宣传、进度安排等,都是企业市场竞争策略的一部分,均在企业的精心组织安排下进行。其产品销售一般也通过企业已有的营销网络进行,无须从头摸索,从而缩短了成果转化的时间,减小了风险。

解决科技与经济"两张皮"问题的最佳选择当然就是实施科技体制改革,使我国的科研院所进入企业或自己成为企业,从而彻底改变科研单位大量游离于企业之外的现象。与其他行业相比,农业科研具有一定的特殊性。在我国,农业科研长期肩负着为弱质产业和弱势群体服务的使命。但随着商品经济的发展,农业正向报酬丰厚的强质产业方向转变。

(二)农业科研成果的分类及转化途径

农业科技成果可分为非营利型和营利型两部分。非营利型成果包括为主要国计民生和农业可持续发展服务的成果,如粮食作物、植保、环保、生命科学和社会科学研究等。营利型成果包括为生产高价值的植物、动物、微生物及农产加工增值服务的成果等。两类不同成果应区别对待,选择不同的转化途径。

1. 非营利型成果的转化途径

非营利型成果的转化途径包括教育培训、试验示范、提供信息服务等。

(1)教育培训。对推广对象进行教育培训,提高其科技素质,是成果的顺利转化重要环节。举世闻名的菲律宾国际水稻所创建于1960年,培训部是其最先设立的部门之一。该所科技成果之所以能迅速扩散,很大程度上得益于各种培训计划。

作为一个非营利机构,国际水稻所重视培训的做法无疑是非常成功的。培训计划包括学位培训、非学位培训和在职培训。

(2)试验示范。试验示范基地的建立是科技成果转化必不可少的一环。但资金不足是基地建设的主要制约因素。发达国家的实践证明,一项成熟的新技术成果应用于社会生产生活,必须经历三个阶段,即实验室成果、中间应用放大试验、工业化或产业化等。其资金投入比例大致为1∶10∶100,而我国仅为1∶0.7∶100。这表明,在我国技术应用开发中的试验环节资金明显不足,而这一点恰恰是阻碍科技成果转化率的一个关键。因此,今后一方面要根据实际需要与可能,加大中试资金投入比例,另一方面也可与受益地区和单位合作,共同建立试验示范基地。

(3)建立科技信息服务平台。信息科技的高速发展,必将引发农业科技与产业的技术革命。农业信息化是农业现代化的重要内容和标志。我国在由传统农业向现代农业转变的过程中,对农业信息技术有着巨大的需求。与其他行业相比,农业生产稳定性和可控程度差。同时,农业技术数量化、集成化和规范化程度较低,增加了生产管理的难度。因此,现代化农业建设需要有高层次农业科技专家参与指导。但高层次农业专家短缺问题,短时间内是无法解决的。通过农业信息技术可以"克隆"农业专家,集成、量化、规范农业专家的知识、经验,从根本上解决农业专家的供需矛盾。"农业专家系统"就是一种智能化的农业信息系统,它不仅可以保存、传播各类高新技术成果,而且拥有高层次、多方面农业专家知识,并能模仿人类的推理过程,以形象、直观的方式向使用者提供各种咨询服务与决策方案。针对我国广大农村严重缺乏高层次农业专家的实际情况,利用农业专家系统指导农业生产,比起发达国家更容易在增加农产品产量、提高质量和降低成本等方面产生明显的经济效益。

(4)利用现代传媒加速成果传播。广播、电视、报纸、杂志、书籍尤其互联网等现代传媒具有覆盖面广、传播迅速的特点。应充分利用这些现代传媒方式,加速农业科技成果转化。

2.营利型成果的转化途径

营利型科技成果转化活动应当遵循自愿、互利、公平、诚信的原则,依法或者依照合同的约定,共享利益、共担风险。科技成果转化中的知识产权应受法律保护,同时,科技成果转化活动应当有利于提高经济效益、社会效益和生态效益。就具体途径而言,科技成果持有者可以采用下列方式进行成果转化:

(1)自行投资实施转化。这是解决科技与经济"两张皮"问题的有效途径之一。它使科研院所自己成为企业,彻底改变科研单位游离于企业之外的现象。

(2)向他人转让科技成果。科技成果转化的主体是企业,因此要使科技成果更好地向企业转移、向社会辐射,充分发挥科研单位作为重要科技源头的作用。可以通过出售专利或签订科技合同的形式向有关企业转让科技成果。由于科技成果具有无形资产的独特性，其价格往往难以确定，操作时又缺乏合理科学的评估标准和原则，且科技合作中还牵涉许多具体的问题，如技术转让允许的地区范围、时间长短、付款方式、合作形式，知识产权是否得到有效保护问题等。这往往造成供需双方在价值和利益分配上的认识不同，产生分歧，导致成果转化过程漫长，甚至失败。解决这些问题的关键是建立合理的成果评估标准和利益分配机制。

(3)以科技成果为合作条件与他人共同实施转化。市场是检验科学技术向生产转化成功与否的最终标准。只有通过产品销售，形成一定的生产规模，产生利润，一项科技成果才算转化为生产力。科学技术向生产转化是一种独具特色的经济行为。由于市场存在许多不可预测的因素，对项目的成功构成潜在的威胁。所以，"转化"过程的每个阶段都要根据市场状况制订阶段目标，并且根据市场状况对阶段成果进行评估和完善，及时调整战略规划。因此，对市场的认识和分析必须贯穿于科技向生产转化的全过程。由于科技人员对市场不甚了解，有必要与他人合作共同实施转化，如与种子公司、饲料公司、农药公司等合作。

(4)以科技成果作价折算股份或出资比例。发展股份制企业是解决资金来源，发展商品经济的必然选择。成果持有者也可以科技成果作价入股有关公司。

(三)农业科技成果转化过程中常见的技术型资产的法律问题

1. 农业技术型资产的界定

农业技术型资产主要是指反映农业科技成果的无形资产，即农业科技成果中的专利技术和专有技术。科技成果构成了技术型资产的基本内涵，但并非所有的科技成果都是技术型资产，只有满足构成资产的两个基本前提条件(有用性、专有性)的科技成果才是技术型资产。根据公开程度，具有资产特点的应用性科技成果又可分为两种：一种是具有明确产权归属、简单易学，且所有者权益受法律保护的公开技术，如专利技术等；另一种是具有明确产权归属，产权不受专利法保护而只有靠技术持有者自己设法保密维护的秘密技术，即专有技术。由此可见，农业科技成果中的专利技术和专有技术构成了农业技术型资产的主要内容。

2. 农业技术型资产的特征

农业技术型资产作为技术型资产的一般特征包括：第一，创造性，即研制过程的创新性和研究结果的进步性。第二，易传播性。科技成果是知识型产品，是以信息形式存在的，易于传播和转移。它一经研制成功，只需借助知识的传播，就可重复多次地为不同的消费者使用。第三，非消耗性。科技成果不因使用者的增多或使用次数的增多而降低其使用价值。第四，资源的替代性。随着知识经济的兴起，科技被纳入生产函数之内，科技要素的投入使生产函数不再满足传统生产函数理论的效益递减规律，而呈现效益递增，即生产者投入的科技越多越新，其竞争力就越强，产出效益也越高。也就是说，科技成果在一定程度上对传统生产函数理论所关心的生产要素(劳动力、资本、材料和能源等)产生了替代作用。第五,应用过程的风险性。风险主要来自三方面:一是市场行情的不确定性;二是保密措施失当;三是经济寿命有限。第六,价值形成与补偿的特殊性。劳动成果的创造性和成本基础的模糊性决定了科技成果不存在社会平均成本,其价值不能简单地以所花费的社会必要劳动时间作为衡量标准,其获利能力也应是其价值构成的主要依据之一。

与一般技术型资产相比,我国农业科技成果作为技术型资产在转化应用过程中还有以下特点。第一,价值补偿的艰巨性。一是农业的基础地位和弱质性决定了农业科技成果具有明显的公益性,它的转化不能过分强调成果拥有者的利润回报率,需要更多地注重社会效益,获利能力往往无法成为价值补偿的评价指标。二是我国传统分散的小农经济不仅难以发挥农业科技成果的规模效益,而且增加了交易成本,这大大增加了成果价值补偿的难度。三是市场寿命期短。一方面,有些农业科技成果的应用难度不高,较易掌握和模仿,产权保护难度较大,使科技成果很快失去市场寿命。另一方面,现代农业科技的高速发展,使成果间的竞争日益激烈,加速了农业科技成果的老化。四是成果应用的自然区域性和援助性。由于地理地质地貌等方面的原因,有些农业科技成果只局限于某一特定地区应用,并且当这些地区是以农业为主的贫困地区时,成果拥有者又尤其不能只追求利润回报。第二,应用过程的自然依赖性。现代科技可以在一定程度上减轻农业对自然的依赖性,但不能全面避开自然对农业生产的影响,自然灾害仍然是农业生产相当时期内必须面对的现实。第三,成果价值中含有时间价值的机会成本。受季节性和自然灾害影响,农业科技成果的研制过程一般都较长,短则1—2年,长则7—8年以上(如作物品种的选育)。相同的时间如果用来从事其他领域的经济活动,可能会取得更大经济效益,即时间本身在农业科技成果形成过程中具有了机会成本。

3. 农业技术型资产管理中的问题

实践表明,科技成果转化过程中常见的管理问题主要集中在以下几方面:

(1)技术商品作价的随意性。许多成果拥有者往往缺乏对技术型资产的评估知识和对自己拥有的技术成果全面认识,过分强调技术的垄断性和成本投入,而忽视先进性、实用性、成熟程度、市场风险和获利能力等因素,对技术商品的作价常常偏离(高于或低于)成果本身的价值。

(2)技术商品交易过程中的违规行为。第一,公开交易的背后交易,泄露标底或技术本身,造成谈判让步与失败,最终导致技术型资产的流失。第二,避开学校的地下交易。有些科研人员避开单位的管理,利用自己所掌握的未公开的职务技术成果,私下同他人进行交易或提供技术服务。这种违规行为具有较高的隐蔽性。

(3)技术合同不规范与技术不到位。产权纠纷产生的原因主要来自两方面:第一,在技术商品交易过程中,技术合同不规范,条款规定不明确,经济技术指标失当;第二,在项目实施中,由于技术成熟度不够或其他原因,造成技术不到位,经济技术指标达不到合同规定要求。

(4)技术流失。一是涉外泄密,少数人国家安全意识和保密法制意识淡薄,在国际技术贸易中,违反国家保密技术规定进行非法交易,造成国家保密技术的外流。二是成果载体人失控,主要是掌握技术成果的研究人员调出院校或研究生毕业时带走技术秘密,造成技术型资产流失。

4. 农业技术型资金转让应遵循的几条原则

(1)产权明晰原则。产权明晰是资产管理的基本前提条件。明晰产权首先必须尊重技术型资产的形成与转化应用过程中产权的运动变化规律,弄明产权形成途径(如自主开发研制、接受委托研制、合作研制、外购引进等)以及成果在不同转化途径(如开发者自用、技术许可、全权转让、合作生产、技术服务、技术承包等)条件下产权分配与再分配的方式与比例。其次,要掌握使用权与所有权分离的原则。最后,要区分技术型资产与其他无形资产(如校誉等)之间的界限。

(2)准确估价原则。尽可能准确地对技术型资产进行以经济指标为主的综合评价,避免漫天要价造成交易失败,或低估价值造成资产流失,这是成功实现技术商品流通的第一步,也是最终实现技术型资产保值增值的重要保证。在估价时应特别注意以下两点:第一,重视农业技术资产价值形成与补偿的一般性和特殊性;第二,合理选择评估方法。当前关于技术型资产的常用的综合评估方法主要有成本—定额利润法、成本加成法、成本—收益法、边际分析法和加价法共五种,但在何种情况下采用什么方法适合农业技术型资产则是值得进一步探讨的问题。

(3)效益兼顾原则。农业科技成果的转化过程在很多情况下实际上是技术供需双方权益重新分配的过程,因此在成果转化过程中首先必须尊重市场规律,兼顾技术供需双方效益。同时考虑到农业的特殊性,还要力争社会、生态、经济效益兼顾。

(4)以人为本原则。人是科技成果最主要的载体,所以在内部管理中,要兼顾成果持有人与学校的利益,采用以激励为主的手段,充分调动成果持有人的积极性,这也是防止技术型资产流失的有效措施之一。

(5)行为规范原则。一是交易过程行为规范,防止行贿受贿、地下交易、泄露标底和技术秘密等行为发生;二是合同(或协议)规范,经济技术指标与双方责任明确,并在实施过程中做到技术到位;三是遵纪守法,杜绝成果转化过程中的违法犯法行为,特别在对外技术贸易中要防止国家秘密技术的泄露。

5. 农业技术型资产转让的对策

(1)加强对科研人员、科技管理人员以及资产管理人中的培训,要特别培养科技人员转让技术型资产的法律意识。

(2)加大技术型资产的评估力度,为技术交易价格反映成的价值的科学化创造条件。技术型资产价值形成与补偿的特殊性给技术商品的作价增加了难度，如果缺乏专门的公正的评估知识，就难免造成所作价偏差，导致交易失败和资产流失。因此，必须加强对技术型资产，尤其是投入较多、获利潜力较大的科技成果的评估，实现技术交易的规范化和经济效益最大化。

(3)加强农业技术型资产转让的制度建设，确保农业科技成果规范、有序的进行转化，实现最终技术型资产法律的保值增值。

(4)加强对农业科技成果载体的管理。在知识经济时代，农业科技成果可以多种形式存在，由此，也就很容易导致非正常流失，要改变这种状况，一是加强对科技成果研制人员的管理，二是要建立必要的保密措施，防止技术型资产的流失。

(四)农业科技成果转化资金的管理

农业科技成果转化资金是一种政府引导性资金，它主要通过吸引地方、企业、科技开发机构和金融机构等渠道而形成的，其目的在于支持农业科技成果进入生产的前期性开发，逐步建立起适应社会主义市场经济，符合农业科技发展规律，有效支撑农业科技成果向现实生产力转化的新型农业科技投入保障体系。转化资金的使用和管理应当按照国家扶持和保护农业、加强农业科技的有关法律、法规和政策的要求，遵守有关财务规章制度，遵循“诚实申请、公正受理、择优支持、科学管理、专款专用”的原则。

1. 管理转化资金的组织机构及职能

科技部负责制定和发布转化资金年度支持重点和项目指南，审议转化资金运作的重大事项，批准转化资金的年度工作计划，审定转化资金支持项目，会同财政部下达项目预算，并对项目的预算执行情况和完成情况进行监督、检查。财政部负责审批转化资金年度预决算，参与审议转化资金支持重点、项目指南、年度工作计划及资金运作的重大事项，参与审定转化资金支持项目，联合科技部下达项目预算，对转化资金运作和使用情况进行监督、检查。科技部、财政部会同农业部、水利部、国家林业局等有关部门(以下简称有关部门)成立转化资金工作协调小组。科技部和财政部分别为正副组长单位，农业部、水利部和国家林业局等部门为成员单位，参与审定项目指南、推荐专家和协调重大事项等工作。科技部和财政部会同有关部门聘请具有一定权威的技术、经济、管理专家组成专家咨询委员会，对转化资金年度支持重点和工作指南提出咨询意见。

2. 转化资支持的方向和重点

转化资金根据农业科技成果转化地域性强、周期长、风险大的特点，围绕《农业科技发展纲要》的实施，支持有望达到批量生产和应用前的农业新品种、新技术和新产品的区域试验与示范、中间试验或生产性试验，为农业生产大面积应用和工业化生产提供成熟配套的技术。

转化资金的支持重点是,动植物新品种(或品系)及良种选育、繁育技术成果转化;农副产品贮藏加工及增值技术成果转化;集约化、规模化种养殖技术成果转化;农业环境保护、防沙治沙、水土保持技术成果转化;农业资源高效利用技术成果转化;现代农业装备与技术成果转化。转化资金不支持已经成熟配套,并大面积推广应用的科技成果转化项目,不支持有知识产权纠纷的项目,不支持低水平重复项目。

3. 转化资金的支持对象和支持方式

转化资金支持对象主要为农业科技型企业。转化资金鼓励产学研结合,鼓励科技成果的持有单位以技术入股等多种形式参与成果转化和市场竞争,鼓励科研机构和大学通过创办企业的方式申报转化资金项目。以服务于农业、农村,以社会效益和生态效益为主、公益性强的转化资金项目,可由科研单位和大学承担。

根据农业科技成果转化项目和项目承担单位的特点,转化资金分别以贷款贴息、无偿资助、资本金注入方式给予支持,对申请贷款贴息和无偿资助的转化资金项目,项目实施周期一般不超过两年。

4. 项目申报与审批

科技部、财政部每年向社会公开发布转化资金项目指南,提出支持重点及申报要求。申报转化资金项目的单位应具有从事农业科技成果转化的能力,依法登记注册,具备独立法人资格,产权清晰,财务管理制度健全,并具备一定的农业科技开发业绩。转化资金支持的科技成果来源包括:国家或国务院部门、省(自治区、直辖市、计划单列市、新疆生产建设兵团)[以下简称省(区、市)]农业科技计划所形成的科技成果,以及企业、科研单位自主研究开发形成的农业科技成果。科技部将对申报的项目进行形式审查。审查不合格的项目,当年不得再次申报。对形式审查合格的项目,科技部组织专家对项目进行评审。经评审认定合格的项目,纳入科技部项目管理库。同时,提出当年安排项目建议清单,由协调小组进行认定。评审专家由科技部、财政部、农业部、水利部、国家林业局等部门和地方推荐,并由科技部、财政部聘任。经认定的项目由科技部、财政部审核批准,并通过媒体向社会公告。经批准的项目将根据科技部科技项目管理的有关规定,由科技部主管单位同项目承担单位签订项目合同。

5. 项目管理与监督检查

科技部根据实际需要,编列年度转化资金项目管理费预算,经财政部核批后,由科技部负责具体管理和使用。项目管理费主要用于组织项目、开展项目评审、进行监督检查等工作发生的支出。批准立项的项目,其项目经费的拨付,按照国家财政资金拨付的有关要求,直接拨付到项目承担单位。项目承担单位要严格执行国家有关财经政策和财务规章制度,科学、合理、有效地安排和使用经费。单位财务部门要加强监督和管理,转化资金要与其他资金来源统筹安排,并单独设账核算。

不得将转化资金用于金融性融资、股票、期货及捐赠等支出。

为确保项目顺利实施，对项目运行实行跟踪管理，科技部、财政部组织专家对项目的执行情况进行监督检查。监督检查结果可以向社会公开发布。科技部依据项目合同，对项目执行情况实行监督。各有关单位要自觉接受和积极配合监督工作，接受监督检查。对监理、评估不合格的项目，可采取缓拨、减拨、停拨后续资金或中止项目合同等措施。项目完成后，科技部将组织进行项目验收和绩效考评。凡未通过验收的项目，科技部、财政部将视情况予以通报，除不可抗拒因素导致项目未能通过验收的情况外，该项目承担单位今后不得申报转化资金项目。在项目执行过程中产生的固定资产及知识产权，按国家有关规定办理。科技部受理社会对转化资金项目有关问题的异议，并对有较大异议的项目进行调查，会同财政部提出处理意见。对弄虚作假、玩忽职守、以权谋私的行为，将依据国家有关法律、法规处理。

六、农业技术推广的法律问题

（一）农业技术推广的概念

农业技术，是指应用于种植业、林业、畜牧业、渔业的科研成果和实用技术，包括良种繁育、施用肥料、病虫害防治、栽培和养殖技术，农副产品加工、保鲜、贮运技术，农业机械技术和农用航空技术，农田水利、土壤改良与水土保持技术，农村供水、农村能源利用和农业环境保护技术，农业气象技术以及农业经营管理技术等。农业技术推广，是指通过试验、示范、培训、指导以及咨询服务等，把农业技术普及应用于农业生产产前、产中、产后全过程的活动。国务院农业、林业、水利等部门（以下统称农业技术推广部门）按照各自的职责，负责全国范围内有关的农业技术推广工作。县级以上地方各级人民政府农业技术推广部门在同级人民政府的领导下，按照各自的职责，负责本行政区域内有关的农业技术推广工作。同级人民政府科学技术部门对农业技术推广工作进行指导。同级人民政府其他有关部门按照各自的职责，负责农业技术推广的有关工作。

（二）农业技术推广体系

农业技术推广，实行国家农业技术推广机构与农业科研单位、有关学校、农民专业合作社、涉农企业、群众性科技组织、农民技术人员等相结合的推广体系。国家鼓励和支持供销合作社、其他企业事业单位、社会团体以及社会各界的科技人员，开展农业技术推广服务。我国政府农业技术推广机构依然延续从中央到乡镇的五级推广网络。在中央层次，设有全国农业技术推广服务中心，是农业部直属事业单位，成立于1995年8月，由原全国农业技术推广总站、全国植物保护总站、全国种子总站和全国土壤肥料总站合并而成,而畜牧兽医、水产和农业机械仍归专业司局管理;在省和地市级两个层次,按照上下对口,农业厅(局)下设农技站、种子站、植保站和土肥站,作为国有事业单位,负责与国家层次相对应的职能。县、乡两级的农业技术推广部门是直接面向农民、为农民服务的基层农业技术推广机构,是当前政府农业技术推广机构的基础。在一些地方,县、乡农业管理部门和农业技术推广部门密切地联系在一起,有的甚至就是同一机构。

1. 农业技术推广体系的主体

目前,我国农业科技推广体系的主体还是各级政府所属的推广机构。除各级政府部门外,我国农业科技推广体系还包括以下几个主体。

(1)农业科研、教育部门。有些农业科研部门、教学单位与地方政府或农村合作组织通过合同或协议方式,建立比较稳固的关系,进行成果转让、技术承包、技术开发、科技示范等活动;有的直接将农业应用技术研究中的科技成果物化为实物,通过科技市场流通过程,运用市场机制,使农业科技成果从农业科研教学单位进入农户;有的与产业主体联合,解决理论和关键技术问题。在经费来源上,有多种方式,包括政府拨款,从科委系统、农业部门、教委系统等争取推广项目而得到支持,单位自筹资金,科技贷款,协作单位出资等。在推广方式上,采取有偿技术转让,直接出售科研产品,如种子、化肥、新型农机具等。

(2)农村合作组织、农民技术协会。农村合作组织、农民技术协会属于非政府农村社会服务机构和组织,是随着市场经济体系的建立而出现的。中国农村经济体制改革开始后,由于基层公共服务组织和村集体经济组织的应有功能日渐弱化,非政府的农村服务部门在一些领域和生产环节开展社会服务,为农业经济的增长发挥了一定的作用。由于各地经济发展差别较大,农村社会的各种环境性因素不同,非政府的服务组织的发育程度和类型也各不相同。农村经济合作组织和各种专业协会。这种非政府组织的服务是各类合作组织与小规模农户的有机结合。包产到户以来新的农业经营机制为农民自己组织的各类服务组织的发育提供了条件,这些组织包括农村经济合作社、各种专业协会等。专业技术协会是农民在参与市场的过程中自发组织起来的,以农民为主体,吸收部分科技人员作顾问,以农民技术人员为骨干,主动寻求、积极采用新技术、新品种,谋求高收益的群众性服务组织。由于其不断引进、开发新技术和快速而有效扩散技术的运行机制,适应众多农户的要求,加快了利用现代技术改造传统农业的步伐,在经费来源上,一般由会员集资。这类服务机构弥补了政府服务供给不足的缺陷,其内部的管理通常按照合作社原则来安排,但目前其内部组织制度尚不规范,服务的重点是经济作物,服务的环节是产前和产后的合作服务,有明显的专业特征,一般以一种专业产品为主开展系列服务。

(3)公司或企业。进行农业技术推广的企业,一般是带动农村经济产业的龙头企业。包括以农产品为加工原料的企业及一些经营生产资料的企业等。由于企业以盈利为目的,自主经营,独立核算,自负盈亏,所以比较注重经济效益。以农产品为加工原料的企业,为了确保所需原料的供应,实现企业利益,根据市场需求动态进行新技术、新品种研制和试验,以优质品种投入和科学种植、养殖技术服务于农户。一些经营生产资料的企业,为了推销自己的产品,增加利润,向农民推广有关技术,如农药、农膜、农机具、新型专用化肥、增产菌等。这种模式的经费来源,完全由企业自身负责筹措,多以市场前景好、效益高、可以迅速开发的新技术为主。

(4)农业科技示范园基地。近年来为适应农业产业化结构调整,增加农民收入,部分地区在县乡建立了农业科技示范园基地。通过基地的新技术和新品种的示范作用,对农民掌握新技术和种植结构调整起到了积极促进作用。

(5)供销合作社。供销合作社主要从事商品流通,包括收购农产品和经营生产资料等。一方面,依据其自身具有熟悉市场行情和把握市场动态的优势,将有关新技术、新品种和市场对产品的质量要求等信息传达给技术开发部门,由技术人员根据实际问题进行技术引进、开发、培训和指导农民,收购农产品经统一包装后出售,从而提高产品的质量和科技含量,增加收益。另一方面,在出售生产资料时,向农民提供有关技术和操作规程。

(6)农业技术推广人员。农业技术推广人员应具备一定的学历和专业技术水平。目前农业技术推广队伍总体学历层次低,其专业知识水平和能力与现实的要求存在一定差距,特别是基层农业技术推广队伍中这一问题更为突出。农业技术推广人员水平的高低直接关系到农业技术推广工作的效果。因此,农业技术推广法明确规定,农业技术推广机构的专业科技人员,应当具有中等以上有关专业学历,或者经县级以上人民政府有关部门主持的专业考核培训,达到相应的专业技术水平。

2. 我国农业推广体系的特点

(1)政府直接领导下的农业推广。政府除了制定有关农业推广发展政策外,还直接负责制定农业推广项目计划,并组织实施,对国家农业推广机构的人、财、物进行管理,国家财政是农业推广经费的主要来源和依靠。

(2)农业推广属狭义的农业技术推广。一般是指通过试验、示范、培训指导以及咨询服务等,把农业技术普及应用于农业生产产前、产中、产后全过程的活动,注重实用技术的应用推广,忽视农民整体文化素质和生活水平的提高。

(3)组织管理上具有双重性。各级农业推广机构既受农业行政部门的直接领导,同时又受上级推广机构的业务指导,而且由于行政部门的直接领导权大于推广机构上级的业务指导权,使得农技推广机构的组织领导功能较弱。农技推广部门的工作较多的是围绕农业行政部门的工作来开展,对行政领导部门负责。

(4)以国家农业推广机构为主,多部门协作的农业推广。在我国,乡以上农技推广机构属国家推广机构,该机构比较健全,推广人员多,技术力量雄厚,是农业技术推广的主力军。除此之外,科研、教学、科委、科协、生产资料和一些为农服务的群众性组织也从事有关的农业推广工作。

(三)农业技术推广与应用的法律规定

1. 农业技术推广的条件

用于推广的农业技术必须经过试验,证明具有先进性和适用性。推广不具有先进性和适用性的农业技术,给农业劳动者造成损失的,应当承担民事赔偿责任,直接负责的主管人员和其他直接责任人员可以由其所在单位或者上级机关给予行政处分。试验是任何一项农业技术在推广应用前必经的程序,包括技术先进性试验和适用性试验。所谓先进性,是指该农业技术比已应用的同类技术具有明显的改进,或者是该农业技术是一项全新的实用技术;所谓适用性,是指该农业技术应当符合推广地区农业生产条件的要求。不具备上述条件或者不完全具备上述条件的技术就没有推广的价值。

2. 农业技术推广的程序

(1)选择项目。推广农业技术应当制定农业技术推广项目。重点农业技术推广项目应当列入国家和地方有关科技发展的计划,由农业技术推广行政部门和科学技术行政部门按照各自的职责,相互配合,组织实施。农业科研单位和有关学校应当把农业生产中需要解决的技术问题列为研究课题,其科研成果可以通过农业技术推广机构推广。所谓农业技术推广项目,就是推广与应用的具体的农业技术或科研成果,推广项目主要由农业技术推广机构及农业科研单位和有关学校根据农业生产实际需要,经过项目开发、试验和示范,加以选择确定。农业技术推广项目的制定工作是农业技术推广必不可少的前期准备工作,它决定了一个地区或者全国范围内农业生产中推广和应用何种农业技术。

(2)试验。向农业劳动者推广的农业技术,必须在推广地区经过试验证明具有先进性和适用性。

(3)示范。推广农业技术应当选择有条件的农户进行应用示范。这是推广农业技术非常重要的环节,因为,只有进行过示范表明该技术确实能够提高生产力,增加收益,其他的广大农户才能真正接受并应用该技术。

(4)将经过试验具有先进性和适用性的农业技术,在示范的基础上全面推广。

3. 农业技术推广的原则

(1)农业劳动者自愿的原则。《农业技术推广法》第22条第3款规定:"农业劳动者和农业生产经营组织根据自愿的原则应用农业技术,任何单位或者个人不得强迫"。在农业技术推广与应用活动中,推广者和应用者在法律上的地位平等,推广与应用是平等主体之间的活动。自愿原则是对农业劳动者自由权利和处分权利的保护。因为,如果农业劳动者应用农业技术是被迫的,则其市民社会主体的人格完整就遭到了破坏,与现代法治的精神和追求背道而驰。

(2)无偿服务和有偿服务相结合的原则。国家农业技术推广机构推广农业技术一般实行无偿服务。《农业技术推广法》第 24 条第 1 款规定"各级国家农业技术推广机构应当认真履行本法第十一条规定的公益性职责,向农业劳动者和农业生产经营组织推广农业技术,实行无偿服务。"《科学技术进步法》也规定:"……农业科学技术的应用和推广,依照有关法律的规定实行有偿服务或者无偿服务。"在我国,一般情况下,农业技术推广机构推广农业技术所需经费由政府财政拨给。《农业技术推广法》第 24 条第 2 款规定:"国家农业技术推广机构以外的单位及科技人员以技术转让、技术服务、技术承包、技术咨询和技术入股等形式提供农业技术的,可以实行有偿服务,其合法收入和植物新品种、农业技术专利等知识产权受法律保护。进行农业技术转让、技术服务、技术承包、技术咨询和技术入股,当事人各方应当订立合同,约定各自的权利和义务。"无偿服务和有偿服务分别体现了不同的法律原则。无偿服务体现了现代国家的职能,有偿服务则体现了法律对劳动、知识的保护。

(3)鼓励农业劳动者参与的原则。《农业技术推广法》第 23 条规定,县、乡镇国家农业技术推广机构应当组织农业劳动者学习农业科学技术知识,提高其应用农业技术的能力。教育、人力资源和社会保障、农业、林业、水利、科学技术等部门应当支持农业科研单位、有关学校开展有关农业技术推广的职业技术教育和技术培训,提高农业技术推广人员和农业劳动者的技术素质。

(4)农科教相结合的原则。农科教结合是国家为了提高农业生产科技水平的一项重要决策,也是政府推动农业技术推广的重要措施。

(四)现今农业科技推广存在的问题

我国农业推广体制是在长期的计划经济体制下形成的,其组织结构、运行方式皆是按计划经济的要求运行的,因此,它在市场化进程中不可避免地会出现种种弊端。

第一,政府的农业科技推广体制转轨滞后,运行机制与市场要求不相适应,基层农业推广机构运行乏力。长期以来,由于我国农业推广机构都是"条块结合,以条为主"的管理方式,而行政部门的直接领导权远大于上级机构的业务指导权,使推广机构在人、财、物上依赖行政部门,处于依附地位,其工作大多围绕农业行政部门的工作来开展,对行政部门负责,行政倾向性强,市场导向性差,从而使推广人员行政事务多,不能专职从事农业技术推广工作。科技成果转化的前提条件,是存在潜在的市场需求,然而,由于当前农业推广体制和固有观念的制约,科研成果与市场需求严重脱节,科研、教育、推广、生产严重脱节,缺乏成果转化时效性观念,往往使得推广机构的行为与市场需求与农民需要产生差距,需求与供给脱节而缺乏运行动力。

第二,农业推广科技投资机制不健全,资源供给渠道单一、狭窄,供给量严重不足,长期以来,我国农业推广是国家出钱,农业科研院所和高等院校进行研究与开发,农业企业、社会、农民无偿或低偿使用和受益。这就使得农业科研与推广投资渠道单一,总量不足、难以满足农民对技术的需求。

第三,推广主体间缺乏有效的协调和沟通,弱化了农户采用新科技的积极性及主动性。农业技术推广活动缺乏足够的统筹协调。进入 90 年代,越来越多的部门和单位参与农业推广活动,除专业的农业技术推广体系外,农业科研机构、农业院校、民间科技组织以及国内外的涉农企业等都开始介入农业技术推广活动。但是,政府发挥的组织协调的功能较弱,各推广机构基本上仍处于各自为战的无序状态,没有将他们集合成一股力量,这样,由于部门利益的争夺,内耗加剧,反而互相牵制,影响了整体功能的发挥。

第四,重科研,轻推广;重产品,轻产业。我国是一个农业大国,农业科研始终处于重要的战略地位,取得了一大批科研成果,相比之下,农业科技推广工作却显得相对不够重视,农业科技成果转化率仅为 30%—40%,转化成果的普及率也仅有 30% 左右,长期以来,受农产品短缺的影响,为解决温饱和粮食安全问题,我国一直重视增加产品产量,以“产品”为中心,以增加产量,特别是粮食产量为重点,进行农业技术推广,而忽视产业的发展,结果使某些产业长期得不到应有的发展。

第五,推广经费严重不足。中试基地、推广示范基地是成果转化必不可少的一环。一方面,我国的技术人员少、基地面积小、经费不足。另一方面,农业技术推广投资强度偏低。我国的农业技术推广投资强度(农业推广费用占农业国内生产总值的比例)处于非常低的水平,低于世界低收入国家平均投资强度(44%)。《农业技术推广法》第 28 条规定:“国家逐步提高对农业技术推广的投入。各级人民政府在财政预算内应当保障用于农业技术推广的资金,并按规定使该资金逐年增长。各级人民政府通过财政拨款以及从农业发展基金中提取一定比例的资金的渠道,筹集农业技术推广专项资金,用于实施农业技术推广项目。中央财政对重大农业技术推广给予补助。县、乡镇国家农业技术推广机构的工作经费根据当地服务规模和绩效确定,由各级财政共同承担。任何单位或者个人不得截留或者挪用用于农业技术推广的资金。”按照有关法规,乡镇农技站的经费由乡镇政府、村集体经济和农业负担。但乡镇没有稳定的收入来源,一些地方因乡镇企业发展不景气,乡镇财政收入增长缓慢。在许多地方,集体经济也名存实亡。在其他方面的支出同样水涨船高的情况下,乡镇政府在进行支出项目排序时,往往将农业技术推广排在后面,因为尽管法律规定要保证农业技术推广的经费,但没有有效监督机制,乡镇农技站是乡镇政府的下属机构,主要领导由乡镇党委任命,即使乡镇政府不按照法律规定拨付经费,农业技术推广部门也不会提出异议的。由于经费难以保证,法规规定的乡镇农业技术推广人员的各种待遇自然难以落实。农村实行家庭联产承包责任制以来,农业也迅速市场化。适应农业发展的需要,乡镇农技站除应进行技术推广外,还应根据农民的需要提供技术服务,进行技术监督。但《农业技术推广法》没有规定乡镇农技站的技术监督职能。尽管《农业技术推广法》对乡镇农技站的人员和经费等作出了详细规定,但并没得到落实,乡镇农技站存在的人员素质不高和保障措施不力等问题并没得到解决。

第六,推广站的职能被削弱或严重变形。在一些地方,乡镇推广站承包给个人经营农用物资等商品,以追求商业利润为主要目标,有的甚至经营假冒伪劣商品欺骗农民,使农民群众把推广站理解为赚自己钱的地方,而不是推广科技致富的场所,感情疏远,误解增加;有的乡镇推广站的人员是乡镇政府的多面手,哪里需要哪里走,计划生育工作、政策宣传工作、民兵工作、征粮等行政事务缠身,搞技术推广只求完成上面下达的任务,不搞实际调查和技术指导,甚至成为统计员,只是负责报表工作。因此,许多农业推广站没有承担起农业科技推广的基本职能,有些推广站职能被削弱甚至完全变形,难以成为农业科技成果的供给和农业科技需求之间的纽带和桥梁。

第七,技术市场与信息网络不完善,成果与市场、科技供需脱节现象严重。当前,科研单位与科技人员缺乏一个系统的渠道了解农民的技术需求,缺乏一个技术市场、推广中介机制把科技成果传播给农民。同时,现有的技术市场、中介组织和技术经纪人数量少、素质不高、管理制度不健全,新技术不能迅速地到达千家万户的农民手中。

(五)完善农业技术推广体系的现实选择

1. 适应市场经济要求,完善多层次、多元化的农业科技推广体系

(1)建立新的国家(各级政府)农业科技推广组织体系,采用新的运行机制,促进三农协作。新的国家(政府)农业技术推广组织体系包括现有各级农业技术推广中心(或部)。在各高等农业院校与科研部门分别设立农业技术推广中心,专门从事新的农业技术推广中介工作,并通过各种渠道和方式积极争取中试推广项目、建立科技示范基地、制定农业发展规划、开辟技术交易市场。完善省、地、县、乡四级科技推广网络。为使乡镇农技站更独立有效地行使各项职能,在体制上应将其隶属关系由隶属于乡镇政府改为隶属于县农业技术服务部门,即使其成为县农业技术服务部门的派出机构。这一体制变革的好处有:第一,与隶属于乡镇相比,作为县农业服务部门的下属机构的乡镇农技站可更便利地通过上级部门与农业科研和技术服务部门取得联系,为农民及时提供各种服务,并节省交易费用;第二,在进行农业技术监督时,可摆脱乡镇政府的行政干扰,独立行使监督职能。

（2）建立一支以公司、农业产业化龙头企业为主体的农业科技产业化队伍。涉农企业、农业产业化过程兴起的各种龙头企业、个体工商企业、民营科技咨询公司都可以成为我国农业技术推广的重要力量。在政策上鼓励他们积极投身于推广事业中去，要打破行政地域界限，积极发展企业、中介机构与农户紧密结合的推广模式。

（3）健全专业和民间技术推广组织。特别是以农民技术专业协会（研究会）为代表的农民自发组织起来的农民合作组织是农业技术推广的又一支生力军，它有效地弥补了从乡镇到农民的这段空白，将成为未来农业技术推广中承上启下的关键组织机构。

2. 实行分类推广，建立一个分工明确、竞争有序的农业科技推广体系

（1）建立一批中试基地和科技园区。进一步发挥科研院所、大专院校科技优势，大力鼓励科研单位与当地政府、基层农技部门和企业联合，创办一批高新技术中试基地、示范区和科技先导型试验区、科技园区，组装配套院所科技成果及引进先进技术，通过这些基地开展推广、中介服务。农业科研单位、院校可以积极开展项目规划设计工作，以技术为依托，帮助基层县市制定农业综合开发、农业现代化、科技园区等发展规划在深入农村。制定重点产业及其实施方案的同时，大力推广优良品种与先进技术，通过建立示范园区、科技园区、签订合作项目等，使科研单位的科技成果尽快转化为生产力。

（2）开展信息咨询服务。大力发展农业咨询服务业，使其朝着产品商品化、经营企业化方向发展，信息部门和推广部门可联合组建技术中介机构，共同为农民提供技术信息的服务。

（3）建立农业信息网络。建立以计算机网络与人工网络相结合的技术信息服务体系，开展网上服务、检索咨询服务等各种服务。通过联网，索取各种所需信息，并发挥双向交流、反馈功能，加速科技成果的转化。

3. 加强农业科技推广体系各组成部分之间的协作与联系，形成新的农业技术推广体系的运行机制

（1）改革农业技术推广项目的资金拨款制度，建立推广项目的基金管理制度，对推广项目进行公开招标管理。目前农业技术推广项目多数经过政府的计划项目采用计划的方式进行管理，即通过政府核拨给农业技术推广部门（或上级政府通过当地政府核拨）一定的推广项目经费，使其推广特定的或不定的技术。目前我国的技术推广项目主要有丰收计划、星火计划等。虽然这些项目的申请也要经过筛选，但其执行过程仍是先通过当地政府再到技术推广人员，是逐级下达而非直接与项目执行者见面，从而造成项目执行过程中的项目资金不到位与流失。对技术推广项目实行基金化管理，通过竞争申请或公开招标，可以有效地提高技术推广的效率，使有限的技术推广经费得到最有效的利用。技术推广基金的招标管理可以

带项目招标,也可以不带项目招标。

(2)在技术推广组织内部实行项目管理制,项目的收益与项目参与人员直接挂钩。

(3)实行新的技术推广考核制度与考核体系,完善推广项目基金管理制度,并根据项目性质进行奖励。

4. 加强制度与组织建设,完善保障措施

(1)制度保障。要使科学技术走进千家万户,必须在制度上有一个保障。国家应加强宏观调控,要承担领导、组织和协调工作,要领导和协调农业高等院校、农业科研单位与农业技术推广站等机构的技术推广工作。农业高等院校、农业科研单位与农业技术推广站属于政府的农业事业部门,专门负责推广与国家发展密切相关的涉及国家食物安全与社会稳定的农产品新技术,以及那些知识产权无法在市场上得到有效保护的、难以物化的新技术。必须建立有关这些新技术推广的制度,以确保农业技术的效益得到最大的发挥。同时,对于市场能承招的农业技术,在制度上允许成立相应的以营利为目的的技术推广中介服务公司。除了为他们自身发展创造条件外,还应制定相应的法律法规条文,使其存在合法化,并建立相应的保障其合法经营的法律约束,使其在做好服务的基础上,发展壮大。

(2)经费保障。由于农业科技的创新与推广是一项国家、消费者均会受益的公共事业,为此,政府除了建立相应的制度外,还应在经费上提供充分的保障。为此,要保障农业技术推广活动的正常开展;尤其是保障关系国计民生的关键技术的推广,必须有效增加对农业技术推广经费的投资。

(3)政策保障。为了保障农业技术走进千家万户及新的农业技术推广中介服务体系的良好运行,政府必须建立新的政策体系。如建立健全知识产权制度,对推广项目管理采用公平竞争的政策;健全农业技术市场政策法规;鼓励科技人员创办科技企业的优惠政策如财政扶持、税收优惠政策等,鼓励和促进农业推广事业的发展。

5. 实行农业科技推广承包制

组建科技服务队,鼓励政府事业单位的科技人员、推广人员在基层挂职、合作、共建的基础上,开展科技承包,根据各级农业推广职称的不同,实行"定人员、定项目、定地点、定指标、定奖罚"的五定工作,将经过筛选的优良品种及其配套的实用技术通过示范点,加强宣传推广,也可通过引进新品种与先进技术,开展产前、产中、产后系列化服务,促进科技推广示范,并达到提高经济效益的目的。

6. 实行推广中介机构的企业化管理,鼓励科技人员创办农业科技推广、中介机构,这类机构有的可转为企业或进入企业,有的转为实行企业化管理的科技推广中介服务机构,从事技术推广、技术咨询、技术服务、信息咨询服务、专业培训等工作机构。

7. 重视农民素质提高，充分发挥农民的主体作用。农民是农业推广的主体，也是从事农业生产的主体，农民的文化知识水平、科技素质、经营能力等都会直接影响他们对待科学技术的态度、愿望、接受能力及准确掌握应用的能力，也关系到他们个人理想和家庭经济目标的实现程度。高素质的劳动力是我国农业走内涵发展道路、实现农业现代化的必备力量，而如今农业劳动力的状况却不容乐观，留在农村的大多是年龄偏大、文化水平低、思想滞后的非优势劳动力，有文化的年轻人大多外出打工或转行，这对本来素质就不高的劳动力造成更大的流失，使高新技术的普及应用缺乏理想的载体。因此，要加强农业推广教育，吸引青年农民学科学、爱科学、用科学、爱农务农，在制定政策、工作安排上优先扶持和解决从事农业推广教育和农民职业技术教育的人员和经费，为农业推广事业、农业生产、农村经济的发展谋求持续的主体力量。

8. 制定相应政策，积极开展农村信息服务工作

为了迎接知识经济的到来，为了适应国际农产品的激烈竞争，要加强农村信息服务工作，建立和健全农村信息服务网络。由于我国地域辽阔、人口分散，许多农民很难接触到先进的科学技术，而现代化大众媒体的传播是解决技术入户的好方法。

9. 积极扩大对外开放，建立高效的农业科技交流合作体系

在当今世界科技、经济全球化进程不断加快的条件下，关起门来搞农业科技推广是行不通的。加快农业科技发展，提高农业科技水平，必须走自主开发与对外开放相结合的农业科技创新之路，广泛开展农业科技合作与交流，建立全方位、多层次、宽领域的农业科技合作渠道，积极跟踪国外农业科学发展的趋势。充分利用国外资源、市场，抓好引进科技的消化、吸收和创新工作，把引进工作与科技攻关有机地结合起来，努力提高引进技术的质量和效益。

第二节　农业教育的法律规制

一、农业教育体系

农业教育有两方面的含义：狭义的农业教育是指传授农业科学技术知识、培养农业科技人员的一项社会活动，是一种潜在的科技能力和潜在的社会生产力。它可以是农业科技知识的再生产，也是农业科技劳动力的再生产和再提高。广义的农业教育是指对广大农村实施的义务教育、农业职业教育，以提高农业劳动者的文化、技术素质。

农业教育若按不同的培养对象、教学目的和任务,分为农业科学的普通教育、农业科技人员的继续教育以及农业科学技术的普及教育。

农业和农村经济的持续稳定健康发展,最终要依靠农业科技进步和技术推广,实现农业增效、农民增收,最终要靠加强农村教育,提高农民的素质。提高农民的素质,就是要贯彻落实"科教兴农"方针。当前,农业科技水平和技术推广的状况,农村义务教育加农业职业教育情况,农民的科技文化素质,还不能适应新阶段农业发展的要求,所以,必须坚持农业科技与教育工作、科教兴农和农业可持续发展的方针。

随着我国教育管理体制的改革,其他行业的教育经过资源结构的调整优化而得到充实和提高,而农业教育和农村职业教育因其弱势产业教育的特征与发展规律不适应简单市场化运作,在不同程度上被削弱、流失,甚至瘫痪。20 世纪 90 年代曾经鼎盛一时的农业中等职业教育受到极大冲击,366 所学校经各地调整,不足 200 所,目前还在减少,有的脱掉"农字帽",有的升为高职学院,有的被合并。"轻视农业、远离农业、放手农业"并不是个别现象,人们更多的直接关注餐桌上的农产品,却很少关注与之息息相关的人才与教育。因没有及时对教育管理体制改革采取相应的支持与配套政策,农业教育和农村职业教育被削弱、流失和瘫痪现象及其对农民素质和农村发展的影响正在凸显。农民素质提高缓慢的主要原因在于农村教育与农村学生和农民的实际需求不相适应,农村职业教育体系和网络被削弱、流失和濒临瘫痪。在农村教育和农民教育的源头上决口,无论怎么呼唤也无济于事,农民素质提高缓慢是不争的事实。

为什么鼎盛一时的农业教育体系以如此快的速度远离农业,不能不引人深思。这可能是制度性流失,应引起高层领导关注。美国、日本、法国、德国都是人均 GDP 达到 3 万多美元的发达国家,但是他们的农业教育体系仍完好无损,从初高中基础教育阶段融会的农业教育、农业职业高中(中等农业教育)、高职农业教育、高等农业教育体系支撑着国家农业的兴盛和繁荣,进而支撑国家工业化和现代化的持续发展,也是以人为本的和谐、诚信、安康社会的制度保障,这可能就是我们常喊的"科教立国"。农业学校教育和职业培训的离异,反映出农业和教育部门的空缺,无疑给农业与教育部门提供了更多的发展机遇和空间。从立法上对农业教育进行全面规范已经迫在眉睫。

二、农业教育的法律规定

对农业教育的法律规制主要体现在《农业法》、《科技进步法》、《教育法》、《义务教育法》以及《民办教育法》等法律中。

（一）发展农业科技、教育事业的规定

第一，制定农业科技教育发展规划。我国是农业大国，传统的落后的生产方式，严重制约着农业生产力的发展，同时也造就了我国农民科学文化知识的普遍贫乏。改革开放以来，随着农业综合生产能力的大幅度提高和城乡居民温饱问题的解决，我国农业由传统农业向现代化农业转变，由粗放经营向集约化经营转变，从追求农产品产量最大化向调整结构、提高效率和增加收入转变，必然要求农业科技、农业教育要有一个大的发展，进行一次新的农业科技教育革命。为此，我国农业科技、农业教育发展的基本目标和任务是，对农业科技、农业教育发展作出统一、全面规划，提高农业科技、农业教育要素的利用率，充分调动各部门、地方政府、企业和农民等社会力量在农业科技、农业教育发展方面的积极性和创造性，建立机构布局科学、学科设置合理、队伍精干、管理有序的农业科技、农业教育体制，把农业和农村经济增长转到依靠科技进步和提高劳动者素质的轨道上来，实现农业的可持续发展。

第二，增加农业科技教育经费。随着我国农业和农村经济发展进入新阶段，科教兴农成为实现农业可持续发展的推动力和基础。国家把农业放在发展国民经济的首位。因此《农业法》规定，国家逐步提高农业投入的总体水平，中央和地方财政每年对农业总投入的增长幅度应当高于其财政经常性收入的增长幅度。同时还规定，各级政府在财政预算内安排农业专项资金用于支持农业科研、教育、农业技术推广和农民培训。我国是一个农业大国，同时又是发展中国家。从我国实际情况出发，加强农业基础地位，又要着眼于增强农业的市场竞争力，提高农民进入市场的组织化程度和农业综合效益。因此，“县级以上人民政府应当按照国家有关规定逐步增加农业科技经费和农业教育经费”。这一规定明确了增加农业科技经费和农业教育经费是政府的法定责任和义务，也就是说，农业科技经费和农业教育经费的投入首先是中央和地方政府的事。

第三，多渠道增加农业科技投入。我国农业科技、农业教育比较落后，发展农业科技、农业教育的任务十分艰巨，增加农业科技投入，发展农业科技、教育事业，光靠政府投入是远远不够的。为此，国家应当鼓励、吸引企业等社会力量，增加农业科技投入，鼓励农民、农民生产经营组织、企业事业单位等依法举办农业科技、教育事业。同时国家鼓励社会资金投向农业，鼓励企业事业单位、社会团体和个人捐资投入各种农业建设和农业科技、教育基金。《科技进步法》、《民办教育法》对国家鼓励社会力量，增加科技、教育的投入也作了规定。这样不仅从法律上鼓励社会力量向农业科技、农业教育的投入，而且对其合法权益给予法律保护。随着我国经济的发展，农业科技、教育体制的理顺，必然会建立起一个以政府投入为主体的、多元化的、持续稳定增长的农业科技、教育投入机制。

第四,组织科技攻关,促进国际农业科技教育合作与交流。选择国民经济中重大和关键技术领域,在充分运用市场机制的基础上,正确发挥政府的宏观协调作用,统筹规划,集中组织科研力量进行科技攻关,取得突破,这是我国科研工作的一项重要方针和优良传统。组织农业重大关键技术的科技攻关,实现重大突破,除坚持自主开发外,还必须通过农业科技、教育国际合作与交流,引进国外先进技术,建立自主开发与技术引进相互促进的新机制。农业技术引进工作要科学规划,注重引进技术的消化和吸收,学习国际先进的科学方法和管理经验,保护农业知识产权。进一步扩大国际学术和人才交流。鼓励和引导留学人员、留居海外的农业科技人员回国工作。

(二)农业专业技术人员继续教育的规定

从业人员的继续教育是我国教育制度的重要组成部分。《教育法》规定,从业人员有依法接受职业培训和继续教育的权利和义务。目前我国农业技术推广工作存在的突出问题之一就是人员的素质不高,直接制约了农业技术推广事业的发展。为此,《农业法》规定,“国家建立农业专业技术人员继续教育制度。县级以上人民政府农业行政主管部门会同教育、人事等有关部门制定农业专业技术人员继续教育计划,并组织实施”。实施农业专业技术人员继续教育计划,通过专业培训、定期进修等继续教育的形式,造就一支有文化、懂技术的高素质农业专业技术人员队伍。国家建立农业专业技术人员继续教育制度,制定并实施农业专业技术人员继续教育计划应当从我国的实际情况出发,不同地区、不同层次进行继续教育的内容和形式也不应相同,同时各级政府也应加强对继续教育的领导与组织,加大对继续教育的投入,确保继续教育计划的实施。

(三)在农村依法实施义务教育的规定

根据《义务教育法》的规定,国家实行九年制义务教育。我国的义务教育分为初等教育和初级中等教育。同时还规定,实施义务教育所需事业费和基本建设投资,由国务院和地方各级人民政府负责筹措,予以保证。国家用于义务教育的财政拨款的增长比例,应当高于财政经常性收入的增长比例。地方各级人民政府按照国务院的规定,在城乡征收教育事业附加税,主要用于实施义务教育。教育在综合国力的形成中处于基础地位,国力的强弱越来越取决于劳动者的素质,取决于各类人才的质量和数量。长期以来我国经济、文化不发达,特别是农村的教育更为落后,落实《义务教育法》有关在农村实施义务教育的规定,任务十分艰巨。为此国务院办公厅《关于完善农村义务教育管理体制的通知》中明确提出,农村义务教育实行“在国务院领导下,由地方政府负责、分级管理、以县为主”的管理体制。县级人民政府对农村义务教育负有主要责任,省、地(市)、乡等地方政府承担相应责任，中央政府给予必要的支持；省级政府要逐县核实财力水平，统筹安排财力，对财力不足的困难县，通过调整财政体制和财政支出结构、增加省级财政转移支付资金、合理安排中央财政转移支付资金等办法，帮助并督促县级政府确保农村中小学职工工资按时足额发放，农村中小学教职工工资要上收到县集中管理，由县级政府按照省级人民政府核定的教职工编制和国家统一规定的工资项目和标准，将农村中小学教职工工资全额纳入本级财政预算，通过银行按时足额直接拨到在银行开设的教职工个人工资账户中，保证按时足额发放；农村中小学进一步发展所需的校舍建设项目，由县级政府列入基础设施建设统一规划，经省级政府审批后，由省、地（市）、县级政府多渠道筹措建设资金，农村中小学购置教学仪器设备和图书资料所需经费，由县级政府安排。这些规定和举措对保证农村义务教育经费，减轻农民负担，促进农村义务教育持续健康发展，提高农村人口素质，推动我国农村经济和社会长远发展具有重要意义。

（四）国家发展农业职业教育和农业职业资格证书的规定

职业教育为初、高中毕业生和城乡新增劳动者、下岗失业人员、在职人员、农村劳动者及其他社会成员提供多种形式、多种层次的职业学校教育和职业培训，是国家教育体系的重要组成部分，是促进经济、社会发展和劳动就业的重要途径。《职业教育法》对职业教育体系、职业教育的实施及保障条件作了规定。我国的职业教育适用于各级各类职业学校教育和各种形式的职业培训。我国从传统农业到现代农业转变，发展农业职业教育是今后一段时期职业教育发展的重点。要根据现代农业发展和经济结构调整的需要，积极发展多层次、多形式的农业职业教育，继续推进农科教结合和基础教育、职业教育、成人教育的“三教统筹”，逐步形成大众化、社会化的终身教育体系。国家采取措施，扶持农业职业教育的发展，办好一批骨干职业学校，建立实用型、开放型的农民文化科技教育培训体系，把职业学校办成人力资源开发、技术培训与推广、劳动力转移和扶贫开发服务的基地。

国家发展农业职业教育，将农业职业教育与农村劳动就业联系起来。根据国务院关于《大力推进职业教育改革与发展的决定》的规定，用人单位招收、录用职工，属于国家规定实行就业准入控制的职业（工种），必须从取得相应学历证书或职业培训合格证书并获得相应职业资格证书的人员中录用；属于一般职业（工种）必须从取得相应的职业学校学历证书、职业合格证书的人员中优先录用。因此，必须完善有关职业教育的学历证书、培训证书和职业资格证书制度。职业资格证书是对从事某一职业所必备的学识、技术和能力的基本要求。随着农业产业化进程的加快，农业职业教育的发展，对农业行业的职业资格证书的管理确需加强。按照国家职业资格证书制度的统一规定，国务院有关部门（农业部等有关部门）按照规定开展农业行业的职业分类、职业技能鉴定工作，管理农业行业的职业资格证书。

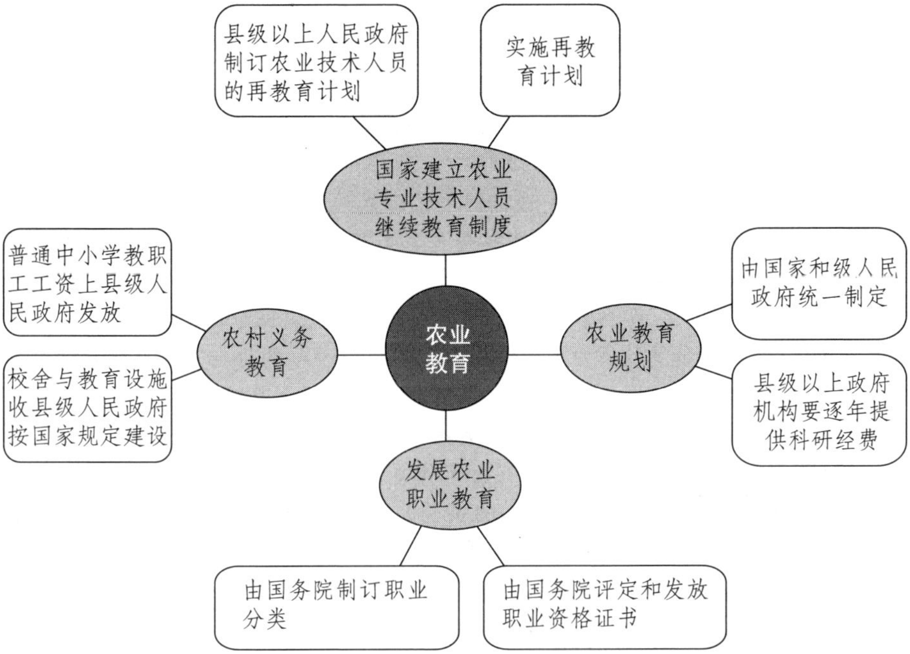

思考题

1. 农业科技的概念和特点。
2. 农业科技创新体系参与主体职能定位。
3. 农业科技转化的意义。
4. 农业技术型资金转让应遵循的几条原则。
5. 农业教育和农村职业教育被削弱、流失的症结。

热点话题

“牛奶激素”的作用

生长激素是动物脑中分泌的一种蛋白质，用于促进动物的生长。牛的生长激素自然就叫“牛生长激素”了，简称 bGH。几十年前，人们就发现把 bGH 注射到母牛体内可以促进产奶。不过，这一发现在当时没有什么意义。因为，那时候，bGH 只能从死牛的脑袋中提取，其成本会大大超过增加的奶量。到了 20 世纪 80 年代，生物技术的发展让 bGH 的应用成为可能。把控制合成 bGH 的基因转到细菌中，通过培养细菌就可以合成出同样的蛋白质来。这样得到的牛生长激素被称为“重组牛生长激素”，简称为rbGH，有时候也用另一个简称rbST。跟社会上各种关于“牛奶激素”的传说不同，rbGH并不能让奶牛平白无故地产奶。在奶牛生小牛之后，其产奶量会逐渐增加，通常到70天达到最多，然后逐渐下降。如果在到达这个最大量之前给奶牛注射rbGH，那么产奶量的下降就会变得缓慢。这样，奶农就可以获得更多的牛奶。平均而言，使用了“牛奶激素”之后，产奶量可以增加百分之十几。

“牛奶激素”对人体有害吗？

对于多数人来说，关心的还是这样使用了激素的牛奶是否有害健康。这种“可能的危害”来自于两方面，一是激素本身是否有害健康，二是使用了激素的牛奶是否含有其他有害健康的成分。“牛奶激素”，不管是天然的bGH还是“人工”的rbGH，都是蛋白质。一般而言，蛋白质被吃之后，都会被消化成氨基酸碎片才能被吸收。但是从逻辑上，我们不能排除蛋白质整体或者大片段被吸收的可能。如果这种情况发生了，有可能对人体产生其他影响，就需要进行长期的检测来确定是否有害健康了。否则，如果它被分解成了单个氨基酸，那么就跟其他的食物蛋白质一样，不足为虑了。在这种情况下，也不用进行更长期的实验来验证它对健康的影响。美国食品与药品管理局（FDA）进行了大剂量的短期动物实验。在连续28天中，老鼠被喂以大剂量rbGH——剂量高达为奶牛注射剂量的100倍，没有观察到老鼠各项生理指标的异常。因此，FDA认为，食物中的rbGH不会被吸收，因而不必进行长期的安全性试验就可以做出安全的结论。不过，加拿大食品管理部门不同意美国FDA的结论。他们认为FDA的评估中遗漏了一项研究结果。那项研究是欧洲要求的rbGH安全性研究的一部分，实验是用不同剂量的rbGH喂养老鼠，检测老鼠体内的抗体反应。结果发现：剂量为每天每公斤体重0.5毫克的老鼠没有异常，但是剂量为5毫克的老鼠中就有一部分产生了抗体反应，而剂量为50毫克的老鼠中发生抗体反应的就更多。加拿大方面认为这说明rbGH能够被吸收，因而FDA的决定不严谨。FDA重新对rbGH能否被吸收进行了评估审查，尤其是对遗漏的这项研究结果。他们认为，这项研究并不改变此前的结论。因为动物的抗体细胞遍布全身，在肠道的那些抗体细胞产生的抗体可以被运输到身体其他部位，所以这项结果并不能说明rbGH能被直接吸收。不过这样的一个解释显然只能说明观察到的抗体“不一定”是由吸收的rbGH产生，但是并不能否认这种可能性。FDA认为rbGH不会带来安全问题的另外两条理由是即使是产生了抗体，其含量也非常低，不足以对人体产生任何影响；人体能够从牛奶中摄入的最大rbGH剂量——比如一个10公斤的孩子每天喝1.5公斤高浓度rbGH的牛奶，其剂量也只有每公斤体重0.0075毫克，远远低于实验中不会导致抗体反应的“安全剂量”——0.5毫克。FDA的这个结论得到了另一项研究的支持。1988年发表的一篇论文中，如果对老鼠注射剂量为每公斤体重0.15毫克的rbGH，9天就能观察到体重增加以及血液中出现rbGH抗体。而在食物中加入每天每公斤体重40毫克剂量的rbGH，也没有变化。这可以证明食物中的rbGH不会被直接吸收，因而不会对健康产生影响。

“牛奶激素”催生的牛奶中会有其他有害物质吗?

在现代分析技术之下,可以对任何食物的组成进行相当精细的分析。加拿大对牛奶的分析报告认为,rbGH 的使用增加了牛奶中 IGF - 1 的含量。IGF - 1 全称叫做“类胰岛素样生长因子 I”,它是广泛存在于包括人体中的一种具有重要生理作用的蛋白质。有一些流行病学的调查显示,IGF - 1 似乎与前列腺癌等癌症有一定关系。如果是这样,使用了 rbGH 的牛奶就有了潜在的健康风险。FDA 认为 IGF - 1 与癌症的关系只是一种多因素的相关性,迄今为止并没有证据说明 IGF - 1 是致癌的原因。另外,rbGH 导致的 IGF - 1 增加幅度很小,小于牛奶中 IGF - 1 的正常波动。也就是说,一头奶牛使用 rbGH 之后,所产的奶中 IGF - 1 的含量会有微弱上升,但是上升之后的含量可能还是会低于许多不使用 rbGH 的牛奶。人体内本身含有 IGF - 1,不管所喝的牛奶是否使用过 rbGH,所获得的 IGF - 1 跟人体内本身含有的相比都微不足道。另外,经过加热、消化、吸收之后,IGF - 1 在人体内也不再具有生物学活性。

在这个问题上,FDA 的结论与 JECFA 相一致。JECFA 是世界卫生组织和联合国粮农组织的食品添加剂联合专家委员会,是一个独立于商业利益之外的国际机构。总结起来,他们和 FDA 的态度就是:rbGH 对牛奶中 IGF - 1 不构成实质上的影响;牛奶中的 IGF - 1 不构成健康隐患。此外,JECFA 对食物中的 rbGH 产生抗体那项研究的看法也与 FDA 一致。

“牛奶激素”对牛有害吗?

对于使用了 rbGH 的牛奶是否有害健康的疑虑还有一些,不过都没有生物学理论或者实验结果的支持,更多地只是一些逻辑上的“可能”。加拿大食品管理部门的专家评估结论也是“没有证据表明经过 rbGH 处理的牛奶会对人体健康造成危害”,但是他们最终还是否决了 rbGH 的使用申请。原因是,动物福利的问题浮出了水面。加拿大和欧盟的相关专业委员会审查了 rbGH 对奶牛健康的影响,结论是其使用对奶牛的健康造成了损害。最普遍的损害是乳腺炎发生率的增加,其次还有奶牛生育能力、腿脚等部位也有不利变化。注射了 rbGH 的奶牛,其总体健康状况也不如未经注射的奶牛。乳腺炎的发生,可能导致抗生素使用的增加。这又增加了人们从牛奶中摄取抗生素的可能性,从而带来新的健康隐患。不过,JECFA 的评估结论认为这一“可能性”在目前牛奶行业康生素的使用规范之下不会增加人们的健康风险。实际上,欧盟和加拿大都没有对使用了 rbGH 的牛奶在安全性上提出异议,但是他们认为 rbGH 的使用损害了奶牛的健康,因此主要是基于动物福利的考虑否决了 rbGH 的使用申请。

牛奶标注,并非文字游戏

在美国,自从 rbGH 得到 FDA 批准以来,得到了广泛使用。不过,rbGH 是孟山都独家生产的。这个生物巨头在消费者中的口碑一直不太好,人们对“激素”产品的疑虑加上对生产者的不信任相交织,美国社会对 rbGH 的非议也一直不断。天然的牛奶中含有牛生长激素(bGH),没有任何技术可以把它与人工合成的“rbGH”区别开来。同时,rbGH 的使用不会带来安全方面的风险。按照 FDA 的惯例,在这样的情况下,rbGH 的使用不需要做任何标注。也就是说,公众将无法知道买到的牛奶是否使用了 rbGH。因为公众的疑虑,有的牛奶生产厂家打出了“不含激素”的标签,被 FDA 所禁止。因为牛奶中天然含有激素,“不含激素”的牛奶是不存在的,这样的标注与事实不符。有一家牛奶生产厂家打出了“不含 rbGH”的标注。从实质上说,这样的一条标注所表达的事实可以是真实存在。但是这一标注受到了孟山都的起诉,理由是这样的标注暗示了 rbGH“有问题”,从而对消费者产生误导。这一案件最终没有开庭审理,而以双方的和解告终。结果是,牛奶厂家在“不含 rbGH”的标注之下,用小字说明“FDA 认定:使用或者不使用 rbGH 的牛奶没有实际上的差异”。

FDA 推荐这样的一个标注,但是不强制要求。从旁观者的角度来说,这样的一个标注最大程度地在赞成和反对 rbGH 的双方中达成了妥协,而传达了尽量客观的信息。不过,反对 rbGH 的人士依然认为这一标注是“不正确”的,FDA 也收到过不少禁用 rbGH 的要求。

延伸阅读

1. 吴长波:《农业产业现代化促进法律问题研究》,华中科技大学出版社 2014 年版。
2. 于永德:《科技组织制度与农业技术进步研究》,中国农业出版社 2005 年版。
3. 韩丽纭:《现代科技视野下的法律及法律教育》,知识产权出版社 2010 年版。

第八章　农业环境资源保护法律制度

第一节　概　　述

一、农业环境资源的概念与特点

（一）农业环境资源的概念

农业环境资源是农业环境与农业自然资源两个密切相关概念的合称。它是农业生产的自然物质基础，也是农业立法保护的重要物质对象。

1. 农业环境的概念

农业环境是环境的次级概念。环境是指围绕某一中心事物的外部的条件、空间和状况，包括自然环境与社会环境。我国《环境保护法》上的环境仅指自然环境，即"影响人类生存和发展的各种天然和经人工改造的自然因素的总体，包括大气、水、海洋、土地、矿藏、森林、草原、野生生物、自然遗迹、人文遗迹、自然保护区、风景名胜区、城市和乡村等"。通常所说的农业环境即农业自然环境。在我国《农业法》、《环境保护法》等立法中有关于保护农业环境的要求，一些相关法规中对农业环境的范围作了规定。比如，我国第一部农业环境保护地方性法规《山西省农业环境保护条例》中明确规定："农业环境是指影响农业生物生存发展的各种天然和经人工改造的自然因素的总体，包括农业用地、农业用水、大气和生物等。"

对农业环境的界定还应厘清其与"农村环境"的关系。1998 年国务院机构改革中，将原属农业部管理的"农村环境保护职能"转移给了国家环保总局，农业部只保留"农业环境保护职能"。因此划清二者的界限有重要意义。按照我国大多数辞书的解释，农村是不同于城市、城镇而从事农业的农民聚居地，依此推论，农村环境是相对城市、城镇而言的，以农民聚居地为中心的一定范围内的自然及社会条件的总和。可见"农村环境"严格地说主要是指农村居民的居住环境条件，包括村镇环境条件和乡村景观。农村环境带有更多的社会属性，而农业环境带有更多的自然属性。

2. 农业自然资源的概念

农业自然资源是自然资源的次级概念。自然资源是指在一定经济和技术条件下,自然界中可以被人类利用的物质和能量,如土壤、阳光、水、空气、森林、草原等。通常认为,农业自然资源是指自然界中存在的,在一定技术经济和社会条件下能为人类利用来从事农业生产并直接参与形成农产品的物质和能量的总称,包括农业气候资源、农业水资源、农业土地资源和农业生物资源。

根据上述定义,农业环境与农业自然资源所包含的物质内容基本上是一致的,二者的划分主要是基于观察的角度和强调的重点有所不同。

(二)农业环境资源的特征

第一,整体性。农业环境资源是由多种要素相互制约、相互依存构成的自然综合体。自然资源不能脱离一定的环境条件而单独存在,而且每种资源都与其他资源密切相关。当某种资源要素发生变化时,必然引起相关联的其他资源要素的改变,从而导致整个农业自然环境系统的变化。比如,森林采伐不仅直接改变林木和植物的状况,而且必然引起土壤和径流的变化,甚至对气候也会有一定影响。

第二,地域性。农业环境资源具有明显的地域差异性。不同地域组成的农业环境资源要素存在区别,因而不同地域的农业环境资源条件也不相同。

第三,连续性。农业环境资源在时间上是连续的,当代环境资源的质量与变化必然影响下代环境资源的质量与变化,优良的环境质量是当代人留给后代人最宝贵的"遗产",恶劣的环境则是当代人留给后代人的沉重负担。

第四,变动性。农业环境资源的结构和状态处于一种不断变化的过程中。现代农业生态系统是一个能量和物质大量流进和流出的开放系统,人类为了自身的生存不断控制、影响、改变着农业环境资源。但是,一旦人类活动使农业环境资源的改变超过一定的限度,就会使农业生态系统失去平衡,造成农业生态结构的破坏和农业生产能力的衰退。

二、农业与农业环境资源的关系

(一)农业发展与农业环境资源关系的演变

马克思认为:"历史可以从两个方面来考察,可以把它划分为自然史和人类史。但这两方面是密切联系的,只要有人存在,自然史和人类史就相互制约。"就农业活动和农业环境资源的关系而言,二者是一种真正意义上的共生性关系。一方面,农业环境资源是农业存在和发展的物质基础,农业的发展在相当大的程度上依赖和受制于农业环境条件及它所能利用的自然资源的数量。另一方面,农业活动又直接影响着农业自然资源的质量和数量以及它存在于其中的环境条件。

回顾整个农业发展史,概括地讲可以分为原始农业、传统农业和现代农业三个阶段。不同的农业发展阶段对农业环境资源的影响也不同。

1. 原始农业与农业环境资源的关系

在原始农业阶段，人类采用“刀耕火种”和“撂荒制”的粗放式耕作方式，这种原始的耕作方式尚不足以对农业环境资源带来大规模的破坏，但开始产生局部范围的森林减少、植被破坏、水土流失、土地沙化等问题。

2. 传统农业与农业环境资源的关系

传统农业的特点是“低消耗、低投入、低产出”。传统农业对农业环境资源的影响集中表现为“生物性破坏”的增加。在传统农业阶段，人类逐步掌握了种植技术，积累了土地利用的经验和知识，发明了铁农具等生产工具，逐步实行精耕细作的集约式农业。但农业生产发展的同时，不断进行的大规模的毁林开荒、放火烧荒、垦殖围田、深挖土地、过度灌溉等农业活动导致土地沙化、水土流失、草地退化、气候变化、生物多样性减少、自然灾害增多。而农业生态环境的破坏又反过来影响了文明的发展，如苏美尔文明、地中海文明、玛雅文明的衰落都与传统农业的发展有内在的联系。

3. 现代农业与农业环境资源的关系

现代农业是建立在科学技术进步基础上的资本化农业，其特点是“高投入、高产出、高消耗”。大量农业机械、化学产品及其他先进技术的推广，大大提高了农业生产力，但也带来了大量的土壤污染、水污染，农业自然再生产被严重干扰，农业生态系统失衡，进而影响到食物的质量与安全，危及人类自身的健康。

需要指出的是，在发达国家从传统农业进入现代农业之后，大多数发展中国家仍处在传统农业阶段，而对西方技术的盲目引入不仅加大了农业环境资源污染破坏的程度，还加剧了两极分化等社会问题。我国目前的农业生产实际上采取的仍是以小农经济为主，生产力水平和科技水平仍比较落后的粗放式经营方式，对农业自然资源掠夺式的开发利用，如陡坡毁坡毁草等，形成了“边治理、边破坏”和“局部有所改造、整体继续恶化”的被动局面，使得土壤侵蚀严重，水土流失严重，森林生态功能降低，土地沙漠化仍在发展。再加上一些休耕、免耕等保护农业自然资源、恢复生态环境的措施执行不力，严重影响到农业可持续发展。

（二）保护农业环境资源对农业的作用

1. 促进农业生态系统的良性循环

农业是一个生物性的再生产过程。长期以来，人们认为农业只是向大自然索取，因而造成农业生态系统的失衡。我们必须改变这样的观念。按生态规律的要求合理开发利用自然资源，并在开发利用过程中保护好农业自然资源和自然环境，这是促进农业生态系统良性循环，实现资源永续利用的关键。

2. 保护农业生产持续、稳定、协调发展

农业是一种资源型产业。农业环境资源的质量状况，直接决定着农业生产的水平和状态。农业环境资源质量好,农业生物的生长繁殖也会好,相应地就可以实现农业生产的稳产高产,反之就会使农业生产减产甚至绝产。而且,农业环境资源受到的污染破坏往往是不可逆的,很难恢复。因此,保护农业环境资源是实现农业生产持续、稳定、协调发展的客观需要。

3. 保障农产品质量安全和城乡人民身体健康

环境污染会产生"生物富集"和"生物放大"的效应,污染物通过"食物链"传递,不仅影响农、畜、水产品的质量,最终还会影响城乡人民的身体健康。因此,保护农业环境资源是保证农产品质量安全,进而保障城乡人民身体健康的客观要求。

对于农业生态环境保护,"十二五"规划提出了约束性的指标。"耕地保有量保持在18.18亿亩。农业灌溉用水有效利用系数提高到0.53。森林覆盖率提高到21.66%,森林蓄积量增加6亿立方米"。这充分显示出政府在强化农业资源环境保护方面的决心。同时,"十二五"规划还强调"推进农村环境综合整治",明确指出要治理农药、化肥和农膜等面源污染,全面推进畜禽养殖污染防治。加强农村饮用水水源地保护、农村河道综合整治和水污染综合治理。强化土壤污染防治监督管理。实施农村清洁工程,加快推动农村垃圾集中处理,开展农村环境集中连片整治。严格禁止城市和工业污染向农村扩散。

三、我国的农业环境资源保护立法

(一)我国现行农业环境资源保护立法体系

我国农业环境资源保护立法大致可分为两个阶段:第一阶段从新中国成立到1978年党的十一届三中全会召开;第二阶段从1978年至今。第一阶段我们制定了一些与农业环境资源有关的法律法规,在保护土地、水、森林、野生动植物资源、防治水土流失以及农药安全管理等领域作了初步规定,但这一阶段的立法十分薄弱且存在种种缺陷,如割裂各类资源间的联系、违背客观自然经济规律、重政策轻法制等。尤其"文革"十年,实际上已基本谈不上对农业环境资源的保护。十一届三中全会以后,随着经济体制改革的不断深入,法制建设的蓬勃发展和国家对环境保护的日益重视,农业环境资源保护立法成为农业法律体系中发展最为迅速的部分。从目前中国立法现状看,农业环境资源保护的法律体系框架已经基本形成。

1.《宪法》中关于农业环境资源保护的规定

《宪法》规定,"国家保护与改善生活环境与生态环境,防治污染和其他公害"(第26条);"国家保障自然资源的合理利用,保护珍贵的动物和植物,禁止任何组织或个人用任何手段侵占或破坏自然资源"(第9条);"一切使用土地的组织或个人必须合理利用土地"(第10条);"国家组织和鼓励植树造林,保护林木"(第26

条）。以上规定是制定农业法律法规的根本依据和指导原则。

2.《农业法》中关于环境资源保护的规定

《农业法》是我国的综合性农业大法。在其第八章，用10个条款专章规定了“农业资源与农业环境保护”，具体提出了发展农业和农村经济必须合理利用和保护自然资源，合理开发和利用能源，发展生态农业，保护和改善生态环境的基本原则，并对耕地保护、水土保持、防沙治沙、全民义务植树、造林护林、草原保护、退耕、禁渔休渔等农业自然资源保护和合理利用以及生物物种资源保护的制度作了原则规定，对农业转基因生物的安全控制、农药兽药的安全使用、农业废弃物的综合利用和无害化处理以及废水、废气、固体废弃物的污染防治等作了基本要求。

3.《环境保护法》中关于农业环境资源保护的规定

《环境保护法》是环境保护领域的基本法。其第33条明确规定：“各级人民政府应当加强对农业环境的保护，促进农业环境保护新技术的使用，加强对农业污染源的监测预警，统筹有关部门采取措施，防治土壤污染和土地沙化、盐渍化、贫瘠化、石漠化、地面沉降以及防治植被破坏、水土流失、水体富营养化、水源枯竭、种源灭绝等生态失调现象，推广植物病虫害的综合防治。县级、乡级人民政府应当提高农村环境保护公共服务水平，推动农村环境综合整治。”

4. 农业环境资源保护单行法

这类立法是对农业环境资源保护的某一方面的问题所作的规定，是农业环境资源保护法律体系中数量最多的部分。从其法律效力看，有法律、行政法规、部门规章；从其内容看，有防治农业环境污染的、保护农业自然资源的、农业环境监督管理方面的，以及处理农业环境污染纠纷的；从其形式看，有法律、条例、规定、办法、实施细则、决定、决议、通知等。

5. 农业环境资源保护地方性法规

这类立法是由省、自治区、直辖市及其省级人民政府所在地的市和经国务院批准的较大的市的人民代表大会及其常务委员会按法定程序制定的，具有地方特色的条例、规定、办法等。目前，我国已有山西、陕西、湖北、黑龙江、广东、内蒙古、天津等二十余个省、自治区、直辖市制定了专门的农业环境保护条例。

6. 农业环境标准

环境标准是具有法律性质的技术规范，是环境资源保护法律体系中独立、特殊、重要的组成部分。目前我国已制定了三百余项环境标准。农业环境标准是农业环境资源保护法体系的重要组成部分。

7. 其他部门法的相关规定

我国《刑法》、《民法通则》等相关法律中都有生态环境保护的规定。《刑法》中专章规定了“破坏环境资源保护罪”，明确规定对于造成严重环境污染和生态破坏的行为，将依法追究刑事责任。《民法通则》中也有不少涉及环境与资源保护的条款，如第80、81条关于自然资源所有权、使用权、经营权、收益权受法律保护以及使用单位或个人有管理、保护、合理利用的义务的规定。

8. 中国参加的生态环境保护的国际公约的相关规定

目前，我国已经加入了《保护大气臭氧层公约》、《联合国防治荒漠化公约》等一系列公约，对促进和积极改善全球生态环境作出国际承诺。

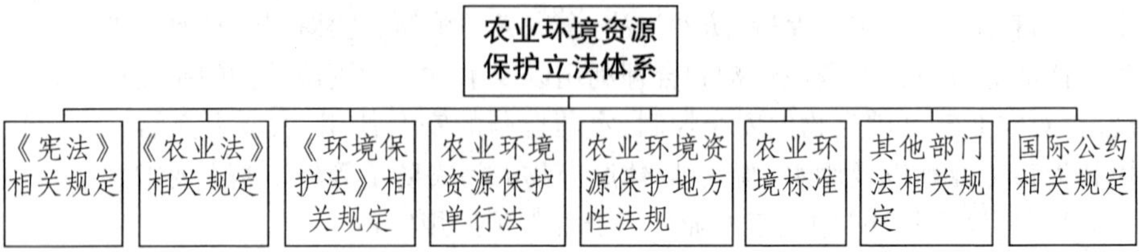

（二）我国现行农业环境资源保护立法的特点

第一，农业资源立法与农业环境立法并立。我国目前的立法是分别对农业自然资源利用、保护与农业环境保护单独立法，分别对各自领域的社会关系进行调整，形成两个互相并立的体系。这种模式考虑到了两类立法的不同定位。农业资源立法更侧重于农业自然资源经济效能的发挥，通过保护使各种农业资源以其数量和质量最大限度地满足人类生产和生活的需要；农业环境立法则更侧重于农业环境的环境效能的发挥，通过保护维持农业自然环境的完整与和谐，维持生态平衡。但这种模式也存在缺点。大部分环境要素同时又是资源要素，实属同一物质载体，客观上需要进行适当的综合调整。而综合性的农业环境资源保护法的缺失造成两大体系的一些不和谐，在调整措施和调整手段上还存在矛盾、抵触的现象。

第二，各农业自然资源保护单独立法。我国目前的立法采取对各类重要的农业自然资源单独立法的模式，并相应确立了分部门管理的农业自然资源管理体制。这种模式考虑到了各种农业自然资源的独立性和特殊性。但也使得整个农业自然资源保护体系显得过于分散，对各自然资源间的有机关联注意不够，资源法往往成为资源管理部门的法。

第三，立法的计划色彩浓厚。我国目前的农业环境资源立法还带有明显的计划经济的烙印，主要体现在行政性法规居多，而体现平等、自愿、等价有偿和诚实信用等民事原则的法律规范比较弱，离市场经济法律调整的要求还有一段距离。比如，现有自然资源产权制度的缺陷，不仅降低了资源的配置效率，而且加剧了农业生态环境破坏。以农地制度为例，所有权主体的不明确，导致农民土地收益被随意侵占，耕地资源大量流失；农地使用权不稳定，刺激了农业生产者的短期行为，导致了对农地资源的掠夺式过度使用；而按人口与土地质量好坏双重均分的农地使用制度造成了地块分零，水利设施失修，机械化进程受阻。

第四，立法的规范性和可操作性差。我国目前的农业环境资源立法过于原则，缺乏必要的规范性，难以满足农业环境资源保护和合理利用的要求，难以有效贯彻。比如，《土地管理法》只有几个条文涉及土地资源的保护；《水法》中涉及水保护的条文也非常有限。而且多为原则性、口号式的规定，实践中很难具体落实。

第五，有些领域和环节存在立法空白。我国现有的农业环境资源立法在一些重要的领域和环节仍处于无法可依的状态。比如有关农业自然资源标准及有关行为控制标准基本处于空白。

（三）我国农业环境资源保护立法的完善

1. 进一步健全和完善我国农业环境资源保护立法的必要性

（1）法律制度是保障我国农业可持续发展的最稳定、最可靠的手段。可持续发展是当今国际社会所普遍认同的一种全新的发展战略，是指既要满足当代人的需要，又不对后代人满足其需要的能力构成危害的发展。农业与农村的可持续发展是可持续发展战略的重要组成部分。可持续发展战略的实施有赖于环境资源的可持续性，有赖于环境资源利用和保护模式的转换，这种变革往往触及某些阶层和个人的既得利益而使其推行有很大阻力。相对于经济、行政等其他手段而言，法律手段具有强制性和普遍约束力，不易受人为因素干扰，因而更具稳定性和可靠性。

（2）加强农业环境资源的法律保护是我国社会主义市场经济发展的必然要求。市场经济是法制经济，市场经济条件下的农业经济也必须是法制经济。在市场经济条件下，作为市场主体的企业和个人具有盲目性、自利性的特点，往往只顾自己局部和短期的经济效益而忽视全局和长期的社会效益和环境效益，从事危害环境资源可持续利用的行为。这些行为的减少和消除有赖于合理的环境资源法律制度的建立和实施。

（3）加强农业环境资源的法律保护是实现我国农业国际化进程中环境资源的可持续利用的客观需要。加入 WTO 对中国的农业环境资源来说是一把“双刃剑”。一方面，它为更高效更合理地配置国内的农业自然资源提供了机会，也有助于促进多样化地利用全球农业自然资源从而扩大国内相对不足的农业环境容量，还可以引进国外先进的洁净农业技术，降低农业环境污染。但另一方面，中国较低的环境门槛可能导致污染转嫁及病虫害的传入，扩大农产品出口也可能导致国内生产规模扩大从而使污染加剧或引发野生农业自然资源的掠夺性开发。因此，进一步健全和完善我国农业环境资源立法，扩大其正效应，抑制其负效应，是实现我国农业国际化进程中环境资源的可持续利用的客观需要。

（4）从国外农业可持续发展的成功经验看，必须加强农业环境资源的法律保护。从美欧、日本等西方农业发达国家发展农业的历程看，它们均非常重视农业法制建设，通过制定实施一系列法律措施来调控和保护农业生产和农业环境资源，从而实现农业的持续高速协调发展。

2. 正确确立农业环境资源保护立法的基本原则

基本原则是立法的指导思想和基本准则，反映着法律制度制定的背景和目标设定，也是制度内容的高度浓缩。基本原则的正确确立，可以弥补“立法之不善与司法之勤变”。中国在多年的环境资源立法中形成了一些基本原则，主要包括：环境保护与经济建设、社会发展相协调的原则；预防为主、防治结合的原则；奖励综合利用原则；开发者养护、污染者治理、破坏者整治原则；环境资源保护的民主原则等。农业环境资源保护立法应结合自己的特点，坚持并完善这些基本原则。

（1）农业经济建设与农业环境资源保护协调发展的原则。农业经济的发展，应当符合自然生态规律与社会经济规律的要求，做到农业经济建设与农业环境资源保护相协调，农业环境资源的开发利用与保护养育相结合。如前所述，几十年常规农业的发展，已经使中国农业成为对环境影响最大的产业之一，农业与农村生态环境不断恶化。今后，使农业成为一种低污染乃至无污染的绿色产业应当成为我们的重要目标之一。

（2）统筹规划、综合防治原则。农业环境资源问题具有整体性、复杂性、社会性等特点。从其来源看，它们往往是自然与社会相互作用的结果，既有管理不善造成的，也有技术及其他原因造成的。从其内容看，有的属于污染问题，有的属于生态破坏问题。因此，保护农业环境资源必须实行统筹规划、综合防治的原则，要把农业环境资源保护与农业基本建设、农业开发建设和生态农业建设结合起来，把农业环境资源保护作为国家环境资源保护的重要部分，纳入国民经济和社会发展规划。

（3）农业环境资源的节约与循环利用原则。该原则强调节约资源、有效利用资源，在生产和消费过程中，以最小成本追求最大的经济效率和生态效益。这是国家建立节约型和循环型社会的要求在农业环境资源保护领域的体现。

（4）社会公平原则。通过立法确立有利于农业环境资源保护的社会公平原则是社会主义市场经济体制建设的要求。社会公平就是在平等的规则下，人人享有同等的机遇和权利，以达到最终资源分配上的公平。其核心是权利与责任的对等，在环境资源保护领域，就是要坚持开发者养护、受益者补偿、利用者恢复、破坏者整治和污染者治理。

（5）农业环境资源保护的民主原则。该原则也称为公众参与原则。这是党的群众路线在环境资源保护中的体现。环境资源保护既是公民的一项基本权利，也是公民应尽的义务。环境资源保护应建立在广泛的民主基础上。农业环境资源保护的立法中也应坚持这一原则，并采取措施使其具体化。

3. 我国农业环境资源保护立法的发展方向

（1）制定综合性的农业环境资源管理条例。综合性的农业环境资源保护条例应由农业部、国家环保总局等部门协商制定，立足农业环境资源的特点，综合考虑农业环境保护和农业自然资源合理利用的需要，对农业环境资源保护方面的一些重大问题，如农业环境资源保护的任务、体制、当事人的权利义务、基本制度和原则以及法律责任等内容作出全面协调的规定。

(2)修订完善现有农业环境资源保护法律制度，弥补现有立法的漏洞。应当按照农业可持续发展的要求，围绕现代生态农业建设的需要，修订现有立法中落后于实际需要的规定，增加一些重点领域的新的制度规定。一是建立更加严格的资源管理和宏观调控制度；二是完善资源的产权制度和有偿使用制度，建立合理的价格机制和激励机制；三是完善污染破坏农业环境资源的补偿及法律责任制度，引导农民采用洁净农业技术，合理使用化肥农药，综合利用农业废弃物；四是完善农业环境资源保护的补贴制度，鉴于农业的弱质地位，应充分利用 WTO 的“绿箱政策”，加大农业环保补贴，包括对农业生态难民的个人补贴和农业产业补贴，加大国家对农业生态环境建设的投资力度；五是建立健全农业环境资源的安全预警制度，加强资源的调查、评价、监测，确立资源的承载力标准，健全无公害农产品的检测、评价及预警系统；六是完善农村能源制度的建设，引导相关利益主体提高常规能源使用效率，开发利用具有中国特色的清洁、再生能源；七是建立资源与生态环境核算预算制度，把资源的高效利用和生态环境保护纳入涉农行政及经济管理、农业微观经营的激励和约束机制，对涉及生态环境和自然资源保护、生态建设方面的收入和开支进行国家统一预算和管理。

(3)加强地方的农业环境资源保护立法。各省、自治区、直辖市应在现行立法体制下，根据本地区农业环境资源的特点和社会经济发展水平，因地制宜地制定地方性法规和规章，把国家立法确立的农业环境资源保护法律措施落到实处。

第二节 农业环境资源管理制度

一、农业环境资源保护的综合管理体制

我国农业环境资源保护的监督管理体制实行统一领导和分工负责相结合的原则。根据农业环境资源的特点，我国的农业环境资源保护法律、法规、地方的农业环境保护条例及历次机构改革均强调确立以人民政府为领导、环境保护部门协调监督指导、农业主管部门归口管理、各有关部门协同配合的综合管理体制。

（一）各级人民政府的职责

各级人民政府应当对本辖区的农业环境质量负责，将农业环境保护纳入国民经济和社会发展计划，采取有利于农业环境保护的经济、技术政策和措施，使农业环境保护工作同经济建设和社会发展相协调。对保护和改善农业环境做出显著成绩的单位和个人，由人民政府给予表彰和奖励。

（二）各级人民政府的环境保护行政主管部门的职责

各级人民政府的环境保护行政主管部门对本行政区域内的环境保护工作实施统一监督管理。其在农业环境保护方面的主要职责是：组织、协调、指导农业等有关部门在农业环境保护方面的工作；对农业环境的工业污染、城市生活污染的防治工作进行监督管理；审批农业环境综合整治区；依照法律和相关条例履行其他有关职责。

（三）各级人民政府的农业行政主管部门的职责

各级人民政府的农业行政主管部门，对本辖区的农业环境保护工作实施监督管理。在农业环境保护方面的主要监督管理职责是：组织开展农业环境建设，推广生态农业，开发生态农产品，发展农业环境保护产业；负责所属农业环境保护区的规划、建设和管理；组织农业用地、农业用水、农业生物、农产品的环境质量的监测、调查和农业环境影响评价；组织、指导农业生产和农户生活对农业环境污染的预防、治理；宣传普及农业环境保护知识，组织开展农业环境保护科学研究和技术的推广交流；依照法律和相关条例的规定，行使现场检查权、污染调查处理权、行政处罚权，以及其他有关权限。

（四）各级人民政府的土地、水利、林业、水产等行政主管部门的职责

各级人民政府的土地、水利、林业、水产等行政主管部门，依照有关法律、法规的规定，对职责范围内的农业环境保护工作实施监督管理。一切单位和个人都有保护农业环境的义务，并有权对污染、破坏农业环境的行为进行检举和控告。

二、农业环境标准制度

（一）概念及意义

1. 环境标准的概念

环境标准是我国环境资源保护法中一个独立、特殊、重要的组成部分，是指为防治环境污染，维护生态平衡，保护人体健康，由国务院环境保护行政主管部门和

省、自治区、直辖市人民政府，依据国家有关法律规定统一制定的环境保护工作需要的各项技术规范和技术要求的总称。我国环境标准的制定工作开始于20世纪50年代。截至“十一五”末期，我国累计发布国家环境保护标准1494项，其中现行标准1312项（见十二五规划纲要）。一些省级人民政府还根据环境管理工作的需要批准发布了地方标准。环境标准作为环境影响评价、污染源治理、排污收费等各项环境管理以及环境执法的重要技术依据，在我国环境保护工作中发挥了重要的基础性作用。

2. 农业环境标准的概念

农业环境标准是指为了保证农业生产和人体健康而对农业环境提出的技术规范和技术要求。它既是农业环境管理的手段，又是农业环境管理的依据，也是农业环境保护法制定和实施的重要基础和依据。

（二）农业环境标准体系

根据《环境标准管理办法》的规定，我国农业环境标准体系由五类两级组成。

1. 五类农业环境标准

（1）农业环境质量标准。指为了合理利用农业自然资源，维持农业生态平衡，保护人体健康和社会物质财富而对环境中的有害物质和因素所作的限定性规定。农业环境质量标准是农业环境政策的目标，也是制定污染物排放标准的依据。目前主要有《渔业水质标准》（GB11607—1989）、《农田灌溉水质标准》（GB5084—1992）、《土壤环境质量标准》（GB15618—1995）、《环境空气质量标准》（GB3095—1996）等。

（2）农业污染物排放标准。是指为了实现农业环境质量标准，结合技术经济条件和农业环境特点，对排入环境中的污染物或对环境造成危害的其他因素所作的限制性规定。很多国家的法律都把污染物排放标准视为确认某排污行为是否合法的依据。我国2014年修订的《环境保护法》已明确规定，超过污染物排放标准或者超过重点污染物排放总量控制指标排放污染物是违法的，应受行政处罚。目前我国的农业污染物排放标准主要有：《农用污泥中污染物控制标准》（GB4284—1984）、《农用粉煤灰中污染物控制标准》（GB8173—1987）、《城镇垃圾农用控制标准》（GB8172—1987）、《保护农作物的大气污染物最高允许浓度》（GB9137—1988）、《农药安全使用标准》（GB4285—1989）、《畜禽养殖业污染物排放标准》（GB18596—2001）等。

（3）农业环境基础标准。指对农业环境保护工作中，需要统一的技术术语、符号、代号（代码）、图形、指南、导则及信息编码等所作的规定。

（4）农业环境监测方法标准。指为监测环境质量和污染物排放，规范采样、分析测试、数据处理等技术而制定的标准。

(5)农业环境标准样品标准。指为保证环境监测数据的准确、可靠,对用于量值传递或质量控制的材料、实物样品制定的环境标准样品。

环境质量标准、污染物排放标准和法律、行政法规规定必须执行的其他环境标准属于强制性环境标准,强制性环境标准必须执行。强制性环境标准以外的环境标准属于推荐性环境标准。国家鼓励采用推荐性环境标准,推荐性环境标准被强制性环境标准引用,也必须强制执行。

2. 两级农业环境标准

所谓两级标准,即国家级和地方级标准。国家级标准包括国家环境标准和国家环境保护总局标准,由国家环境保护总局负责制定,在全国范围内执行。国家环境标准包括以上五类标准,需要在全国环境保护工作范围内统一的技术要求而又没有国家环境标准时,应制定国家环境保护总局标准。国家环境标准发布后,相应的国家环境保护总局标准自行废止。地方级环境标准只包括地方环境质量标准和地方污染物排放标准,由各省、自治区、直辖市人民政府颁布,在颁布该标准的省、自治区、直辖市辖区范围内执行。

两级农业环境标准是一般与特殊、共性与个性的关系。省、自治区、直辖市人民政府对国家环境质量标准中未作规定的项目,可以制定地方环境质量标准;对国家污染物排放标准中未作规定的项目,可以制定地方污染物排放标准;对国家污染物排放标准已作规定的项目,可以制定严于国家污染物排放标准的地方污染物排放标准。在颁布了地方农业环境标准的地区,国家标准和地方标准并存,但要执行地方农业环境标准;而地方标准中未含有国家标准中的项目,仍按国家标准执行。

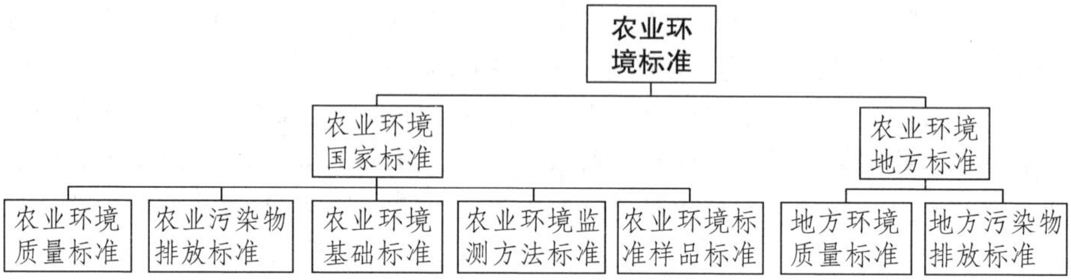

(三)农业环境标准的制定和实施

1. 制定农业环境标准应遵循的原则

(1)制定农业环境标准应以国家农业环境保护的方针、政策、法律、法规及有关规章为依据,以保护人体健康和改善环境质量为目标,促进环境效益、经济效益、社会效益的统一;(2)环境标准应与国家的技术水平、社会经济承受能力相适应;(3)各类环境标准之间应协调配套;(4)标准应便于实施与监督;(5)借鉴适合我国国情的国际标准和其他国家的标准。

2. 农业环境标准的制定程序

(1)任何农业保护科研单位都可提出农业环境标准草案建议稿,由省级以上农业行政主管部门审理。

(2)省级以上农业行政主管部门,根据编制的农业环境标准计划任务,确定农业环境标准的主编单位和参加单位,组成农业环境标准编制组。

(3)农业环境标准编制组负责农业环境标准的制定与修订。编制组按照农业环境标准计划任务书的要求进行研究和编制工作,报请上级主管部门审批、颁布。国家级标准由国家环保总局审批、颁布,地方级标准由省、自治区、直辖市人民政府审批、颁布。地方环境标准草案应征求国家环境保护总局的意见。地方环境标准必须自发布之日起2个月内报国家环境保护总局备案。

(4)新的农业环境标准颁布后,与其对应的原有标准即于废止。国家环境标准和国家环境保护总局标准实施后,国家环境保护总局应根据环境管理的需要和国家经济技术的发展适时进行审查,发现不符合实际需要的,应予以修订或者废止。

3. 农业环境标准的实施

农业环境标准一经批准发布,就具有法律效力,任何单位不得擅自更改或降低标准。对不执行强制性环境标准的,依据法律和法规有关规定予以处罚。违反国家法律和法规规定,越权制定的国家环境质量标准和污染物排放标准无效。国家环境标准和国家环境保护总局标准由国家环境保护总局负责解释;国家环境保护总局可委托有关技术单位解释。

三、农业环境监测制度

(一)环境监测的概念与特点

1. 概念

环境监测是以环境为对象,运用物理的、化学的和生物的技术手段,对其中的污染物及其有关的组成成分进行定性、定量和系统的综合分析,以探索研究环境质量的变化规律。环境监测是环境保护的基础工作,其主要内容包括大气环境监测、水环境监测、土壤环境监测、固体废弃物监测、环境生物监测、环境放射性监测和环境噪声监测等。其任务是对环境样品中的污染物的组成进行鉴定和测试,并研究在一定历史时期和一定空间内的环境质量的性质、组成和结构。《环境保护法》第32条规定,“国家加强对大气、水、土壤等的保护,建立和完善相应的调查、监测、评估和修复制度”;第42条第3款规定,“重点排污单位应当按照国家有关规定和监测规范安装使用监测设备,保证监测设备正常运行,保存原始监测记录”。

2. 环境监测的特点

环境监测就其对象、手段、时间和空间的多变性、污染成分的复杂性等,其特点可归纳为:(1)环境监测的综合性。环境监测的监测手段包括化学、物理、生物、物理化学、生物化学及生物物理等一切可以表征环境质量的方法;监测对象包括空气、气体(江、河、湖、海及地下水)、土壤、固体废物、生物等客体。(2)环境监测的连续性。由于环境污染具有时空性等特点,因此,只有坚持长期测定,才能从大量的数据中揭示其变化规律,预测其变化趋势,数据越多,预测的准确度就越高。(3)环境监测的追踪性。环境监测包括监测目的的确定、监测计划的制订、采样、样品运送和保存、实验室测定到数据整理等过程,是一个复杂而又有联系的系统,任何一步的差错都将影响最终数据的质量。为使监测结果具有一定的准确性,并使数据具有可比性、代表性和完整性,需有一个量值追踪体系予以监督。

(二)农业环境监测的概念及目的

1. 概念

农业环境监测是农业环境资源保护的基础工作,是科学管理农业环境资源的技术基础。建立农业资源利用和环境保护监测制度是许多国家农业环境资源立法中所共同采用的措施。比如,美国法律要求监测农业化学品的使用,并授权农业部负责生产、处理和测试有机农产品。我国的农业监测目前已基本形成制度。我国《农业法》第57条第2款规定:"县级以上人民政府应当制定农业资源区划或者农业资源合理利用和保护的区划,建立农业资源监测制度。"经过二十多年的发展,我国农业环境监测网络逐步发展壮大,并在农业环境和农产品质量监测、农业污染事故监测和调处、农业环境管理和法制建设、生态农业技术支持等方面开展了大量工作,取得了许多科技进步成果。但由于多方面的原因,农业环境监测工作还不能适应国家社会经济发展的需求。针对农业生态环境污染的严峻形势,应尽快完善我国农业环境监测网络的建设,通过加强监测及时准确地了解污染物的种类和数量并为控制污染扩散提供科学依据。

2. 农业环境监测的目的

农业环境监测的目的是准确、及时、全面地反映农业环境质量现状及发展趋势,为环境管理、污染源控制、环境规划等提供科学依据。具体可归纳为:(1)根据环境质量标准,评价环境质量;(2)根据污染分布情况,追踪寻找污染源,为实现监督管理、控制污染提供依据;(3)收集本底数据,积累长期监测资料,为研究环境容量、实施总量控制、目标管理、预测预报环境质量提供数据;(4)为保护人类健康、保护环境、合理使用自然资源、制定环境法规、标准、规划等服务。

第三节　农业环境污染防治制度

一、概述

(一)农业环境污染的概念

1. 环境污染的概念

环境污染是指由于人类生产、生活等活动产生的已知或未知的某些物质进入环境，导致环境的物理、化学和生物等特性发生改变，从而引起环境质量下降、自然生态改变、生物物种减少或灭绝以及危害人体健康、影响环境的有效利用或破坏环境的现象。我国1978年《宪法》中首次明确规定"国家保护环境和自然资源，防治污染和其他公害"。

2. 农业环境污染的概念

农业环境污染就是指工农业生产和城市生活把大量污染物排入农业环境，使环境质量下降，以致危害人体健康，损害生物资源，影响农业生产的现象。农业环境污染按其来源可分为工业来源的污染，主要是城市工业"三废"和乡镇工业污染，以及农业生产活动自身的污染，即农业生产过程中不合理农药化肥施用、畜禽粪便排放、农田废弃物处置以及耕种措施等造成的面源污染和温室气体排放所构成的从水体—土壤—生物—大气的污染。现有学者将后者称为"农业立体污染"。

(二)农业环境污染的来源

1. 工业来源的污染

工业来源的污染主要表现有两种，其一是来自城市的工业污染和废气污染，污水污泥在农田上的扩散和对水环境的污染。其二是来自乡镇工业的污染。在世界上许多国家，工业污染已导致区域性的食物生产质量的下降或食物生产数量的下降。美国的研究估计，周围臭氧富集造成的短期作物产量损失为每年19亿至43亿美元，每年投入大约100亿吨的原始材料，至少有80亿吨被重新排放到环境中去，这还不包括那些消费后最终也被抛弃的废物。

工业"三废"排放虽然都集中于城市或工矿区，但相当部分经环境转移要进入农业环境。我国污水排放量的20%左右用于农田灌溉。我国的工业污染是从1958年的"大跃进"开始的，而"文革"十年则是污染不断加重的十年。80年代至今，工业污染的总体水平基本上控制得较为稳定，工业废水量在250亿吨上下，二氧化硫排放稳定在国家二级与一级标准之间，原因在于我国80年代以来产业结构的轻型化。我们一方面应该承认这种稳定的来之不易,另一方面必须看到,改革开放至今,我国的环境质量已处于相当差的水平,在这样差的水平上继续下降,形势是极为严峻的。

在工业排放中,乡镇工业占到了相当的份额。据统计,目前我国乡镇企业废水COD和固体废物等主要污染物排放量已占工业污染物排放总量的50%以上,而且乡镇企业布局不合理,污染物处理率也显著低于工业污染物平均处理率。乡镇企业所排放的废水、废气和废渣占全国"三废"排放总量的比重分别为21%、67%和89%。随着改革开放的深入,在农村现代化进程中,我国小城镇企业的数量增长日益加快。乡镇企业全面开花,在富裕农民的同时,也加剧了农村环境的污染。由于乡镇企业的上马带有很强的盲目性,且大多数企业资金不足、技术落后、设备陈旧、管理不善、缺乏环境保护措施,生产过程中产生的污染物未经处理而直接排放,使农村环境受到巨大破坏,这类企业中尤以小矿井、小煤窑、小造纸、土法冶炼对环境的损害较为严重,而且难以在操作上予以有效遏制。重要原因之一是过剩的农村劳动力追求经济机会的强烈冲动。由于我国的经济体系没有足够的能力在较短时期内为数亿农村剩余劳动力创造出有效的就业机会和经济收入,就只能允许那些以不适当方式开发资源和利用环境的经济活动存在,从而形成了极为严重的区域或流域生态损失,如西南酸雨区(与美国东北部酸雨区和北欧酸雨区相提并论),淮河流域污染,两广的土法炼砷公害,青海的可可西里和北疆草原的淘金造成的植被破坏,等等,实质上属于不发达的环境问题。原因之二是环境的无价使用,使用者不承担成本,造成了农业环境的使用者对环境严重滥用的现象。

2. 农业活动自身的污染

农业是影响陆地面积最广泛的产业,直到20世纪70年代,人们还普遍地认为环境问题是工业污染造成的,农业部门不过是环境污染的受害部门。然而,农业部门仅是环境问题受害者的看法,已经被科学证明是不准确的。农业占用34%的陆地面积,现代农业活动取决于外围生态环境,并在更大程度上对外围环境施加反作用力。这些污染包括:(1)化学农药对农业环境的污染;(2)化肥对农业环境的污染;(3)农用塑料地膜残留污染;(4)农业废弃物的污染。

(三)农业环境污染防治立法

环境污染防治法是指国家为预防和治理环境污染和其他公害,对产生或可能产生环境污染和其他公害的原因活动实施管理,以达到保护生活环境和生态环境,进而达到保护人体健康和财产安全的目的而制定的法律规范的总称。综观发达国家的环境立法,环境污染防治法主要包含两方面,即控制环境污染物质(因子)和对有关工艺流程可能造成环境污染和其他公害的原因物质的管理。因为许多可能造成环境污染和其他公害的原因物质,如有毒、有害物质,在正常情况下使用并不一定造成污染;当使用不当或管理不善导致这些物质泄漏、逸失时才会造成环境污染和其他公害。

除《环境保护法》、《农业法》中关于农业环境污染防治的一般规定外,我国目前还有六部关于污染防治的专门法律:《大气污染防治法》、《水污染防治法》、《环境噪声污染防治法》、《固体废弃物污染环境防治法》、《海洋环境保护法》、《放射性污染防治法》。这些法律对污染环境,包括农业环境的主要污染因子的控制有比较系统的规定。此外,国家还颁布了有关保护环境要素和对生产工艺流程的管理方面的法律法规,如《农药管理条例》、《农药安全使用规定》、《危险化学品安全管理条例》等。一些地方颁布的《农业环境保护条例》对农业环境污染的防治作了专门规定。

由于本书第三章已经介绍了农药管制的有关规定,这里只重点介绍水污染和固体废物污染的有关法律规定。

二、水污染防治的法律规定

(一)水污染防治的管理原则

1. 水污染防治与水资源保护相结合原则。国务院有关部门和地方各级人民政府在开发、利用和调节、调度水资源的时候,应当统筹兼顾,维护江河的合理流量和湖泊、水库以及地下水体的合理水位,维护水体的自然净化能力。

2. 流域或区域统一规划原则。经批准的水污染防治规划是防治水污染的基本依据,规划的修订须经原批准机关的批准。

3. 污染防治与企业布局、改造相结合原则。国务院有关部门和地方各级人民政府应当合理规划工业布局,对造成水污染的企业进行整顿和技术改造,采取综合防治措施,提高水的重复利用率,合理利用资源,减少废水和污染物排放量。

(二)水污染防治的监督管理制度

《水污染防治法》中规定了环境影响评价与三同时制度、排污收费制度、排污申报登记制度、清洁生产制度、落后工艺设备淘汰制度、限期治理制度等一系列的防治水污染的法律措施。下文着重介绍本法特有的几项制度。

1. 污染物排放总量控制制度。省级以上人民政府对实现水污染物达标排放仍不能达到国家规定的水环境质量标准的水体,可以实施重点污染物排放的总量控制制度,并对有排污量削减任务的企业实施该重点污染物排放量的核定制度。

2. 城市污水集中处理制度。国务院有关部门和地方各级人民政府必须把保护城市水源和防治城市水污染纳入城市建设规划,建设和完善城市排水管网,有计划地建设城市污水集中处理设施,加强城市水环境的综合整治。

3. 划定生活饮用水源地表水源保护区制度。省级以上人民政府可以依法划定生活饮用水地表水源保护区。禁止向生活饮用水地表水源一级保护区的水体排放污水。禁止在生活饮用水地表水源一级保护区内从事旅游、游泳和其他可能污染生活饮用水水体的活动。禁止在生活饮用水地表水源一级保护区内新建、扩建与供水设施和保护水源无关的建设项目。在生活饮用水地表水源一级保护区内已设置的排污口,由县级以上人民政府按照国务院规定的权限责令限期拆除或者限期治理。

4. 公众参与环境影响评价制度。新建、扩建、改建直接或者间接向水体排放污染物的建设项目和其他水上设施,必须遵守国家有关建设项目环境保护管理的规定。建设项目的环境影响报告书,必须对建设项目可能产生的水污染和对生态环境的影响作出评价,规定防治的措施,按照规定的程序报经有关环境保护部门审查批准。环境影响报告书中,应当有该建设项目所在地单位和居民的意见。

(三)防治地表水污染的规定

1. 在保护区内不得兴建排污口。在生活饮用水源地、风景名胜区水体、重要渔业水体和其他有特殊经济文化价值的水体的保护区内,不得新建排污口。在保护区附近新建排污口,必须保证保护区水体不受污染。《水污染防治法》公布前已有的排污口,排放污染物超过国家或者地方标准的,应当治理;危害饮用水源的排污口,应当搬迁。

2. 禁止向水体排放有毒有害物质。禁止向水体排放油类、酸液、碱液或者剧毒废液。禁止在水体清洗装贮过油类或者有毒污染物的车辆和容器。禁止将含有汞、镉、砷、铬、铅、氰化物、黄磷等的可溶性剧毒废渣向水体排放、倾倒或者直接埋入地下。存放可溶性剧毒废渣的场所,必须采取防水、防渗漏、防流失的措施。禁止向水体排放、倾倒工业废渣、城市垃圾和其他废弃物。禁止在江河、湖泊、运河、渠道、水库最高水位线以下的滩地和岸坡堆放、存贮固体废弃物和其他污染物。禁止向水体排放或者倾倒放射性固体废弃物或者含有高放射性和中放射性物质的废水。

3. 对地表水排放其他污染物应符合标准。向农田灌溉渠道排放工业废水和城市污水,应当保证其下游最近的灌溉取水点的水质符合农田灌溉水质标准。利用工业废水和城市污水进行灌溉,应当防止污染土壤、地下水和农产品。使用农药,应当符合国家有关农药安全使用的规定和标准。运输、存贮农药和处置过期失效农药,必须加强管理,防止造成水污染。县级以上地方人民政府的农业管理部门和其他有关部门,应当采取措施,指导农业生产者科学、合理地施用化肥和农药,控制化肥和农药的过量使用,防止造成水污染。向水体排放含低放射性物质的废水,必须符合国家有关放射防护的规定和标准。向水体排放含热废水,应当采取措施,保证水体的水温符合水环境质量标准,防止热污染危害。排放含病原体的污水,必须经过消毒处理,符合国家有关标准后,方准排放。

4. 防止船舶污染。船舶排放含油污水、生活污水,必须符合船舶污染物排放标准。从事海洋航运的船舶,进入内河和港口的,应当遵守内河的船舶污染物排放标准。船舶的残油、废油必须回收,禁止排入水体。禁止向水体倾倒船舶垃圾。船舶装载运输油类或者有毒货物,必须采取防止溢流和渗漏的措施,防止货物落水造成水污染。

(四)防治地下水污染的规定

1. 划定生活饮用水地下水源保护区。

2. 地面渗漏污染地下水。禁止企业事业单位利用渗井、渗坑、裂隙和溶洞排放、倾倒含有毒污染物的废水、含病原体的污水和其他废弃物。在无良好隔渗地层,禁止企业事业单位使用无防止渗漏措施的沟渠、坑塘等输送或者存贮含有毒污染物的废水、含病原体的污水和其他废弃物。

3. 防止开发、回灌活动污染地下水。在开采多层地下水的时候,如果各含水层的水质差异大,应当分层开采;对已受污染的潜水和承压水,不得混合开采。兴建地下工程设施或者进行地下勘探、采矿等活动,应当采取防护性措施,防止地下水污染。

三、固体废物污染防治的法律规定

(一)固体废物与固体废物污染环境防治法

1. 固体废物的形式。固体废物是指在社会的生产、流通、消费等活动中产生的一般不再具有原使用价值而被丢弃的以固态或泥态赋存的物质。固体废物来自人类活动的许多环节,为便于管理一般按来源将其分为:工业固体废物(工业生产和加工过程中产生的废渣、粉尘、碎石和污泥)、矿业固体废物(主要是废石和尾矿)、城市固体废物(生活垃圾、城建渣土、粪便等)、农业固体废物(农业生产、畜禽养殖、水产养殖、农副产品加工以及农村居民生活的废物)以及放射性等危险废物。

2. 固体废物污染的特点。固体废物污染与废水、废气相比有几个显著的特点:一是固体废物是各种污染物的终态,特别是从污染控制设施排出的固体废物,浓集了许多污染成分;二是在自然条件影响下,固体废物中的有害成分会转入大气、水和土壤,参与生态系统物质循环,有潜在的、长期的危害性;三是固体废物污染主要是因对固体废物的处置不当而引起的,所以从产生到运输、处理、贮存都应严格控制。固体废物对农业环境的污染损害呈逐年递增之势,据不完全统计,全国受固体废物污染的耕地在1.5亿亩以上。

3. 固体废物污染环境防治法。《环境保护法》第49条明确规定要“科学合理施用农药、化肥等农业投入品，科学处置农用薄膜、农作物秸秆等农业废弃物，防止农业面源污染”，“对畜禽粪便、尸体和污水等废弃物进行科学处置，防止污染环境”。此外，我国还制定了众多防治固体废物污染的专门的法律法规。比如，1991年制定的《防治尾矿污染管理规定》，1993年颁布的《城市生活垃圾管理办法》，2001年颁布的《畜禽养殖污染防治管理办法》、《秸秆禁烧和综合利用管理办法》，等等。1995年10月通过、2005年4月1日修订实施的《固体废物污染环境防治法》是防治固体废物污染的综合性基本性法律。同时，国家颁布了《危险废物焚烧污染控制标准》、《生活垃圾污染控制标准》、《城镇垃圾农用控制标准》、《农用粉煤灰中污染物控制标准》、《危险废物鉴别标准》等几十项固体废物污染排放标准。

（二）防治固体废物污染的基本原则

《固体废物污染环境防治法》根据固体废物的特点，确立了若干固体废物管理的基本原则：

1. “三化”管理原则。“三化”即减量化、资源化、无害化。国家对固体废物污染环境的防治，实行减少固体废物的产生量和危害性、充分合理利用固体废物和无害化处置固体废物的原则，促进清洁生产和循环经济发展。

2. 全过程管理原则。“全过程”即从“摇篮到坟墓”，“从产生到最终处置”的全过程管理。按法律规定，产生固体废物的单位和个人，应当采取措施，防止或者减少固体废物对环境的污染。收集、贮存、运输、利用、处置固体废物的单位和个人，必须采取防扬散、防流失、防渗漏或者其他防治污染环境的措施；不得擅自倾倒、堆放、丢弃、遗撒固体废物。

3. 污染者依法负责原则。国家对固体废物污染环境防治实行污染者依法负责的原则。产品的生产者、销售者、进口者、使用者对其产生的固体废物依法承担污染防治责任。

4. 集中处置与分散防治相结合原则。一方面，法律规定了企事业单位对其产生的固体废物进行利用和处置的强制义务，另一方面，国家鼓励、支持采取有利于保护环境的集中处置固体废物的措施，促进固体废物污染环境防治产业发展。

5. 奖励综合利用原则。国家鼓励单位和个人购买、使用再生产品和可重复利用产品。各级人民政府对在固体废物污染环境防治工作以及相关的综合利用活动中作出显著成绩的单位和个人给予奖励。

6. 对危险废物重点防治原则。《固体废物污染环境防治法》设专章对危险废物作了特别规定，确立了对危险废物实行特别严格管制的原则。

（三）防治农业固体废物污染的规定

1. 防治农用薄膜污染的规定。国家鼓励科研、生产单位研究、生产易回收利用、易处置或者在环境中可降解的薄膜覆盖物和商品包装物。使用农用薄膜的单位和个人，应当采取回收利用等措施，防止或者减少农用薄膜对环境的污染。

2. 防治畜禽养殖污染的规定。从事畜禽规模养殖应当按照国家有关规定收集、贮存、利用或者处置养殖过程中产生的畜禽粪便，防止污染环境。国家环保总局颁布实施的《畜禽养殖污染防治管理办法》对畜禽养殖中的具体污染防治制度作了具体规定。

3. 秸秆焚烧和综合利用管理的规定。禁止在人口集中地区、机场周围、交通干线附近以及当地人民政府划定的区域露天焚烧秸秆。国家环境保护总局、农业部、财政部、铁道部、交通部、国家民航总局联合制定的《秸秆禁烧和综合利用管理办法》对秸秆禁烧的具体要求以及大力推广机械化秸秆还田、秸秆饲料开发、秸秆气化、秸秆微生物高温快速沤肥和秸秆工业原料开发等多种形式的综合利用成果作了规定。

（四）防治工业固体废弃物污染的规定

1. 落后工艺设备淘汰制度的规定。公布限期淘汰产生严重污染环境的工业固体废物的落后生产工艺、落后设备的名录。生产者、销售者、进口者、使用者必须在国务院经济综合宏观调控部门会同国务院有关部门规定的期限内分别停止生产、销售、进口或者使用列入前款规定的名录中的设备。生产工艺的采用者必须在国务院经济综合宏观调控部门会同国务院有关部门规定的期限内停止采用列入前款规定的名录中的工艺。列入限期淘汰名录被淘汰的设备，不得转让给他人使用。

2. 工业固体废物申报登记制度的规定。产生工业固体废物的单位必须按照国务院环境保护行政主管部门的规定，向所在地县级以上地方人民政府环境保护行政主管部门提供工业固体废物的种类、产生量、流向、贮存、处置等有关资料。

3. 企业污染防治责任制度的规定。产生工业固体废物的单位应当建立、健全污染环境防治责任制度，采取防治工业固体废物污染环境的措施。

4. 工业固体废物贮存、处置设施、场所的建设管理的规定。建设工业固体废物贮存、处置的设施、场所，必须符合国家环境保护标准。禁止擅自关闭、闲置或者拆除工业固体废物污染环境防治设施、场所。

（五）防治生活垃圾污染的规定

1. 指定地点倾倒、堆放的规定。对城市生活垃圾应当按照环境卫生行政主管部门的规定，在指定的地点放置，不得随意倾倒、抛撒或者堆放。

2. 及时清运，分类收集和无害化处置的规定。清扫、收集、运输、处置城市生活垃圾，应当遵守国家有关环境保护和环境卫生管理的规定，防止污染环境。对城市生活垃圾应当及时清运，逐步做到分类收集和运输，并积极开展合理利用和实施无害化处置。

3. 垃圾回用的规定。从生活垃圾中回收的物质必须按照国家规定的用途或者标准使用，不得用于生产可能危害人体健康的产品。

4. 城市生活垃圾污染防治设施的规定。建设生活垃圾处置的设施、场所，必须符合国务院环境保护行政主管部门和国务院建设行政主管部门规定的环境保护和环境卫生标准。禁止擅自关闭、闲置或者拆除生活垃圾处置的设施、场所。

（六）防治危险废弃物污染的规定

1. 危险废物名录和鉴定制度。
2. 危险废物识别标志制度。
3. 强制处置、达标处置和代为处置。
4. 危险废物经营许可证制度。禁止无经营许可证或者不按照经营许可证规定从事危险废物收集、贮存、利用、处置的经营活动。
5. 分类控制，安全处置的规定。
6. 危险废物转移联单制度。

第四节　农业自然资源保护制度

一、耕地和基本农田保护的法律规定

（一）耕地保护的规定

《土地管理法》设专章规定了对耕地的保护措施，主要内容有：

1. 实行占用耕地补偿制度。农业建设经批准占用耕地的，按照“占多少，垦多少”的原则，由占用耕地的单位负责开垦与所占用耕地的数量和质量相当的耕地；没有条件开垦或者开垦的耕地不符合要求的，应当按照省、自治区、直辖市的规定缴纳耕地开垦费，专款用于开垦新的耕地。

2. 保证耕地总量不减少。省、自治区、直辖市人民政府应当严格执行土地利用总体规划和土地利用年度计划，采取措施，确保本行政区域内耕地总量不减少；耕地总量减少的，由国务院责令在规定期限内组织开垦与所减少耕地的数量与质量相当的耕地，并由国务院土地行政主管部门会同农业行政主管部门验收。

3. 实行基本农田保护制度。国家实行基本农田保护制度。符合法律规定的耕地应当根据土地利用总体规划划入基本农田保护区，严格管理。基本农田保护区以乡(镇)为单位进行划区定界，由县级人民政府土地行政主管部门会同同级农业行政主管部门组织实施。

4. 节约使用土地，禁止闲置、荒芜耕地。非农业建设必须节约使用土地，可以利用荒地的，不得占用耕地；可以利用劣地的，不得占用好地。禁止占用耕地建窑、建坟或者擅自在耕地上建房、挖砂、采石、采矿、取土等。禁止占用基本农田发展林果业和挖塘养鱼。禁止任何单位和个人闲置、荒芜耕地。

5. 鼓励开发未利用的土地。国家鼓励单位和个人按照土地利用总体规划，在保护和改善生态环境、防止水土流失和土地荒漠化的前提下，开发未利用的土地；适宜开发为农用地的，应当优先开发成农用地。国家依法保护开发者的合法权益。禁止毁坏森林、草原开垦耕地，禁止围湖造田和侵占江河滩地。

6. 鼓励土地整理，提高耕地质量。国家鼓励土地整理。县、乡(镇)人民政府应当组织农村集体经济组织，按照土地利用总体规划，对田、水、路、林、村综合整治，提高耕地质量，增加有效耕地面积，改善农业生产条件和生态环境。地方各级人民政府应当采取措施，改造中、低产田，整治闲散地和废弃地。

7. 进行土地复垦，优先用于农业。因挖损、塌陷、压占等造成土地破坏，用地单位和个人应当按照国家有关规定负责复垦；没有条件复垦或者复垦不符合要求的，应当缴纳土地复垦费，专项用于土地复垦。复垦的土地应当优先用于农业。

8. 防止土地退化、污染和破坏。各级人民政府应当采取措施，维护排灌工程设施，改良土壤，提高地力，防止土地荒漠化、盐渍化、水土流失和污染土地。

(二)基本农田保护的规定

基本农田是指按照一定时期人口和社会经济发展对农产品的需求，依据土地利用总体规划确定不得占用的耕地。《农业法》首次规定，“县级以上各级人民政府应当划定基本农田保护区，对基本农田保护区内的耕地实行特别保护。”《土地管理法》明确规定了“国家实行基本农田保护制度”。《基本农田保护条例》和国土资源部制定的有关规章对基本农田保护制度作了详细规定，这些制度概括起来主要有以下几个方面：

1. 基本农田保护规划制度。各级人民政府在编制土地利用总体规划时，应将基本农田保护作为规划的一项重要内容，明确基本农田保护的布局安排、数量指标和质量要求。

2. 基本农田保护区制度。县级和乡(镇)土地利用总体规划应当确定基本农田保护区。保护区以乡(镇)为单位划区定界，由县级人民政府设立保护标志，予以公告。

3. 占用基本农田审批制度。基本农田保护区经依法划定后,任何单位和个人不得改变或者占用。国家能源、交通、水利、军事等重点建设项目选址确实无法避开基本农田保护区,需要占用基本农田的,必须报国务院批准。

4. 基本农田占补平衡制度。建设占用多少基本农田,就必须补划数量相等、质量相当的耕地,确保本行政区域内土地利用总体规划确定的基本农田面积不减少。

5. 禁止破坏和闲置、荒芜基本农田制度。禁止任何单位和个人在基本农田保护区内建窑、建坟、挖砂、采石、采矿、取土、堆放固体废弃物或者进行其他破坏基本农田的活动;禁止任何单位和个人闲置、荒芜基本农田;禁止任何单位和个人擅自占用基本农田发展林果业和挖塘养鱼。

6. 基本农田保护责任制度。县级以上地方各级人民政府都要承担基本农田保护的责任。要通过层层签订基本农田保护责任书,将基本农田保护的责任落实到人、落实到地块,并作为考核政府领导干部政绩的重要内容。

7. 基本农田监督检查制度。县级以上地方人民政府应定期组织土地、农业及其他有关部门对基本农田保护情况进行检查,发现问题及时处理或向上级人民政府报告。

8. 基本农田地力建设和环境保护制度。地方各级人民政府农业行政主管部门和基本农田承包经营者,要采取措施,培肥地力,防止基本农田污染。

二、农业用水保护和合理利用的法律规定

十一届三中全会以来,国家加强了水资源的立法工作。1988 年 1 月全国人大常委会通过《水法》,标志着我国走上了依法治水的道路。1997 年 8 月又通过《防洪法》。此外,国务院还颁布了《河道管理条例》、《防汛条例》、《航道管理条例》、《取水许可制度实施办法》等法规和规章。2002 年 10 月 1 日《水法》修订实施,是我国现行水资源保护的基本法。这次水法修改的重点:一是强化水资源的统一管理,注重水资源宏观配置,发挥市场在水资源配置中的作用;二是把节约用水和水资源保护放在突出位置,提高用水效率;三是加强水资源开发、利用、节约和保护的规划与管理,明确规划在水资源开发中的法律地位,强化流域管理;四是适应水资源可持续利用的要求,通过合理配置水资源,协调好生活、生产和生态用水,特别是要加强水资源开发、利用中对生态环境的保护;五是适应依法行政的要求,强化法律责任。

(一)水资源权属的规定

水资源属于国家所有。水资源的所有权由国务院代表国家行使。农村集体经济组织的水塘和由农村集体经济组织修建管理的水库中的水,归各该农村集体经济组织使用。

(二)水资源规划的规定

开发、利用、节约、保护水资源和防治水害,应当全面规划、统筹兼顾、标本兼治、综合利用、讲求效益,发挥水资源的多种功能,协调好生活、生产经营和生态环境用水。国家制定全国水资源战略规划。开发、利用、节约、保护水资源和防治水害,应当按照流域、区域统一制定规划。规划分为流域规划和区域规划。制定规划,必须进行水资源综合科学考察和调查评价。规划一经批准,必须严格执行。经批准的规划需要修改时,必须按照规划编制程序经原批准机关批准。

(三)水资源开发利用的规定

1. 利益兼顾与兴利除害相结合。开发、利用水资源,应当坚持兴利与除害相结合,兼顾上下游、左右岸和有关地区之间的利益,充分发挥水资源的综合效益,并服从防洪的总体安排。

2. 生活用水优先与充分考虑生态用水的需要。开发、利用水资源,应当首先满足城乡居民生活用水,并兼顾农业、工业、生态环境用水以及航运等需要。在干旱和半干旱地区开发、利用水资源,应当充分考虑生态环境用水需要。在水资源不足的地区,应当对城市规模和建设耗水量大的工业、农业和服务业项目加以限制。

3. 因地制宜合理开发、综合利用。地方各级人民政府应当结合本地区水资源的实际情况,按照地表水与地下水统一调度开发、开源与节流相结合、节流优先和污水处理再利用的原则,合理组织开发、综合利用水资源。在水资源短缺的地区,国家鼓励对雨水和微咸水的收集、开发、利用和对海水的利用、淡化。地方各级人民政府应当加强对灌溉、排涝、水土保持工作的领导,促进农业生产发展;在容易发生盐碱化和渍害的地区,应当采取措施,控制和降低地下水的水位。

4. 任何单位和个人引水、截(蓄)水、排水,不得损害公共利益和他人的合法权益。

5. 水能资源开发利用的规定。在水能丰富的河流,应当有计划地进行多目标梯级开发。建设水力发电站,应当保护生态环境,兼顾防洪、供水、灌溉、航运、竹木流放和渔业等方面的需要。

6. 水运资源开发利用的规定。国家鼓励开发、利用水运资源。在水生生物洄游通道、通航或者竹木流放的河流上修建永久性拦河闸坝,建设单位应当同时修建过鱼、过船、过木设施,或者经国务院授权的部门批准采取其他补救措施,并妥善安排施工和蓄水期间的水生生物保护、航运和竹木流放,所需费用由建设单位承担。

7. 水工程管理的规定。跨流域调水,应当进行全面规划和科学论证,统筹兼顾调出和调入流域的用水需要,防止对生态环境造成破坏。农村集体经济组织或者其成员依法在本集体经济组织所有的集体土地或者承包土地上投资兴建水工程设施的,按照谁投资建设谁管理和谁受益的原则,对水工程设施及其蓄水进行管理和合理使用。农村集体经济组织修建水库应当经县级以上地方人民政府水行政主管部门批准。从事工程建设,占用农业灌溉水源、灌排工程设施,或者对原有灌溉用水、供水水源有不利影响的,建设单位应当采取相应的补救措施;造成损失的,依法给予补偿。

(四)水资源保护的规定

1. 保护水质,防止水污染。从事工程建设,占用农业灌溉水源、灌排工程设施,或者对原有灌溉用水、供水水源有不利影响的,建设单位应当采取相应的补救措施;造成损失的,依法给予补偿。

2. 饮用水水源保护。省、自治区、直辖市人民政府应当划定饮用水水源保护区,并采取措施,防止水源枯竭和水体污染,保证城乡居民饮用水安全。禁止在饮用水水源保护区内设置排污口。

3. 地下水保护。开采矿藏或者建设地下工程,因疏干排水导致地下水水位下降、水源枯竭或者地面塌陷,采矿单位或者建设单位应当采取补救措施;对他人生活和生产造成损失的,依法给予补偿。

4. 水域保护。禁止围湖造地。已经围垦的,应当按照国家规定的防洪标准有计划地退地还湖。禁止围垦河道。确需围垦的,应当经过科学论证,经省、自治区、直辖市人民政府水行政主管部门或者国务院水行政主管部门同意后,报本级人民政府批准。

5. 水道保护,防止行洪、航运障碍。禁止在江河、湖泊、水库、运河、渠道内弃置、堆放阻碍行洪的物体和种植阻碍行洪的林木及高秆作物。禁止在河道管理范围内建设妨碍行洪的建筑物、构筑物以及从事影响河势稳定、危害河岸堤防安全和其他妨碍河道行洪的活动。在河道管理范围内建设桥梁、码头和其他拦河、跨河、临河建筑物、构筑物,铺设跨河管道、电缆,应当符合国家规定的防洪标准和其他有关的技术要求,工程建设方案应当依照防洪法的有关规定报经有关水行政主管部门审查同意。国家实行河道采砂许可制度。禁止在河道管理范围内采砂,这会影响河势稳定或者危及堤防安全。

6. 水工程保护。单位和个人有保护水工程的义务,不得侵占、毁坏堤防、护岸、防汛、水文监测、水文地质监测等工程设施。县级以上地方人民政府应当采取措施,保障本行政区域内水工程,特别是水坝和堤防的安全,限期消除险情。水行政主管部门应当加强对水工程安全的监督管理。国家对水工程实施保护。国家所有的水工程应当按照国务院的规定划定工程管理和保护范围。

（五）节约用水的规定

1. 节水农业。各级人民政府应当推行节水灌溉方式和节水技术，对农业蓄水、输水工程采取必要的防渗漏措施，提高农业用水效率。

2. 节水工业。工业用水应当采用先进技术、工艺和设备，增加循环用水次数，提高水的重复利用率。国家逐步淘汰落后的、耗水量大的工艺、设备和产品。

3. 节水生活措施。城市人民政府应当因地制宜地采取有效措施，推广节水型生活用水器具，降低城市供水管网漏失率，提高生活用水效率；加强城市污水集中处理，鼓励使用再生水，提高污水再生利用率。

4. 节水工程。新建、扩建、改建建设项目，应当制定节水措施方案，配套建设节水设施。节水设施应当与主体工程同时设计、同时施工、同时投产。供水企业和自建供水设施的单位应当加强供水设施的维护管理，减少水的漏失。

（六）用水管理的规定

1. 计划用水。国家对用水实行总量控制和定额管理相结合的制度。

2. 取水许可与用水收费。国家对水资源依法实行取水许可制度和有偿使用制度。但是，农村集体经济组织及其成员使用本集体经济组织的水塘、水库中的水除外。直接从江河、湖泊或者地下取用水资源的单位和个人，应当按照国家取水许可制度和水资源有偿使用制度的规定，向水行政主管部门或者流域管理机构申请领取取水许可证，并缴纳水资源费，取得取水权。但是，家庭生活和零星散养、圈养畜禽饮用等少量取水的除外。用水实行计量收费和超定额累进加价制度。使用水工程供应的水，应当按照国家规定向供水单位缴纳水费。

三、农业生物资源养育保护和合理利用的法律规定

（一）草原保护和合理利用的法律规定

1985 年 6 月第六届人大常委第十一次会议通过的《草原法》，是我国第一部草原法，对草原的权属、保护、管理、合理利用和建设都作了规定。2002 年 12 月 28 日第九届全国人民代表大会常务委员会第三十一次会议进行了修订。此外，国务院还制定了《草原防火条例》等草原保护法规。其内容主要包括：

1. 草原权属的规定。草原属于国家所有，由法律规定属于集体所有的除外。国家所有的草原，由国务院代表国家行使所有权。任何单位或者个人不得侵占、买卖或者以其他形式非法转让草原。

2. 草原规划的规定。（1）国家对草原保护、建设、利用实行统一规划制度。国务院草原行政主管部门会同国务院有关部门编制全国草原保护、建设、利用规划，

报国务院批准后实施。草原保护、建设、利用规划一经批准，必须严格执行。(2)国家建立草原调查制度和草原等级评定制度。(3)国家建立草原统计制度。草原统计资料是各级人民政府编制草原保护、建设、利用规划的依据。(4)国家建立草原生产、生态监测预警系统。

3. 草原建设的规定。(1)草原建设投入的规定。县级以上人民政府应当增加草原建设的投入，支持草原建设。国家鼓励单位和个人投资建设草原，按照谁投资、谁受益的原则保护草原投资建设者的合法权益。(2)国家鼓励与支持人工草地建设、天然草原改良和饲草饲料基地建设，稳定和提高草原生产能力。(3)县级以上人民政府应当支持、鼓励和引导农牧民开展草原围栏、饲草饲料储备、牲畜圈舍、牧民定居点等生产生活设施的建设。(4)县级以上地方人民政府应当支持草原水利设施建设，发展草原节水灌溉，改善人畜饮水条件。(5)县级以上人民政府应当按照草原保护、建设、利用规划加强草种基地建设。(6)县级以上人民政府应当有计划地进行火情监测、防火物资储备、防火隔离带等草原防火设施的建设。(7)开展草原综合治理和专项治理。

4. 草原利用的规定。(1)以草定畜，保持草畜平衡；(2)划区轮牧，合理配置畜群；(3)有条件的地区实行牲畜圈养；(4)对割草场和野生草种基地应当实行轮割轮采；(5)进行矿藏开采和工程建设占用草原的限制性规定、经济补偿规定和交纳草原植被恢复费的规定。

5. 草原保护的规定。(1)基本草原保护制度。满足条件的草原应当划为基本草原，实施严格管理。(2)建立草原自然保护区。(3)加强对草原珍稀濒危野生植物和种质资源的保护、管理。(4)以草定畜、草畜平衡制度。(5)草原开发利用中的禁止性、限制性规定。禁止开垦草原；禁止在荒漠、半荒漠和严重退化、沙化、盐碱化、石漠化、水土流失的草原以及生态脆弱区的草原上采挖植物和从事破坏草原植被的其他活动；在草原上从事采土、采砂、采石等作业活动，应当报县级人民政府草原行政主管部门批准；开采矿产资源的，并应当依法办理有关手续；在草原上种植牧草或者饲料作物，开展经营性旅游活动，应当符合草原保护、建设、利用规划。(6)退耕还草和禁牧、休牧制度。(7)草原防火的规定。(8)草原鼠害、病虫害和毒害草防治的规定。

(二)森林开发和养育保护的法律规定

新中国成立以来，国家为了保护、培育和合理利用森林资源，颁布了一系列法律、法规。目前，我国已基本建立了比较完备的森林保护法体系，主要有《森林法》(1984年通过、1998年修订)、《关于开展全民义务植树的实施办法》(1982)、《森林采伐更新管理办法》(1987)、《森林防火条例》(1988)、《森林病虫害防治条例》(1989)、《城市绿化条例》等。包括以下内容：

1. 林权的规定。森林资源属于国家所有,由法律规定属于集体所有的除外。国家所有的和集体所有的森林、林木和林地,个人所有的林木和使用的林地,由县级以上地方人民政府登记造册,发放证书,确认所有权或者使用权。

2. 林业建设方针的规定。林业建设实行以营林为基础,普遍护林,大力造林,采育结合,永续利用的方针。

3. 森林保护的规定。建立林业基金制度;国家设立森林生态效益补偿基金;对集体和个人造林、育林给予经济扶持或者长期贷款;征收育林费,专门用于造林育林;煤炭、造纸等部门,按照煤炭和木浆纸张等产品的产量提取一定数额的资金,专门用于营造坑木、造纸等用材林;征收森林植被恢复费;建立群众护林制度;防治森林火灾;防治森林病虫害;禁止毁林行为;建立自然保护区等。

4. 植树造林和绿化的规定。开展全民义务植树;规定森林覆盖率的奋斗目标;制定植树造林规划;规定植树造林责任制;组织封山育林。

5. 森林采伐的规定。制定年采伐限额;制订统一的年度木材生产计划;规定森林和林木的采伐方式;实行林木采伐许可证制度。

6. 禁止、限制出口珍贵树木及其制品、衍生物的规定。禁止、限制出口的珍贵树木及其制品、衍生物的名录和年度限制出口总量,由国务院林业主管部门会同国务院有关部门制定,报国务院批准。出口限制出口的珍贵树木或者其制品、衍生物的,必须经出口人所在地省、自治区、直辖市人民政府林业主管部门审核,报国务院林业主管部门批准,海关凭国务院林业主管部门的批准文件放行。进出口的树木或者其制品、衍生物属于中国参加的国际公约限制进出口的濒危物种的,并必须向国家濒危物种进出口管理机构申请办理允许进出口证明书,海关凭允许进出口证明书放行。

(三)农业野生植物保护的法律规定

农业野生植物是指所有与农业生产有关的栽培植物的野生种和半野生种。农业野生植物资源是人类赖以生存与发展的重要物质基础,它不仅直接或间接地为人类提供食物原料、营养物质、药物和工业原料,而且能够防止水土流失,调节地域性气候。尤为重要的是,农业野生植物等生物遗传资源是人类育种及现代生物研究的基础物质,可为良种选育提供取之不尽的基因资源。长期以来,由于农业野生植物资源受环境污染、滥伐森林、超限采摘、盲目开垦、过度放牧、农作制度改变、单一品种的推广、外来物种的入侵、野生种栖息地的蚕食和荒漠化、矿产等资源的无序开发、旅游景点开发重建、基础设施乱建等各种因素相互影响产生累加效应,极大地破坏了生物的多样性和农业生态环境,阻碍了农业野生植物的生存与发展,导致一些与农作物近缘的野生植物资源和珍稀名贵新特物种急剧减少和消亡,使我国农业野生植物面临流失、萎缩、锐减、濒危、消失和灭绝等。据统计,我国现有

191 种农业野生植物处于濒危状态。由于农业野生植物的消失灭绝,农作物品种也正以惊人的速度递减。我国 1949 年统计种植的 1 万个小麦品种到 1970 年只剩下 1000 种。资源安全令人担忧。

1992 年,我国成为世界上首先批准《生物多样性公约》的 6 个国家之一,并先后颁布了《森林法》、《野生植物保护条例》和《农业野生植物保护办法》等法律法规,使野生植物资源有了法律保障。尤其是对农业野生植物采集、经营开发活动要进行严格的监督检查,加大对违法、违规行为的打击力度。

1. 农业野生植物保护的规定。(1)重点保护野生植物名录制度和分级保护制度。(2)划定并建立国家级或省级国家重点保护野生植物类型自然保护区。(3)建立国家重点保护野生植物保护点或者设立保护标志。(4)组织野生植物资源调查,建立国家重点保护野生植物资源档案。(5)建立国家重点保护野生植物监测制度。(6)实行环境影响评价制度。在国家重点保护野生植物生长地或周边地区实施建设项目,建设单位应当在该建设项目环境影响评价报告书中对是否影响野生植物生存环境作出专项评价。

2. 农业野生植物管理的规定。(1)野生植物采集管理的规定。禁止采集国家一级保护野生植物,有法定的特殊情况确需进行少量采集的,应当申请办理采集许可证;申请采集国家一级保护野生植物的,应当经由采集地的省级农业行政主管部门在采集申请表上签署审核意见后,向农业部野生植物保护管理办公室申请办理采集许可证;申请采集国家二级保护野生植物的,应当经由采集地的县级农业行政主管部门在采集申请表上签署审核意见后,向采集地省级农业行政主管部门或其授权的野生植物保护管理机构申请办理采集许可证;取得采集许可证的单位和个人,应当按照许可证规定的植物种(或亚种)、数量、地点、期限和方式进行采集。采集作业完成后,应当及时向批准采集的农业行政主管部门或其授权的野生植物保护管理机构申请查验。(2)野生植物经营利用管理的规定。禁止出售、收购国家一级保护野生植物;出售、收购国家二级保护野生植物的,应当报送省级农业行政主管部门或其授权的野生植物保护管理机构批准;出售、收购国家二级保护野生植物的许可为一次一批;国家重点保护野生植物的采集限定采集方式和规定禁采期,禁止在禁采期内或者以非法采集方式采集国家重点保护野生植物。(3)重点保护野生植物进出口许可制度的规定。出口国家重点保护野生植物,或者进出口中国参加的国际公约所限制进出口的野生植物,应当报农业部野生植物保护管理办公室审批,农业部野生植物保护管理办公室应当将签发的进出口许可审批表抄送国务院环境保护部门和国家濒危物种进出口管理机构。(4)外国人不得在中国境内采集或收购国家重点保护野生植物,外国人在中国境内对国家重点保护野生植物进行野外考察,必须按规定程序报经批准。

(四)渔业资源合理利用和保护的法律规定

1979 年国务院发布的《水产资源繁殖保护条例》规定了对水产资源和渔业水域环境的保护。1986 年通过、2000 年 10 月第一次修正、2004 年 8 月第二次修正的《渔业法》使渔业资源的合理利用和保护有了基本的法律依据。此外,其他主要的渔业资源保护法规还有《渔业法实施细则》、《渔业资源增殖保护费征收使用办法》、《渔业捕捞许可证管理办法》等。主要内容包括:

1. 渔业生产基本方针的规定。国家对渔业生产实行以养殖为主,养殖、捕捞、加工并举,因地制宜,各有侧重的方针。各级人民政府应当把渔业生产纳入国民经济发展计划,采取措施,加强水域的统一规划和综合利用。

2. 养殖业的规定。国家鼓励全民所有制单位、集体所有制单位和个人充分利用适于养殖的水域、滩涂,发展养殖业;实行养殖使用证制度;保护重要养殖水域。禁止使用含有毒有害物质的饵料、饲料,禁止造成水域的环境污染。国家鼓励和支持水产优良品种的选育、培育和推广。

3. 捕捞业的规定。实行捕捞限额制度。实行捕捞许可证制度。捕捞许可证不得买卖、出租和以其他形式转让,不得涂改、伪造、变造。渔港建设应当遵守国家的统一规划,实行谁投资谁受益的原则。

4. 渔业资源增殖和保护的规定。(1)征收渔业资源增殖保护费。(2)规定捕捞的禁止性、限制性措施。禁止使用炸鱼、毒鱼、电鱼等破坏渔业资源的方法进行捕捞。禁止制造、销售、使用禁用的渔具。禁止在禁渔区、禁渔期进行捕捞。禁止使用小于最小网目尺寸的网具进行捕捞。捕捞的渔获物中幼鱼不得超过规定的比例。在禁渔区或者禁渔期内禁止销售非法捕捞的渔获物。禁止捕捞有重要经济价值的水生动物苗种。在鱼、虾、蟹洄游通道建闸、筑坝,对渔业资源有严重影响的,建设单位应当建造过鱼设施或者采取其他补救措施。用于渔业并兼有调蓄、灌溉等功能的水体,有关主管部门应当确定渔业生产所需的最低水位线。(3)保护和改善渔业水域的生态环境,防治污染。

四、水土保持和防沙治沙的法律规定

(一)水土保持的法律规定

水土保持,是指对自然因素和人为活动造成水土流失所采取的预防和治理措施。我国水土流失的现象相当严重。据最新遥感普查结果,全国水土流失面积 367 万平方公里,占国土总面积的 38.2%,全国各地都存在不同程度的水土流失问题。水土流失使土地生产力大幅度下降,耕地减少,江河淤塞,旱涝灾害加剧,生态环境恶化。因此,水土保持具有重要的意义。

新中国成立以来,党和国家十分重视水土保持工作。1957 年国务院发布《水土保持暂行纲要》,1982 年国务院发布《水土保持工作条例》,1991 年全国人大常委通过《水土保持法》,1993 年国务院发出《关于加强水土保持工作的通知》,同年发布了《水土保持法实施条例》。

1. 水土保持规划的规定。国务院和县级以上地方人民政府的水行政主管部门,应当在调查评价水土资源的基础上,会同有关部门编制水土保持规划。水土保持规划须经同级人民政府批准。县级以上人民政府应当将水土保持规划确定的任务,纳入国民经济和社会发展计划,安排专项资金,并组织实施。水土保持规划的修改,须经原批准机关批准。

2. 划定水土流失重点防治区的规定。县级以上人民政府应当依据水土流失的具体情况,划定水土流失重点防治区,进行重点防治。

3. 预防水土流失的规定。(1)保护和改善植被。各级人民政府应当组织全民植树造林,鼓励种草,扩大森林覆盖面积,增加植被。各级地方人民政府应当根据当地情况,组织农业集体经济组织和国营农、林、牧场,种植薪炭林和饲草、绿肥植物,有计划地进行封山育林育草、轮封轮牧,防风固沙,保护植被。禁止毁林开荒、烧山开荒和在陡坡地、干旱地区铲草皮、挖树兜。(2)限制坡地垦荒。禁止在 25 度以上陡坡地开垦种植农作物。已在禁止开垦的陡坡地上开垦种植农作物的,应当在建设基本农田的基础上,根据实际情况,逐步退耕,植树种草,恢复植被,或者修建梯田。开垦禁止开垦坡度以下、5 度以上的荒坡地,必须经县级人民政府水行政主管部门批准;开垦国有荒坡地,经县级人民政府水行政主管部门批准后,方可向县级以上人民政府申请办理土地开垦手续。(3)加强林业管理。采伐林木必须因地制宜地采用合理采伐方式。对水源涵养林、水土保持林、防风固沙林等防护林只准进行抚育和更新性质的采伐。在林区采伐林木的,采伐方案中必须有按照前款规定制定的采伐区水土保持措施。在 5 度以上坡地上整地造林,抚育幼林,垦复油茶、油桐等经济林木,必须采取水土保持措施,防止水土流失。(4)加强工程建设项目管理。

4. 治理水土流失的规定。从事可能引起水土流失的生产建设活动的单位和个人,必须采取措施保护水土资源,并负责治理因生产建设活动造成的水土流失。本单位无力治理的,由水行政主管部门治理,治理费用由造成水土流失的企业事业单位负担。国家鼓励水土流失地区的农业集体经济组织和农民对水土流失进行治理,并在资金、能源、粮食、税收等方面实行扶持政策。水土流失地区集体所有的土地承包给个人使用的,应当将治理水土流失的责任列入承包合同。

(二)防沙治沙的法律规定

土地沙化是指因气候变化和人类活动所导致的天然沙漠扩张和沙质土壤上植

被破坏、沙土裸露的过程。《防沙治沙法》所称土地沙化，是指主要因人类不合理活动所导致的天然沙漠扩张和沙质土壤上植被及覆盖物被破坏，形成流沙及沙土裸露的过程。我国土地沙化现象也十分严重，目前，我国沙化、半沙化土地已占国土面积的1/6，且仍在迅速扩张。土地沙化导致耕地和草原退化，对生态造成严重危害。因此，防沙治沙，对保护农牧业发展，增加农民收入，维护生态安全有重要意义。

我国在《环境保护法》、《土地管理法》、《矿藏资源法》、《农业法》、《森林法》、《草原法》等法律法规中，对防沙治沙有一些原则性规定。2001 年 8 月 31 日，第九届全国人民代表大会常务委员会第二十三次会议通过《防沙治沙法》，为防沙治沙工作提供了明确、具体的法律规范。其主要内容包括：

1. 防沙治沙的原则。防沙治沙工作应当遵循以下原则：统一规划，因地制宜，分步实施，坚持区域防治与重点防治相结合；预防为主，防治结合，综合治理；保护和恢复植被与合理利用自然资源相结合；遵循生态规律，依靠科技进步；改善生态环境与帮助农牧民脱贫致富相结合；国家支持与地方自力更生相结合，政府组织与社会各界参与相结合，鼓励单位、个人承包防治；保障防沙治沙者的合法权益。

2. 防沙治沙规划的规定。防沙治沙实行统一规划。从事防沙治沙活动，以及在沙化土地范围内从事开发利用活动，必须遵循防沙治沙规划。防沙治沙规划应当对遏制土地沙化扩展趋势，逐步减少沙化土地的时限、步骤、措施等作出明确规定，并将具体实施方案纳入国民经济和社会发展五年计划和年度计划。

3. 土地沙化预防的规定。(1)土地沙化的预测和预报制度；(2)加强植被的营造和管护；(3)加强草原的管理和建设，实行以草定畜制度；(4)加强流域和区域水资源的统一调配和管理，合理利用水资源；(5)防止开垦造成土地沙化；(6)对沙化土地范围内从事的开发建设活动进行环境影响评价；(7)封禁保护。在沙化土地封禁保护区范围内，禁止一切破坏植被的活动。禁止在沙化土地封禁保护区范围内安置移民。未经国务院或者国务院指定的部门同意，不得在沙化土地封禁保护区范围内进行修建铁路、公路等建设活动。

4. 沙化土地治理的规定。(1)因地制宜，综合治理；(2)鼓励单位和个人开展公益性治沙活动；(3)对土地使用权人和承包经营权人治沙活动的管理；(4)对营利性治沙活动进行管理；(5)实行单位治理责任制。

5. 防沙治沙保障措施的规定。《防沙治沙法》对防沙治沙的财政支持、政策优惠、经济补偿的措施作了明确规定，同时规定任何单位和个人不得截留、挪用防沙治沙资金。县级以上人民政府审计机关，应当依法对防沙治沙资金使用情况实施审计监督。

五、农业转基因生物安全管理的法律规定

(一)农业转基因生物及其安全管理立法

1. 农业转基因生物的概念

农业转基因生物,是指利用基因工程技术改变基因组构成,用于农业生产或者农产品加工的动植物、微生物及其产品,主要包括:转基因动植物(含种子、种畜禽、水产苗种)和微生物;转基因动植物、微生物产品;转基因农产品的直接加工品;含有转基因动植物、微生物或者其产品成分的种子、种畜禽、水产苗种、农药、兽药、肥料和添加剂等产品。

2. 农业转基因生物的发展及其安全性的争论

用转基因技术改良农作物是继20世纪50、60年代"绿色革命"以来,又一次农业革命的浪潮。自1983年世界上第一株转基因植物诞生以来,许多国家陆续投入大量人力、物力和财力进行开发研究。目前世界上已有百多种转基因植物问世。更重要的是不少重要的转基因农作物已进行大规模商品化生产,从90年代中期开始陆续走上人们的餐桌。现在,转基因技术已成为解决饥饿不可或缺的重要手段。

但是,转基因技术也带来了巨大的社会、经济和环境影响。围绕转基因技术的研究和应用,世界范围内的科学界、经济界、政府、农业生产等领域就转基因生物的安全性引发了长期的争论,并形成以美国支持派和欧盟反对派为代表的两个典型的派别。争论的焦点:一是关于食物安全,持反对观点的人担心转基因生物尤其转基因农作物或由它们加工成的食品会给人类身体健康带来损害,而持肯定观点的人则认为潜在的安全隐患完全可以通过严格的安全评估和检验程序得以克服;二是关于生物安全,持反对观点的人认为各类转基因生物活体释放到环境中,可能会对生物多样性构成潜在的风险和威胁,而持肯定观点的人则认为转基因生物的生命力并非人们想象的那样强,传播距离也有限,不大可能构成威胁;三是关于环境安全,持反对观点的人认为转基因生物可能对生态环境的稳定性造成破坏,对环境造成污染,而持肯定观点的人则认为虽然应对转基因生物的环境安全提高警惕,但也要看到它对保护生态环境安全和人畜安全所作的贡献。

3. 农业转基因生物的安全管理立法

为了保证转基因生物和食品不会对人类的身体健康和生态环境造成损害,各个国家都指派相应的国家职能部门负责安全性评价和监管。我国由农业部具体负责这项工作。为此,农业部已发布了多个条例和管理办法,如《农业转基因生物安全管理条例》、《农业生物基因工程管理实施办法》、《农业转基因生物安全评价管理办法》、《农业转基因生物标识管理办法》等。这些立法为我国农业转基因生物的安全管理提供了法律依据。

（二）农业转基因生物安全监督管理的法律规定

1. 农业转基因生物安全监督管理体制及基本制度。（1）国务院农业行政主管部门负责全国农业转基因生物安全的监督管理工作。（2）农业转基因生物安全管理部际联席会议制度。（3）农业转基因生物安全分级管理评价制度。（4）农业转基因生物安全评价制度。（5）农业转基因生物标识制度。

2. 农业转基因生物研究与试验的规定。（1）加强农业转基因生物研究与试验的安全评价管理。（2）研究试验的报告、审批制度。从事Ⅲ、Ⅳ级农业转基因生物研究的，应当在研究开始前向国务院农业行政主管部门报告。农业转基因生物在实验室研究结束后，需要转入中间试验的，试验单位应当向国务院农业行政主管部门报告。农业转基因生物试验需要从上一试验阶段转入下一试验阶段的，试验单位应当向国务院农业行政主管部门提出申请；经农业转基因生物安全委员会进行安全评价合格的，由国务院农业行政主管部门批准转入下一试验阶段。（3）农业转基因生物试验，一般应当经过中间试验、环境释放和生产性试验三个阶段。（4）农业转基因生物的安全证书制度。

3. 农业转基因生物生产与加工的规定。（1）转基因植物种子、种畜禽、水产苗种的生产许可证制度和生产档案制度。（2）单位和个人从事农业转基因生物生产、加工的，应当由国务院农业行政主管部门或者省、自治区、直辖市人民政府农业行政主管部门批准。（3）转基因生物生产、加工、安全管理情况和产品流向的报告。（4）从事农业转基因生物运输、贮存的单位和个人，应当采取与农业转基因生物安全等级相适应的安全控制措施，确保农业转基因生物运输、贮存的安全。

4. 农业转基因生物经营的规定。（1）经营转基因植物种子、种畜禽、水产苗种的经营许可证和经营档案制度。（2）标识制度。在中华人民共和国境内销售列入农业转基因生物目录的农业转基因生物，应当有明显的标识。列入农业转基因生物目录的农业转基因生物，由生产、分装单位和个人负责标识；未标识的，不得销售。经营单位和个人在进货时，应当对货物和标识进行核对。经营单位和个人拆开原包装进行销售的，应当重新标识。农业转基因生物标识应当载明产品中含有转基因成分的主要原料名称；有特殊销售范围要求的，还应当载明销售范围，并在指定范围内销售。（3）农业转基因生物的广告，应当经国务院农业行政主管部门审查批准后，方可刊登、播放、设置和张贴。

5. 农业转基因生物进口与出口的规定。（1）从中华人民共和国境外引进农业转基因生物用于研究、试验的，必须经国务院农业行政主管部门批准。（2）境外公司向中华人民共和国出口转基因植物种子、种畜禽、水产苗种和利用农业转基因生物生产的或者含有农业转基因生物成分的植物种子、种畜禽、水产苗种、农药、兽药、肥料和添加剂的试验、评价、审批制度。（3）境外公司向中华人民共和国出口农业转基因生物用作加工原料的评价、审批制度。(4)进口、过境转移、出口农业转基因生物的检验检疫制度。

(三)农业转基因生物安全性评价的法律规定

1. 安全等级的划分。按照对人类、动植物、微生物和生态环境的危险程度,将农业转基因生物分为四个等级。安全等级Ⅰ:尚不存在危险;安全等级Ⅱ:具有低度危险;安全等级Ⅲ:具有中度危险;安全等级Ⅳ:具有高度危险。

2. 安全评价和安全等级的确定。按以下步骤进行:(1)确定受体生物的安全等级;(2)确定基因操作对受体生物安全等级影响的类型;(3)确定转基因生物的安全等级;(4)确定生产、加工活动对转基因生物安全性的影响;(5)确定转基因产品的安全等级。

3. 申报和审批。凡在中华人民共和国境内从事农业转基因生物安全等级为Ⅲ和Ⅳ的研究以及所有安全等级的试验和进口的单位以及生产和加工的单位和个人,应当根据农业转基因生物的类别和安全等级,分阶段向农业转基因生物安全管理办公室报告或者提出申请。农业部每年组织两次农业转基因生物安全评审。

4. 技术检测管理。农业部根据农业转基因生物安全评价及其管理工作的需要,委托具备检测条件和能力的技术检测机构进行检测。

5. 监督管理与安全监控。农业部负责农业转基因生物安全的监督管理,指导不同生态类型区域的农业转基因生物安全监控和监测工作,建立全国农业转基因生物安全监管和监测体系。

思考题

1. 农业环境标准有哪些主要种类?
2. 农业污染有哪些主要来源? 对此有何法律规定?
3. 我国对水土保持有何规定?
4. 如何认识农业转基因生物的安全性问题? 农业转基因生物安全管理有何规定?
5. 我国现行农业环境资源保护立法有何不足? 如何完善?

材料分析题

试根据以下材料说明我国应如何加强对控制农业面源污染的立法。

面源污染是相对于点源污染来说的。农业产生的污染主要来自于农作物种植过程中化肥、农药的过量施用和规模化养殖产生的畜禽粪便。前者污染源广泛分散、没有明确位置,就是所谓的面源污染;后者污染源明确,称为点源污染。控制农作物种植导致的面源污染要比控制规模化养殖业导致的点源污染更困难。过量施用化肥、农药会形成从地下水、地表水、土壤到空气的“立体污染”，对环境质量、气候变化和人体健康产生严重危害。首先，会造成河流、湖泊的污染及对生态系统的损害。农田化肥、农药通过排水沟渠流失到河流、湖泊中，导致水体富营养化藻类过量繁殖，水中氧气减少，鱼类数量减少甚至全部死亡。我国将近一半的湖泊处于严重的富营养化状态，这些区域的农业面源污染和人畜粪尿的排放是其主要原因。其次，化肥尤其是氮肥的过量施用会对气候变化产生影响。氮肥会以氧化亚氮气体形式逸失，对气候变化有较大的影响，并破坏平流层的臭氧，增加到达地面的紫外线强度。此外，农业面源污染对人类健康的影响也不容忽视。据我们调查，累积于饮用水源特别是井水中的化肥氮磷和农药对至少13个省份、数以百万计居民的健康构成威胁。解决问题的难点在于缺少政策框架和配套制度，同时缺乏相应的机构向农民宣传面源污染的成因和防治方法，并鼓励农民采用有效的技术和管理经验。我们课题组的建议是：政策方面可以考虑从宏观上调整各区域粮食基地建设规划和农业产业结构；加强农民专业技术组织或专业经济合作组织建设，引导农民增强公众环保意识；加强宣传，增强政府公务员、农业技术推广人员的环境意识等。立法方面应充分借鉴发达国家的经验，制定、完善相关法律法规，使农业面源污染的防治有法可依，有章可循。一些发达国家对化肥和农药施用、控制有机废弃物排放、促进有机废弃物循环利用、控制农药污染等，都制定了明确的法律法规，我们可以借鉴。技术体系方面应完善农业技术推广体系，对农技推广人员进行培训和资格认证；建立、完善监测体系，监测农田环境质量；尽快开展全国范围的面源污染现状调查，为制定政策提供可靠信息；积极推广成熟的高效施肥、施药技术；等等。

（摘录自人民网记者刘毅对中科院院士朱兆良的采访）

案例分析题

经甲县人民政府批准并核发30亩地的《土地使用证》后，村民张某建起了一座砖瓦厂。在该土地上能够用于做砖瓦的土壤被取用完以后，张某为了继续经营砖瓦厂，经与本村干部协商，村委会将本村的16亩耕地划归砖瓦厂用作取土场地，张某与村里签订了《租用土地协议书》。张某同时还与村民唐某、沈某、贾某等私下达成用地协议，占用耕地5亩用于取土烧砖。经村民举报，县土地管理局对张某占用耕地的行为进行了查处，并作出处理决定：根据占用耕地的面积对张某处以每平方米5元的罚款，限期恢复土地原状，没收非法所得，责令赔偿唐某、沈某、贾某土地两年不能耕种的损失。

请分析：

1. 张某先后与村委会和村民签订的用地协议是否合法？请说明理由。
2. 县土地管理局的处理决定是否存在遗漏？若有，请指出来。

热点话题

2014年4月,环保部会同国土部发布了全国土壤污染状况调查公报。调查结果显示,全国土壤环境状况总体不容乐观,全国土壤点位超标率为16.1%,其中耕地的超标率高达19.4%。继水源、大气等之后,如何保护和修复土地的难题已摆在政府的眼前。

目前,中国并没有与土壤污染防治相关的法律,仅靠部分政策法规文件进行约束。早在2006年,环保部(时称"环保总局")开始组织人员进行土壤环境保护方面的立法工作。2012年9月,国务院做出土壤污染严重的批示。2012年10月,环保部正式成立土壤环境保护立法专家组。2013年10月,土壤污染防治法被十二届全国人大常委会列入中国五年立法规划,该项法案由环资委牵头起草。2014年初,环资委正式委托环保部起草《土壤污染防治法(建议稿)》。2014年底,由环保部起草的《土壤污染防治法(建议稿)》基本形成并向社会征求意见。《土壤污染防治法(建议稿)》总共为八章,包括总则、土壤环境监督管理、土壤环境保护的规划和标准、土壤环境的保护和改善、土壤污染的风险管控、污染土壤的修复、保护责任的界定以及污染土壤修复的监测措施八项内容。

《建议稿》十分注重对土壤环境的保护和改善,其中一个重要的内容就是土壤的分区分类管理方式。在农业用地污染防治方面,"首先对农地污染情况进行调查,然后进行分区分类管理,对于确实有污染的农地,首先控制起来,避免造成更大的污染,对于比较好的土地就要保护起来,对于有风险的农地,则需要指导农民改种其他经济作物,避免对食品安全造成影响。"北京理工大学法学院教授罗丽说。而在工业用地污染防治方面,将设置一些条款,把工业生产活动控制在对土壤破坏的最低限度内,对土地进行风险管控。

延伸阅读

1. [英]杰克:《农业与欧盟环境法》,姜双林译,中国政法大学出版社2012年版。
2. 农业部农业生态与资源保护总站:《2014农业资源环境保护与农村能源发展报告》,中国农业出版社2014年版。
3. 吕忠梅:《环境法新视野》(修订版),中国政法大学出版社2007年版。
4. 王树义:《环境法前沿问题研究》,科学出版社2012年版。
5. 汪劲:《环保法治三十年:我们成功了吗——中国环保法治蓝皮书(1979—2010)》,北京大学出版社2011年版。
6. 宋秀杰等:《农村面源污染控制及环境保护》,化学工业出版社2011年版。

第九章　农民权益保护制度

第一节　村民民主自治保障制度

一、村民民主自治的概念及基本内容

村民民主自治是指农村村民采取民主选举、民主决策、民主管理、民主监督的方式,自己决定自己的事务,自我管理教育,实现当家作主的自治权利。我国是一个农民人口占绝对多数的发展中国家,农村的稳定是整个国家稳定和经济发展的基础,而农民的生存条件和素质状况又明显置农民于弱势地位,因而,尊重农民的民主权利,保障农民的物质利益,是我国农村基层民主政治建设的核心,也是我国法律调整和保护的重点。以村民为公共参与主体的民主自治,正是适应中国国情,切实保障农民当家作主的一种制度安排,它既是农民实现宪法赋予的政治权利和民主权利的重要途径,也是具有中国特色的农村基层民主最基本的形式。中共十八大报告在提出进一步完善基层民主制度的要求中指出:在城乡社区治理、基层公共事务和公益事业中实行群众自我管理、自我服务、自我教育、自我监督,是人民依法直接行使民主权利的重要方式。要健全基层党组织领导的充满活力的基层群众自治机制,以扩大有序参与、推进信息公开、加强议事协商、强化权力监督为重点,拓宽范围和途径,丰富内容和形式,保障人民享有更多更切实的民主权利。[1] 村民民主自治由以下四个方面的内容构成:

(一)民主选举

这是指村民委员会干部由全体村民直接选举产生,任何组织和个人不得指定、委派或者撤换的民主制度。在农村,村民当家作主的主要标志是村民普遍地享有选举权和被选举权。《村民委员会组织法》规定,年满 18 周岁的村民,不分民族、种族、性别、职业、家庭出身、宗教信仰、教育程度、财产状况、居住期限,都有选举权和被选举权。同时又规定:村民委员会的选举,由登记参加选举的村民直接提名候

---

〔1〕 参见《中国共产党第十八次代表大会报告》。

选人。村民委员会主任、副主任和委员,由村民直接选举产生。

民主选举制度的确立,使农村的直接选举成为村民参与最广泛、最热烈的民主运动,成为广大农民行使民主权利的首要途径。

(二)民主决策

这是指涉及村民切身利益的事项,必须由村民民主讨论,参与决策,并按多数人意见形成决定的村民民主议决制度。《村民委员会组织法》既赋予了村民民主决策的权利,又确立了民主决策的基本形式,这就是由本村18周岁以上的村民组成的村民会议。并明确规定,涉及村民利益的下列事项,经村民会议讨论决定方可办理:其一,本村享受误工补贴的人员及补贴标准;其二,从村集体经济所得收益的使用;其三,本村公益事业的兴办和筹资筹劳方案及建设承包方案;其四,土地承包经营方案;其五,村集体经济项目的立项、承包方案;其六,宅基地的使用方案;其七,征地补偿费的使用、分配方案;其八,以借贷、租赁或者其他方式处分村集体财产;其九,村民会议认为应当由村民会议讨论决定的涉及村民利益的其他事项。村民会议可以授权村民代表会议讨论决定前款规定的事项。同时,属于村民小组的集体所有的土地、企业和其他财产的经营管理以及公益事项的办理,由村民小组会议依照有关法律的规定讨论决定,所作决定及实施情况应当及时向本村民小组的村民公布。村民民主决策是广大农民自己决定自己的事情,维护自身利益的可靠保障。

(三)民主管理

这是指依照法律及规章制度,村民直接参与村内公共事务的管理和进行自我约束的村民民主参与制度。《村民委员会组织法》明确规定:村民会议可以通过制定和修改村民自治章程及村规民约的方式实行村务民主管理。这种建立在村民自己制定的规章制度基础之上的民主管理,能够保证干部管理有规章,村民行为有规范,形成自我管理、自我约束的民主参与机制,并使村民全面参与村务管理的民主管理权利落到实处。

(四)民主监督

这是指村民对村民委员会的工作及村内公共事务实施监督,以保证村民意志得到充分体现的民主监督权利。民主监督是村民民主自治和基层民主的重要内容,《村民委员会组织法》为此确立了村务公开制度,明确规定,村民委员会应当及时公布下列事项,接受村民的监督:其一,《村民委员会组织法》第23、24条规定的由村民会议、村民代表会议讨论决定的事项及其实施情况;其二,国家计划生育政策的落实方案;其三,政府拨付和接受社会捐赠的救灾救助、补贴补助等资金、物资的管理使用情况；其四，村民委员会协助人民政府开展工作的情况；其五，涉及本村村民利益，村民普遍关心的其他事项。前款规定事项中，一般事项至少每季度公布一次，集体财务往来较多的，财务收支情况应当每月公布一次，涉及村民利益的重大事项应当随时公布。同时要求村民委员会应当保证所公布事项的真实性，并接受村民的查询。民主监督是村民自治权利实现的有效保证。

村民民主自治上述四个方面的内容构成了我国农民在基层事务中当家作主的权利的完整统一，四者相互渗透、相互补充、相互衔接、相互促进，缺一不可。民主选举是村民民主自治的基础，只有经过村民直接选举产生的村委会，才能真正代表和维护村民利益，也才能受到村民的拥戴和支持；民主决策是村民民主自治的核心，只有通过村民民主参与下的共同决策，才能保证村委会的各项决定符合村民的意愿和要求，从而使村民自觉地为实施这些决定努力奋斗；民主管理是村民民主自治的途径，只有通过自我约束式的管理，使村民以当家作主的责任感履行自己的职责和义务，正确处理个人利益与集体利益的关系，才能把管理工作由个体行为转化为群体行为，真正实现村民的自我管理、自我教育、自我服务；民主监督是村民民主自治的保障，只有实施民主监督，实现选举、决策、管理工作的透明公开，才能从制度上保证村民当家作主权利的实现。

二、村民民主自治的障碍及村民民主自治的保障

村民民主自治是具有中国特色的基层民主政治制度，也是我国农民在农村事务中体现主人翁地位的重要政治权利和民主权利。这一制度安排能最大限度地调动广大农民的积极性、主动性和创造性，最大限度地集中广大农民的智慧和力量，激励亿万农民为全面建成小康社会、不断夺取中国特色社会主义新胜利、实现中华民族伟大复兴的中国梦而努力奋斗。然而，我国农村的现实状况使得村民民主自治这一崭新制度的价值未能充分显露，民主自治实践中尚存在一些亟待解决的障碍，突出问题是：其一，村民民主自治欠缺集体经济的物质支撑，导致村民委员会服务功能弱化，村民自治的吸引力、凝聚力减弱。其二，乡村关系不顺畅，乡镇行政管理权与村民民主自治权矛盾突出，导致“过度自治化”和“附属行政化”两种偏向。其三，“两委”关系不协调，或是支委会不适当地干预村民民主自治，或是村委会由于强调绝对自治而轻视党的领导。其四，各地农村开展的民主自治发展不平衡，整体上讲，民主自治的规范化程度、制度化水平较低。其五，村民民主自治是6亿农民行使民主权利的广泛实践，但由于村民主体的文化水平低、民主素养差，直接影响了村民自治的正常运作。其六，村民民主自治是中国农村的民主政治实践，但我国广袤的农村法制环境差，推行村民民主自治缺乏法制传统和民主传统的基础条件。

正缘于此，《村民委员会组织法》在创设村民民主自治的同时，也为如何保障

村民自治权利的实现进行了周密的制度安排。

为确保村民民主选举的实施,《村民委员会组织法》设置了以下保障措施:其一,选举委员会制度,即村民选举委员会由村民会议、村民代表会议或者各村民小组会议推选产生。其二,直接提名制度,即由登记参加选举的村民直接提名村委会候选人。其三,差额选举制度,即候选人的名额应多于应选名额。其四,半数以上选举有效制度,即只有有登记参加选举的村民过半数投票,村民委员会选举才有效,候选人获得参加投票的村民过半数的选票,始得当选。其五,秘密写票制度,即作为选民的村民应在秘密状态下写票。其六,无记名投票制度,即作为选民的村民投票时不必署名。其七,公开计票制度,即计算选票时应当面对选民公开进行。其八,当场公布选举结果制度,即计票结束后应当场向选民公布选举结果。其九,罢免制度,即本村五分之一以上的选民或者三分之一以上的村民代表联名,可以提出罢免村民委员会成员的要求,有登记参加选举的村民过半数投票,并经投票的村民过半数通过的,罢免成立。通过上述措施的保障,使村民的知情权、选举权得以落实。

为确保村民民主决策的实施,《村民委员会组织法》设置了以下保障措施:其一,会议双重召集制度,即村民会议由村民委员会召集,有十分之一以上的村民或者三分之一以上的村民代表提议,也应当召集。其二,会议及会议决定过半数有效性制度,即召开村民会议,应当有本村十八周岁以上村民的过半数参加,或者有本村三分之二以上的户的代表参加;会议决定应当经到会人员的过半数通过。其三,村民会议授权制度,即人数较多或者居住较分散的村,经常召开村民会议有困难的,可以设立村民代表会议,讨论决定村民会议授权的事项,村民代表会议由村民委员会成员和推选产生的村民代表组成,由村民委员会召集。其四,村民会议权威保证制度,即凡涉及村民切身利益的事项,经村民会议讨论决定方可办理,村民会议可以授权村民代表会议讨论决定。通过上述措施的保障,使村民的决策权得以落实。

为确保村民民主管理的实施,《村民委员会组织法》设置了共约式管理制度作为保障措施,即根据法律规定和本村实际,由村民会议讨论和制定村民自治章程和村规民约,明确界定村内组织的权力和责任、个人的权利和义务,使之成为村务管理的基本依据。自治章程和村规民约具有共约性,村内任何人不得违背。通过该措施的保障,使村民的管理权得以落实。

为确保村民民主监督的实施,《村民委员会组织法》设置了以下保障措施:其一,民主评议制度,即村民会议审议村民委员会的年度工作报告,评议村民委员会成员的工作;有权撤销或者变更村民委员会、村民代表会议不适当的决定。村民会议可以授权村民代表会议审议村民委员会的年度工作报告,评议村民委员会成员的工作,撤销或者变更村民委员会不适当的决定。其二,村务公开制度,即村民委员会应当将村内重要事务和涉及村民利益的事项向村民公开,接受监督。其三,专门机构监督制度,即建立村务监督委员会或者其他形式的村务监督机构,负责村民民主理财,监督村务公开等制度的落实。通过上述措施的保障,使村民的监督权得以落实。

村民民主自治总结内容如下表所示:

村民民主自治的基本内容	村民民主自治的保障制度
民主选举	1. 选举委员会制度;2. 直接提名制度;3. 差额选举制度;4. 半数以上选举有效制度;5. 秘密写票制度;6. 无记名投票制度;7. 公开计票制度;8. 当场公布选举结果制度;9. 罢免制度。
民主决策	1. 会议双重召集制度;2. 会议及会议决定过半数有效性制度;3. 村民会议授权制度;4. 村民会议权威保证制度。
民主管理	共约式管理制度。
民主监督	1. 民主评议制度;2. 村务公开制度;3. 专门机构监督制度。

村民民主自治的运行是一个系统工程,除《村民委员会组织法》专门予以调整规范外,还必须采取配套的措施,完善相关的制度,包括:完善以家庭联产承包责任制为基础、统分结合的双层经营体制,大力发展农村集体经济;正确处理支部委员会、村民委员会及基层政府三者的关系,加强和改善党对农村工作的领导,克服支委会对村民自治的不适度干预,转变基层政府对农村的管理方式;发展农村文化教育,提高农民的参政意识和民主素养,引导农民正确行使民主权利;营造与村民自治相匹配的良好法制环境,加强农村法制建设,发展农村基层民主;扩大以村民小组为基本单元的村民自治试点,继续搞好以社区为基本单元的村民自治试点,探索符合各地实际的村民自治有效实现形式;规范村"两委"职责和村务决策管理程序,完善村务监督委员会的制度设计,健全村民对村务实行有效监督的机制,加强对村干部行使权力的监督制约。[2] 只有这样,才能充分保证村民民主自治的规范运作和健康发展,从而确保村民自治权利的实现和当家作主成为现实。

第二节　农民消费者权益保护制度

一、农民特殊适用《消费者权益保护法》及其立法意义

《消费者权益保护法》第62条规定:"农民购买、使用直接用于农业生产的生

〔2〕 参见《关于加大改革创新力度加快农业现代化建设的若干意见》。

产资料，参照本法执行。”按照这一规定，将农民纳入《消费者权益保护法》的调整范围应当具备三个条件：其一，消费的主体必须是农民。在广泛推行土地家庭承包经营的当前，农民消费者的范围包括农民个人、农户、农村承包经营户、农民联户和直接进行农业生产的农村集体经济组织。其二，消费的客体是直接用于农业生产的生产资料，如农药、化肥、种子等农资类商品。其三，消费的方式包括购买农业生产资料和使用农业生产资料两种形式。我国立法之所以规定农民特殊适用《消费者权益保护法》，这是由《消费者权益保护法》对弱势群体提供特殊保护的性质和我国农民的现实状况及主体地位所决定的。首先，家庭承包经营的生产规模和经营方式昭示我国广大农民的生产和生活不能截然分开，农民满足生产的需要亦即满足生活的需要，将农民购买、使用直接用于农业生产的生产资料纳入消费者的范围，符合《消费者权益保护法》保护“满足生活消费需要的购买和使用”的宗旨。其次，我国农民现实的经济状况、生存环境、文化素养等条件，使得农民在消费领域明显处于弱者地位，与之交易的公司、企业、集团甚至垄断组织往往利用信息占用的优势、科技领先的优势以及主体强盛的优势损害其消费权益，因而客观上需要以维护弱者权益为己任的《消费者权益保护法》为农民的消费提供特殊保护。再次，现实消费领域中，存在大量坑农、害农的丑恶现象，而农民通常欠缺农资打假维权的意识，欠缺自我防范的能力，农民在消费领域遭受侵害后，往往不知通过何种途径寻求解决、通过何种方式获得救济。我国在维护农民权益方面虽然颁布了相关法律法规，却没有保护农民消费权益的专门立法，将农民购买、使用直接用于农业生产的生产资料纳入《消费者权益保护法》的调整范围，就有效地解决了农民消费者权益的法律保护问题。由此可见，农民特殊适用《消费者权益保护法》是我国国情的必然要求，是解决“三农”问题的实际需要，更是启动对作为弱势群体的农民的消费权益实施特殊保护的唯一选择。只有通过立法赋予“购买、使用直接用于农业生产的生产资料的农民”以农民消费者的主体地位，才能确保消费领域的农民获得专门立法的集中统一的特殊保护，使农民的消费权益有切实保障。从理论价值和实践价值考量，农民特殊适用《消费者权益保护法》，对于强化农资市场监管，净化农资市场秩序，引导农民自觉维权，推动全社会形成农资打假护农的良好氛围，保护农民的切身利益，巩固中国特色的家庭承包经营机制，促进农村经济的稳定发展，都具有深远的意义。

二、农民消费者权益保护现状

《消费者权益保护法》在确立农民的消费者主体资格的同时，为农民消费权益的实现提供了制度保障。《农业法》、《产品质量法》、《广告法》、《反不正当竞争法》及其他相关法律法规也为农民消费者权益的保护提供了配套的保障措施。

《消费者权益保护法》首先专章规定了消费者权利，赋予消费者享有安全保障权、知悉真情权、自主选择权、公平交易权、获取赔偿权、依法结社权、消费教育权、人格尊重权、个人信息保护权、监督批评权十项权利。消费者权利是消费者利益在法律上的体现,也是消费者权益保护法的核心。农民在购买、使用直接用于农业生产的生产资料的消费活动中适用《消费者权益保护法》,意味着农民从事上述活动即取得消费者地位,同样享有上述权利,同样获得上述权利的保障。

《消费者权益保护法》为昭示对作为弱势群体的消费者的特殊保护,在专章规定消费者权利的同时,又专章设定了经营者必须履行的义务,包括守法信约的义务、接受监督的义务、保证安全的义务、缺陷产品召回义务、提供真实信息的义务、明码标价的义务、明细标注的义务、出具凭证的义务、品质担保义务、"三包"义务、特殊商品瑕疵举证义务、特殊购买方式下七日无理由退货的义务、不得附加不合理交易条件的义务、尊重消费者人格尊严的义务、特殊购买方式下特别告知义务、合法正当搜集和使用消费者个人信息的义务。这些法定义务都是从确保消费者权利、维护消费者利益的视角设计的。农民在购买、使用直接用于农业生产的生产资料的状况下,作为其交易相对人的经营者理所当然对农民消费者承担上述义务,从而使农民消费者获得了来自经营者方面的义务保障。

《消费者权益保护法》创设了欺诈消费三倍索赔制度,明确规定:经营者提供商品或者服务有欺诈行为的,应当按照消费者的要求增加赔偿其受到的损失,增加赔偿的金额为消费者购买商品的价款或者接受服务的费用的三倍;增加赔偿的金额不足五百元的,为五百元。以及消费致死伤双倍索赔制度,明确规定:经营者明知商品或者服务存在缺陷,仍然向消费者提供,造成消费者或者其他受害人死亡或者健康严重损害的,受害人有权要求经营者依照法律规定赔偿损失,并有权要求所受损失二倍以下的惩罚性赔偿。据此,农民在购买、使用直接用于农业生产的生产资料中遭遇下列情形之一的,有权主张三倍索赔:其一,销售掺杂使假、以假充真、以次充好的农资商品;其二,采取虚假或其他不正当手段销售的农资商品分量不足;其三,销售"处理品"、"残次品"、"等外品"等农资商品而谎称是正品;其四,以虚假的"清仓价"、"甩卖价"、"最低价"、"优惠价"或者其他欺骗性价格等方式销售农资商品;其五,以虚假的商品说明、商品标准、实物样品等方式销售农资商品;其六,不以自己的真实姓名、标记销售农资商品;其七,采取雇用他人等方式进行欺骗性销售诱导;其八,作虚假的现场演示说明;其九,利用广播、电视、电影、报刊等大众传播媒介对农资商品作虚假宣传;其十,利用邮购销售骗取价款而不提供或者不按约定条件提供农资商品;其十一,以虚假的有奖销售等方式销售农资商品;其十二,骗取农民消费者预付款;其十三,以其他虚假或者不正当手段欺骗农民消费者。这一惩罚性索赔制度,为农民消费者打假维权提供了强有力的制度保障。

《消费者权益保护法》针对消费争议状态下消费者所处的弱势困境,确立了几项解决争议的特定规则。其一,销售者的先行赔付责任。《消费者权益保护法》第

40 条第 1 款规定:“消费者在购买、使用商品时,其合法权益受到损害的,可以向销售者要求赔偿。销售者赔偿后,属于生产者的责任或者属于向销售者提供商品的其他销售者的责任的,销售者有权向生产者或者其他销售者追偿。”其二,生产者与销售者的连带责任。《消费者权益保护法》第 40 条第 2 款规定:“消费者或者其他受害人因商品缺陷造成人身、财产损害的,可以向销售者要求赔偿,也可以向生产者要求赔偿。属于生产者责任的,销售者赔偿后,有权向生产者追偿。属于销售者责任的,生产者赔偿后,有权向销售者追偿。”其三,变更后的企业的承续责任。《消费者权益保护法》第 41 条规定:“消费者在购买、使用商品或者接受服务时,其合法权益受到损害,因原企业分立、合并的,可以向变更后承受其权利义务的企业要求赔偿。”其四,营业执照持有人与营业执照租借人的连带责任。《消费者权益保护法》第 42 条规定:“使用他人营业执照的违法经营者提供商品或者服务,损害消费者合法权益的,消费者可以向其要求赔偿,也可以向营业执照的持有人要求赔偿。”其五,展销会举办者、柜台出租者的特殊责任。《消费者权益保护法》第 43 条规定:“消费者在展销会、租赁柜台购买商品或者接受服务,其合法权益受到损害的,可以向销售者或者服务者要求赔偿。展销会结束或者柜台租赁期满后,也可以向展销会的举办者、柜台的出租者要求赔偿。展销会的举办者、柜台的出租者赔偿后,有权向销售者或者服务者追偿。”其六,网络交易平台提供者的责任。《消费者权益保护法》第 44 条规定:“消费者通过网络交易平台购买商品或者接受服务,其合法权益受到损害的,可以向销售者或者服务者要求赔偿。网络交易平台提供者不能提供销售者或者服务者的真实名称、地址和有效联系方式的,消费者也可以向网络交易平台提供者要求赔偿;网络交易平台提供者作出更有利于消费者的承诺的,应当履行承诺。网络交易平台提供者赔偿后,有权向销售者或者服务者追偿。网络交易平台提供者明知或者应知销售者或者服务者利用其平台侵害消费者合法权益,未采取必要措施的,依法与该销售者或者服务者承担连带责任。”其七,虚假广告的广告主与广告经营者、广告发布者、推荐者的特殊责任。《消费者权益保护法》第 45 条规定:“消费者因经营者利用虚假广告或者其他虚假宣传方式提供商品或者服务,其合法权益受到损害的,可以向经营者要求赔偿。广告经营者、发布者发布虚假广告的,消费者可以请求行政主管部门予以惩处。广告经营者、发布者不能提供经营者的真实名称、地址和有效联系方式的,应当承担赔偿责任。广告经营者、发布者设计、制作、发布关系消费者生命健康商品或者服务的虚假广告,造成消费者损害的,应当与提供该商品或者服务的经营者承担连带责任。社会团体或者其他组织、个人在关系消费者生命健康商品或者服务的虚假广告或者其他虚假宣传中向消费者推荐商品或者服务,造成消费者损害的,应当与提供该商品或者服务的经营者承担连带责任。”同时,《消费者权益保护法》亦赋予了消费者协会就侵害众多消费者合法权益的行为,提起公益诉讼的职责。农民在购买、使用直接用于农业生产的生产资料并由此取得农民消费者主体资格状态下,同样适用这几项专门保护弱势群体的特定规则。

《农业法》也为农民消费者权益保护提供了保障措施。《农业法》第76条规定:“农业生产资料使用者因生产资料质量问题遭受损失的,出售该生产资料的经营者应当予以赔偿,赔偿额包括购货价款、有关费用和可得利益损失。”农民消费者在因农业生产资料质量引发各种损失的情况,也可以依据该条内容向生产资料经营者主张赔偿责任。

此外,《产品质量法》、《广告法》、《反不正当竞争法》中涉及的消费者权益保护的规定,同样适用于农民消费者。

尽管现行立法就农民消费者权益设置了严密的保护制度,但现实消费领域中,假冒农资商品坑农、害农的现象十分猖獗,种子种苗、肥料、农药、兽药、饲料及饲料添加剂、农机及零配件、渔机及渔具七大类农资商品均不同程度地存在制假售假问题,农民消费者在购买、使用直接用于农业生产的农资商品中,往往遭受来自生产者、销售者实施的以下侵害行为:其一,无证照经营,超范围经营和不具备资格的经营;其二,生产、销售过期、失效、变质和标签不全、不合格以及国家禁用的农资商品;其三,生产、销售无登记证、批准文号、品种审定、生产许可证、经营许可证的农资商品;其四,生产、销售掺杂使假、以假充真、以次充好等假冒伪劣农资商品;其五,生产、销售假冒或仿冒他人商品商标、名称、包装、装潢、厂名、厂址的农资商品;其六,伪造或者买卖生产经营许可证、批准文号或者商品登记证、推广许可证;其七,伪造、涂改商品生产经营单位名称、地址、有效期限和有关质量标准;其八,利用各种广告或者媒体,对农资商品质量、服务、功效、适用范围等进行虚假宣传;其九,农资商品生产销售中的计量违法;其十,经营者在其提供的格式合同中设置诸如“无购销发票、无防伪标志、无原种子包装袋及内标签保存不全或不符的,经营者不负赔偿责任,由农民自己承担”等霸王条款,对农民消费者作出不公平、不合理的限制。这些违法违规行为所造成的后果是极为恶劣的,不仅严重侵害了农民消费者的合法权益,极大挫伤了农民的生产积极性和主动性,使农民在摆脱困境、改善物质生活的过程中遭受重创,而且严重扰乱了农资市场的正常秩序,破坏了市场经济的健康运行,使农村经济稳定发展的大好局面受到冲击。当然,农民消费者权益遭遇各种侵害的不良现状,亦阻碍党在十八届四中全会提出的“全面推进依法治国,建设社会主义法治国家”宏伟目标的实现。[3]

三、农民维护消费权益的法律救济

农民消费者在购买、使用直接用于农业生产的生产资料过程中与经营者之间

---

〔3〕 参见《中共中央关于全面推进依法治国若干重大问题的决定》。

发生的消费权益争议称为消费争议。消费争议本质上属于民事权益争议的范畴。相对而言,我国农村法治建设较为薄弱,农民消费者法治观念较为淡薄,在权益侵犯的情况下很多时候显得无能为力。因此,为保障农民消费者在其权益受到损害后能及时获得救济,我国《消费者权益保护法》及有关法律法规为农民维护消费权益提供了以下几种可供选择的科学救济途径。

(一)和解

这是指消费争议发生后,争议的农民消费者与经营者在平等、自愿基础上进行协商,就妥善解决双方争议达成一致处理意见的方式。和解是建立在互谅互让基础上的彼此谦让,对于化解矛盾、平息争议具有重要的实践价值。

(二)调解

这是指消费争议发生后,在作为第三人的消费者协会主持下,争议的农民消费者与经营者达成妥善化解方案的方式。消费者协会居中主持调解,是我国《消费者权益保护法》赋予消费者协会的职能之一,它要求消费者协会站在公正立场上,基于自愿原则和合法原则进行调解。由于消费者协会在调解中能充分利用其查询、参与行政监督、建议等法定职责权能,因而成效明显。实践证明,消费者协会居中主持调解已成为解决消费争议行之有效的方式,深受农民消费者信任和青睐。

(三)申诉

这是指消费争议发生后,申请有关行政部门运用其监管职能查处违法行为,解决双方争议的方式。由于消费争议涉及质量、计量、标准、卫生、商标、标签、广告、价格等多个领域,所以我国《消费者权益保护法》规定,消费争议发生后,有权向有关行政部门申诉。这里所谓的有关行政部门包括工商行政管理机关、物价管理机关、卫生监督机关、技术监督机关等,这些行政部门在自己职权范围内查处经营者的违法行为,维护农民消费者的合法权益。申诉的方式是一种依靠强制性手段解决争议的行政方式,它体现了国家的适度干预,在解决消费争议方面具有高效、快捷的特点。

为体现行政方式在保护农民消费者权益方面的特殊功能和作用,近期,国家工商行政管理总局发布了《关于开展2015红盾护农行动的通知》,工作内容主要包括:依托商事制度改革规范农资市场主体登记、依托信息公示完善日常监管制度、依托质量抽检加强流通环节农资商品质量监管、依托行政执法加大案件查处力度、依托专项整治解决农资市场突出问题、依托信息化手段提高农资市场监管水平。通过前述工作内容进一步加强工商行政管理机关对农资市场的监管,依法查处销售假冒伪劣农资坑农害农行为,切实保护农民消费者的合法权益和根本利益,引导农资市场的健康、稳定、持续发展。[4] 广大农民消费者可以此为契机，充分利用这一救济途径维护自己的消费权益。

(四)仲裁

这是指消费争议发生后，根据争议的经营者与农民消费者达成的仲裁协议，将争议提请仲裁机构居中裁决的方式。仲裁的方式是解决民事权益争议最简便、快捷、有效的方式，特点为：其一，仲裁必须以争议双方自愿为前提，属于协议管辖；其二，仲裁范围以争议双方在仲裁协议中约定的事项为限；其三，仲裁实行一裁终局制；其四，仲裁的民间性质决定了仲裁的协商性质，运用这一方式解决消费争议将会充分尊重争议双方的意愿。仲裁由于是协议管辖，有仲裁协议，就意味着排除了法院的管辖权，因此，仲裁和诉讼只能选择其一。

鉴于仲裁的前提条件是争议双方必须达成仲裁协议，而实践中经营者往往在争议发生后拒绝与农民消费者协商解决纠纷的方式，由此限制了仲裁作用的发挥。为确保消费者有机会有条件运用仲裁这一快捷的救济途径，中国消费者协会会同有关行政主管部门论证后，提出了消费争议适用仲裁方式的改革思路：这就是由中国消费者协会制作“3·15”标志，凡采用“3·15”标志销售商品或者提供服务的经营者，一旦其“3·15”标志的商品或者服务与消费者发生争议，就视为双方就解决该项争议达成了仲裁协议。这一改革思路为农民消费者选用仲裁方式维护自己的消费权益提供了方便和可能。

(五)诉讼

这是指消费争议发生后，依法向人民法院提起民事诉讼，通过审判程序解决纠纷的方式。诉讼的方式是解决消费争议最强有力的、最具权威性的方式。人民法院运用法律赋予的诉讼手段和强制措施，查明案件事实，正确适用法律，能使纠纷得到彻底解决。但诉讼的方式在解决消费争议方面也存在难以克服的障碍，如审判周期长、诉讼成本高、诉讼程序复杂等，这些障碍弱化了诉讼方式解决消费争议的功能。实践中，农民在发生消费争议后，通常也碍于花钱耗时、劳神费力等诉讼成本不经济的障碍而放弃诉讼。可喜的是，2013 年施行的新《民事诉讼法》所确立的小额诉讼制度，对于克服诉讼方式在解决消费争议方面存在的前述障碍具有深远意义，有助于充分发挥诉讼方式在维护农民消费者权益方面的强有力作用。

农民消费者权益救济途径如下图所示：

---

[4] 参见国家工商行政管理总局《关于开展 2015 红盾护农行动的通知》。

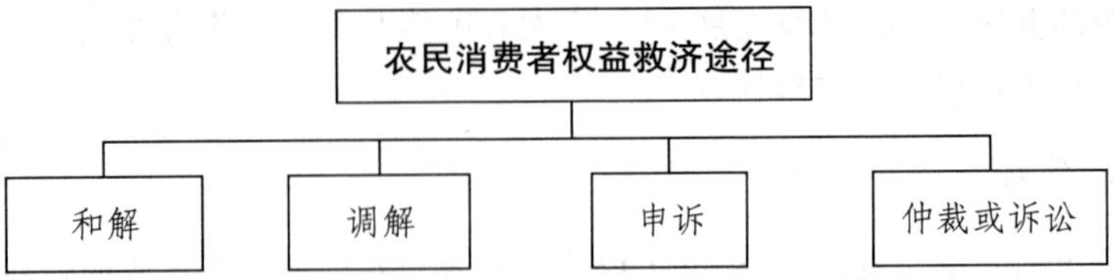

第三节　农民务工权益保护制度

一、农民工的概念及其对国家发展的贡献

农民工是对务工农民的一种称谓，泛指保留农民身份的进城务工者。有学者认为，农民工这一称谓本身就带有歧视性，但为了表述方便，并考虑到这一称谓的约定俗成，本教材暂时沿用这一概念。农民工现象是我国改革发展的必然产物。我国农村改革率先实行的家庭联产承包制，打破了传统集体化生产经营方式，削弱了土地对农民的束缚，出现了大量剩余劳动力。与此同时，开放城市的改革发展急需廉价劳动力的进入，客观上为农村剩余劳动力涌向城市务工、经商提供了发展条件。更重要的是，改革中国家城乡治理体制也相应松动，从而使农村剩余劳动力向非农产业和城镇转移成为不可逆转的潮流。正如江泽民同志所指出的："在一个由计划经济条件下的传统农业国向市场经济条件下的现代工业国转变过程中，农村富余劳动力向非农产业和城镇转移，是工业化和现代化的必然趋势。"1989 年这一进程达到一个高峰，并于当年春节期间形成了十分壮观的"民工潮"，随后的民工潮是一浪盖过一浪。目前来说，虽然自 2010 年起农民工总数的增长速度逐年下降，但是总量仍是一个庞大的数据。根据国家统计局抽样调查结果，2014 年全国农民工总量约为 2.7 亿人，比上年增加 501 万人，增长比为 1.9%。在当前的"十二五"规划纲要中，仍然将促进农民工就业问题列为重点工作，强调促进城乡劳动者平等就业，提高农民工工资水平，增加农民劳务收入。[5]

农民工在城市建设的各个岗位勤奋劳作，为推动我国的现代化进程发挥了不可估量的历史作用。其一，加速了城市化的发展进程。我国城市化水平目前为 54% 左右，有将近 7.5 亿人生活在城镇。这意味着每年有大量农村人口进入城市工作和生活，这些农村人口的涌入成为推动我国城市化进程的重要环节。城市规模的扩张、经济结构的调整、城乡一体化市场的完善都需要劳动力的补充和更新，

---

〔5〕 参见《国民经济和社会发展第十二个五年规划纲要》。

农民工进城务工、经商正满足了这一需求，显然有利于我国城市化进程的发展。其二，推进了城乡经济的健康发展。伴随农民工进城务工、经商而兴起的民工经济是一个“一头牵连着农村经济，一头牵连着城市经济”的特殊产业。民工经济在推动城市经济发展的同时，也通过农民工带着资金技术回乡创业的实践促进了农村经济的健康发展。其三，促进了市场经济的良性循环。农民工涌向城市择业谋生，促成了劳动力自由流动机制的形成和完善，稳固了劳动力市场的公开竞争、平等就业秩序。同时，一浪盖过一浪的壮观“民工潮”也为繁荣市场、搞活经济、扩大开放发挥了积极的促进作用，从整体上促进了市场经济的良性循环。其四，增强了我国在国际市场上的竞争能力。劳动力价格低廉是我国保持国际市场竞争能力的重要优势，而这种优势的深厚源泉便是我国农村数以亿计的富余劳动力。农民工进城务工、经商，不仅发掘出发挥我国劳动力资源优势的最佳切入点，而且使我国剩余劳动力的整体素质得以全面提升，保持和增强了这一资源优势。

尽管农民工对国家的发展做出了巨大贡献，但农民工毕竟是时代发展的产物，与生俱有的特点使其必然面临重重磨难。概括讲，农民工有以下特点：一是职业身份的双重性。农民进城务工、经商，一方面，其职业身份由农民向市民转变，社会地位发生了变化，另一方面，现存的社会制度结构却不能给农民工完全的市民待遇和完整的社会福利保障，他们生存的根基仍然在农村。这就导致了农民工非城非乡、亦城亦乡、非工非农、亦工亦农的双重职业身份。从本质上讲，农民工是生活在城市的边缘人，处于城市的边缘低层地位。二是生存方式的流动性。农民工是一个庞大的流动群体，由于城乡分割的二元化社会体制的限制，农民工大多在城市和农村之间来回迁徙，或在不同城市之间来回游走，既游离于农村社会体系之外，又游离于城市社会体系之外，往往成为城市过客，导致被主体社会歧视、排斥的际遇。据有关专家统计，绝大多数城市都存在对农民工的制度性歧视，如户籍管理歧视、就业制度歧视、社会保险歧视、教育培训歧视等。三是就业谋生的不稳定性。农民工大量涌向城市，造成了城市劳动力市场供求失衡，也给农民工自身带来在城市就业的不稳定，加之农民自身条件的限制，他们多数只能以非正规就业为主，主要从事临时工、季节工、承包工、小时工和劳务派遣工等，用人单位又通常不与之签订劳动合同，劳动关系呈现动态化、市场化、复杂化，导致农民工大多从事苦、脏、险、重的劳动，相当一部分农民工是在有毒、有害和粉尘的恶劣环境下工作，权益难以保障。四是自身素质的局限性。农民工虽然大多身强力壮，但文化水平低，综合素质差，欠缺适应现代化生产的特殊技能和专门知识，法律意识也淡薄，加之组织化程度低，缺乏利益表达和权益维护的渠道和载体。以这样的素质状态进入现代工业社会、融入现代城市生活，其缺乏风险预测与防范的能力、缺乏与雇主谈判协调的能力、缺乏自我保护的能力就不足为怪了。农民工的上述特点决定了农民工在城市中的弱势地位，而现实的法律环境、社会制度结构及生存条件对作为城市弱势群体的农民工又存在诸多的不合理、不公平，导致农民务工权益保护成为不容回避的严峻社会问题。

二、农民工权益保护现状

近几年来，随着市场经济体制的不断完善，随着农村城市化建设进程的不断加快，我国农民工的发展呈现强劲的势头，农民工在社会生活和经济建设中扮演着越来越重要的角色，发挥着越来越重要的作用。然而，我国关于农民工权益保护的立法非常滞后，至今没有一部集中保护农民工权益的专门立法。现行立法中涉及农民工权益保护的内容不仅分散，而且缺乏操作性，立法层次也比较低，多为行政规章，远远落后于农民工实践和发展的需要，远远不能适应农民工权益保护的要求。概括地讲，现行立法中涉及农民工权益保护的内容有以下几方面：其一，《宪法》中关于公民基本权利义务的规定。宪法是国家的根本大法，具有最高的法律效力，宪法关于公民基本权利的规定，为保障农民工的生存权、劳动权、平等自由权提供了宪法保障。其二，《民法通则》中有关公民民事权利的规定。作为基本法的《民法通则》不仅赋予公民广泛的民事权利，而且设立民事责任制度保障公民民事权利的实现。农民工的民事权利尤其是财产权、人身权同样获得《民法通则》的调整与保护。其三，《劳动法》与《劳动合同法》中有关劳动合同的规定、有关工作时间和休息休假的规定、有关工资的规定、有关劳动安全卫生的规定、有关女职工和未成年工特殊保护的规定、有关劳动争议的规定，都可以适用于农民工。从法律理念上讲，农民工与普通劳动者并无本质上的差异，《劳动法》与《劳动合同法》也都将农民工视为普通劳动者一体调整与保护，但实践中，农民工很难兑现法律规定的普通劳动者的权利，不少地方政府出台的地方立法、行政规章等将农民工视为另类，限制甚至剥夺农民工享有的普通劳动者的权利，从而使《劳动法》与《劳动合同法》集中保护农民工权益的作用大打折扣。其四，《工伤保险条例》整个规定适用于农民工。自 2011 年 1 月 1 日起施行的《工伤保险条例》开篇就明确了工伤保险制度的适用范围包括农民工，该条例第 2 条规定："中华人民共和国境内的企业、事业单位、社会团体、民办非企业单位、基金会、律师事务所、会计师事务所等组织和有雇工的个体工商户应当依照本条例规定参加工伤保险，为本单位全部职工或者雇工缴纳工伤保险费。"强调只要劳动者向用人单位提供了有偿劳动，与用人单位形成了事实上的劳动关系，就不管是否签订了书面劳动合同、不管劳动者的身份状况怎样、不管用工形式如何、不管用工期限长短，都一体适用《工伤保险条例》。从而无条件地将农民工纳入其调整范围。其五，《刑法修正案（八）》和最高人民法院《关于审理拒不支付劳动报酬刑事案件适用法律若干问题的解释》，针对包括农民工在内的所有劳动者应得的劳动报酬给予明确保护，明确了恶意欠薪行为的违法性，在符合法律规定的构成要件的情况下，达到"数额较大"的标准或造成严重后果，都应承担相应刑事责任。“欠薪入罪”反映出国家对拒不支付劳动报酬问题的零容忍。

此外,国务院及有关部委还就农民工权益保护的有关问题先后出台了一系列规范性文件,如国务院办公厅《关于切实解决企业拖欠农民工工资问题的紧急通知》、《关于进一步做好农民工培训工作的指导意见》、《关于成立国务院农民工工作领导小组的通知》、国务院办公厅转发劳动保障部《关于做好被征地农民就业培训和社会保障工作指导意见的通知》等。这些规范性文件,对农民工权益起到了重要的保护作用。

农民工权益保护法律法规体系如下图所示:

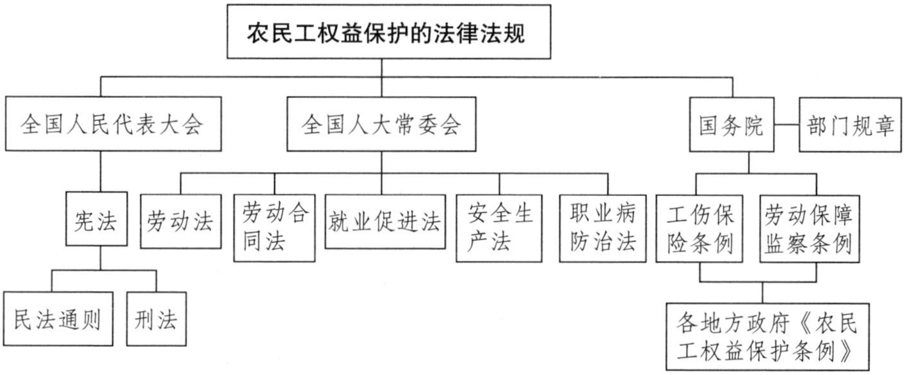

尽管国家高度重视农民工权益保护问题,在制度安排、干预方式上也有所作为,但农民工权益遭受侵害的状况令人担忧,主要表现在:其一,限制与歧视农民工就业。以传统户籍制度为基础形成的城乡二元社会结构使城市劳动力市场被人为地分割为正式市场和非正式市场,保留农民身份的农民工只能在非正式市场寻找就业机会,从事为城市劳动群体唾弃的苦、脏、险、累、重甚至有毒、有害的工作。即便如此,用人单位还设置了许多限制性或歧视性的条件,典型的事例便是多数用人单位根本不与农民工签订劳动合同,在这些用人单位眼里,农民工是“下等人”、“盲流”,可以随意支配,随意打发,想让其加班加点就令其加班加点,想“炒鱿鱼”就“炒鱿鱼”,无须以一纸劳动合同来约束。这些限制与歧视,不仅使农民工的劳动权利得不到保护,而且农民工的人格也得不到应有的尊重。与此同时,由于传统户籍制度所形成的不平等也在社会保障与生存成本方面有所体现。因此,应当加快户籍制度改革,建立居住证制度,分类推进农业转移人口在城镇落户并享有与当地居民同等待遇。[6] 其二,克扣与拖欠农民工工资。这是当前侵害农民工权益最

〔6〕 参见《关于加大改革创新力度加快农业现代化建设的若干意见》。

突出的问题。国务院办公厅在2010年初发布的《关于切实解决企业拖欠农民工工资问题的紧急通知》虽然在一定程度上表明了国家对于这一问题的高度重视,但是由于该通知仅为规范性文件,且内容并不完善,不能达到有效规范欠薪问题的目的,拖欠农民工工资问题仍屡禁不止。农民务工的直接目的就是取得相应经济报酬,以此作为自己生存的保障和回乡发展的基础。但用人单位总是千方百计地直接或间接克扣农民工工资,如随意增加工作时间、占用农民工法定休假日而不发加班工资、不严格执行国家有关最低工资的规定、强制扣减各种名目的保证金等,甚至出现"被拖欠工资的农民工在领薪时遭老板雇凶暴打"的恶劣现象。据2014年11月26日《华商报》报道,陕西省宜君县老街综合改造项目拖欠80名农民工工资达百万元,经当地劳动监察大队协调,同意给付工资,但在农民工排队领取工资时,数十名不明身份的男子闯入宜君县老街综合改造项目工地,用棍棒将正在领取欠薪的农民工打伤,其中有2人受伤严重。更普遍的情形则是农民工辛辛苦苦干完工作后,用人单位往往借口资金未回笼或者欠款未收回,开给农民工一纸白条,而且无期限地拖欠。根据《2014年全国农民工监测调查报告》指出,2014年度,被拖欠工资的农民工人均被拖欠工资为9511元,比上年增加1392元,增长17.1%。克扣与拖欠农民工工资,不仅严重侵害了农民工的劳动报酬权,而且严重侵害了农民工的生存权。其三,缺乏必要的劳动保护。劳动安全卫生权是农民工最基本的劳动权利,但用人单位为降低成本,追求利益最大化,往往不愿意改善工作环境和劳动条件,不向农民工配发必要的劳动保护用品,甚至连最起码的安全防护措施也不设置,反而急功近利,驱使农民工起早摸黑、加班加点,导致农民工职业病发病率高,因工伤残亡事故屡屡发生。据有关统计资料显示,农民工最集中的行业就是建材、煤炭、冶金、化工等粉尘及有毒有害化学品危害严重的行业,由于这些行业缺乏必要的劳动保护,农民工的生命安全毫无保障,随时随地都笼罩在死神的阴影之中。其四,漠视和践踏农民工的基本人身权利。许多地方的用人单位对农民工实行野蛮的封闭式管理,限制农民工的人身自由,常常强令几十个农民工挤住在一起,十天半月不让洗一次澡,出入限定在厂区范围,并由保安严加看管,动辄以体罚、殴打、搜身、拘禁等手段对待农民工。这些用人单位压根没有把农民工当成人看,完全漠视并随意践踏农民工的人身权利。其五,阻塞和排除农民工于社会保障体系之外。农民工从事的是苦、脏、险、累、重甚至有毒、有害的工作,且绝大多数处于中低层职业,这样的执业条件表明农民工随时都可能遭遇疾病、伤残、失业等风险。据劳动与社会保障管理部门调查,30%以上的农民工在城市里有过失业的经历,失业期间多数靠自己的积蓄度日,只有14%的农民工回乡重新务农。务工期间患病的情况更为普遍。因而农民工更需要社会保障制度建设。2015年,中共中央、国务院发布的《关于加大改革创新力度加快农业现代化建设的若干意见》中强调,要保障农民工享受城镇基本公共服务,扩大社会保险对农民工的覆盖,探索农民工享受城镇保障性住房的具体办法。然而,如何有效落实相应政策与制度,仍然是亟待研究的问题。目前,我国广大的农民工几乎都游离于现有社会保障体系之外,仅有很小部分农民工有一至两项水平极低的社会保障,或者一些用人单位为了应付检查而选择性地给农民工投了保,个别地区也出台了一些解决农民工社会保障的相关政策措施。但整体上看,绝大多数的农民工被排除在社会保障体系之外,没有抗御风险的能力,农民工一旦遭遇疾病、伤残、失业等风险,就会束手无策,陷入困境。

农民工权益屡屡遭受侵害,难以切实有效维护,原因是多方面的:首先,制度缺失是根本原因。一方面,传统户籍制度造成城乡分治的二元制度结构,导致农民虽然能够进城务工、经商,实现择业上的转换,但由于保留了农民身份,实质上被排斥在以城市户口为基础的城市劳动就业和社会保障机制体系之外,在择业、子女上学、权益保护等方面受限制、遭歧视。另一方面,保护农民工权益的法律机制尚未形成,国家虽然制定了一些保护包括农民工在内的劳动者的法律法规,但许多城市的政府和管理部门在保护农民工权益的执法过程中,却存在城市主位的倾向,无视农民工对城市改革和发展所起的积极作用,仅仅将农民工视为劳动力,而弱化对农民工权益的保护。农民工由此陷入缺失保护的尴尬状态。其次,农民工自身素质的局限是内在原因。农民工文化水平普遍偏低,欠缺从事现代化生产必备的知识和技能,法制观念淡薄,维权意识不强,加之农民工分散在城市的各个角落,没有自己的组织,没有自己的代言机构,因而也就没有发言权,没有抗争力。再次,用人单位急功近利的短期行为是直接原因。农民工由于受各种条件的限制而多数在劳动密集型企业从事艰苦的工作,而这些企业往往设备陈旧,工艺落后,内部管理制度不健全,劳动保护措施不到位,而劳动力市场供需失衡的状况又使得农民工面对恶劣的工作环境敢怒不敢言,劳动安全卫生权和生命权被急功近利的企业所漠视和虚化。

三、农民维护务工权益的法律救济

在现行法律保护体制下,农民务工权益遭受侵害后,可以针对不同情况分别采取以下救济方式:

农民工与用人单位之间因履行劳动合同发生的争议、因履行集体合同发生的争议、因企业开除、除名、辞退农民工和农民工辞职、自动离职发生的争议、因执行国家有关工作时间和休息休假、工资、保险、福利、培训、劳动保护的规定而发生的争议,可以适用劳动争议的救济方式,即依法申请调解、仲裁,或提出诉讼,也可以协商解决。应注意,从劳动法的适用范围讲,农民工只要与用人单位形成了劳动关系,即农民工事实上已成为企业、个体经济组织的成员,并为其提供有偿劳动,不论双方之间是否订立书面劳动合同都适用劳动法。据此,对于实践中签订了劳动合同或集体合同的农民工，发生合同争议后依合同约定办理，没有签订劳动合同的农民工与用人单位发生合同以外的劳动争议的，依劳动法规定办理，以此维护自己的务工权益。

农民工遭受用人单位侵权损害的，包括用人单位侵害农民工财产权、人身权及其他民事权利的，农民工可依法提起民事诉讼，追究用人单位的民事侵权责任；对于用人单位限制农民工人身自由、殴打农民工致伤致残的，可依法向当地公安机关举报，通过司法部门依法行使职权，追究侵害者的刑事责任。

需要特别强调的是，依据《工伤保险条例》规定，用人单位应当为事实上向其提供有偿劳动的农民工办理工伤保险而未予办理，在未参加工伤保险期间发生农民工工伤的，由用人单位按照《工伤保险条例》规定的工伤保险待遇项目和标准支付费用。用人单位拒绝支付的，农民工可依劳动争议的救济方式维护自己的权益。

农民工在生产作业过程中发生安全事故的，除了有权依法享有工伤保险外，还可依照《安全生产法》，向本单位提出赔偿要求，符合法律规定的，可获得民事赔偿。

当然，仅仅依靠现行法律制度是不能从根本上解决农民工权益保护问题的，农民工权益保护是一项系统工程，需要全社会共同关注。整体思路应当是：首先，要切实维护农民工的人权、财产权和其他政治权利。人权是公民最基本的社会权利，农民工也是实实在在的“人”，也需要以人为本，只有还农民工平等的社会地位，农民工权益保护才能获得人权保障。公民权利的基础是财产权，农民工为国家奠定工业化基础提供了大量资金，为改革开放承担了大量成本，但其获得的利益与所做的贡献不成正比，这对农民工是不公正的，只有推进城镇基本公共服务常住人口全覆盖，把进城落户农民完全纳入城镇住房和社会保障体系，在农村参加的养老保险和医疗保险规范接入城镇社保体系，才能保障农民工最基本的生活稳定，进而获得平等的生存发展条件。[7] 此外，还应当将农民工纳入城市民主政治建设体系之中，让农民工享有相应的民主政治权利。其次，要彻底破除“城乡分治”的二元社会结构。传统户籍管理制度导致了城乡分治，它不仅使农民的迁徙自由和择业自由受到限制，使进城的农民工不能获得公平的发展机会和平等的社会地位，而且已成为社会经济发展的桎梏。2014 年 7 月 30 日，国务院《关于进一步推进户籍制度改革的意见》正式公布，只有改革传统户籍制度，破除城乡分治结构，才能建立起人口自由迁徙流动的机制，消除城市人口和农村人口的身份差别，为农民工权益保护创造平等的制度环境。再次，要尽快完善农民工权益保护法律体系。一方面要进一步抓好《劳动法》、《劳动合同法》、《工会法》、《工伤保险条例》等现行法律法规的修改完善和贯彻落实，加快清理歧视性政策规定，加大劳动力市场监管力度，

---

〔7〕 参见《中共中央关于全面深化改革若干重大问题的决定》。

建立健全劳动用工的监督保障机制，使整个农民工用工市场走向规范化、有序化的轨道；另一方面，要尽快制定《农民工权益保护条例》，以适应农民工权益保护的专门化需要。据悉，国家正拟定《农民权益保护法》，草案对农民权益保护的基本原则作了详尽的规定，确立了农民独立的市场主体地位，构造了政府主导、社会参与、农民自主的维权机制，也用大量篇幅设计农民工权益的保护，由此为《农民工权益保护条例》的制定指明了方向。同时，目前已有包括山西、河北、江苏在内的多个省市率先进行了农民工权益保护的地方立法。例如，2013 年河北省出台的《河北省农民工权益保障条例》就在《劳动法》与《劳动合同法》立法精神下结合本省实际，明确指出，用人单位自用工之日即与农民工建立劳动关系，自用工之日起满一年未与农民工订立书面劳动合同的，视为订立无固定期限劳动合同；农民工与用人单位其他职工实行同工同酬，用人单位应当以货币形式每月按时、足额向农民工支付工资；县级以上人民政府应当将符合条件的农民工纳入城镇住房保障体系；用人单位应当依法为农民工参加职工基本养老保险、职工基本医疗保险、工伤保险、失业保险、生育保险办理登记手续，并按时足额缴纳社会保险费。这些地方性立法在农民工权益保护方面进行了有益的尝试。此外，近年来我国已相继出台、修订了一系列有利于保护农民工权益的法律法规，如《劳动合同法》、《就业促进法》、《社会保险法》、《工伤保险条例》、《劳动保障监察条例》等，这些法律法规的配套实施，使农民工权益保护有法可依、有序进行。例如，2008 年 1 月 1 日施行的《就业促进法》就设立了“反对就业歧视，促进公平就业”的专门条款，很好地体现了对包括农民工在内的劳动者权益的保护，当然这些法律法规也对地方立法的推进起到了很好的指导作用。最后，要全面提升农民工的综合素质，大力提高农民工的组织化程度。在农民工权益保护这一系统工程中，农民工自身素质的提升是至关重要的因素，农民工只有摆脱城市弱势群体的地位，有强烈的主人翁意识和自我保护意识，才能从根本上解决自身务工权益的保护问题。提升农民工的素质并不难，一是有针对性地搞好劳务输出前的培训和教育，从业务能力、敬业精神、生活习惯各个方面强化训练；二是利用现有的农村和城市职业教育和成人教育网络，开展经常性的文化教育和职业培育，提高农民工的综合素质；三是提高农民工的组织化程度，正视并引导农民工非正式组织在保护农民工权益方面的积极作用，加大用人单位工会组织的建设力度，使农民工真正获得工会组织的庇护，并在条件许可的情况下，在农民工中发展先进分子加入党团组织，以先进分子的榜样作用，唤醒并提升农民工的政治觉悟和权利意识。

思考题

1. 村民民主自治有哪些基本内容？现有村民自治的实施保障机制存在哪些不足？
2. 农民特殊适用《消费者权益保护法》的理论依据是什么？有何现实意义？

3. 我国在保护农民消费者权益方面存在哪些障碍？如何改进和完善？
4. 农民维护务工权益有哪些法律途径？
5. 依法治国背景下，应如何完善对农民工权益的保护？

材料分析题

2015 年 2 月 1 日，中央一号文件《关于加大改革创新力度加快农业现代化建设的若干意见》公布。文件指出必须加快完善农业农村法律体系，同步推进城乡法治建设，同时从农村实际出发，发挥乡规民约的重要作用，运用法治思维和法治方式做好“三农”工作。文件第五部分共提出五个方面的重要内容，包括健全农村产权保护法律制度、健全农业市场规范运行法律制度、健全“三农”支持保护法律制度、依法保障农村改革发展以及提高农村基层法治水平。该文件用大量篇幅聚焦法治，可见“依法治农”已成为推进“三农”发展的重要方面。“三农”问题作为工业文明发展过程中必然存在的一环，始终是改革的焦点之一，通过“依法治农”来缓解农业改革中的利益冲突，不仅可以稳定农业改革的秩序，也有助于农民合法权益的保障。

问题：试根据以上材料说明“依法治农”对于促进农业改革发展的可行性与必要性。

热点话题

十八届三中全会正式提出“发展普惠金融。鼓励金融创新，丰富金融市场层次和产品。”这是党中央在正式文件中首次使用“普惠金融”的概念。我国作为一个农业大国，农业的发展、农村的建设、农民生活水平的提高都需要强大的经济支撑，因而，普惠金融在农村的施行情况对于普惠金融最终目的的实现至关重要。但就目前农村普惠金融发展的实际情况而言，仍然存在诸多问题，比如农民普遍文化水平偏低，导致接受和理解金融知识十分困难、农村金融服务覆盖面不够宽泛、农村金融基础设施不健全、弱势农民和强势金融机构信息严重不对称、农民获取正式贷款难度仍然很大等。由此可见，推行农村普惠金融是一项系统工程，覆盖范围广、涉及人数多、社会影响大，因此，如何保障农民在普惠金融推行中的权益并及时解决现存问题应得到我们的重点关注。

延伸阅读

1. 程瑞山、贾建友：《村民自治制度运行研究》，中国社会科学出版社 2013 年版。
2. 丁国民：《中国村民自治权研究》，法律出版社 2013 年版。
3. 陈忠禹：《村民自治权保障论——基于科学发展观视阈》，知识产权出版社 2012 年版。
4. 佟丽华：《谁动了他们的权利：中国农民工权益保护研究报告》，法律出版社 2010 年版。
5. 苏燕平：《农民工权益保护研究》，中国农业出版社 2012 年版。

6. 房正宏："村民自治的困境与现实路径"，载《华中师范大学学报》（人文社会科学版）2011 年第 5 期。
7. 李海霞："农民消费者的弱势地位解析"，载《人民论坛》2011 年第 24 期。
8. 罗猛、刘沫茹："农民消费者权益的多维度保护制度研究"，载《社会科学家》2007 年第 1 期。
9. 姜瑞林、肖可义："经济法视角下农民工权益保护的对策"，载《农业经济》2009 年第 9 期。
10. 杨云善："保障农民工同工同酬问题研究"，载《中州学刊》2014 年第 10 期。
11. 郝鲁怡："家庭工人权利保障问题检视——一种人权普遍性原则与劳动权利保护的竞合方法"，载《河北法学》2014 年第 11 期。

第十章　WTO 与农业立法

农产品贸易一直是国际贸易法的重要法律问题。除世界贸易组织(以下简称WTO)《农业协定》外,不少区域贸易协定也涉及农产贸易问题。国际贸易规则如何理解与适用,对我国具有重要意义。

第一节　农业与 WTO 协定

一、WTO 与农产品贸易

(一)世界贸易组织成立前的国际农产品贸易

农业是涉及人民生活的重要产业,事关粮食安全,它长期以来一直受到各国财政支持、出口补贴、进口限制、高关税等多种形式的保护。农业贸易既涉及各国对农业的干预,又与农业生产者和消费者利益密切相关。美国、欧盟、日本、加拿大等国长期以来不愿意将本国的农业政策纳入国际经济合作的框架之中,发达国家是农产品贸易的主要受益者,其支配着世界农产品贸易的销售市场,控制了农产品消费市场。1957 年《罗马条约》第 39 条为欧共体规定了共同农业政策,其核心在于对进口农产品征收差价税(variable levy)和出口补贴,这一做法的最初目的在于保证共同体农产品市场稳定,增加农业生产能力,使消费者获得合理的价格。但是在国际农产品激烈竞争和保护主义的双重影响下,共同农业政策又包括了价格与销售保障、补贴以及各种形式的资助等内容。该政策对欧共体内的绝大多数农产品制定“设定价格”(target price)以保障农民收入,对进口农产品征收差额税,征税额根据国际市场较低价格与欧共体较高价格的差额确定。随着科技进步,欧共体出现农产品供大于求,产品过剩而价格不降的状况,欧共体采取回扣制(rebate system),将欧共体较高价格与国际市场较低价格的差额补贴给欧共体农产品出口商。欧共体的上述做法严重扭曲了国际农产品市场,操纵共同体市场价格,限制了农产品进口。美国则采取农产品出口补贴以扩大农产品出口,出台 1964 年《肉类进口法》(Meat Import Act)等法律保护农业,在食糖等产品实行进口配额限制。发展中国家,尤其是作为消费者的发展中国家处于被动的不利地位。20世纪80年代美国与欧共体间农产品贸易战等国际农业贸易冲突不断升级,严重扭曲了国际农产品市场,造成农产品结构失衡和过量生产,农产品贸易保护主义日趋严重。

WTO成立以前,在世界贸易中具有重要地位的农产品贸易一直游离在《关税与贸易总协定》规则之外。1947年《关税与贸易总协定》第11条第2款第3项、第16条第3款等分别规定缔约方限制农产品进口时应符合相应条件、缔约方应寻求避免对初级产品出口使用补贴。但是由于美国、卢森堡等国从缔约方大会成功获得了对其《关税与贸易总协定》义务的豁免、一些规定难以认定,这些条款在世界贸易组织成立之前没有得到有效实施。在关税与贸易总协定的肯尼迪回合和东京回合,各缔约方曾试图通过协定解决农产品贸易保护问题,但未能取得成效。《关税与贸易总协定》和其他国际协定均未对农业贸易加以有效规范。

(二)世界贸易组织成立后的国际农产品贸易

各国逐渐认识到对农业贸易加以国际调整的重要性,在乌拉圭回合谈判中对农产品贸易予以了特别关注。美国和欧盟是此次农产品谈判的主要参与者。美国主张开放农产品市场,实现农产品贸易自由化,这得到了以澳大利亚、阿根廷等农产品出口国组成的凯恩斯集团的支持。欧盟在谈判中处于守势,其建议实行协调关税制度,给予各成员较大的自由权。韩国和日本与欧盟在国内支持、市场准入等方面立场相近。

乌拉圭回合农业谈判主要以1986年埃斯特角部长级宣言为基础,谈判目标在于建立公平的、以市场为导向的农产品贸易体制,实现更大程度的农产品贸易自由化,使所有影响市场准入和出口竞争的措施受到约束,纠正和防止与结构性生产过剩有关的限制措施和市场扭曲现象,减少可能导致国际农产品市场失衡和不稳定的因素,具体包括:第一,通过减少进口壁垒改善市场准入条件;第二,改善竞争环境,强化所有直接和间接影响农产品贸易的补贴及措施的使用规则;第三,减少卫生和植物检疫可能对农产品贸易的消极影响。历经7年多艰苦谈判,谈判各方最终达成《农业协定》,它成为世界贸易组织货物贸易多边协定的重要组成部分。《农业协定》于1995年1月1日生效,这结束了农产品贸易长期缺乏有效国际协调约束的历史,但是《农业协定》在整体上仍然是一种过渡性安排,WTO各成员同意进一步实质性削减支持与保护以实现根本变革,继续农产品法律调整的改革进程。然后,多哈回合谈判停滞,自由贸易协定规则快速发展。

在WTO框架下,除《农业协定》专门调整农产品贸易外,《实施卫生与植物卫生措施协定》、《技术性贸易壁垒协定》、《原产地规则协定》、《装运前检验协定》、《进口许可程序协定》、《服务贸易总协定》、《补贴与反补贴措施协定》、《保障措施协定》、《与贸易有关的知识产权协定》、《纺织品与服装协定》等WTO协定,以及

《关于改革计划对最不发达国家和粮食净进口发展中国家可能产生消极影响的措施的决定》均在不同方面与国际农产品贸易相关。《关税与贸易总协定》中的透明度原则、最惠国待遇原则与国民待遇原则均适用于国际农产品贸易。

与农业有关的主要 WTO 规则	WTO《农业协定》
	WTO《实施卫生与植物卫生措施协定》
	WTO《技术性贸易壁垒协定》
	WTO《原产地规则协定》
	WTO《装运前检验协定》

二、WTO《农业协定》的主要内容

WTO《农业协定》是 1994 年 4 月 15 日于马拉喀什签订的《马拉喀什建立世界贸易组织协定》附件 1A 货物贸易多边协定的重要组成部分。《农业协定》由 13 个部分、21 条规定以及 5 个附件组成。与影响工业品贸易的干预相比，影响农产品贸易的政府干预形式更多，范围更大。这反映在《农业协定》中不仅包括了有关边境措施的新规则和承诺，而且包含国内补贴和补贴出口产品的规则和承诺。《农业协定》的实体规定涵盖市场准入（第 4—5 条）、国内支持（第 6—7 条）、出口竞争（第 8—11 条）三个领域的具体约束承诺，同时就卫生与植物卫生措施（第 14 条）达成协议。根据《农业协定》，各成员在国内支持和出口补贴方面的承诺将纳入其世界贸易组织加入书减让表第四部分，成为 1994 年《关税与贸易总协定》的组成部分。

农产品贸易涉及各 WTO 成员的诸多方面，农产品贸易中存在的最大障碍在于非关税壁垒与出口补贴。《农业协定》的目标在于减少贸易壁垒，实现农业贸易自由化。《农业协定》的适用产品范围包括世界海关组织制定的《商品分类和代号协调制度》（Harmonized Commodity Description and Coding System，简称“协调制度”或“HS”）第 1 章至 24 章包括的家畜、家禽、粮食、粮食制品、水果、奶制品、药材、植物、植物制品、糖果、饮品等产品，以及协调制度其他章规定的蛋白类物质、生亚麻、原棉等产品，但不包括鱼及鱼制品。世界贸易组织设立了农业委员会负责监督各成员履行承诺，确保《农业协定》的有效实施，以及为各成员提供开展磋商的平台。下文将对《农业协定》的若干主要方面加以分析。

WTO《农业协定》的主要内容	市场准入规则	约束税率原则
		特殊保障条款
		其他规定（如透明度要求）
	国内支持规则	绿箱措施
		黄箱措施（含蓝箱措施）
	出口竞争问题	

(一)市场准入规则

在国际贸易中,市场准入表示在什么程度上一个产品或服务能在另一市场上与当地生产的产品竞争。在WTO框架下,市场准入是一个法律术语,它概括了一个产品或者服务在非歧视情况下进入另一国家时该政府所规定的条件。《农业协定》第三部分对市场准入做出了具体规定,可总结为以下几点。

1. 约束税率原则(bound tariff only,又称只许"约定税率"原则)

非关税壁垒是指关税以外的限制贸易流动的政府措施,例如数量限制、进口许可、自愿限制安排和差价税。非关税壁垒是国际农产品贸易中面临的主要障碍。非关税壁垒表现形式各异,农产品贸易谈判中难以对各种非关税壁垒加以衡量,而关税与贸易总协定仅允许通过关税方式限制贸易,因此将非关税措施通过数理分析经济学方法量化为关税当量可加强市场准入制度透明度,各成员将通过未来谈判逐步降低关税幅度,促进国际农产品贸易。

(1)约束税率原则的含义

乌拉圭回合的成果之一是WTO成员承担义务将影响农产品贸易的非关税措施转化为关税。《农业协定》将各WTO成员的非关税壁垒转化为关税,进一步对关税进行约束和削减;非关税措施一旦转化为关税,各成员即不得维持、采取或者重新使用这些措施。约束税率原则体现为《农业协定》第4条第2款的规定,即"各成员不得维持、采取或者重新使用已被要求转化为普通关税的任何措施,除非第5条和附件5中另有规定"。此处"第5条和附件5中另有规定"的表述属于下文将分析的例外情形。

(2)"已被要求转化为普通关税的任何措施"的范围

"已被要求转化为普通关税的任何措施"的具体表现形式包括进口数量限制、进口差价税、最低进口价格、酌情发放进口许可证、自动出口限制、通过国营贸易企业维持的非关税措施,以及除普通关税外的类似边境措施。

约束税率原则中提到的"已被要求转化为普通关税的任何措施"不但包括在乌拉圭回合时已经转换或者被要求转换为普通关税的措施,而且包括所有应当转化为普通关税而没有转化的措施。约束税率原则适用于所有自《马拉喀什建立世界贸易组织协定》生效后应转化为普通关税的措施。

(3)对违反约束关税原则的认定

从WTO的智利农产品案等实践看,在法律上认定一项措施是否违反《农业协定》中约束关税原则规定,在很大程度上取决于相关措施对产品进口的实际影响。如果一项表面合法的措施的实施将会产生限制进口的作用,该措施有可能被判定为违法。WTO争端解决机构在认定是否违反约束关税原则时还将考虑措施和标准的制定、执行的透明度以及可预测性。

《农业协定》通过约束税率原则要求各成员不得开始使用、继续使用或者重新使用非关税措施。这确保了国际农产品贸易面临的非关税壁垒转化为关税后，各成员不得变相采取限制性措施，从而使关税约束和减让无效。在世界贸易组织此后的谈判中，将通过谈判逐步降低约束税率。

2. 特殊保障条款

《农业协定》第 4 条第 2 款即约束税率原则存在例外规定，这主要体现为《农业协定》第 5 条的规定。WTO 成员在符合《农业协定》规定的条件下可对特定农产品进口采取特殊保障措施，这意味着其必须满足适用范围和适用条件的要求。

（1）特殊保障条款的适用范围

根据《农业协定》第 5 条第 1 款，该例外规定的适用对象应当同时符合两项条件：一是作为例外对特定农产品采纳的措施应属于《农业协定》第 4 条第 2 款中所提及的措施，并且该措施已经转换为普通关税；二是该特定农产品由成员在其减让表中用“SSG”符号标明为减让对象。这意味着特别保障措施仅适用于作出保留的成员，实际上几乎所有 WTO 成员均标明了“SSG”符号。

（2）特殊保障条款的适用条件

在符合《农业协定》第 5 条的情况下，成员可援引特殊保障条款这一例外规定对农产品进口采取特殊保障措施。根据《农业协定》第 5 条第 1 款，只要符合两种条件之一，成员就可采取特殊保障措施。需要注意的是，对某一农产品进口，WTO 成员仅能根据其中一项条件征收附加关税，不得同时运用两项条件征收附加关税。

第一，特定农产品进口数量激增，简称“数量触发式”(quantity - triggered)。这表现为《农业协定》第 5 条第 1 款 a 项和第 4 款。此条件是指该产品在任何年度内进入给予减让的成员关税领土的进口量超过“触发水平”(trigger level)。触发水平应根据以市场准入机会为基础的公式确定，市场准入机会是指进口相当于可获得数据的最近三年相应国内消费量的百分比。在符合规定条件的情况下，成员可征收附加关税。

在数量触发式下征收的附加关税仅能维持到征收该项关税的当年年底，且征收的水平不得超过采取该措施当年实施的普通关税水平的三分之一。

第二，特定农产品进口价格过低，简称“价格触发式”(price - triggered)。这表现为《农业协定》第 5 条第 1 款 b 项和第 5 款。此条件是指农产品进入给予减让的成员关税领土的进口价格低于“触发价格”(trigger price)。

农产品进入成员关税领土的进口价格应当根据装运货物的进口到岸价(c. i. f.)确定，同时以该成员本国货币表示。该进口价格是针对进入关税领土的价格，而非进入本地市场价格；此处进口价格不包括关税和其他费用。触发价格等于该产品 1986 年至 1988 年的平均参考价格，该参考价格一般应当是相关农产品的平均到岸价，或者是就该产品的质量和加工阶段而言适当的价格。

如果上述进口价格与触发价格之间差额低于或者等于该触发价格的 10%，则不得征收附加关税。如果进口价格与触发价格之间差额高于该触发价格的 10%，则进口成员可根据《农业协定》规定对该农产品征收附加关税。附加关税的幅度将根据进口价格与触发价格之间差额来加以确定，以累进方式计算。进口价格跌破触发价格的幅度越大，差额越大，相应的附加关税幅度更高。

3. 其他规定

透明度原则是世界贸易组织中的一项基本原则。这体现在市场准入方面，各成员有义务将进口配额执行情况以及根据《农业协定》第 5 条征收附加关税等情况通知农业委员会，而其他具有利害关系的 WTO 成员可要求与其开展磋商。根据《农业协定》前言的规定，在实施市场准入承诺时，发达国家成员将充分考虑发展中国家成员的特殊需要和条件，对这些成员有特殊利益的农产品在更大程度上改进准入机会和条件。《农业协定》附件 5 规定了约束税率原则的另一种例外情形，即"特别处理"。

（二）国内支持规则

当今几乎所有国家和地区均对农业进行支持，乌拉圭回合谈判目标在于限制和减少对贸易有扭曲作用的国内支持，而不干涉各成员实施对国际贸易没有影响的政策与措施。《农业协定》国内支持（domestic support）规则的核心在于鼓励一段时间后，进一步转而采用对生产和贸易扭曲作用尽可能最小的措施和政策。国内支持规则体现在《农业协定》第 6、7、13 条、附件 2、附件 3 以及附件 4 之中。《农业协定》的国内支持规则规定，WTO 各成员在其减让表第四部分中作出了国内支持削减的承诺，这些承诺将适用于所有有利于农业生产者的国内支持措施。《农业协定》将国内支持分为绿箱和黄箱措施，蓝箱措施实际属于不需要削减的三种黄箱措施之一。

1. 绿箱措施（green box measures）

所谓绿箱措施，是指列入《农业协定》附件 2 且符合基本标准的国内支持措施，绿箱措施将免于削减承诺。这意味着绿箱措施可豁免减让，各 WTO 成员可保留针对绿箱措施的政府措施，甚至可以增加相应开支。在法律上，一项国内支持措施只有同时达到以下条件方可成为绿箱措施，得到义务豁免。

首先，无贸易扭曲作用或至多仅有非常小的贸易扭曲作用，或者对生产没有影响或至多仅有非常小的影响（have no, or at most minimal, trade - distoring effects or effects on production）。

其次，该支持应通过公共资金资助的政府计划提供（包括放弃政府税收），不涉及来自消费者的转让。

再次，该支持不得具有对生产者提供价格支持的作用。

最后，该支持应当符合《农业协定》附件 2 中所列明的特定政策标准和条件。《农业协定》附件 2 的“政府服务计划”中列举了十二种计划，并规定了相应的特定政策条件。上述十二种计划包括：第一，政府资助的研究计划、病虫害控制及预警制度、培训服务、推广和咨询服务、检验服务、营销和促销服务、基础设施服务等一般服务；第二，以粮食安全为目的的公共贮备；第三，国内粮食援助；第四，对生产者的直接支付；第五，不挂钩的收入支持；第六，收入保险和收入安全网计划中政府的资金参与；第七，自然灾害救济支付（直接提供或以政府对农作物保险计划资金参与的方式提供）；第八，通过生产者退休计划提供的结构调整援助；第九，通过资源停用计划提供的结构调整援助；第十，通过投资援助提供的结构调整援助；第十一，环境计划下的支付；第十二，地区援助计划下的支付。

上述四项条件中，前三项条件是基本标准，第四项条件属于特定政策标准和条件。因此，任何国内支持措施并非只要列入《农业协定》附件 2 中的上述十二种计划类型即可免除削减承诺。只有同时满足以上基本标准和特定政策标准条件的国内支持措施才能免除削减承诺。

2. 黄箱措施（amber box measures）

所谓黄箱措施，是指有利于农业生产者，但不能满足《农业协定》附件 2 规定条件的国内支持措施。除微量支持等三种黄箱措施无需削减外，其他黄箱措施的总金额需要进行削减。需要注意，蓝箱措施属于一种无需削减的黄箱措施。

（1）需要削减的黄箱措施

WTO 各成员减让表第四部分所含国内支持削减承诺应当适用于需要削减的黄箱措施。这些承诺以“综合支持总量”（Total Aggregate Measure of Support）和“年度和最终承诺水平”表示。

需要削减的黄箱措施每年的价值加在一起被称为综合支持总量。综合支持总量用货币形式表示，其金额是将对特定农产品的支持与非特定农产品的支持加在一起。各 WTO 成员的承诺本身是以年度和最终承诺水平表示，列出了实施期（即 1995 年开始的 6 年时间）内和实施期后可以提供的最大综合支持量。

（2）不需要削减的黄箱措施

以下三种黄箱措施不需要进行削减。

第一，发展中成员用以直接或者间接鼓励农业和农村发展的措施。这体现为《农业协定》第 6 条第 2 款的规定。此类措施包括发展中成员中农业可普遍获得的投资补贴、发展中成员的低收入或者资源贫乏生产者可普遍获得的农业投入补贴，以及发展中成员为鼓励以生产多元化为途径停止种植非法麻醉作物而给予生产者的补贴。上述各项措施均无需进行削减，但其适用范围仅限于发展中成员。

第二，“微量”（*de minimis*）支持。这体现为《农业协定》第 6 条第 4 款的规定。微量水平是指影响最小的支持。对发达成员而言，对于特定农产品，该水平为不超过一种基本农产品在相关年度生产总值的5%;对于非特定农产品,微量水平为不超过该成员农业生产总值的5%。对于发展中成员而言,情况相似,但上述微量水平为不超过10%。

第三,限产计划下给予的一些直接支付,有时被称为蓝箱措施,下文将进行讨论。这在《农业协定》第6条第5款中进行了规定。

3. 蓝箱措施(blue box measures)

蓝箱措施是指符合《农业协定》第6条第5款规定条件的限产计划下给予的一些直接支付。蓝箱措施不需要削减,采取蓝箱措施的WTO成员没有削减蓝箱措施的义务。构成蓝箱措施的直接支付应当符合以卜条件之一:(1)此类支付按固定面积和产量给予;(2)此类支付按基期生产水平的85%或85%以下给予;(3)牲畜支付按固定头数给予。

每个WTO成员应当将其国内支持的幅度及情况通知农业委员会。由于WTO各成员已就国内支持做出承诺。认定一个WTO成员违反国内支持规定,需要证明被指控方实际提供的支持超过了其所做出的承诺水平,或者被指控方已经承诺不提供此类支持。

(三)出口补贴规则

《农业协定》第8—11条对出口补贴做出了规定。《农业协定》出口补贴规则主要包括以下方面:

1. 出口补贴的含义

根据《农业协定》第1条第e款,出口补贴是指视出口实绩而给予的补贴。在《农业协定》中,出口补贴包括其第9条所列出的出口补贴。

2. 例外情况

《农业协定》对出口补贴行为进行约束,《农业协定》第8条规定,WTO各成员承诺不以除《农业协定》及各成员减让表中列明承诺以外的其他方式提供出口补贴。

归纳而言,《农业协定》中存在四种允许使用出口补贴的例外情形。

(1)需要进行削减的补贴。此类出口补贴可以得到实施,但一般不得超过其预算支出和数量承诺水平,应逐步削减。有关的承诺列在WTO各成员减让表第四部分第2节之中。根据《农业协定》第9条第1款,需要削减的出口补贴包括:第一,政府或其代理机构视出口实绩而提供的直接补贴;第二,政府或其代理机构以低于国内市场的价格出口或者处理非商业性农产品库存;第三,通过政府措施(包括征税)提供资金,对农产品出口进行支付。从WTO加拿大与美国、新西兰进口牛奶及出口奶制品案看,此类支付可通过金钱或者其他形式做出;第四,为减少出口农产品的营销成本而提供补贴(可广泛获得的出口促进和咨询服务除外);第五,政府提供或者授权的出口装运货物的国内运费,其条件优于国内装运货物;第六,视出口产品所含农产品的情况而对该农产品提供的补贴。

(2)由发展中成员实施的补贴,其应符合《农业协定》规定的发展中成员的特殊和差别待遇。根据《农业协定》第9条第4款,在实施期间,发展中成员无需就上述需要削减的出口补贴的第四和第五种出口补贴作出承诺。发展中成员享有特殊和差别待遇,发展中成员拥有在最长10年的时间内实施削减承诺的灵活性,最不发达成员不需作出削减承诺。

(3)WTO成员提供的超出其减让表规定年度承诺水平的,需要进行削减的补贴。这种“超过”表现为超过预算支出削减承诺,或者超出补贴出口农产品数量的削减承诺。

各WTO成员在实施期第一年和整个实施期的出口补贴减让水平不会改变。在实施期的第二年至第五年,每一年的出口补贴可超过该年度的承诺水平,这被称为下游灵活性(downstream flexibility)。

上述超出减让表规定年度承诺水平的例外情形应当同时符合《农业协定》第9条第2款b项规定的四项条件:第一,实际财政补贴不得超出相关年份累计补贴水平的3%;第二,实际补贴出口产品的数量不得超过1.75%;第三,在整个实施期间,提供的补贴不超出其承诺水平;第四,在实施期结束时,成员的财政补贴和接受补贴的产品数量分别不超过1986年至1990年基期水平的64%和79%;发展中成员则分别不超过1986年至1990年基期水平的76%和86%。

(4)不进行削减的出口补贴,其应符合《农业协定》反规避条款的规定。为防止WTO各成员规避上述出口补贴削减承诺,《农业协定》包含了反规避条款。根据《农业协定》第10条第1款,未列入第9条第1款的出口补贴不得以产生或者威胁导致规避出口补贴承诺的方式实施;也不得使用非商业性交易以规避此类承诺。反规避条款的目的在于防止其他出口补贴取代已被削减的补贴。

根据《农业协定》第3条第3款,就未承担具体削减承诺的农产品,以及享受发展中成员特殊和差别待遇的农产品,禁止对其适用《农业协定》第9条第1款列举的出口补贴。因此,各WTO成员今后对上述两类农产品不得采用新的出口补贴。

3.违反出口补贴规则行为的认定

(1)出口补贴争议应证明的两项条件。WTO各成员在其世界贸易组织加入书减让表第四部分对限制补贴做出承诺,在涉及出口补贴的争议时,应当证明同时存在以下两点:第一,被指控方所提供的补贴属于《农业协定》第9条规定的补贴;第二,该补贴幅度超过了被指控方承诺的水平或者被指控方已承诺不得提供此类补贴。

(2)举证倒置原则。由于出口补贴行为由WTO成员在国内实施,指控方对被指控方补贴行为进行调查和举证的难度较大,因此举证责任倒置原则在国际农产品贸易法律调整中得到运用。

任何WTO成员如果被指控提供超过承诺水平的出口补贴，则该成员有义务证明其提供的补贴没有超过承诺水平。依据《农业协定》第10条第3款，如果一WTO成员主张未对超过削减承诺水平的出口数量提供补贴，那么该成员必须证实未向上述出口数量提供列入和未列入《农业协定》第9条的出口补贴。

（四）国内支持、出口补贴与反补贴

WTO《补贴与反补贴措施协定》对反补贴问题做出规定，在特定情况下可进行反补贴税调查，采取反补贴措施。《农业协定》中的国内支持和出口补贴措施在一些情况下可能接受上述反补贴税调查，面临反补贴措施。因此，《农业协定》第13条对国内支持、出口补贴与反补贴的关系加以规定，要求保持适当的克制（due restraint），此条款被称为和平条款（peace clause）。

和平条款适用于1995年开始的9年时间。和平条款的主要内容包括：不能对被允许的国内措施（绿箱措施）采取反补贴措施；对于需要削减的国内支持或者符合《农业协定》规定的出口补贴，只能在被认定正在造成或者威胁造成损害（injury）后才能采取反补贴措施；在发起反补贴税调查时，应当表现适当的克制。和平条款实质上是对《补贴与反补贴措施协定》部分规则的有时限的例外，避免引发贸易战。

（五）卫生与植物卫生措施规则

卫生与植物卫生措施规则是WTO对国际农产品贸易法律调整的重要组成部分。《农业协定》第14条规定，各成员同意实行《实施卫生与植物卫生措施协定》。根据《关税与贸易总协定》第20条第b款规定，各成员可以采取为保护人类、动物或植物生命或健康所必需的措施，但是此类措施不应当在情况相同的成员之间造成任意或不合理的歧视，也不应成为对国际贸易的变相限制。对于卫生与植物卫生措施规则的分析参见下文对《实施卫生与植物卫生措施协定》的分析。

三、其他农产品相关WTO协议概论

在WTO框架下，与农产品相关的协定并非仅限于《农业协定》。作为专门调整农产品贸易的《农业协定》需要与其他WTO协定相协调配合，避免不同协定之间的冲突。根据WTO规定，当《农业协定》与其他WTO协定规定发生冲突时，应以《农业协定》为准。以下扼要分析一些与农业相关的其他WTO协定。

（一）《实施卫生与植物卫生措施协定》

许多WTO成员担心在农产品贸易非关税壁垒转化为关税，实现关税化后，其

他 WTO 成员可能不合理地过度使用卫生与植物卫生措施，因此 WTO 制定《实施卫生与植物卫生措施协定》（以下简称《SPS 协定》）以消除这一担忧。《SPS 协定》涉及保护动植物不受病虫害侵害，保证人类和动物的健康不受粮食或者饲料危害（如毒素或杀虫剂），保护人类不受动植物或动植物产品携带疾病的危害（如狂犬病），以及防止和控制因虫害的传入、定居或传播而产生其他损害。《SPS 协定》的主要内容包括：

1. 科学证据原则（scientific principle）

科学证据原则是指各 WTO 成员应当保证卫生与植物卫生措施仅在为保护人类、动物或植物的生命或健康所需限度内实施，同时应根据科学原理，如果无充分的科学证据则不应维持此类措施。《SPS 协定》第 2 条第 2 款对科学证据原则予以了明确规定。

科学证据原则存在例外情形，这体现为《SPS 协定》第 5 条第 7 款的规定。在有关科学证据，一成员根据获得的有关信息，包括来自有关国际组织以及其他成员实施的卫生与植物卫生措施的信息，可临时采取卫生与植物卫生措施。在此情况下，该成员应寻求获得额外信息以更客观地进行风险评估。

科学证据原则表明，卫生与植物卫生措施的采取应当建立在认真的实验室检验与风险评估基础之上，除例外情况外，不得采取缺乏科学依据的措施。在例外情况下，各成员应当根据尽力获取的额外信息在合理期限内审议卫生与植物卫生措施。

2. 协调原则（harmonization）

《SPS 协定》第 3 条规定了协调原则。协调原则是指各国的卫生与植物卫生措施应当根据现有国际标准、指南或建议制定，以便尽可能协调卫生与植物卫生措施。这意味着 WTO 各成员政府应当根据现有国际标准、指南或建议采取措施，履行相关义务；《SPS 协定》明确规定此类卫生与植物卫生措施将被视为保护人类、动物或植物的生命或健康所必需的措施，其与《SPS 协定》和《关税与贸易总协定》规定相一致。

协调原则存在例外情况，这体现为《SPS 协定》第 3 条第 3 款。这种例外情况是，如果存在以下两种情况之一，各成员可实施更高标准的措施，这些措施的保护水平高于根据现有国际标准、指南或建议制定措施的保护水平：（1）存在科学理由；（2）根据《SPS 协定》第 5 条所列标准，进行风险评估后，认为该更高标准保护是适当的。

协调原则中提到国际标准、指南或建议。世界贸易组织自身不制定技术标准，《SPS 协定》所指的技术标准是联合国粮农组织和世界卫生组织所属的食品法典委员会（FAO/WHO Codex Alimentarius Commission）、国际兽疫组织以及在《国际植物保护公约》框架内运作的国际机构所制定。《SPS 协定》要求，WTO 各成员应当在上述机构工作中发挥全面作用,在尽可能广泛的基础上协调卫生与植物卫生措施。

3. 等效原则(equivalence)

等效原则是指,如果出口成员的卫生与植物卫生措施达到进口成员的适当保护水平,各成员应将出口成员的措施作为等效措施加以接受。即使出口成员的措施与进口成员措施不同,或者不同于从事相同产品贸易的其他成员的措施,其若符合上述条件仍应被作为等效措施。等效原则体现在《SPS 协定》第 4 条之中,其可有效防止由于成员间卫生与植物卫生措施不同而产生的冲突。

《SPS 协定》成立了卫生与植物卫生措施委员会,该委员会负责监督《SPS 协定》的实施,为各 WTO 成员讨论双边贸易关注问题提供经常性场所,设立便利协定实施的机制。

(二)《技术性贸易壁垒协定》

技术性贸易壁垒(Technical Barrier to Trade)是指由于存在标准和合格评定(conformity assessment)的制度而产生的对贸易的障碍。合格评定是指直接或间接确定是否满足技术法规或标准中的相关要求。农产品贸易无法避免地将出现技术法规与标准,这均与《技术性贸易壁垒协定》(以下简称"《TBT 协定》")密切相关。《TBT 协定》的主要内容包括:

1. 主要政策考虑

《TBT 协定》反映了两项政策考虑。一是技术法规和标准不应对国际贸易造成不必要的障碍,这些技术法规和标准包括包装、标志和标签的要求,以及为符合技术法规和标准而制定的测试与认证程序。二是 WTO 成员应保护国家安全、防止欺诈行为,保护人类、动物和植物的生命健康,保护环境。《TBT 协定》适用于农产品和工业品,其涉及与产品、相关工艺和生产方法相关的技术法规和标准,并将影响最终产品产生的过程。由于存在《SPS 协定》,《TBT 协定》不涉及卫生与植物卫生措施。

《TBT 协定》规定,成员在制定技术法规和标准时不能以限制贸易为目的。在对进口产品实施技术法规和标准时,各成员应适用最惠国待遇、国民待遇等基本原则。国家测试和认证机构应避免对进口产品造成歧视,并尽可能相互承认各自的测试和认证。

2. 结构与原则

《TBT 协定》对不同级别的三类活动做出了相似规定。第一类活动是技术法规的制定、采用和实施。此部分分别规定了 WTO 成员的中央政府机构、地方政府机构和非政府机构的有关职责。第二类活动是标准化机构制定、采用和实施标准,《TBT 协定》附件 3 列出了适用的原则。第三类活动是确认和认可符合技术法规和标准。

3. 协调

《TBT 协定》鼓励 WTO 各成员努力协调技术法规、标准和合格评定程序,减少成员间差异给贸易造成障碍。《TBT 协定》规定的协调方法包括:

(1)成员在制定技术法规和标准时应适用现有国际标准,除非国际标准对于实现合法目标不适当或者无效。适用国际标准制定的技术法规和标准将被推定为未对国际贸易造成不必要障碍。

(2)等效性。一成员应积极考虑接受其他成员的技术法规作为等效技术法规,但其他成员法规应足以实现与接受方成员自己法规相同的目标。

(3)相互承认。对产品的多重测试、检查和认证将增加商业成本和不确定性,因此《TBT 协定》鼓励各成员达成合格评定的相互承认协议。

此外,《TBT 协定》强调了透明度原则,规定了技术援助和机构设置问题。

(三)《原产地规则协定》

在国际农产品贸易中,WTO 各成员在统计不同国别农产品进出口量、进行配额管理、实施反补贴、反倾销和保障措施、给予优惠待遇时,均需要确定农产品的原产地,因此农产品贸易与原产地规则密切相关。由于缺乏全球公认的原产地规则,因此 WTO 各成员的原产地规则可能被操纵和利用,成为国际农产品贸易的障碍。《原产地规则协定》的主要内容包括:

1. 目的

《原产地规则协定》的目标是通过特定的普遍原则,协调 WTO 各成员所采纳的原产地规则;协调工作的唯一例外是对优惠安排(例如自由贸易区、关税联盟、经济共同体)的规则,但在例外情况下仍应遵守相应议定原则,这些原则体现在《原产地规则协定》附件 2"有关优惠原产地规则的共同宣言"之中。

2. 原产地规则的协调

《原产地规则协定》的核心内容在于其第四部分,即原产地规则的协调。建立这一新协调规则的工作计划由 WTO 原产地规则委员会和世界海关组织(Customs Co－operation Council,又译海关合作理事会)原产地规则技术委员会共同执行。

3. 过渡期内和过渡期后的成员义务

《原产地规则协定》将各 WTO 成员的义务分为过渡期内和过渡期后两种。

过渡期内的义务是指在上述两个委员会工作计划完成前,各成员应当履行的义务。这些义务规定于《原产地规则协定》第 2 条,具体义务包括:非歧视原则;透明度原则;司法审查制度;在发布普遍适用的行政裁决时,应当明确规定需要满足的条件(例如,在适用制造或加工工序标准时,应明确列明授予有关货物原产地的工序);在出口商、进口商或具有正当理由的其他人提出请求后,各 WTO 成员海关必须在请求提出后150天内对有关货物的原产地提出认定意见,该认定意见的有效期为3年;不滥用原产地规则;其他多项义务。

过渡期内的义务是指在上述两个委员会工作计划完成后,各成员应当履行的义务。这些义务规定于《原产地规则协定》第3条,具体内容包括:一旦通过该计划建立了新的,经协调的原产地规则,全体WTO成员应当将该协调规则适用于非优惠安排之中;货物原产地的国家是"货物完全获得的国家",如果货物生产涉及一个以上国家,则货物原产地为"进行最后实质性改变的国家",以及其他多项义务。

(四)《装运前检验协定》

装运前检验是指在货物进入出口国之前对其质量、数量、价格,包括汇率和融资条件等进行核实。在货物(包括农产品)装运前或到港后对其质量、数量、重量和品质加以检验已成为国际贸易的通行做法,装运前检验本身不构成非贸易壁垒。由于WTO成员没有义务允许其他成员的政府在其领土内经营,因此从事装运前商品检验的机构主要是发达国家投资者控制的私营公司,《装运前检验协定》假定检验主体是私营公司。装运前检验用户主要是亚洲、非洲和拉丁美洲发展中国家。由于这些进口国家海关缺乏检验设施与经验,装运前检验可防止欺诈,保证申报价格不会被太高或压低,有利于打击逃汇套汇行为。但是出口商担心装运前检验将增加成本,导致迟延,甚至阻碍贸易。《装运前检验协定》将各成员的义务重点放在如何确保检验实体的行为符合协定规定。

根据《装运前检验协定》,用户成员是指使用检验程序的WTO成员。《装运前检验协定》第2条对用户成员的义务加以规定,用户成员义务的规定是《装运前检验协定》的核心所在。用户成员的义务主要包括:(1)非歧视。用户成员应当保证检验实体遵守非歧视原则。(2)政府要求。用户成员应当保证其法律法规不违反《装运前检验协定》。(3)检验地点。检验地点应当是货物出口的关税领土;只有在货物性质复杂致使检验无法在出口国进行,且买卖双方同意时,检验才可在货物生产地进行。(4)标准。关于数量和质量的检验应依照买卖双方在购货合同中规定的标准,如无此标准,则应适用有关国际标准。(5)透明度。用户成员应当确保装运前检验活动以透明方式实施。(6)保护机密商业信息。用户成员应当确保装运前检验实体保守机密商业信息。(7)避免利益冲突。用户成员应当确保装运前检验实体保留程序避免各方之间的利益冲突,包括检验实体与其他各方是否有商业或财务利益,或者存在利益冲突。(8)避免迟延。用户成员应当确保装运前检验实体在检验装运货物时避免无理迟延。(9)价格核实。价格核实是用户成员义务规定中的最重要内容。用户成员应当保证根据规定的准则实施价格核实。这些准则包括:被检验交易与比较价格发生的时间相同或大致相同;比较价格是同一出口国供出口的相同或类似货物的价格;适当考虑合同条款和其他交易因素以调整价格;运费为销售合同列明的,出口国国内部分的运费。(10)装船前检验实体内部的上诉程序。《装运前检验协定》规定了检验实体内上诉安排和独立审查程序并存的制度。

根据《装运前检验协定》第4条,独立审查机制由一代表装运前检验实体的组织(国际检验机构联合会 International Federation of Inspection Agencies)和一代表出口商的组织(国际商会)联合组成的独立机构负责。WTO各成员政府仍有权将有关此协定的争端交由WTO争端解决机构处理。

根据《装运前检验协定》第3条,出口成员的义务包括三方面:(1)与装运前检验活动有关的法律法规应以非歧视方式实施;(2)遵守透明度原则;(3)应请求为用户成员提供技术援助。

第二节 WTO与中国农业立法

一、中国农业立法现状

改革开放以来,我国的农业立法不断发展,《土地管理法》、《水法》、《水土保持法》、《森林法》、《渔业法》、《农业技术推广法》、《种子法》等法律先后出台,并保障和促进了农业发展。2002年我国通过了《土地承包法》,2012年对《农业法》进行修订。目前我国农业形成了以《宪法》为指导,以《农业法》为基本农业立法,《土地管理法》、《水法》、《水土保持法》、《森林法》、《渔业法》、《农业技术推广法》、《种子法》等相互配合,紧密结合相关部门规章和其他规范性文件的农业法律体系。

经修改的《农业法》共有13章99条,重申了国家长期稳定农村以家庭承包经营为基础、统分结合的双层经营体制,发展社会化服务体系。但是我国是农业大国,各地发展水平差异大,农业涉及诸多部门,现有立法需要有效调整和推动我国农业发展,应当根据《农业法》确立的基本原则和精神,抓紧完善有关配套的法律法规。国际农产品贸易竞争激烈,高质量的农业立法和实施有助于对我国农业整体发展带来有利影响。同时,农业立法总体层次较低。目前,我国涉及农业(不含农业对外贸易、农业利用外资)方面的法律、行政法规共计六十余件,农业部制定四百余件规章和其他规范性文件。[1] 农业立法体系中,相当部分属于部门规章,立法层次总体较低。农业立法中需要补充具有操作性和针对性的规定,进一步按

〔1〕 王乐君等:"WTO规则与我国农业立法思考",载《农业经济问题》2002年第1期,第13页。

照市场经济发展要求来设计农业法律规定。

二、确立符合国情与 WTO 规则的中国农业法律体系

由于农业及农产品贸易问题具有相当复杂性，国际农产品贸易竞争激烈，确立符合国情与 WTO 规则的农业法律体系是我国农业发展的重要前提之一，我国立法应当兼顾和平衡不同方面的合理利益与政策，进一步作好以下工作：

（一）完善我国农业立法

我国是发展中国家，农业比较落后，农业基础薄弱，同时我国又是农业大国，农业关系到国民经济发展和社会安定。我国农业立法较为侧重农业资源保护与农业生产安全方面，有关主体地位、农产品贸易与农业利用外资等方面的立法比较薄弱；较为重视管理方面的立法，对农业相关技术法规重视有待加强；现有国内农业立法缺少技术法规，农产品标准化正常运转所需要的法规体系尚不健全；农业立法涉及程序方面的立法缺乏，规定不够具体；农业灾害救助、贫困地区援助、农业基础设施保障、农业保险、农产品地理标志管理、农业环境保护以及农民专业合作组织、农产品行业协会和组织建设等方面的立法尚不完善。因此，我国应加强农业支持与保护立法，积极完善农业立法，提高我国农业竞争力，促进农业发展。

（二）遵守 WTO 协定，积极利用 WTO 和区域贸易规则

促进农业对外开放与自由贸易是 WTO 的根本宗旨，《农业协定》、《实施卫生与植物卫生措施协定》、《技术性贸易壁垒协定》、《原产地规则协定》、《装运前检验协定》、《进口许可程序协定》等 WTO 协定建立了一系列促进经济自由开放的措施，就农产品市场准入、国内支持、农业补贴、动植物检疫、装运前检验、技术法规与标准等与农业密切相关的方面做出明确要求。我国在加入世界贸易组织时，就农业领域做出了承诺。根据《中华人民共和国加入世界贸易组织议定书》第 12 条，我国应实施我国货物贸易和减让表的规定以及议定书中规定的《农业协定》条款，不得对农产品维持或采取任何出口补贴。我国农业立法应当充分考虑这些规定，积极履行我国入世承诺。

加入 WTO，我国更应当积极利用《农业协定》中“绿箱措施”、发展中成员用以直接或者间接鼓励农业和农村发展的措施不需要削减等有利规则，以及我国作为发展中国家享受的其他优惠和特殊待遇，趋利避害，加强农业立法以促进我国农业发展。由于 WTO 谈判停滞，目前自由贸易协定快速发展。我国也与澳大利亚等主要贸易伙伴签署了自由贸易协定，未来自由贸易协定中涉及的农业问题可能日益凸显。这些贸易协定对农业的影响有待分析和研究。

(三)积极参与WTO新回合谈判和区域贸易协定制订和发展

《农业协定》的实施期(即1995年开始的6年时间)已过,在WTO框架下的国际农产品贸易与国际协调面临新的任务,进一步减少补贴水平以及给予发展中成员较大自由应是继续谈判的方向,发展中成员与发达成员将进行新的博弈,对WTO与农业立法应当给予更多关注。通过积极有效参与WTO农业问题谈判,以及世界海关组织、国际检验机构联合会、国际商会等国际组织的农产品贸易相关活动,争取对我国有利的规则与局面,为我国农业立法完善和农业长期健康发展提供有力支持。未来自由贸易协定可能会更多涉及农业领域,其同样涉及技术性贸易壁垒等相关规则。因此,如何进行相关谈判,设定适当的规则,值得研究。

思考题

1. 国际农产品贸易面临的主要障碍是什么?WTO现有协定是否已对其加以解决?
2. WTO《农业协定》是以什么方式来调整非关税壁垒的?
3. 根据WTO规则,发展中成员的那些国内支持措施中不需要削减?
4. 除《农业协定》外,哪些WTO协定与农业直接相关?这些协定是如何对农产品贸易产生影响的?
5. 你认为我国农业立法应当如何利用WTO规则,促进我国农业发展?
6. 你认为我国农业立法和WTO相关规则有哪些值得完善之处?

材料分析题

试根据以下材料说明WTO框架下我国农药及农产品标准与国际接轨的法律问题。

根据《经济日报》(网络版)报道,加入世界贸易组织(WTO)后,我国农产品出口因为农药含量超过有关国家的标准屡屡受挫。美国先后启动《食品企业注册管理》和《进出口食品预先通报条例》,约束食品等劳动密集型产品进口;欧盟正式禁止含有化学活性物质的320种农药及使用禁用农药的产品在市场销售,并于2006年起实施欧盟新食品法,对进口农产品、农药残留标准作出新调整。日本于2006年正式实施《商品中残留农业化学品肯定列表制度》。该项制度明确设定了进口食品、农产品中可能含有的734种农药、兽药和饲料添加剂的近5万个暂定标准。有关专家称,上述国家的做法将对我国的农药生产和使用产生较大影响。业内人士指出,“面对加入WTO后面临的挑战,我国农药真正的出路不是寻求新的保护主义措施,明智的做法是及早动手调整自己的战略,熟悉国际游戏规则”。

主要参考文献

1. 赵维田:《世贸组织(WTO)的法律制度》,吉林人民出版社 2000 年版。
2. 王贵国:《世界贸易组织法》,法律出版社 2003 年版。
3. 张汉林等:《WTO 与农产品贸易争端》,上海人民出版社 2001 年版。
4. 世界贸易组织秘书处编:《乌拉圭回合协议导读》,索必成、胡盈之译,法律出版社 2000 年版。
5. [澳]沃尔特·古德:《贸易政策术语辞典》,王晓东、刘芳、傅林等译,法律出版社 2003 年版。
6. 王衡主编:《国际贸易法》,法律出版社 2014 年版。
7. 王乐君等:“WTO 规则与我国农业立法思考”,载《农业经济问题》2002 年第 1 期,第 7 ~ 18 页。
8. 李春华、董文晶:“论我国农业立法与 WTO 规则的协调”,载《山东社会科学》2004 年第 12 期,第 67 ~ 69 页。
9. 王衡主编:《中国 WTO 争端应对法律问题研究》,法律出版社 2015 年版。

图书在版编目(CIP)数据

农业法学／李昌麒，吴越主编．—北京：法律出版社，2015.8(2025.1 重印)
ISBN 978－7－5118－8289－9

Ⅰ．①农…　Ⅱ．①李…　②吴…　Ⅲ．①农业法—法的理论—中国　Ⅳ．①D922.41

中国版本图书馆 CIP 数据核字(2015)第 184014 号

责任编辑／陈　慧　　**装帧设计**／凌点工作室

出版／法律出版社　　**编辑统筹**／法律教育出版分社
总发行／中国法律图书有限公司　　**经销**／新华书店
印刷／唐山玺诚印务有限公司　　**责任印制**／刘晓伟

开本／720 毫米×960 毫米　1/16　　**印张**／22　**字数**／416千
版本／2015 年 8 月第 1 版　　**印次**／2025 年 1 月第 3 次印刷

法律出版社／北京市丰台区莲花池西里 7 号(100073)
电子邮件／info@ lawpress. com. cn　　**销售热线**／010－63939792/9779
网址／www. lawpress. com. cn　　**咨询电话**／010－63939653

中国法律图书有限公司／北京市丰台区莲花池西里 7 号(100073)
全国各地中法图分、子公司电话：
第一法律书店／010－63939781/9782　**西安分公司**／029－85388843　**重庆公司**／023－65382816/2908
上海公司／021－62071010/1636　**北京分公司**／010－62534456
深圳公司／0755－83072995　**苏州公司**／0512－65193110

书号：ISBN 978－7－5118－8289－9　　**定价：**32.00 元

(如有缺页或倒装，中国法律图书有限公司负责退换)